COURS

DE LITTÉRATURE

ET DE BELLES-LETTRES.

Propriété de
B. Poussielgue-Rusand

PARIS, IMPRIMERIE DE POUSSIELGUE,
rue du Croissant, 12.

COURS

DE LITTÉRATURE

ET DE BELLES-LETTRES,

A L'USAGE DES MAISONS D'ÉDUCATION;

Par M. D'Angély,

professeur de rhétorique au collége de Juilly.

PARIS,
POUSSIELGUE-RUSAND, LIBRAIRE,
rue Hautefeuille, n. 9.

1843

COURS DE LITTÉRATURE ET DE BELLES-LETTRES.

Première Partie.

STYLE ET COMPOSITION.

CHAPITRE PREMIER.

DE LA COMPOSITION EN GÉNÉRAL.

La composition est le talent de rassembler plusieurs idées, et de les ranger suivant l'ordre nécessaire pour qu'elles puissent former un tout, un ensemble convenable et harmonieux.

C'est donc en nous exerçant à classer nos idées et à les exprimer avec justesse que nous apprenons à la fois à bien raisonner et à bien parler. C'est en traduisant nos pensées au moyen des signes du langage qu'elles deviennent pour nous distinctes; et ceux même qui ont le moins d'habitude de la composition savent que lorsqu'ils traitent mal un sujet, lorsque leurs phrases sont louches, que leurs expressions manquent d'énergie, c'est à l'obscurité de leurs idées qu'il faut presque toujours attribuer ces défauts de leur style, tant sont étroits les rapports des pensées avec les mots qui nous les représentent. Pénétrons-nous bien de ce précepte de Boileau :

Il est certains esprits dont les sombres pensées
Sont d'un nuage épais toujours embarrassées ;
Le jour de la raison ne les saurait percer.
Avant donc que d'écrire apprenez à penser.
Selon que votre idée est plus ou moins obscure,
L'expression la suit ou moins nette ou plus pure.
Ce que l'on conçoit bien s'énonce clairement,
Et les mots pour le dire arrivent aisément.

Toute composition résulte de la combinaison de trois éléments principaux : le génie, le goût, l'imagination.

Le génie est la supériorité de l'esprit et du talent, a perfection dans un art quelconque. C'est une sorte d'inspiration surnaturelle dont le propre est d'inventer : il diffère en cela du talent, qui est une disposition naturelle qui nous porte à réussir, à nous distinguer dans une chose. A l'égard des lettres, il consiste dans l'aptitude à donner aux sujets que l'on traite et aux idées que l'on exprime une forme que l'art approuve et dont le goût soit satisfait.

Le goût est le sentiment appréciateur des productions de la nature, des arts et des lettres. Le goût doit être le guide du génie, qui sans lui courrait risque de s'égarer bien souvent. Le génie produit, le goût juge. Il est le résultat de l'étude et du discernement.

L'imagination est cette faculté de l'âme qui rend

les objets présents à la pensée avec toutes les circonstances, tous les détails qui peuvent nous intéresser. Par elle les objets absents, chimériques, impossibles, invisibles apparaissent à notre esprit comme si nous les avions sous les yeux. Quelque vive, quelque féconde que soit en elle-même l'imagination, il faut lui venir en aide par la lecture de bons modèles et par l'usage fréquent de la composition.

CHAPITRE II.

§ 1er. DES STYLES.

Le mot *style* vient d'un mot latin qui désigne le poinçon dont les anciens se servaient pour graver les lettres sur des tablettes enduites de cire.

Le *style* est l'expression de la pensée; c'est la manière particulière dont chaque homme se sert pour transmettre aux autres ses propres idées. Il ne faut pas le confondre avec le langage même ni avec les mots. Les mots qu'un auteur emploie peuvent être justes et corrects alors que son style est vicieux, dur et raide, faible et affecté. Le style d'un écrivain a toujours quelque analogie avec sa manière de sentir, et il est difficile de séparer le style de l'auteur de sa façon de penser; et nous ne devons pas nous étonner que tous deux soient si intimement liés, puisque le style n'est autre chose que l'espèce d'expression que prennent nos pensées au moment où elles se forment. Voilà ce qui a fait dire à Buffon : « Le style c'est l'homme. »

§ 2. QUALITÉS GÉNÉRALES DU STYLE.

Les qualités générales du style sont celles qui constituent l'essence même du style, et qui sont par cela même invariables. Elles sont au nombre de neuf; savoir, la *clarté*, la *pureté*, la *propriété*, la *précision*, le *naturel*, la *facilité*, la *noblesse*, l'*élégance* et l'*harmonie*.

La *clarté* est la qualité fondamentale du style. Sans elle les ornements les plus riches ne jettent qu'une triste lueur à travers les ténèbres, et loin de plaire au lecteur le fatiguent et le dégoûtent. La clarté consiste à développer la pensée sans embarras, sans confusion. Pour acquérir l'habitude d'être clair il faut d'abord porter son attention sur chaque mot et sur chaque phrase et ensuite sur l'ensemble de sa composition. La clarté dans les mots et dans les phrases exige que les mots et les phrases réunissent la pureté, la propriété, la précision.

La *pureté* consiste dans l'usage des mots et des constructions propres à la langue que l'on parle ; elle s'oppose à l'emploi d'expressions ou de tournures de phrase qui appartiennent à une autre langue ou que l'usage ne tolère plus, ou que l'on a récemment innovées, ou enfin qu'aucune autorité suffisante n'a consacrées.

Surtout qu'en vos écrits la langue révérée
Dans vos plus grands excès vous soit toujours sacrée.

En vain vous me frappez d'un son mélodieux
Si le terme est impropre ou le tour vicieux :
Mon esprit n'admet point un pompeux barbarisme
Ni d'un vers ampoulé l'orgueilleux solécisme ;
Sans la langue, en un mot, l'auteur le plus divin
Est toujours, quoi qu'il fasse, un méchant écrivain.

(BOILEAU, *Art Poét.*)

La *propriété* du style consiste à rendre la pensée par le terme qui est propre. Un terme propre rend l'idée tout entière ; un terme peu propre ne la rend qu'à demi ; un terme impropre la défigure. Entre toutes les expressions qui peuvent rendre une seule de nos idées il n'y en a donc qu'une seule qui soit la bonne ; on ne la rencontre pas toujours en parlant ou en écrivant ; il est vrai néanmoins qu'elle existe.

La *précision* du style consiste à retrancher toute superfluité et abréger l'expression de manière à ce qu'elle ne soit absolument que la copie de notre idée, et n'y ajoute ou n'y ôte rien. La précision exige de l'écrivain la conception la plus claire du sujet qu'il veut développer ; elle exige qu'il en soit fortement pénétré et que le jour sous lequel il nous l'offre n'ait rien d'incertain. C'est une perfection à laquelle il n'est donné qu'à un bien petit nombre d'écrivains de pouvoir atteindre.

Le *naturel* du style consiste à rendre une idée, une image, un sentiment sans effort et sans apprêt. L'expression même la plus brillante perd de son mérite dès que la recherche s'y laisse apercevoir. Le défaut contraire au naturel est l'affectation dans les mots ou dans les pensées : dans les mots lorsque pour des choses communes on emploie des expressions bizarres et entortillées; dans les pensées lorsqu'on les pousse trop loin, qu'on les fait dégénérer en jeux de mots ou qu'on emploie des rapprochements forcés.

La *facilité* naît du naturel, c'est à dire un style où le travail ne se montre pas.

La *noblesse* du style consiste à éviter les idées populaires, les termes bas, les expressions triviales :

Quoi que vous écriviez, évitez la bassesse,

a dit Boileau, et il sait parfaitement unir l'exemple au précepte.

Il est un art de dire noblement les petites choses : on est souvent obligé de parler d'objets petits et minces; il faut alors que la décence de l'expression couvre et orne la petitesse de la matière.

L'*élégance* donne à la pensée un tour noble et poli, la rend par des expressions châtiées, coulantes et gracieuses à l'oreille ; c'est la réunion de la justesse et de l'agrément.

L'*harmonie* du style résulte en général du choix des mots et de leur arrangement dans la phrase. On distingue l'*harmonie des mots*, celle *des périodes* et *l'harmonie imitative*.

Pour la première, Boileau, dans ces vers de l'Art poétique, nous a donné à la fois le précepte et l'exemple :

Il est un heureux choix de mots harmonieux;
Fuyez des mauvais sons le concours odieux :
Le vers le mieux rempli, la plus noble pensée
Ne peut plaire à l'esprit quand l'oreille est blessée.

L'harmonie des mots consiste dans le choix et l'arrangement des mots considérés comme sons. On distinguera les mots doux et sonores de ceux qui sont rudes et sourds, et les termes dont la liaison est harmonieuse et facile de ceux dont l'union est dure et raboteuse; mais ici comme partout ailleurs il faut éviter l'affectation et la contrainte.

L'harmonie des périodes résulte de la texture, de la coupe et de l'enchaînement des phrases et des périodes.

On peut définir la *période* une pensée composée de plusieurs autres pensées, dont le sens est suspendu jusqu'à un dernier repos qui est commun à toutes. Chacune de ces pensées prise séparément se nomme *membre* de la période. Il y a des périodes de deux, de trois et de quatre membres; rarement on en trouve de cinq. Voici une période à trois membres :

« Si l'équité régnait dans le cœur des hommes; |
« si la vérité et la vertu leur étaient plus chères que
« les plaisirs, la fortune et les honneurs, | rien ne
« pourrait altérer leur bonheur. » | (MASSILLON.)

L'harmonie imitative consiste à imiter ou à peindre les objets par les sons :

Pour qui sont ces serpents qui sifflent sur nos têtes?

Ne croit-on pas entendre les serpents sifflant sur la tête des Euménides.

Et ce vers pour imiter le canard qui barbotte :

Il barbotte en mangeant *quasi comme un canard.*

§ 3. QUALITÉS PARTICULIÈRES DU STYLE.

Les qualités générales du style sont invariables, avons-nous dit : partout il doit être clair, pur, propre, précis, naturel, noble, élégant, harmonieux; mais les qualités particulières varient suivant la nature des objets qu'on doit peindre ou des sujets qu'on a à traiter. Ces sujets peuvent se classer sous trois genres généraux : le *simple*, le *tempéré* et le *sublime*. De là trois sortes de style : le *style simple*, le *style tempéré* et le *style sublime*.

§ 4. DU STYLE SIMPLE.

Le style simple est ennemi de tout ornement éclatant : il évite avec soin tout ce qui sent la pompe et l'apprêt. L'enjouement, la gaieté, la vivacité, les charmes de la négligence, telles sont les qualités qui lui appartiennent.

Les Fables de La Fontaine, les Lettres de madame de Sévigné sont des modèles dans ce genre. Les *Elégies Savoyardes* de M. Guiraud peuvent être considérées comme des exemples aussi purs qu'intéressants de style simple ; nous citerons la seconde :

J'ai faim : vous qui passez, daignez me secourir.
Voyez ; la neige tombe, et la terre est glacée.
J'ai froid : le vent se lève, et l'heure est avancée,
    Et je n'ai rien pour me couvrir.

Tandis qu'en vos palais tout flatte votre envie,
    A genoux sur le seuil, j'y pleure bien souvent :

Donnez: peu me suffit; je ne suis qu'un enfant,
    Un petit sou me rend la vie,

On m'a dit qu'à Paris je trouverais du pain;
Plusieurs ont raconté, dans nos forêts lointaines,
Qu'ici le riche aidait le pauvre dans ses peines;
Eh bien! moi je suis pauvre, et je vous tend la main.

    Faites-moi gagner mon salaire;
Où me faut-il courir? dites, j'y volerai.
Ma voix tremble de froid: eh bien! je chanterai
    Si mes chansons peuvent vous plaire.

    Il ne m'écoute pas, il fuit;
Il court dans une fête (et j'en entends le bruit)
    Finir son heureuse journée.
Et moi je vais chercher, pour y passer la nuit,
    Cette guérite abandonnée.

Au foyer paternel quand pourrai-je m'asseoir?
    Rendez-moi ma pauvre chaumière,
Le laitage durci qu'on partageait le soir,
Et, quand la nuit tombait, l'heure de la prière
Qui ne s'achevait pas sans laisser quelque espoir.

Ma mère, tu m'as dit, quand j'ai fui ta demeure:
Pars, grandis et prospère, et reviens près de moi.
Hélas! et tout petit faudra-t-il que je meure
    Sans avoir rien gagné pour toi.

    Non, l'on ne meurt point à mon âge;
Quelque chose me dit de reprendre courage,
Eh! que sert d'espérer? que puis-je attendre enfin?
J'avais une marmotte; elle est morte de faim.

Et, faible, sur la terre il reposait sa tête;
Et la neige en tombant le couvrait à demi
Lorsqu'une douce voix, à travers la tempête,
Vint réveiller l'enfant par le froid endormi:

    Qu'il vienne à nous celui qui pleure,
Disait la voix mêlée au murmure des vents;

1*

L'heure du péril est notre heure ;
Les orphelins sont nos enfants.

Et deux femmes en deuil recueillaient sa misère ;
Lui, docile et confus, se levait à leur voix :
Il s'étonnait d'abord ; mais il vit dans leurs doigts
Briller la croix d'argent au bout du long rosaire.
Et l'enfant les suivit en se signant deux fois.

§ 5. DU STYLE TEMPÉRÉ.

Le style tempéré tient le milieu entre le simple et le sublime ; il admet toute la richesse, toute la variété des ornements. La richesse, la finesse, la délicatesse et la grâce sont les qualités qui le caractérisent ; c'est un beau fleuve qui coule paisiblement à travers des prairies émaillées de fleurs ou sous les ombrages silencieux d'une antique forêt.

Ce style est propre aux sujets de pur agrément, aux idylles, aux églogues, aux descriptions champêtres : en vers, les *Idylles de madame Deshoulières* peuvent être prises pour des modèles en ce genre ; en prose, *les Aventures de Télémaque* d'un bout à l'autre. Nous citerons pour exemple un morceau du *Mérite des Femmes* de Legouvé. Le poète unit toutes les grâces du sentiment à l'élégance et à la richesse du style pour célébrer les sœurs de la Charité :

Ouvre-toi, triste enceinte, où le soldat blessé,
Le malade indigent et qui n'a point d'asile
Reçoivent un secours trop souvent inutile.
Là des femmes portant le nom chéri de sœurs
D'un zèle affectueux prodiguent les douceurs.
Plus d'une apprit longtemps dans un saint monastère,

En invoquant le ciel, à protéger la terre,
Et, vers l'infortuné s'élançant des autels,
Fut l'épouse d'un Dieu pour servir les mortels.
O courage touchant ! ces tendres bienfaitrices
Dans un séjour infect où sont tous les supplices,
De mille êtres souffrants prévenant les besoins,
Surmontent les dégoûts des plus pénibles soins,
Du chanvre salutaire entourent leurs blessures,
Et réparent le lit témoin de leurs tortures;
Ce déplorable lit, dont l'avare pitié
Ne prête à la douleur qu'une étroite moitié.
De l'humanité même elles semblent l'image;
Et les infortunés que leur bonté soulage
Sentent avec bonheur, peut-être avec amour,
Qu'une femme est l'ami qui les ramène au jour.

Les défauts à éviter dans le style tempéré sont l'affectation et la recherche, parceque le désir de faire paraître les choses plus ingénieuses qu'elles ne sont conduit souvent au raffinement et à l'obscurité, et rien n'est plus opposé au véritable mérite du style.

§ 6. DU STYLE SUBLIME.

Le style sublime est celui qui par la majesté et l'élévation des pensées, la richesse et la force des expressions, la vivacité des mouvements, la noblesse et la beauté des images élève l'âme au dessus des sens et la remplit d'étonnement et d'admiration.

En voici un exemple tiré de l'*Esther* de Racine; c'est une peinture magnifique de la puissance de Dieu !

Eh ! quel besoin son bras a-t-il de nos secours,
Que peuvent contre lui tous les rois de la terre?

En vain ils s'uniraient pour lui faire la guerre ;
Pour dissiper leur ligue il n'a qu'à se montrer :
Il parle, et dans la poudre il les fait tous rentrer.
Au seul son de sa voix la mer fuit, le ciel tremble ;
Il voit comme un néant tout l'univers ensemble ;
Et les faibles humains, vains jouets du trépas,
Sont tous devant ses yeux comme s'ils n'étaient pas.

Les vers suivants sont, au jugement de La Harpe, les plus beaux de la langue française. Le poète y représente d'une manière sublime l'instant le plus auguste du saint sacrifice de la messe, l'Elévation :

O moment solennel ! ce peuple prosterné,
Ce temple dont la mousse a couvert les portiques,
Ses vieux murs, son jour sombre et ses vitraux gothiques ;
Cette lampe d'airain qui dans l'antiquité,
Symbole du soleil et de l'éternité,
Luit devant le Très-Haut, jour et nuit suspendue ;
La majesté d'un Dieu parmi nous descendue ;
Les pleurs, les vœux, l'encens qui montent vers l'autel,
Et de jeunes beautés qui, sous l'œil maternel,
Adoucissent encor par leurs voix innocentes
De la religion la pompe attendrissante ;
Cet orgue qui se tait, ce silence pieux,
L'invisible union de la terre et des cieux,
Tout enflamme, agrandit, émeut l'homme sensible ;
Il croit avoir franchi le monde inaccessible
Où sur des harpes d'or l'immortel séraphin
Aux pieds de Jéhova chante l'hymne sans fin.
C'est alors que sans peine un Dieu se fait entendre ;
Il se cache au savant, se révèle au cœur tendre :
Il doit moins se prouver qu'il ne doit se sentir.

Le style sublime est celui de la poésie, de l'histoire et de la philosophie quand elles s'occupent de ce qu'il y a de plus grand et de plus élevé, c'est à dire de Dieu, de l'homme et de la nature.

Les caractères particuliers du style sublime sont l'énergie, la véhémence, la magnificence et le sublime proprement dit.

§ 7. DU SUBLIME.

Le *sublime* est le plus haut degré d'étendue, d'élévation, de grandeur auquel puisse atteindre l'esprit humain. Le sublime, par un tour extraordinaire, vif et animé, par les plus nobles images et les plus grands sentiments, élève et transporte l'âme au dessus d'elle-même.

Le sublime est nécessairement rare et instantané : c'est un mot, un trait, un mouvement, un geste, le silence même, et son effet est celui de l'éclair ou de la foudre. Il est tellement indépendant de l'art qu'il peut se rencontrer dans des personnes qui n'en ont aucune idée.

On distingue trois sortes de sublime : le *sublime des images*, le *sublime des pensées* et le *sublime des sentiments*.

§ 8. SUBLIME DES IMAGES.

Toute image qui représente avec des couleurs vives et fortes un grand objet, une grande action, produit nécessairement le sublime. Dieu dit :

Que la lumière soit ; et la lumière fut.

Voilà une grande action peinte avec de grands traits.

« Dieu seul est grand, mes frères..... »

Voilà dans Massillon les premières paroles de l'éloge de Louis XIV. C'est un beau mot que celui-là prononcé en regardant le cercueil de Louis-le-Grand.

§ 9. SUBLIME DES PENSÉES.

Une manière de penser grande, noble et magnifique, des maximes ornées, hardies et fortement exprimées constituent cette espèce de sublime.

Les vers suivants en sont un bel exemple; ils sont tirés de l'*Esther* de Racine :

L'éternel est son nom, le monde est son ouvrage.
Il entend les soupirs de l'humble qu'on outrage,
Juge tous les mortels avec d'égales lois,
Et du haut de son trône interroge les rois.
Des plus fermes états la chute épouvantable,
Quand il veut, n'est qu'un jeu de sa main redoutable.

On peut encore citer ces quatre vers du même poète dans la tragédie d'*Athalie :*

Celui qui met un frein à la fureur des flots
Sait aussi des méchants arrêter les complots :
Soumis avec respect à sa volonté sainte,
Je crains Dieu, cher Abner, et n'ai point d'autre crainte.

Tout est sublime dans ces vers, la pensée, l'expression, la crainte de Dieu supérieure à toute autre crainte. Mais les deux derniers rentrent dans le sublime des sentiments.

§ 10. SUBLIME DES SENTIMENTS.

Le *sublime des sentiments* excite la surprise et l'admiration par la grandeur et la noblesse des sentiments fondés sur une véritable vertu et portés à un tel point d'élévation et de supériorité qu'ils semblent être au-dessus de la condition humaine.

Tel est ce fameux passage des *Horaces* de Corneille : On vient annoncer au vieil Horace que deux de ses fils ont été tués et que le troisième a pris la fuite; il est indigné de cette lâcheté.

JULIE.
Que voulez-vous qu'il fît contre trois?
HORACE.
Qu'il mourût!

Voilà, dit Voltaire, le fameux *qu'il mourût!* ce trait du plus grand sublime, ce mot auquel il n'en est aucun de comparable dans toute l'antiquité.

Telle est encore cette réponse du jeune Horace :

Quoi! vous me plaindriez mourant pour ma patrie?

Citons encore ce magnifique exemple de Voltaire : il n'est jamais plus grand que lorsqu'il s'inspire de notre divine religion : ces vers sont tirés de la tragédie d'*Alzire*; Gusman près d'expirer les adresse à Zamore, son meurtrier :

Des Dieux que nous servons connais la différence :
Les tiens t'ont ordonné le meurtre et la vengeance,
Et le mien, quand ton bras vient de m'assassiner,
M'ordonne de te plaindre et de te pardonner.

§ 11. VARIÉTÉ ET CONVENANCE DU STYLE.

Il ne suffit pas de connaître les différentes espèces de style et leurs qualités; il faut encore savoir les varier, les fondre ensemble, les tempérer l'un par l'autre, éviter la monotonie. *Les beaux vers*, disait Fontenelle, *ô les beaux vers! je ne sais pourquoi je bâille.* Il lisait un poème sans variété. Suivons le précepte de Despréaux :

Sans cesse en écrivant variez vos discours ;
Un style trop égal et toujours uniforme
En vain brille à nos yeux, il faut qu'il nous endorme.

Une longue uniformité rend tout insupportable : le même ordre de périodes longtemps continué accable dans une harangue ; les mêmes nombres et les mêmes chutes mettent de l'ennui dans un long poème.

La *convenance* du style consiste à se servir autant que possible des mots qui portent le caractère des choses qu'ils expriment : il y a, comme nous l'avons déjà dit, pour chaque idée une expression, un tour unique. Il n'est pas donné à tout le monde de les trouver.

§ 12. ALLIANCES DE MOTS, ÉPITHÈTES.

On appelle *alliance de mots* la combinaison de deux ou plusieurs expressions qui paraissent inconciliables, et dont l'union contribue à la richesse, à la force et à l'agrément du langage. Tel est ce vers où Corneille, unissant les deux mots *aspirer* et *descendre*, qui ne semblent pas faits l'un pour l'autre, nous montre l'inconstance de l'homme dégoûté des grandeurs qu'il a désirées :

Et monté sur le faîte, *il aspire* à descendre.

Racine fait dire à Agamemnon dans la pièce d'*Iphigénie* :

Ces noms de roi des rois et de chef de la Grèce
Châtouillaient de mon cœur *l'orgueilleuse faiblesse*.

On appelle *épithète* un adjectif qualificatif qui, sans être rigoureusement nécessaire à l'expression de la pensée, lui donne cependant un caractère plus frappant et plus vif.

Telle est la description du lit du trésorier de la sainte Chapelle dans *le Lutrin* :

Dans le réduit *obscur* d'une alcôve *enfoncée*
S'élève un lit de plume *à grands frais amassée* :
Quatre rideaux *pompeux*, par un *double* contour,
En dérobent l'entrée à la clarté du jour.
Là, parmi les douceurs d'un *tranquille* silence,
Règne sur le duvet une *heureuse* indolence.
C'est là que le prélat, muni d'un déjeuner,
Dormant d'un *léger* somme, attendait le dîner.
La jeunesse *en sa fleur* brille sur son visage ;
Son menton sur son sein descend à double étage,
Et son corps ramassé dans sa *courte* grosseur
Fait gémir les coussins sous sa *molle* épaisseur.

Il n'est pas nécessaire de faire remarquer combien de force et de noblesse donne à ce morceau l'heureux choix d'épithètes dont l'auteur a su l'embellir.

CHAPITRE III.

§ 1. DES FIGURES.

Les *figures* sont des manières de rendre la pensée qui ajoutent au style de la force et de la grâce, soit en transportant la signification d'un mot sur un autre, soit en donnant à la construction des phrases des formes ou des tours suggérés par l'inspiration du moment.

Un mot est pris dans un sens *figuré* lorsqu'on l'emploie dans un sens autre que celui pour lequel il a été créé, qui s'appelle sens *propre*.

Il y a des figures qui changent la signification des mots, et on les nomme *tropes*, d'un verbe grec qui signifie *changer*. C'est ainsi qu'on dit *cent voiles* pour cent vaisseaux, *un lion* pour un homme courageux. D'autres figures laissent aux mots leur véritable signification, et conservent le nom générique de *figures*. Celles-ci se distinguent encore en deux espèces, *figures de mots* et *figures de pensée*.

La figure de mots disparait dès qu'on change le mot; la figure de pensée subsiste malgré le changement des mots.

§ 2. DES TROPES.

Les tropes sont des figures par lesquelles on enlève à un mot sa signification propre pour lui en faire prendre une autre qui n'est pas la sienne.

Les principaux tropes sont au nombre de six; savoir, La *métaphore*, l'*allégorie*, la *catachrèse*, la *métonymie*, la *synecdoque* et l'*antonomase*.

I. LA MÉTAPHORE est un trope par lequel on transporte un mot de sa signification propre à une autre signification qui ne lui convient qu'en vertu d'une comparaison qui est dans l'esprit. Toute métaphore renferme donc une comparaison; mais elle en rend l'expression plus rapide et plus vive. Quand on dit d'un héros qu'il s'élance *comme un lion*, c'est une comparaison ; mais si je dis *ce lion s'élance*, c'est une métaphore.

Un Espagnol, dans la tragédie d'*Alzire*, exprime en ces termes la surprise que causa aux Mexicains la première vue des vaisseaux venus d'Europe :

Je montrai le premier aux peuples du Mexique
L'appareil inouï pour ces mortels nouveaux
De nos *châteaux ailés qui volaient sur les eaux*.

C'est par métaphore que Racine dit :

Celui qui met un frein à la fureur des flots :

Pour celui qui arrête les flots de la mer.

Tel est encore ce vers de Boileau :

Le chagrin *monte en croupe et galope avec lui*.

C'est encore par métaphore qu'on dit que la géographie et la chronologie sont les *yeux* de l'histoire ; que l'histoire est le *flambeau* des temps, etc.

Les métaphores sont défectueuses, 1° quand elles sont tirées de sujets bas ; on reproche à Tertullien d'avoir dit que le déluge fut *la lessive du monde*. 2° Quand elles sont forcées, prises de loin, et que le rapport n'est point assez naturel ni la comparaison assez sensible ; Théophile a dit : *La charrue écorche la plaine* ; et ailleurs : *Je baignerai mes mains dans l'onde de tes cheveux*. 3° Quand les termes métaphoriques, dont l'un est dit de l'autre, excitent des idées qui ne peuvent être liées C'est une faute qu'on trouve dans ce vers de J. B. Rousseau :

> Et les jeunes zéphyrs de leurs chaudes haleines
> Ont *fondu l'écorce* des eaux.

Fondre ne peut se dire en parlant de *l'écorce*, même au figuré. En outre *l'écorce des eaux* est une métaphore forcée.

On peut quelquefois adoucir la métaphore en la changeant en comparaison ou en y ajoutant quelque correctif, comme : *pour ainsi dire, si l'on peut parler ainsi*, etc

II. L'ALLÉGORIE est une métaphore continuée et étendue, comme l'a dit le poète :

L'allégorie habite un palais diaphane.

Voilà l'exemple et la définition. Quand on a commencé l'allégorie on doit conserver dans toute la suite du discours l'image dont on a emprunté les premières expressions. Madame Deshoulières, sous l'image d'une bergère qui parle à ses brebis, rend compte à ses enfants de tout ce qu'elle a fait pour leur procurer des établissements. Sous cette image elle se plaint tendrement des rigueurs de la fortune, et recommande sa famille à Louis XIV.

> Dans ces prés fleuris
> Qu'arrose la Seine
> Cherchez qui vous mène,
> Mes chères brebis :
> J'ai fait pour vous rendre
> Le destin plus doux
> Ce qu'on peut attendre
> D'une amitié tendre ;
> Mais son long courroux
> Détruit, empoisonne
> Tous mes soins pour vous,

Et vous abandonne
Aux fureurs des loups.
Seriez-vous leur proie,
Aimable troupeau,
Vous de ce hameau
L'honneur et la joie,
Vous qui, gras et beau,
Me donnez sans cesse
Sur l'herbette épaisse
Un plaisir nouveau ?
Que je vous regrette!
Mais il faut céder.
Sans chien, sans houlette
Puis-je vous garder ?
L'injuste fortune
Me les a ravis;
En vain j'importune
Le ciel par mes cris:
Il rit de mes craintes,
Et, sourd à mes plaintes,
Houlette ni chien,
Il ne me rend rien.
Puissiez-vous contentes,
Et sans mon secours,
Passer d'heureux jours,
Brebis innocentes,
Brebis, mes amours!
Que Pan vous défende;
Hélas! il le sait,
Je ne lui demande
Que ce seul bienfait.
Oui, brebis chéries,
Qu'avec tant de soin
J'ai toujours nourries,
Je prends à témoin
Ces bois, ces prairies
Que si les faveurs
Du Dieu des pasteurs

Vous gardent d'outrages,
Et vous font avoir
Du matin au soir
De gras pâturages.
J'en conserverai
Tant que je vivrai
La douce mémoire,
Et que mes chansons
En mille façons
Porteront sa gloire
Du rivage heureux
Où, vif et pompeux,
L'astre qui mesure
Les nuits et les jours,
Commençant son cours.
Rend à la nature
Toute sa parure,
Jusqu'en ces climats
Où, sans doute las
D'éclairer le monde,
Il va chez Thétis
Ranimer dans l'onde
Ses feux amortis.

Gresset a représenté sous une très ingénieuse allégorie les variétés de la vie :

En promenant vos rêveries,
Dans le silence des prairies,
Vous voyez un faible rameau,
Qui, par les jeux du vague Éole
Enlevé de quelque arbrisseau,
Quitte sa tige, tombe, vole
Sur la surface d'un ruisseau.
Là, par une invincible pente,
Forcé d'errer et de changer,
Il vogue au gré de l'onde errante,
Et, d'un mouvement étranger,

Souvent il paraît, il surnage ;
Souvent il est au fond des eaux :
Il rencontre sur son passage
Tous les jours des pays nouveaux.
Tantôt un fertile rivage
Bordé de coteaux fortunés,
Tantôt une rive sauvage
Et des déserts abandonnés :
Parmi ces erreurs continues,
Il fuit, il vogue jusqu'au jour,
Qui l'ensevelit à son tour
Au sein de ces mers inconnues
Où tout s'abîme sans retour.

III. La CATACHRÈSE est une espèce de métaphore à laquelle on a recours par nécessité quand on ne trouve point dans la langue de mot propre pour exprimer ce qu'on veut dire. Ainsi on dit qu'un cheval a été *ferré d'argent* plutôt que d'inventer un mot nouveau, qui ne serait pas entendu; de même une *feuille* de papier, une *feuille* de ferblanc, une *feuille* d'or, etc. ; aller à *cheval* sur un *bâton*.

IV. La MÉTONYMIE, mot qui signifie *changement de nom*, n'est en effet qu'une transposition de mots; elle consiste,

1° A prendre *la cause pour l'effet*. C'est ainsi que le nom des dieux du paganisme se prend pour la chose dont ils étaient regardés comme les inventeurs ou à laquelle ils présidaient. On dit *les travaux de Mars* pour les travaux de la guerre, *les Muses* pour les beaux-arts, *Bacchus* pour le vin, *Cérès* pour le pain, *Vénus* pour la beauté, etc.

2° *L'effet pour la cause :*

Déjà l'Othrys est nu ; Pélion n'a plus d'ombre.

L'ombre, qui est l'effet des arbres, est prise ici pour les arbres mêmes.

3° *Le contenant pour le contenu* : Il aime *la bouteille*, pour il aime le vin. Boire *la coupe empoisonnée*, c'est à dire le poison qu'elle contient. L'Ecriture dit : *La terre* se tut devant Alexandre, c'est à dire les peuples de la terre.

4° *Le signe pour la chose signifiée*. L'*épée* se prend pour la profession des armes, la *robe* pour la magistrature. Le *sceptre* est pris pour l'autorité royale ; le *trident* est le symbole de Neptune ; l'*olivier* signifie la paix, etc.

5° Le possesseur pour la chose même qu'ils possède. On dit *ce fermier a brûlé* pour dire que sa maison a été consumée par les flammes.

6° *Le nom abstrait pour le concret*. *Blancheur* est un terme abstrait, et *blanc* est un terme concret ; on dira la *blancheur du papier* pour *le papier blanc*.

V. LA SYNECDOQUE met le plus pour le moins et le moins pour le plus ; elle étend ou restreint la signification des mots : il y a synecdoque,

1° *Lorsque l'on prend le genre pour l'espèce* ou *l'espèce pour le genre :*

> Seigneur, dans ta gloire adorable
> Quel *mortel* est digne d'entrer !

C'est à dire quel homme. Le genre *mortel* est pris pour l'espèce *homme*.

2° *Lorsqu'on prend la partie pour le tout :* cent voiles pour cent vaisseaux. Un armée de *dix mille lances* pour une armée de dix mille hommes.

3° *Le singulier pour le pluriel*, et réciproquement.

Le Français, né malin, créa le vaudeville.

Le Français est mis là pour les Français.

4° La matière dont une chose est faite pour la chose même : ainsi *le fer* se prend pour l'épée, *l'airain* pour le canon, etc.

> Et, par cent bouches horribles,
> *L'airain* sur ces monts terribles
> Vomit le *fer* et la mort.

VI. L'ANTONOMASE consiste à mettre un nom commun pour un nom propre, ou un nom propre pour un nom commun.

C'est par antonomase qu'on dit : *Le philosophe de Genève* pour J. J. Rousseau, *le patriarche de Ferney* pour Voltaire, un *Tibère* pour un prince cruel, un *Aristarque* pour un critique judicieux, etc.

§ 3. DES FIGURES DE MOTS PROPREMENT DITES.

Parmi les figures de mots il y en a quatre qui appartiennent à la grammaire, mais qui ne laissent pas cependant de faire un bel effet dans le discours. Ces figures sont l'*ellipse*, le *pléonasme*, l'*hyperbate*, la *syllepse*.

1° L'ELLIPSE supprime des mots dont la construction grammaticale paraîtrait avoir besoin. Pour que l'ellipse soit bonne il faut qu'on puisse suppléer sans peine les mots retranchés, et qu'ils se présentent naturellement à l'esprit.

Dans la fable des *Membres* et de l'*Estomac* La Fontaine dit :

Ainsi dit, ainsi fait : les mains *cessent* de prendre,
Les bras d'agir, les jambes de marcher.

On voit facilement que le verbe *cessent* est retranché deux fois dans le second vers.

Je t'aimais inconstant, qu'aurais-je fait fidèle ?

La grammaire eût dit : Si je t'aimais quoique *tu fusses* inconstant, qu'aurais-je fait *si tu avais été* fidèle ? mais ce tour serait languissant.

On doit éviter dans l'ellipse de sous-entendre au pluriel un verbe qui n'a été exprimé qu'au singulier, et réciproquement, ex. :

Le peuple *jouit* des vertus du prince, et les courtisans de ses grâces.

Le cœur est pour Pyrrhus, et les vœux pour Oreste.

On ne doit point sous-entendre au passif un verbe exprimé à l'actif et réciproquement.

Qui ne sait point *aimer* n'est pas digne de *l'être*.

Enfin il ne faut point sous-entendre des verbes à des temps différents de ceux qui sont exprimés.

II. LE PLÉONASME est l'opposé de l'ellipse ; il ajoute ce que la grammaire retranche comme superflu :

Je l'ai *vu*, dis-je, *vu, de mes propres yeux vu*,
Ce qui s'appelle *vu*.

Il suffisait pour le sens de dire : *Je l'ai vu*. Lorsque le pléonasme n'est qu'une suite de paroles inutiles c'est un vice qu'aucune figure ne peut justifier.

III. L'HYPERBATE ou *inversion* est une figure qui transpose l'ordre de la syntaxe ordinaire :

Et les hautes vertus que *de vous il hérite*,

pour *qu'il hérite de vous*.

De la belle saison le retour a des charmes.

pour *le retour de la belle saison* a des charmes.

Cette figure donne à l'expression un tour plus vif et plus gracieux ; on l'emploie surtout en poésie.

IV. LA SYLLEPSE fait accorder le mot avec l'idée plutôt qu'avec le mot auquel il se rapporte grammaticalement.

Joad dit à Joas, dans la tragédie d'Athalie :

Entre le *pauvre* et vous vous prendrez Dieu pour juge,
Vous souvenant, mon fils, que, caché sous ce lin,
Comme *eux* vous fûtes pauvre et comme *eux* orphelin.

Comme eux s'accorde non avec le mot *pauvre* qui précède, mais avec l'idée des *pauvres*, en faveur desquels le grand-prêtre veut intéresser Joas.

Les autres figures de mots ne dérangent rien aux règles de la grammaire ; elles ont pour objet de donner au style de la fermeté, de la vivacité et de la force.

I. LA RÉPÉTITION consiste à répéter plusieurs fois le même mot pour insister sur quelque pensée, pour exprimer avec plus de force une passion vive, un sentiment profond.

Tels sont ces vers de Boileau dans sa cinquième Épître :

L'argent, l'argent, dit-on; sans lui tout est stérile:
La vertu sans *argent* n'est qu'un meuble inutile;
L'*argent* en honnête homme érige un scélérat,
L'*argent* seul au palais peut faire un magistrat.....

Joad dit de même dans Athalie :

Rompez, rompez tout pacte avec l'impiété.

Et Delille, dans sa traduction des Géorgiques :

Tendre épouse! c'est *toi* qu'appelait son amour,
Toi qu'il pleurait la nuit, *toi* qu'il pleurait le jour.

Si on retranchait la répétition de ces différents exemples, ils perdraient toute leur beauté et toute leur force.

II. La conjonction consiste à répéter la particule conjonctive *et* entre les différents membres d'une phrase :

Il terrasse à lui seul *et* Guibert *et* Grasset,
Et Gorillon la basse, *et* Grandin le fausset,
Et Gerbais l'agréable, *et* Guérin l'insipide.

Dans les vers suivants de Racine la répétition de la conjonction *et* semble multiplier les meurtres et peint la fureur du soldat :

On égorge à la fois les enfants, les vieillards,
    Et la sœur *et* le frère,
    Et la fille *et* la mère,
  Le fils dans les bras de son père!

III. La disjonction au contraire supprime les particules pour donner au discours plus de rapidité.

J'entre, le peuple fuit, le sacrifice cesse.
Le grand-prêtre vers moi s'avance avec fureur.

IV. L'APPOSITION emploie les substantifs comme épithètes. Louis Racine, dans son poème de la Religion, a dit :

C'est dans un faible *objet, imperceptible ouvrage,*
Que l'art de l'ouvrier me frappe davantage.

Dans ces vers, *imperceptible ouvrage* est joint par apposition à *faible objet,* qu'il qualifie.

§ 4. DES FIGURES DE PENSÉE.

Les figures de pensée sont celles qui dépendent tellement de la manière de penser et de sentir qu'elles subsistent toujours quoiqu'on viendrait à changer les mots qui les expriment.

Les principales figures de pensée sont : *l'interrogation*, la *subjection*, *l'apostrophe*, *l'exclamation*, la *prosopopée*, le *dialogisme*, *l'obsécration*, *l'imprécation*, *l'hypotypose*, *l'ironie*, *l'hyperbole*, la *litote*, la *périphrase*, *l'antithèse*, la *comparaison*, *l'allusion*, la *gradation*, la *suspension*, la *prétérition*, la *réticence*, la *communication*, la *correction*, la *concession* et *l'épiphonème*.

I. L'INTERROGATION, mouvement naturel dans l'indignation, la douleur, la crainte, l'étonnement, anime le discours, tient l'auditeur en haleine et le force de recevoir l'impression. Les interrogations accumulées expriment l'émotion de celui qui parle, et la font passer dans le cœur de ceux qui l'écoutent.

Joad surpris de voir Josabeth, son épouse, s'entretenir avec Mathan, exprime son indignation par ces interrogations sublimes :

Où suis-je ? de Baal ne vois-je pas le prêtre ?
Quoi ! fille de David, vous parlez à ce traître !
Vous souffrez qu'il vous parle, et vous ne craignez pas
Que du fond de l'abîme entr'ouvert sous ses pas
Il ne sorte à l'instant des feux qui vous embrasent.
Ou qu'en tombant sur lui ces murs ne vous écrasent ?
Que veut-il ? de quel front cet ennemi de Dieu
Vient-il infecter l'air qu'on respire en ce lieu ?

II. La SUBJECTION fait la demande et la réponse ; en voici un exemple tiré de l'oraison funèbre du président Lamoignon :

« Quelles pensez-vous que furent les voies qui conduisirent cet illustre magistrat à des fins si nobles ? la faveur ? — Il n'avait d'autres relations à la cour que celles que lui donnaient ou ses affaires ou ses devoirs. — Le hasard ? — On fut longtemps à délibérer, et dans une affaire aussi délicate on crut qu'il fallait tout donner au conseil et ne rien laisser à la fortune ! — La cabale ? — Il était du nombre de ceux qui n'avaient suivi que le parti de leurs devoirs. »

III. L'APOSTROPHE a lieu, non lorsqu'on adresse la parole à quelqu'un, mais lorsqu'on la détourne de ceux à qui l'on parlait d'abord pour l'adresser à d'autres. C'est un mouvement passionné dans lequel on s'adresse au ciel, aux hommes, à la terre, aux morts et même aux choses insensibles.

Andromaque dans la servitude tourne sa pensée vers les murs de Troie, et leur parle comme à des amis qui peuvent comprendre ses plaintes et compatir à ses larmes.

Non, vous n'espérez plus de nous revoir encor,
Sacrés murs, que n'a pu conserver mon Hector!

Dans l'oraison funèbre de la duchesse d'Orléans Bossuet adresse tout à coup la parole à la princesse, puis à Dieu, puis aux anges :

« Princesse, dont la destinée est si grande et si glorieuse, faut-il que vous naissiez en la puissance des ennemis de votre maison ? O Eternel! veillez sur elle ! anges saints, rangez alentour vos escadrons invisibles, et faites la garde autour du berceau d'une princesse si grande et si délaissée !

IV. L'EXCLAMATION est l'expression de tout sentiment vif et subit qui saisit l'âme. Elle éclate d'ordinaire par des interjections.

C'est ainsi que Cornélie, lorsqu'elle entend vanter la douleur de César, à la vue de l'urne qui renfermait les cendres de Pompée, s'écrie :

O soupirs! ô respects! ô qu'il est doux de plaindre
Le sort d'un ennemi quand il n'est plus à craindre!

Bossuet, dans l'oraison funèbre de la duchesse d'Orléans :

« O nuit désastreuse! ô nuit effroyable, où retentit
« tout à coup comme un éclat de tonnerre cette
« étonnante nouvelle : *Madame se meurt, Madame est*
« *morte.* »

A ces paroles l'auditoire éclata en sanglots, l'orateur lui-même fut obligé de s'arrêter pendant quelques instants.

VI. La prosopopée est une figure à grands mouvements qui prête la vie et le sentiment aux morts et aux êtres inanimés; elle fait parler les présents, les absents, le ciel, la terre, les êtres insensibles, réels, abstraits, imaginaires, évoque les morts du tombeau.

Fléchier nous en fournit un exemple dans l'éloge funèbre de Montausier, dont le caractère avait été une noble franchise :

« Oserais-je, dans un discours où la franchise et la
« candeur font le sujet de nos éloges, employer la
« fiction et le mensonge? ce tombeau s'ouvrirait, ces
« ossements se rejoindraient et se ranimeraient pour
« me dire : Pourquoi viens-tu mentir pour moi qui
« ne mentis jamais pour personne? ne me rends pas
« un honneur que je n'ai pas mérité, à moi qui n'en
« voulus jamais rendre qu'au mérite. Laisse-moi re-
« poser dans le sein de la vérité, et ne viens pas
« troubler ma paix par la flatterie, que j'ai haïe. Ne
« dissimule pas mes défauts, et ne m'attribue pas
« mes vertus : loue seulement la miséricorde de
« Dieu, qui a voulu m'humilier par les uns et me sanc-
« tifier par les autres.... »

Milton nous offre un bel exemple de prosopopée dans les adieux d'Eve au paradis terrestre :

O vous, objets chéris de mes soins assidus,
Adieu, charmantes fleurs, vous ne me verrez plus

Aux rayons du soleil présenter vos calices,
Du printemps près de vous épier les prémices,
A vos jeunes tribus assigner leurs cantons,
Cultiver votre enfance et vous donner vos noms !
Qui viendra vous verser vos eaux rafraîchissantes ?
Quel autre soutiendra vos tiges languissantes ?
Hélas ! chaque matin je courais vous revoir;
Je vous soignais le jour, vous visitais le soir;
Des eaux du paradis j'entretenais vos charmes,
Et mes yeux maintenant vous arrosent de larmes !

(*Paradis perdu*, ch. xi, trad. de Delille.)

VII. LE DIALOGISME est une espèce de prosopopée. C'est ainsi que Boileau feint un dialogue entre l'Avarice et le marchand qu'elle excite à courir sur les mers :

Le sommeil sur ses yeux commence à s'épancher:
—Debout, dit l'Avarice, il est temps de marcher.
—Eh! laisse-moi.— Debout.—Un moment.—Tu répliques !
—A peine le soleil fait ouvrir les boutiques !
—N'importe, lève-toi.— Pourquoi faire après tout ?
—Pour courir l'océan de l'un à l'autre bout,
Chercher jusqu'au Japon la porcelaine et l'ambre,
Rapporter de Goa le poivre et le gingembre.
—Mais j'ai des biens en foule, et je puis m'en passer.
—On n'en peut trop avoir, et pour en amasser
Il ne faut épargner ni crime ni parjure;
Il faut souffrir la faim et coucher sur la dure;
Eût-on plus de trésors que n'en perdit Galet,
N'avoir en sa maison ni meubles ni valet;
Parmi les tas de blé vivre de seigle et d'orge;
De peur de perdre un liard souffrir qu'on vous égorge.
—Et pourquoi cette épargne enfin ?—L'ignores-tu ?
Afin qu'un héritier bien nourri, bien vêtu,
Profitant d'un trésor en les mains inutile,
De son train quelque jour embarrasse la ville.
—Que faire ?— Il faut partir; les matelots sont prêts.

VIII. L'OBSÉCRATION consiste à demander avec prières, instances et supplications ce qu'on veut obtenir :

Philoctète, dans *Télémaque*, supplie Néoptolème de l'emmener avec lui, et de ne pas l'abandonner dans les rochers de l'île de Lemnos:

« O mon fils! je te conjure par les mânes de ton père, par ta mère, par tout ce que tu as de plus cher sur la terre, de ne pas me laisser seul dans les maux que tu vois! »

IX. L'IMPRÉCATION invoque le ciel, les enfers ou quelque puissance supérieure contre un objet odieux.

Voici les paroles que le grand Corneille met dans la bouche de Camille, sœur d'Horace, lorsque celui-ci vient lui annoncer qu'il a tué les Curiaces :

Rome, l'unique objet de mon ressentiment!
Rome, à qui vient ton bras d'immoler mon amant!
Rome, qui t'a vu naître et que ton cœur adore!
Rome enfin, que je hais, parcequ'elle t'honore!
Puissent tous ses voisins ensemble conjurés
Saper ses fondements encor mal assurés!
Et si ce n'est assez de toute l'Italie,
Que l'Orient contre elle à l'Occident s'allie!
Que cent peuples unis des bouts de l'univers
Passent pour la détruire et les monts et les mers!
Qu'elle-même sur soi renverse ses murailles,
Et de ses propres mains déchire ses entrailles;
Que le courroux du ciel allumé par mes vœux
Fasse pleuvoir sur elle un déluge de feux!
Puissé-je de mes yeux y voir tomber la foudre,
Voir ses maisons en cendre et les lauriers en poudre,

Voir le dernier Romain à son dernier soupir,
Moi seule en être cause, et mourir de plaisir!

Citons encore cet admirable passage de Job exhalant sa souffrance cruelle :

Qu'il périsse à jamais le jour où j'ai reçu
    Le don de la clarté céleste!
    Oui, périsse la nuit funeste,
La nuit qui dit au monde: Un enfant est conçu!

    Ce jour, qu'il se change en ténèbres;
    Que Dieu le plonge dans l'oubli;
    Que sous des nuages funèbres
    Ce jour demeure enseveli!

O nuit de ma naissance! ô nuit infortunée!
Que sur elle la mort jette son voile épais,
    Et que du cercle de l'année
    Dieu la retranche pour jamais!
Que pendant cette nuit la douleur solitaire
Laisse seule échapper ses sinistres accents,
    Et que les échos gémissants
N'y répètent qu'un son lugubre et funéraire!
    Que parmi les temps malheureux
Cette effroyable nuit soit à jamais placée,
Parmi ces temps de deuil où la foule insensée
Blasphème insolemment l'astre éclatant des cieux!

Nuit! que de tes flambeaux l'éclat se décolore
    Sur ton front morne et pâlissant;
Que s'éteigne pour toi le pourpre éblouissant
    Des feux précurseurs de l'aurore,
    O toi qui n'as pas de mes jours
Dès leur source arrêté le déplorable cours!
Que ne m'a-t-on fermé les portes de la vie!
    Que ne m'a-t-elle été ravie
    Sur les genoux qui m'ont reçu,
A l'heure où je sortis des flancs qui m'ont conçu.

Pourquoi dans mon berceau ma nourrice fidèle,
Ignorant le malheur qui m'était destiné,
Aux lèvres d'un enfant à gémir condamné
A-t-elle présenté le lait de sa mamelle ?

(LEVAVASSEUR, trad. de Job.)

L'auteur du *Génie du Christianisme* s'écrie à l'occasion du touchant début de ce morceau : « Etrange manière de gémir ! Il n'y a que l'Ecriture qui ait parlé ainsi. »

X. L'HYPOTYPOSE peint l'objet avec des couleurs si vives et des images si vraies qu'elle le met en quelque sorte sous les yeux.

C'est ainsi que Racine représente Athalie et la montre, pour ainsi dire, dans ces deux beaux vers :

Un poignard à la main, l'implacable Athalie
Au carnage animait ses barbares soldats,
Et poursuivait le cours de ses assassinats.

Les ouvrages de Racine sont remplis de pareilles beautés. Quoique le tableau de la mort d'Hippolyte soit connu de tout le monde, nous n'hésiterons pas à le donner encore une fois pour modèle. Le beau ne saurait être trop étudié.

A peine nous sortions des portes de Trézène,
Il était sur son char, ses gardes affligés
Imitaient son silence autour de lui rangés.
Il suivait tout pensif le chemin de Mycènes;
Sa main sur ses chevaux laissait flotter les rênes.
Ses superbes coursiers, qu'on voyait autrefois,
Pleins d'une ardeur si noble, obéir à sa voix,
L'œil morne maintenant et la tête baissée,
Semblaient se conformer à sa triste pensée.

Un effroyable cri, sorti du fond des flots,
Des airs en ce moment a troublé le repos.
Et du sein de la terre une voix formidable
Répond en gémissant à ce cri redoutable.
Jusqu'au fond de nos cœurs notre sang s'est glacé:
Des coursiers attentifs le crin s'est hérissé.
Cependant sur le dos de la plaine liquide
S'élève à gros bouillons une montagne humide.
L'onde approche, se brise, et vomit à nos yeux,
Parmi des flots d'écume, un monstre furieux.
Son front large est armé de cornes menaçantes;
Tout son corps est couvert d'écailles jaunissantes.
Indomptable taureau, dragon impétueux,
Sa croupe se recourbe en replis tortueux;
Ses longs mugissements font trembler le rivage.
Le ciel avec horreur voit ce monstre sauvage,
La terre s'en émeut, l'air en est infecté,
Le flot qui l'apporta recule épouvanté.
Tout fuit, et, sans s'armer d'un courage inutile,
Dans le temple voisin chacun cherche un asile.
Hippolyte lui seul, digne fils d'un héros,
Arrête ses coursiers, saisit ses javelots,
Pousse au monstre, et, d'un dard lancé d'une main sûre,
Il lui fait dans le flanc une large blessure.
De rage et douleur le monstre bondissant
Vient aux pieds des chevaux tomber en mugissant,
Se roule, et leur présente une gueule enflammée
Qui les couvre de feu, de sang et de fumée.
La frayeur les emporte; et, sourds à cette fois,
Ils ne connaissent plus ni le frein ni la voix.
En efforts impuissants leur maître se consume;
Ils rougissent le mors d'une sanglante écume :
On dit qu'on a vu même en ce désordre affreux
Un Dieu qui d'aiguillons pressait leurs flancs poudreux.
A travers les rochers la peur les précipite.
L'essieu crie et se rompt: l'intrépide Hippolyte
Voit voler en éclats tout son char fracassé;
Dans les rênes lui-même il tombe embarrassé.

Excusez ma douleur, cette image cruelle
Sera pour moi de pleurs une source éternelle.
J'ai vu, seigneur, j'ai vu votre malheureux fils
Traîné par les chevaux que sa main a nourris :
Il veut les rappeler, et sa voix les effraie.
Ils courent. Tout son corps n'est bientôt qu'une plaie.
De nos cris douloureux la plaine retentit.
Leur fougue impétueuse enfin se ralentit;
Ils s'arrêtent non loin de ces tombeaux antiques
Où des rois ses aïeux sont les froides reliques.
Je cours en soupirant, et sa garde me suit;
De son généreux sang la trace nous conduit,
Les rochers en sont teints; les ronces dégouttantes
Portent de ses cheveux les dépouilles sanglantes.
J'arrive, je l'appelle, et, me tendant la main,
Il ouvre un œil mourant, qu'il referme soudain:
« Le ciel, dit-il, m'arrache une innocente vie.
« Prends soin après ma mort de la triste Aricie.
« Cher ami, si mon père, un jour désabusé,
« Plaint le malheur d'un fils faussement accusé,
« Pour apaiser mon sang et mon ombre plaintive
« Dis-lui qu'avec douceur il traite sa captive,
« Qu'il lui rende ... » A ces mots ce héros expiré
N'a laissé dans mes bras qu'un corps défiguré;
Triste objet où des dieux triomphe la colère,
Et que méconnaîtrait l'œil même de son père!

L'hypotypose est donc une description vive et animée qui nous met les objets sous les yeux. On peut comprendre sous le nom général d'hypotypose :

La *prosographie*, qui représente les traits extérieurs, le visage, l'air, le maintien d'une personne.

L'*éthopée* ou représentation des mœurs, qui décrit les vertus ou les vices, les qualités ou les défauts d'un homme, d'un peuple ou d'une nation.

Le *portrait* ou *caractère*, qui se forme de la réunion de la *prosographie* et de l'*éthopée*, et qui nous met sous les yeux en action le personnage tout entier. Tels sont les caractères de La Bruyère, les caractères de comédie, etc.

La *chronographie* raconte les différentes circonstances de temps d'un événement.

La *topographie* met sous les yeux le lieu de la scène, un temple, un palais, un paysage, etc.

La *démonstration* ou *description*, qui rassemble à la fois toutes les espèces d'hypotyposes. Le récit de la mort d'Hippolyte, cité ci-dessus, peut servir de modèle de *description* et d'hypotypose tout à la fois.

XI. L'IRONIE, ou contre-vérité, fait entendre le contraire de ce qu'on dit.

Il y a deux sortes d'ironie ; l'ironie légère et enjouée, qui plaisante avec esprit et finesse, et l'ironie aigre et mordante, qui répand le fiel et l'amertume. Cette dernière est ordinairement le langage de l'indignation et du ressentiment.

De la première espèce est cette réponse de Sertorius à Pompée, qu'il avait battu et qui le louait sur son expérience militaire :

Quant à l'heureux Sylla, je n'ai rien à vous dire ;
Je vous ai montré l'art d'abattre son empire :
Et si je puis jamais y joindre des leçons
Dignes de vous apprendre à repasser les monts,
Je suivrai d'assez près votre illustre retraite
Pour parler à Sylla sans besoin d'interprète.

(CORNEILLE, *Sertorius*.)

J. B. Rousseau raille finement les déistes et les prétendus esprits forts dans son épître à Racine le fils :

Tous ces objets de la crédulité,
Dont s'infatue un mystique entêté,
Pouvaient jadis abuser des Cyrille,
Des Augustin, des Léon, des Basile ;
Mais quant à vous, grands hommes, grands esprits,
C'est par un noble et généreux mépris
Qu'il vous convient d'extirper ces chimères,
Epouvantails d'enfants et de grand'mères.

La seconde espèce d'ironie règne dans ce discours d'Hermione à Pyrrhus : le héros vient de lui faire l'aveu de son amour pour Andromaque, et lui annonce qu'il est résolu d'épouser la princesse troyenne; Hermione, outrée de dépit et d'indignation, lui répond par cette sanglante ironie :

Est-il juste, après tout, qu'un conquérant s'abaisse
Sous la servile loi de garder sa promesse ?
Non, non; la perfidie a de quoi vous tenter;
Et vous ne me cherchez que pour vous en vanter.
Quoi! sans que ni serment ni devoir vous retienne,
Rechercher une Grecque, amant d'une Troyenne;
Me quitter, me reprendre, et retourner encor
De la fille d'Hélène à la veuve d'Hector;
Couronner tour à tour l'esclave et la princesse,
Immoler Troie aux Grecs, au fils d'Hector la Grèce :
Tout cela part d'un cœur toujours maître de soi,
D'un héros qui n'est point esclave de sa foi.
Pour plaire à votre épouse il vous faudrait peut-être
Prodiguer les doux noms de parjure et de traître.
Vous veniez de mon front observer la pâleur
Pour aller dans ses bras rire de ma douleur.
Pleurante après son char vous voulez qu'on me voie ;
Mais, seigneur, en un jour ce serait trop de joie ;
Et sans chercher ailleurs des titres empruntés,
Ne vous suffit-il pas de ceux que vous portez?
Du vieux père d'Hector la valeur abattue

Aux pieds de sa famille expirante à sa vue ;
Tandis que dans son sein votre bras enfoncé
Cherche un reste de sang que l'âge avait glacé ;
Dans des ruisseaux de sang Troie ardente plongée,
De votre propre main Polyxène égorgée
Aux yeux de tous les Grecs indignés contre vous ;
Que peut-on refuser à ces généreux coups ?

De toutes les figures l'ironie est celle sur laquelle on doit être le plus réservé : la raillerie plaît, mais le railleur est odieux.

XII. L'HYPERBOLE ou exagération donne aux objets dont on parle quelques degrés de plus ou de moins qu'ils n'en ont dans la réalité. L'imagination vivement frappée voit les choses autrement qu'elles ne sont, en grand ou en petit, en beau ou en laid, et veut les représenter telles qu'elle les voit.

C'est ainsi que Virgile peint d'une manière hyperbolique la légèreté de la princesse Camille :

Elle eût, des jeunes blés rasant les verts tapis,
Sans plier leur sommet couru sur les épis ;
Ou, d'un pas suspendu sur les vagues profondes,
De la mer en glissant eût effleuré les ondes,
Et d'un pied plus léger que l'aile des oiseaux
Sans mouiller sa chaussure eût volé sur les eaux.

(*Enéide*, trad. de Delille.)

La Fontaine semble avoir voulu se moquer des exagérations hyperboliques de certains auteurs dans sa fable du *Dépositaire infidèle* :

Même dispute advint entre deux voyageurs.
    L'un d'eux était de ces conteurs
Qui n'ont jamais rien vu qu'avec un microscope ;
Tout est géant chez eux : écoutez-les, l'Europe,

Comme l'Afrique, aura des monstres à foison.
Celui-ci se croyait l'hyperbole permise :
J'ai vu, dit-il, un chou plus gros qu'une maison ;
Et moi, dit l'autre, un pot aussi grand qu'une église.
Le premier se moquant, l'autre reprit : Tout doux ;
 On le fit pour cuire vos choux.
L'homme au pot fut plaisant, l'homme au fer fut habile,
Quand l'absurde est outré, l'on lui fait trop d'honneur
De vouloir par raison combattre son erreur.
Enchérir est plus court, sans s'échauffer la bile.

Citons encore ces deux traits des *Plaideurs* de Racine :

Tous les plus gros monsieurs me parlaient chapeau bas ;
Monsieur de Petit-Jean, ah ! gros comme le bras.

Et ailleurs :

Ils me font dire aussi des mots longs d'une toise,
De grands mots qui tiendraient d'ici jusqu'à Pontoise.

On doit user sobrement de l'hyperbole, et craindre de tomber dans l'enflure. Souvent pour vouloir porter trop haut une hyperbole on la détruit ; c'est le défaut de ces vers de Brébeuf :

De morts et de mourants cent montagnes plaintives,
D'un sang impétueux cent vagues fugitives.

XIII. La LITOTE ou diminution est une espèce d'hyperbole : elle consiste à dire moins pour faire entendre plus. Par exemple quand Chimène dit à Rodrigue : *Va, je ne te hais point*, elle lui fait entendre bien plus que ces mots-là ne veulent dire.

XIV. La PÉRIPHRASE ou circonlocution exprime par

un circuit de paroles ce qu'on aurait pu dire en moins de mots, mais d'une manière moins gracieuse ou moins noble.

Voltaire, pour peindre le lever du soleil, dit dans sa *Henriade :*

L'Aurore cependant au visage vermeil
Ouvrait dans l'orient le palais du Soleil;
La Nuit dans d'autres lieux portait ses voiles sombres;
Les Songes voltigeants fuyaient avec les ombres.

Le même poète peint l'effet de la bombe et des mines :

Le salpêtre enfermé dans ces globes d'airain
Part, s'échauffe, s'embrase et s'écarte soudain;
La mort en mille éclats en sort avec furie.
Avec plus d'art encor et plus de barbarie
Dans des antres profonds on a su renfermer
Des foudres souterrains tout prêts à s'allumer.
Sur un chemin trompeur en volant au carnage
Le soldat valeureux se fie à son courage;
On voit en un instant des abîmes ouverts,
De noirs torrents de soufre épandus dans les airs:
Des bataillons entiers par ce nouveau tonnerre
Dans les airs emportés, engloutis sous la terre.

La périphrase n'est pas toujours employée comme ornement; quelquefois elle sert à déguiser une idée pénible et à la présenter sous une forme moins désagréable, ou bien encore pour exprimer des objets dont le nom propre ne pourrait être convenablement employé.

XV. L'ANTITHÈSE oppose les pensées aux pensées et les mots aux mots.

Esther, au milieu des pompes de la cour, assise sur le trône d'Assuérus, se rappelle son Dieu, sa patrie et ses frères infortunés :

Hélas! durant ces jours de joie et de festins
Quelle était en secret ma honte et mes chagrins!
Esther, disais-je, Esther dans la pourpre est assise;
La moitié de la terre à son sceptre est soumise,
Et de Jérusalem l'herbe cache les murs!
Sion, repaire affreux de reptiles impurs,
Voit de son temple saint les pierres dispersées,
Et du Dieu d'Israel les fêtes sont cessées.

XVI. LA COMPARAISON rapproche deux choses qui se ressemblaient soit par plusieurs côtés, soit par un seul; c'est une des plus riches figures de la poésie; elle contribue à orner le discours, à fortifier le raisonnement et à éclaircir les pensées. En voici un bel exemple; c'est le cantique d'Ezéchias de J. B. Rousseau :

J'ai vu mes tristes journées
Décliner vers leur penchant;
Au midi de mes années
Je touchais à mon couchant.
La mort, déployant ses ailes,
Couvrait d'ombres éternelles
La clarté dont je jouis;
Et dans cette nuit funeste
Je cherchais en vain le reste
De mes jours évanouis.

Grand Dieu, votre main réclame
Les dons que j'en ai reçus;
Elle vient couper la trame
Des jours qu'elle m'a tissus.
Mon dernier soleil se lève,

Et votre souffle m'enlève
De la terre des vivants,
Comme la feuille séchée
Qui de sa tige arrachée
Devient le jouet des vents.

Comme un lion plein de rage,
Le mal a brisé mes os;
Le tombeau m'ouvre un passage
Dans ses lugubres cachots.
Victime faible et tremblante,
A cette image sanglante
Je soupire nuit et jour;
Et, dans ma crainte mortelle,
Je suis comme l'hirondelle
Sous la griffe du vautour.

Ainsi de cris et d'alarmes
Mon mal semblait se nourrir;
Et mes yeux noyés de larmes
Etaient lassés de s'ouvrir.
Je disais à la nuit sombre:
O nuit, tu vas dans ton ombre
M'ensevelir pour toujours!
Je redisais à l'aurore:
Le jour que tu fais éclore
Est le dernier de mes jours!

Delille a reproduit avec un bonheur incroyable une des plus belles comparaisons des *Géorgiques* de Virgile; la voici:

Telle sur un rameau Philomèle éplorée
Accuse son malheur et le pâtre inhumain
Qui, remarquant son nid, a de sa dure main
Ravi ses chers petits encor nus et sans aile,
Hélas! et vainement réfugiés sous elle.
Aux rochers, aux vallons, aux échos des déserts
Sans cesse répétant ses lamentables airs,

Seule dans l'ombre obscure elle pleure ; et l'aurore
Seule sur son rameau l'entend gémir encore.

Il faut que les comparaisons soient justes, nobles, neuves, employées à propos ; autrement elles seraient défectueuses. Elles ne doivent point avoir trop d'étendue ni être trop répétées.

XVII. L'ALLUSION est une comparaison qui se fait dans l'esprit, et par laquelle on dit une chose pour en rappeler une autre dont on ne fait pas mention expresse.

C'est par allusion qu'Achille dit à Agamemnon dans l'*Iphigénie* de Racine :

Et que m'a fait à moi cette Troie où je cours ?
Au pied de ces remparts quel intérêt m'appelle ?
Pour qui, sourd à la voix d'une mère immortelle
Et d'un père éperdu négligeant les avis,
Vais-je chercher la mort tant prédite à leur fils ?
Jamais vaisseaux partis des rives du Scamandre
Aux champs thessaliens osèrent-ils descendre,
Et jamais dans Larisse un lâche ravisseur
Me vint-il enlever ou ma femme ou ma sœur ?

Cette allusion a d'autant plus d'à-propos qu'elle rappelle précisément l'enlèvement d'Hélène, qui arma les Grecs contre les Troyens.

XVIII. LA GRADATION, que l'on pourrait aussi classer parmi les figures de mots, présente une suite d'idées, d'images ou de sentiments qui suivent une progression ascendante ou descendante. De là deux espèces de gradation : la *gradation ascendante* et la *gradation descendante*.

Ces vers de Boileau offrent un exemple de la première :

. . . . La Mollesse oppressée
Dans sa bouche à l'instant sent sa langue glacée,
Et lasse de parler, succombant à l'effort,
Soupire, étend les bras, ferme l'œil et s'endort.

De la seconde espèce sont ces vers qu'Oreste adresse à Hermione dans la tragédie d'*Andromaque :*

Vous voulez qu'un roi meure, et pour son châtiment
Vous ne donnez qu'un jour, qu'une heure, qu'un moment.

XIX. La suspension consiste à tenir longtemps l'auditeur en suspens pour lui montrer ensuite un tout autre objet que celui qu'il attendait.

En voici un exemple tiré du sixième discours sur l'histoire de Saint-Réal :

« A la cour de Charles-Quint un différent s'éleva entre deux dames de qualité pour le pas dans une église. Cette affaire paraissait très importante aux yeux des personnes devant qui elle se débattait, et même aux yeux de toute la cour. Cette cour était remplie de courtisans d'un rang dont il ne s'en trouve plus depuis le temps qu'à Rome on comptait des rois parmi ce nombre. L'empereur voulut être l'arbitre d'une cause qui remuait si vivement les esprits d'une cour si magnifique. Qui pourrait se figurer les brigues, les cabales, les sollicitations, les recommandations, les titres, les mémoires, les préjugés et enfin tous les moyens que l'on a coutume d'employer de part et d'autre dans de semblables occasions ! Qu'on se figure le jour où l'empereur devait juger cette importante affaire ; l'attente générale de tout le monde, les désirs et les espérances opposées des diverses parties, les gageures des fous et les prédictions des prétendus sages, le lieu et la solennité de l'assemblée, la présence et l'inquiétude des parties et la gravité de l'empereur. Enfin, après de grands et de longs préparatifs, le monarque fait entendre son jugement : *Que la plus folle*, dit-il, *passe la première*.

La lettre si connue de madame de Sévigné à M. de Coulanges, sur le mariage de M. de Lauzun, est un exemple de la suspension familière.

Nous citerons encore pour exemple ce sonnet burlesque du poète Scarron :

Superbes monuments de l'orgueil des humains,
Pyramides, tombeaux dont la vaine structure
A témoigné que l'art par l'adresse des mains
Et l'assidu travail peut vaincre la nature ;

Vieux palais ruinés, chefs-d'œuvre des Romains
Et le dernier effort de leur architecture ;
Colisée, où souvent ces peuples inhumains
De s'entr'assassiner se donnaient tablature ;

Par l'injure des temps vous êtes abolis,
Ou du moins la plupart on vous a démolis,
Il n'est point de ciment que le temps ne dissoude.

Si vos marbres si durs ont senti son pouvoir,
Dois-je trouver mauvais qu'un méchant pourpoint noir,
Qui m'a duré deux ans, soit percé par le coude.

XX. LA PRÉTÉRITION ou *prétermission* est une figure par laquelle on feint de passer légèrement sur des choses sur lesquelles on veut cependant appuyer avec force.

C'est ainsi qu'Alzire, obligée d'avouer à Zamore qu'elle vient d'épouser Gusman, se justifie sans vouloir cependant paraître s'excuser :

Je pourrais t'alléguer pour affaiblir mon crime
De mon père sur moi le pouvoir légitime ;
L'erreur où nous étions, mes regrets, mes combats,
Les pleurs que j'ai trois ans donnés à ton trépas ;
Que, des chrétiens vainqueurs esclave infortunée,
La douleur de ta perte à leur Dieu m'a donnée ;
Que je t'aimai toujours ; que mon cœur éperdu
A détesté les Dieux qui t'ont mal défendu ;
Mais je ne cherche point, je ne veux point d'excuse ;
Il n'en est point pour moi lorsque l'amour m'accuse.
Tu vis, il me suffit, je t'ai manqué de foi ;
Tranche mes jours affreux, qui ne sont plus pour toi.

XXI. La réticence consiste à interrompre brusquement son discours au lieu de corriger sa pensée. Cette interruption soudaine, ce silence calculé, non seulement font entendre ce qu'on ne veut pas dire, mais même beaucoup plus qu'on ne dirait.

Telles sont ces paroles d'Agrippine dans la tragédie de *Britannicus* :

J'appelai de l'exil, je tirai de l'armée
Et ce même Sénèque et ce même Burrhus,
Qui depuis...... Rome alors estimait leurs vertus.

Lorsqu'Athalie vient demander à Joad Eliacin et les trésors qu'elle croit cachés dans le temple elle lui dit :

. . . . Te voilà, séducteur,
De ligues, de complots pernicieux auteur !
Je devrais sur l'autel où ta main sacrifie
Te..... mais du prix qu'on m'offre il me faut contenter.

XXII. La communication est une figure qui consiste à paraître communiquer familièrement ses raisons à ceux qu'on veut persuader pour s'en rapporter à leur décision.

Brutus, réduit à R trahir ome ou à commettre un parricide dans la personne de César, consulte les conjurés sur le parti qu'il doit prendre dans cette affreuse extrémité :

. . . . Ma honte est véritable.
Vous, amis, qui voyez le destin qui m'accable,
Vous, faits par mes serments les maîtres de mon sort,
Est-il quelqu'un de vous d'un esprit assez fort,
Assez stoïque, assez au dessus du vulgaire
Pour oser décider ce que Brutus doit faire?
Je m'en remets à vous.... Quoi! vous baissez les yeux;
Toi, Cassius, aussi tu te tais avec eux:
Aucun ne me soutient au bord de cet abime,
Aucun ne m'encourage ou ne m'arrache au crime.

XXIII. La correction consiste à se reprendre soi-même comme si on voulait dire mieux ou autre chose que ce qu'on a dit.

En voici un exemple tiré de l'oraison funèbre de la duchesse d'Orléans :

« Non, après ce que nous venons de voir, la santé n'est qu'un nom, la vie n'est qu'un songe, la gloire n'est qu'une apparence, les grâces et les plaisirs ne sont qu'un dangereux amusement. Tout est vain en nous, excepté le sincère aveu que nous faisons devant Dieu de nos vanités et le jugement arrêté qui nous fait mépriser tout ce que nous sommes. — *Mais dis-je la vérité?* l'homme, que Dieu a fait à son image, n'est-il qu'une ombre? ce que Jésus-Christ est venu chercher du ciel en terre, ce qu'il a cru pouvoir sans s'avilir acheter de tout son sang, n'est-ce qu'un rien? Reconnaissons notre erreur.

XXIV. La concession consiste à accorder à son adversaire ce qu'on ne pourrait lui refuser, pour avoir le droit d'insister plus vivement sur ce qu'on ne veut pas lui accorder. On se fait un mérite de sa facilité à accorder des choses dont on pense pouvoir tirer avantage.

César vient d'être assassiné; Antoine se présente pour faire l'éloge du dictateur. S'il commençait par accuser les intentions des meurtriers, on l'interromprait avec indignation; que fait-il donc? Il commence par absoudre les conjurés, et à la faveur de cette apparente modération il fait entendre l'éloge de César.

Contre ses meurtriers je n'ai rien à vous dire;
C'est à servir l'état que leur grand cœur aspire;
De votre dictateur ils ont percé le flanc;
Comblés de ses bienfaits, ils sont teints de son sang.
Pour forcer les Romains à ce coup détestable
Sans doute il fallait bien que César fût coupable;
Je le crois, mais enfin César a-t-il jamais
De son pouvoir sur vous appesanti le faix? etc.

(Voltaire, *la Mort de César.*)

XXV. L'épiphonème est une sorte d'exclamation ou, pour mieux dire, une réflexion qui termine un raisonnement ou un récit.

Virgile, parlant de la manière dont il faut transplanter la vigne, finit par cette sentence:

Plusieurs même, observant dans l'endroit dont il sort
Quel côté vit le sud et quel côté le nord,
Conservent ces aspects, qu'ils gravent sur l'écorce ;
Tant de nos premiers ans l'habitude a de force !
(*Géorgiques*, trad. de DELILLE.)

Telles sont encore les maximes exprimées dans les vers suivants :

Tel brille au second rang qui s'éclipse au premier.
(VOLTAIRE.)

Oh ! que la nuit est longue à la douleur qui veille.
(SAURIN.)

Le crime fait la honte, et non pas l'échafaud.
(TH. CORNEILLE.)

Les figures, quelles qu'elles soient, pour être employées avec avantage doivent naître du fond même du sujet, et ne se montrer que pour revêtir d'une forme vive et brillante les pensées qui ont déjà par elles-mêmes de la force et de la vérité : c'est surtout ici qu'il faut de la mesure ; car l'abus en ce genre est d'autant plus funeste qu'il est presque toujours ridicule. Les figures sont les yeux du discours, mais les yeux ne doivent pas être répandus par tout le corps.

CHAPITRE IV.

§ 1ᵉʳ. CONSEILS GÉNÉRAUX SUR L'ART D'ÉCRIRE.

Nous terminerons cette première partie par quelques préceptes sur l'art d'écrire.

Quel que soit le sujet que l'on ait à traiter, on doit avoir pour but de plaire, d'intéresser et d'instruire ; et pour arriver à ce résultat il y a trois choses à faire : 1° trouver ce qu'on veut dire ou écrire sur le sujet qu'on a à traiter ; 2° disposer son ouvrage dans l'ordre le plus convenable ; 3° le dire ou l'écrire. De là l'*invention*, la *disposition*, l'*élocution*.

§ 2. DE L'INVENTION.

L'*invention* consiste à trouver dans un sujet donné les moyens les plus propres à plaire, à intéresser et à instruire. On ne peut arriver à ce but que par la méditation la plus approfondie de son sujet ; il faut donc avant d'écrire l'examiner avec attention sous toutes ses faces, afin de s'en former une idée bien claire et bien nette : choisir ensuite parmi toutes les idées qui se présentent celles qui paraissent les plus convenables ; passer en revue toutes les circonstances de temps, de lieu, et faire un choix judicieux de celles qui par leur variété sont les plus capables d'exciter et de soutenir la curiosité du lecteur ; étudier avec soin la vérité ou la vraisemblance des faits qui doivent entrer dans le récit, des caractères que l'on veut mettre en scène et des détails descriptifs qu'on veut mettre sous les yeux ; enfin donner une juste mesure à l'élan de l'imagination, dont les écarts ont souvent besoin d'être réprimés par la saine raison.

Avant donc que d'écrire apprenez à penser.
(BOILEAU, *Art. poét.*)

Toutes les fois que nous n'avons qu'une idée faible, obscure, embarrassée ou confuse du sujet que nous voulons traiter, notre style prendra infailliblement tous ces défauts. Ce qu'au contraire nous concevons clairement et fortement nous l'exprimons naturellement, avec la même clarté et la même énergie.

Ce que l'on conçoit bien s'énonce clairement,
Et les mots pour le dire arrivent aisément.
(BOILEAU, *Art. poét.*)

§ 3. DE LA DISPOSITION.

La *disposition* commence où finit l'*invention*. Elle consiste à combiner entre eux les matériaux trouvés pour l'invention, afin d'en former un ensemble régulier et méthodique. C'est de ce travail que dépend en grande partie le succès de l'ouvrage. L'art de la disposition consiste à mettre de l'ensemble dans le tout et de le proportionner dans ses parties.

Buffon montre, dans son Discours sur le style, la nécessité de travailler sur un plan arrêté d'avance : « Sans cela, dit-il, le meilleur écrivain s'égare ; sa plume marche sans guide, et jette à l'aventure des traits irréguliers et des figures discordantes. »

Plus loin il ajoute : « C'est faute de plan, c'est pour n'avoir pas assez réfléchi sur son objet qu'un homme d'esprit se trouve embarrassé et ne sait par où commencer à écrire. Il aperçoit à la fois un grand nombre d'idées, et comme il ne les a ni comparées ni subordonnées, rien ne le détermine à préférer les unes aux autres : il demeure donc dans la perplexité. Mais lorsqu'il se sera fait un plan, lorsqu'une fois il aura rassemblé et mis en ordre toutes les pensées essentielles à son sujet, il s'apercevra aisément de l'instant auquel il doit prendre la plume ; il sentira le point de maturité de la production de l'esprit ; il sera pressé de la faire éclore ; il n'aura même que du plaisir à écrire. Les idées se succéderont aisément, et le style sera naturel et facile ; la chaleur naîtra de ce plaisir, se répandra partout et donnera la vie à chaque expression. Tout s'animera de plus en plus ; le ton s'élevera, les objets prendront de la couleur, et le sentiment, se joignant à la lumière, l'augmentera, la portera plus loin, la fera passer de ce qu'on dit à ce que l'on va dire, et le style deviendra intéressant et lumineux. »

§ 4. DE L'ÉLOCUTION.

L'*élocution* est l'expression de la pensée par la parole. Lorsque les matériaux ont été trouvés par l'invention, lorsqu'ils ont été classés et coordonnés par la disposition, l'élocution achève l'œuvre. Elle est aux lettres ce que le coloris est à la peinture. C'est l'élocution qui donne à la pensée la vie, la grâce et la force.

« Les ouvrages bien écrits, dit Buffon, seront les seuls qui passeront à la postérité. La quantité des connaissances, la singularité des faits, la nouveauté même des découvertes ne sont pas de sûrs garants de l'immortalité : si les ouvrages qui les contiennent ne roulent que sur de petits objets, s'ils sont écrits sans goût, sans noblesse et sans génie, ils périront, parceque les connaissances, les faits et les découvertes s'enlèvent aisément, se transportent et gagnent même à être mises en œuvre par les mains les plus habiles. Ces choses sont hors de l'homme : le style c'est l'homme. »

(Voir ce que nous avons dit du style, p. 3.)

Il ne faut pas croire cependant que les connaissances théoriques soient suffisantes pour acquérir un bon style : qu'on ne s'y trompe pas; ce n'est que par une longue pratique qu'on peut y arriver; et cette pratique ne pourra venir que par l'usage fréquent de la composition, la lecture et la méditation des bons modèles.

Ces compositions doivent toujours être dirigées par une sage lenteur et une attention soutenue. Il faut bien se garder de travailler trop à la hâte ou avec négligence; on finirait par avoir plus de peine à se corriger de ses fautes et de ses incorrections habituelles que si on n'avait jamais composé. On doit donc d'abord écrire lentement et avec attention. Ecoutons sur ce sujet le régulateur du Parnasse :

Travaillez à loisir quelque ordre qui vous presse,
Et ne vous piquez pas d'une folle vitesse.
Un style si rapide et qui court en rimant
Marque moins trop d'esprit que peu de jugement.
J'aime mieux un ruisseau qui sur la molle arène
Dans un pré plein de fleurs lentement se promène
Qu'un torrent débordé qui d'un cours orageux
Roule, plein de gravier, sur un terrain fangeux.
Hâtez-vous lentement, et sans perdre courage
Vingt fois sur le métier remettez votre ouvrage ;
Polissez-le sans cesse et le repolissez ;
Ajoutez quelquefois, et souvent effacez.

La facilité et la rapidité ne peuvent être que les fruits d'une longue pratique.

Il n'est pas moins utile de connaître à fond le style des meilleurs auteurs, si nous voulons tirer quelque secours des productions de ceux qui ont écrit avant nous : c'est ce qui forme le goût et fournit beaucoup de mots sur toutes sortes de sujets. Lorsqu'on lit les auteurs dans l'intention de connaître leur style il faut remarquer attentivement les particularités qui distinguent la manière de chacun. Et il n'est peut-être pas d'exercice plus propre à former le style que de lire attentivement un passage d'un bon auteur et de l'écrire ensuite avec ses propres expressions et comme si c'était d'inspiration. Ensuite on ouvre le livre, et on compare ce que l'on a écrit avec le texte de l'auteur. Cette comparaison quelquefois répétée nous fera apercevoir les vices de notre style, nous accoutumera à les corriger, et parmi les différentes manières d'exprimer une pensée nous apprendrons à distinguer celle que l'on doit préférer comme la plus exacte ou la plus belle.

Seconde Partie.

CLASSIFICATION DES DIVERS GENRES DE LITTÉRATURE EN PROSE ET EN VERS.

Ire SECTION. — POÉSIE.

CHAPITRE I.

DE LA POÉSIE EN GÉNÉRAL.

La littérature est l'ensemble et la connaissance des belles-lettres. Elle est l'expression par le langage de toutes les créations de l'intelligence humaine. Considérées par rapport à la forme extérieure de l'expression, ces créations se partagent en deux grandes classes bien distinctes. Dans l'une le langage est libre, et se déploie naturellement sans être assujetti à aucune loi qui règle la mesure ou le nombre des syllabes, le retour périodique des consonnances, le choix exclusif de certains mots; c'est ce qu'on appelle *prose*. Dans l'autre le langage est astreint à un certain rhythme, à une certaine mesure, et prend le nom de *vers*.

Il ne faut pas croire que l'emploi de ces deux formes de langage soit arbitraire. Les genres de composition dans lesquels domine l'imagination emploient ordinairement les *vers*. Ceux qui résultent du raisonnement se servent de préférence de la *prose*. Cette règle n'est pourtant pas sans exception, et il serait facile de citer de nombreux exemples dans lesquels la prose exprime d'une manière brillante les riches créations de l'imagination.

Les vers sont ordinairement le langage de la poésie. La poésie peut cependant exister sans le secours de la versification, et ce fait ressort de l'essence même et de la définition de la *poésie*.

En effet le mot *poésie* signifie *création inspirée*. Elle est le résultat de cette inspiration qui met en mouvement les facultés productrices de l'âme, les force à s'épancher au dehors et à produire; elle ne peut s'astreindre par cela même à se servir plutôt de telle forme de langage que de telle autre. Cependant, comme la poésie demande surtout un langage figuré, mélodieux, noble, riche, abondant, varié, et que ces qualités se trouvent plus particulièrement réunies dans les vers que dans la prose, c'est le langage de la versification qu'elle a presque toujours adopté.

Avant de parler des divers genres en vers il ne sera pas inutile de donner ici les principales règles de la versification qui mettent à même de beaucoup mieux goûter les beautés de la poésie.

CHAPITRE II.

DE LA VERSIFICATION.

La *versification* est l'art de faire des *vers*.

Le *vers* est une courte phrase musicale qui a son rhythme, sa cadence et sa mesure. La mesure dépend du nombre des syllabes, le rhythme et la cadence de l'harmonie des mots, de leur position et de la combinaison des consonnances.

Il y a cinq choses à observer dans le vers français : la mesure, l'élision, le repos, la rime et la disposition.

I. LA MESURE est le nombre de syllabes qui se trouvent dans un vers.

On compte dix sortes de vers ou des vers de dix mesures différentes. Il y en a de *une*, de *deux*, de *trois*, de *quatre*, de *cinq*, de *six*, de *sept*, de *huit*, de *dix* et de *douze* syllabes.

Le vers de douze syllabes se nomme *vers alexandrin, vers héroïque* ou *grand vers*, et convient, à cause de sa noblesse et de sa majesté, aux sujets les plus relevés.

II. L'ÉLISION consiste dans le retranchement de *e* muet suivi de *s* et *nt* d'après les règles suivantes :

1° L'*e* muet final, lorsqu'il est seul, s'élide à la fin du vers et devant une voyelle ou un *h* aspiré. Par exemple ces vers de Boileau :

Gardez qu'une voyelle à courir trop hâtée
Ne soit d'une voyelle en son chemin heurtée.

2° L'*e* muet suivi de *s* ou de *nt* ne s'élide qu'à la fin du vers; ailleurs il compte pour une syllabe. Exemple :

Les homm*es* après l'or s'empress*ent* et se foul*ent*.

Just*es*, ne craignez point le vain pouvoir des homm*es*.

L'*hiatus* ou rencontre de deux voyelles est sévèrement proscrit; c'est le défaut qu'on trouve dans ce vers de Marot :

Un doux *nenni* avec un doux sourire.

III. LE REPOS est de deux sortes, l'un qui se fait dans le vers s'appelle *hémistiche*, l'autre qui se fait à la fin et qu'on nomme *repos final*.

Il n'y a que deux sortes de vers qui aient besoin de l'hémistiche : le vers alexandrin et le vers de dix pieds. Dans le premier l'hémistiche se fait après le sixième pied, dans le second après le quatrième. Boileau unit le précepte à l'exemple :

Que toujours dans vos vers | le sens coupant les mots
Suspende l'hémistiche, | en marque le repos.

Outre l'hémistiche, qu'on appelle aussi *césure*, il y a d'autres repos ou césures mobiles qui varient la forme du vers; mais on ne doit les employer que dans les genres moins élevés. Dans le genre noble on doit rigoureusement conserver le repos au milieu.

Le *repos final* est indispensable pour éviter l'*enjambement* d'un vers sur un autre. Longtemps toléré dans la poésie française, l'enjambement a été proscrit au commencement du dix-septième siècle dans les grands vers. Nos poètes modernes l'ont remis en faveur, mais ils en ont abusé.

Il semble qu'on peut tolérer l'enjambement lorsqu'on veut produire des effets soit d'image, soit d'harmonie, et qu'il n'en peut résulter pour la phrase musicale qu'un charme de plus.

On le tolère encore dans les vers familiers, dans les fables et les autres sujets simples.

Les enjambements suivants sont fautifs :

Cette nymphe royale est digne qu'on lui dresse
Des autels. . . . .

Les Parques se disaient : Charles qui doit venir
Au monde. . . . .

Dans les vers suivants au contraire l'enjambement fait image et ajoute à la beauté de la poésie.

Là du sommet lointain des roches buissonneuses
Je vois la chèvre pendre.
(DELILLE.)

Soudain le mont liquide élevé dans les airs
Retombe, un noir limon bouillonne au fond des mers.
(DELILLE.)

IV. LA RIME est la consonnance finale de deux vers. Elle est la principale difficulté du vers; mais on peut dire aussi qu'elle en fait le charme. Sans la rime le vers français n'aurait plus rien de musical; à peine pourrait-on le distinguer de la prose.

Il y a deux sortes de rime, *la rime masculine et la rime féminine.* Les rimes féminines sont celles qui se terminent par *e* muet seul ou suivi de *s* ou *nt;* toutes les autres terminaisons sont des rimes masculines : il est de règle qu'on doit les entrelacer dans la versification, parceque les vers masculins tout seuls paraîtraient trop rudes et trop heurtés, et les vers féminins auraient trop de douceur et de mollesse. Par ce mélange ils se tempèrent et se corrigent mutuellement.

Dans les rimes masculines on ne tient compte que de la dernière syllabe des mots ; pourvu que ces syllabes offrent le même son et se terminent par les mêmes lettres ou des lettres analogues la rime est bonne ou *suffisante* : ainsi *tranchant* rime avec *marchand*, avec *talent*. *Voix* rime avec *hautbois*, avec *lois*. *Pain* avec *faim*, avec *fin*, etc.

On doit éviter avec soin de faire rimer des singuliers avec des pluriels et réciproquement, à moins que l'orthographe des deux nombres ne soit la même.

On ne doit pas non plus faire rimer le simple avec le composé ni un mot avec lui-même, à moins qu'ils ne soient employés dans des significations tout à fait différentes.

La rime est dite *riche* lorsqu'elle présente deux ou plusieurs syllabes identiques, comme par exemple *auteur* et *hauteur*.

Pour que la rime féminine soit bonne il faut qu'après avoir retranché la muette ce qui reste puisse former une rime masculine suffisante.

V. LA DISPOSITION consiste dans l'arrangement et la combinaison des rimes et des différentes espèces de vers.

Les rimes sont *plates* lorsque deux vers masculins succèdent régulièrement à deux vers féminins, exemple :

Telle qu'une bergère au plus beau jour de fête
De superbes rubis ne charge point sa tête,
Et sans mêler à l'or l'éclat des diamants
Cueille en un champ voisin ses plus beaux ornements.

Les rimes sont *croisées* lorsqu'on entrelace les vers masculins avec les vers féminins, exemple :

Dans ces prés fleuris
Qu'arrose la Seine
Cherchez qui vous mène,
Mes chères brebis.

Ou encore de cette manière :

Pourquoi, plaintive Philomèle,
Songer encore à vos malheurs,
Quand, pour apaiser vos douleurs,
Tout cherche à vous marquer son zèle.

Les rimes sont *redoublées* lorsque plus de deux vers se suivent avec la même consonnance, comme il arrive souvent dans la poésie lyrique.

Enfin les rimes sont *mêlées* lorsqu'on ne suit aucun ordre uniforme, comme dans la plupart des sujets légers.

Quant à la combinaison et à l'arrangement des différentes espèces de vers, nous nous contenterons de quelques observations générales.

Les grands vers à rimes plates sont ordinairement employés dans le genre épique, dans la poésie dramatique et didactique, dans tous les poèmes de longue haleine. Ils sont aussi le langage habituel de la satire et de l'épître.

Les vers à rimes *mêlées, croisées, redoublées* conviennent à la poésie lyrique, aux poésies légères et aux poésies fugitives.

On appelle *stances* ou *strophes* la combinaison d'un certain nombre de vers formant une période poétique.

La combinaison de deux vers s'appelle *distique*, de trois *tercet*, de quatre *quatrain*, de six *sixain*, de huit *huitain*, de dix *dizain*. Ces combinaisons peuvent varier à l'infini pour la mesure et pour la rime. La lecture de nos poètes lyriques en apprendra beaucoup plus sur ce sujet que toutes les règles que nous pourrions donner. Le goût sera en cela le meilleur conseiller, et l'oreille apprendra bientôt à distinguer les combinaisons qui prêtent le plus à la noblesse et à l'harmonie.

CHAPITRE III.

DES DIFFÉRENTS GENRES DE POÉSIE.

On distingue plusieurs genres de poésie, 1° les quatre grands genres, tels que le *genre lyrique*, le *genre dramatique*, le *genre épique* et le *genre didactique*; 2° les genres secondaires ou petits poèmes, tels que l'*épître*, la *satire*, le *conte*, la *fable*, l'*églogue*, l'*idylle* et l'*élégie*; 3° les *poésies fugitives*, qui comprennent l'*épigramme*, le *madrigal*, le *triolet*, la *ballade*, le *rondeau*, le *sonnet*, l'*énigme*, la *charade*, le *logogriphé*, l'*acrostiche*, la *chanson* et la *romance*.

Nous parcourrons successivement les différents genres de poésie en commençant par les plus simples, qui ne sont en quelque sorte que des préludes, des jeux littéraires destinés à exercer l'esprit, et qui ne laissent pas cependant de contribuer beaucoup à l'agrément de la société.

CHAPITRE IV.

POÉSIES FUGITIVES.

§ 1. DE L'ÉPIGRAMME.

L'épigramme, dit Boileau,

N'est souvent qu'un bon mot de deux rimes orné.

Cette petite pièce, qui suppose au plus une douzaine de vers, doit se terminer par une pensée fine et saillante ; tel est le trait piquant de naïveté qui termine celle-ci :

Au mois de mai se baignant dans la Seine,
Certain badaud y tomba dans un creux ;
Quelques nageurs se donnèrent la peine
De l'en tirer : c'en était fait sans eux.
Entre leurs bras porté sur le rivage,
Il rappela ses esprits doucement,
Tant qu'à la fin ayant repris courage :
Beau Sire Dieu ! cria-t-il hautement,

De me baigner : i désormais l'envie
Me revenait, daignez me la changer;
Onques dans l'eau n'entrerai de ma vie,
Qu'auparavant je ne sache nager.

(LAMONNOYE.)

Voici un trait imité d'un auteur latin qui n'est pas moins plaisant :

Lambin, mon barbier et le vôtre,
Rase avec tant de gravité
Que, tandis qu'il rase un côté,
La barbe repousse de l'autre.

(LEBRUN.)

L'épigramme ne fut d'abord qu'une inscription gravée sur le frontispice d'un temple, au bas d'une statue, sur la pierre d'un tombeau ou enfin sur tout autre monument. On ne lui attribuait point alors une idée de malice ou de raillerie ; mais peu à peu elle prit une autre destination, et fut remplacée par l'*inscription* et l'*épitaphe* sur les monuments et sur les tombeaux.

§ 2. DU MADRIGAL.

Le madrigal est une espèce d'épigramme ; mais la saillie de la fin, au lieu d'être mordante et malicieuse, doit être simple, délicate et gracieuse. Voltaire, pris pour juge par deux sœurs qui se disputaient sur leur beauté, improvisa aussitôt ce gracieux quatrain :

Vous êtes belle, et votre sœur est belle ;
Entre vous deux le choix serait bien doux :
L'Amour était blond comme vous,
Mais il aimait une brune comme elle.

§ 3. DU TRIOLET.

Le triolet n'est plus en usage. Il est formé de huit vers sur deux rimes, disposés de telle sorte que le premier reparaisse naturellement après le troisième, et que le sens ramène les deux premiers pour clore le huitain :

> Le premier jour du mois de mai
> Fut le plus heureux de ma vie;
> Le beau projet que je formai
> Le premier jour du mois de mai !
> Je vous vis, et je vous aimai.
> Si ce dessein vous plut, Sylvie,
> Le premier jour du mois de mai
> Fut le plus heureux de ma vie.

§ 4. DE LA BALLADE.

La ballade renferme trois couplets qui sont à volonté de huit, de dix ou de douze vers. Le sens doit être complet après le quatrième, le cinquième ou le sixième, c'est à dire au milieu du couplet. Le retour des mêmes rimes est obligatoire. Le même vers termine chaque couplet, ainsi que l'envoi, qui est un demi-couplet qui complète la pièce.

Telles sont les ballades de Marot et celles composées depuis par La Fontaine.

De nos jours quelques poètes modernes ont essayé de faire renaître ce genre; mais ils lui ont donné une autre forme; ils ont imité de préférence les ballades allemandes ou écossaises.

La ballade telle qu'elle est aujourd'hui est un petit

poème composé en stances égales, qui contient le récit de quelque événement merveilleux terminé par quelque catastrophe inattendue d'où l'on tire une morale.

MILLEVOYE nous en a laissé quelques-unes qui sont pleines de grâce, de délicatesse et de sentiment; nous citerons celle de *la Fiancée :*

> Le soir brunissait la clairière ;
> L'oiseau se taisait dans les bois,
> Et la cloche de la prière
> Tintait pour la dernière fois.
> Au sein de la forêt obscure,
> Seul et perdu loin du sentier,
> J'errais encore à l'aventure,
> N'entendant plus dans la nature
> Que le pas de mon destrier.
>
> Quand soudain s'offrit à ma vue
> Une bergère du coteau :
> Quelle est, lui dis-je, l'avenue
> Qui peut ramener au château?
> — Suivez le long de la fougère,
> A la gauche du coudrier.
> Elle était jeune la bergère,
> Sa voix était douce et légère ;
> Et j'arrêtai mon destrier.
>
> Mais toi, pastourelle, à cette heure
> Où vas-tu ? le ciel est si noir !
> Reste un moment ; vers la demeure
> Je te reconduirai ce soir.
> A mes côtés viens prendre place
> Sous la feuille du coudrier ;
> Qu'auprès de toi je m'y délasse,
> Et qu'à ses rameaux j'entrelace
> Les rênes de mon destrier.
>
> — Oh ! non pas, je suis fiancée ;
> Dans huit jours Roch m'épousera.

Et sa main dans ma main pressée
Tout doucement se retira.
Pauvre Lise ! poursuivit-elle.
— Je veux, lui dis-je, me prier
Aux noces de la pastourelle
Et diriger vers la chapelle
La course de mon destrier.

— Venez, repartit la bergère ;
Mais vous me plaindrez.—Et pourquoi ?
— J'avais un tendre ami..... son père
Lui défend de songer à moi.
— De tes jours, triste pastourelle,
Que ce jour n'est-il le dernier !
Je plaignais sa peine cruelle,
Et pensif je m'éloignai d'elle,
Ralentissant mon destrier.

Au chaste rendez-vous fidèle,
Je revins le huitième jour,
Portant à l'épouse nouvelle
La croix d'or, présent du retour.
Où trouver Lise la bergère,
Dis-je à l'ermite hospitalier ?
— Pas bien loin, dit le solitaire,
Pas bien loin.— Où donc ? —Sous la terre
Que foule votre destrier.

§ 5. DU RONDEAU.

Le Rondeau, né Gaulois, a la naïveté,

a dit Boileau. Ce petit poème se compose de treize vers de deux rimes pareilles : après le huitième et le dernier vers il faut amener en refrain les trois ou quatre premiers mots du premier vers de la pièce.

En voici un dont tout le mérite est de contenir les règles que nous venons de donner :

Ma foi, c'est fait de moi; car Isabeau
M'a conjuré de lui faire un **rondeau**;

Et cela me met en une peine extrême.
Quoi, *treize vers*, huit en *eau*, cinq en *ême !*
Je lui ferais aussitôt un bateau.
En voilà cinq pourtant en un monceau :
Faisons en sept en invoquant Brodeau,
Et puis mettons par quelque stratagème :
                 Ma foi, c'est fait.
Si je pouvais encor de mon cerveau
Tirer cinq vers, l'ouvrage serait beau.
Mais cependant me voilà dans l'onzième,
Et si je crois que je fais le douzième,
En voilà treize ajustés de niveau.
                 Ma foi, c'est fait.

§ 6. DU SONNET.

Le sonnet se compose de quatorze vers, dont les huit premiers partagés en deux quatrains roulent sur deux rimes. Les six derniers vers sont partagés en deux tercets sur trois rimes différentes. Le premier tercet commence par deux rimes semblables. Boileau, qui semble accorder à ce petit poëme beaucoup plus d'importance qu'il ne mérite, en a tracé les règles avec une grande clarté et une grande élégance :

On dit à ce propos qu'un jour ce dieu bizarre,
Voulant pousser à bout tous les rimeurs françois,
Inventa du sonnet les rigoureuses lois ;
Voulut qu'en deux quatrains de mesure pareille
La rime avec deux sons frappât huit fois l'oreille,
Et qu'ensuite six vers artistement rangés
Fussent en deux tercets par le sens partagés.
Surtout de ce poëme il bannit la licence,
Lui-même en mesura le nombre et la cadence ;
Défendit qu'un vers faible y pût jamais entrer,
Ni qu'un mot déjà mis osât s'y remontrer.
Du reste il l'enrichit d'une beauté suprême ;
Un sonnet sans défaut vaut seul un long poëme.

Je citerai pour exemple un sonnet de Voiture. Il porte la double empreinte de l'affectation italienne et de l'emphase espagnole :

Des portes du matin l'amante de Céphale
Ses roses épandait dans le milieu des airs,
Et jetait sous les cieux nouvellement ouverts
Ces traits d'or et d'azur qu'en naissant elle étale ;

Quand la nymphe divine, à mon repos fatale,
Apparut, et brilla de tant d'attraits divers
Qu'il semblait qu'elle seule éclairait l'univers
Et remplissait de feux la rive orientale.

Le soleil, se hâtant pour la gloire des cieux,
Vint opposer sa flamme à l'éclat de ses yeux,
Et prit tous les rayons dont l'Olympe se dore :

L'onde, la terre et l'air s'allumaient alentour :
Mais auprès de Philis on le prit pour l'aurore,
Et l'on crut que Philis était l'astre du jour.

§ 7. DE L'ÉNIGME.

L'énigme présente la description de toutes les qualités d'une chose dont elle laisse le nom à deviner.

En voici un exemple qui tient le lecteur en suspens jusqu'à la fin, et se termine par une surprise :

J'ai vu, j'en suis témoin croyable,
  Un jeune enfant armé d'un fer vainqueur,
Le bandeau sur les yeux, tenter l'assaut d'un cœur
  Aussi peu sensible qu'aimable.
Bientôt après, le front élevé dans les airs,
  L'enfant, tout fier de sa victoire,
D'une voix triomphante en célébrait la gloire,
Et semblait pour témoin vouloir tout l'univers.

Quel est donc cet enfant dont j'admirai l'audace?
Ce n'était pas l'Amour. Cela vous embarrasse.

Dès le troisième vers le lecteur croit avoir deviné, et les détails qui suivent ne font que donner plus de vraisemblance à son erreur ; il va dire que c'est l'amour lorsque arrivé au dernier vers il est fort surpris de s'être trompé. Quel est donc cet enfant? *Le ramoneur*.

§ 8. DE LA CHARADE.

La charade est une espèce d'énigme. Le mot que l'on donne à deviner se partage en deux parties formant chacune un autre mot; on décrit chaque partie, puis le tout qu'il faut trouver.

>On fauche mon premier;
>On rase mon dernier;
>On chante mon entier.
>
>*(Pré-face.)*

§ 9. DU LOGOGRIPHE.

Le logogriphe est une charade plus compliquée. On décompose le mot à deviner pour former avec ses lettres plusieurs autres mots qu'on définit tour à tour, ainsi que le mot entier, pour le donner à deviner ; exemple :

Dans mon entier, lecteur, je n'ai rien que d'austère ;
Un de mes pieds ôtés, je vis célibataire ;
Avec quatre je puis décider de ton sort,
Te mettre à la galère ou te donner la mort.

(Carême, carme, rame, arme.)

§ 10. DE L'ACROSTICHE.

L'acrostiche est une petite pièce qui a autant de vers qu'il y a de lettres dans le mot que l'on traite, et chacun de ces vers doit commencer par une lettre de ce mot et par ordre : c'est un petit tour de force poétique ; exemple :

J 'aime, j'en fais ici l'aveu sincère,
U ne beauté bien faite pour charmer :
L 'amour de mille attraits se plut à la former ;
I l serait indiscret à moi de la nommer,
E t la peindre est encor le faire.

§ 11. DE LA CHANSON.

Ce genre de poésie exige beaucoup de légèreté, de grâce et d'amabilité. L'aisance de la versification, la finesse des idées, la mesure des couplets, la chute des refrains rendent la chanson fort difficile ; les étrangers n'y réussissent guère, les Français excellent à en faire sur toutes sortes de sujets. Les divisions indiquées par les refrains ou par la chute de l'air s'appellent *couplets*.

La chanson a mille formes variées : tantôt vive, gaie, folâtre, piquante, elle est l'expression du plaisir et de la joie ; tantôt triste et mélancolique, elle se prête à l'expression des sentiments les plus doux et les plus intimes, mais alors elle prend le nom de *romance*. Plusieurs auteurs français ont excellé dans ce genre, qui semble appartenir tout entier à la France : ce sont PANARD (1694-1765), appelé par Marmontel

le *La Fontaine du vaudeville*; COLLÉ (1709-1783);
DÉSAUGIERS (1772-1827, l'un des plus féconds de
de nos auteurs dramatiques ; GOUFFÉ (1773 ;
PIIS (1775-1832); enfin DE BÉRANGER (1780), le plus
célèbre de tous, qui a souvent élevé la chanson au
ton de l'ode la plus sublime : celle que nous allons
citer est une de ses plus belles.

LE RETOUR DANS LA PATRIE.

Qu'il va lentement le navire
A qui j'ai confié mon sort !
Au rivage où mon cœur aspire
Qu'il est lent à trouver un port !
 France adorée,
 Douce contrée,
Mes yeux cent fois ont cru te découvrir.
 Qu'un vent rapide
 Soudain nous guide
Aux bords sacrés où je reviens mourir.
Mais enfin le matelot crie:
Terre! terre! là-bas, voyez!
Ah! tous mes maux sont oubliés.
 Salut à ma patrie!

Oui, voilà les rives de France;
Oui, voilà le port vaste et sûr,
Voisin des champs où mon enfance
S'écoula sous un chaume obscur.
 France adorée,
 Douce contrée,
Après vingt ans enfin je te revois ;
 De mon village
 Je vois la plage ;
Je vois fumer la cime de nos toits.
Combien mon âme est attendrie!
à furent mes premiers amours ;

Là ma mère m'attend toujours.
　　Salut à ma patrie!

Loin de mon berceau, jeune encore,
L'inconstance emporta mes pas
Jusqu'au sein des mers où l'aurore
Sourit aux plus riches climats.
　　France adorée,
　　Douce contrée,
Dieu te devait leurs fécondes chaleurs.
　　Toute l'année
　　Là brille ornée
De fleurs, de fruits, et de fruits et de fleurs.
　　Mais là ma jeunesse flétrie
　　Rêvait à des climats plus chers;
　　Là je regrettais nos hivers.
　　　Salut à ma patrie!

J'ai pu me faire une famille,
Et des trésors m'étaient promis;
Sous un ciel où le sang pétille,
A mes vœux l'amour fut soumis.
　　France adorée,
　　Douce contrée,
Que de plaisirs quittés pour te revoir!
　　Mais sans jeunesse,
　　Mais sans richesse,
Si d'être aimé je dois perdre l'espoir,
　　De mes amours dans la prairie
　　Les souvenirs seront présents;
　　C'est du soleil pour mes vieux ans.
　　　Salut à ma patrie!

Poussé chez les peuples sauvages
Qui m'offraient de régner sur eux,
J'ai su défendre leurs rivages
Contre des ennemis nombreux.
　　France adorée,
　　Douce contrée,

Tes champs alors gémissaient envahis.
    Puissance et gloire,
    Cris de victoire,
Rien n'étouffa la voix de mon pays.
  De tout quitter mon cœur me prie :
  Je reviens pauvre, mais constant.
  Une bêche est là qui m'attend.
    Salut à ma patrie !

  Au bruit des transports d'allégresse,
  Enfin le navire entre au port.
  Dans cette barque où l'on se presse
  Hâtons-nous d'atteindre le bord.
    France adorée,
    Douce contrée,
Puissent les fils te revoir ainsi tous !
    Enfin j'arrive,
    Et sur la rive
Je rends au ciel, je rends grâce à genoux.
  Je t'embrasse, ô terre chérie !
  Dieu, qu'un exilé doit souffrir !
  Moi désormais je puis mourir.
    Salut à ma patrie !

La romance est ordinairement le récit d'une aventure touchante. La douceur, la grâce, la naïveté, la mélancolie des sentiments font le charme de cette espèce de composition. Millevoye nous en a laissé plusieurs qui sont remplies des sentiments les plus doux et d'une mélancolie triste et douloureuse ; voici celle dans laquelle il prédit à une épouse éplorée sa fin prochaine : c'est un jeune poète plein d'espérance qui se penche tristement vers le tombeau, en proie à à une maladie affreuse :

  Dans la solitaire bourgade,
  Rêvant à ses maux tristement,

Languissait un **pauvre malade**
D'un long mal qui va consumant.
Il disait : Gens de la chaumière,
Voici l'heure de la prière
Et le tintement du beffroi ;
Vous qui priez, priez pour moi.

Mais quand vous verrez la cascade
Se couvrir de sombres rameaux,
Vous direz : **Le jeune malade**
Est délivré de tous ses maux.
Lors revenez sur cette rive
Chanter la complainte naïve,
Et quand tintera le beffroi,
Vous qui priez, priez pour moi.

Quand à la haine, à l'imposture
J'opposais des mœurs et le temps,
D'une vie honorable et pure
Le terme approche ; je l'attends.
Il fut court mon pèlerinage !
Je meurs au printemps de mon âge ;
Mais du sort je subis la loi.
Vous qui priez, priez pour moi.

Mon épouse, ma seule amie,
Digne objet d'un constant amour,
Je t'avais consacré ma vie,
Hélas ! et je ne vis qu'un jour !
Plaignez-la, gens de la chaumière,
Lorsqu'à l'heure de la prière
Elle viendra sous le beffroi
Vous dire aussi : **Priez** pour moi !

M. de Chateaubriand a aussi composé quelques romances ; il n'est personne qui n'ait admiré celle-ci :

Combien j'ai douce souvenance
Du joli lieu de ma naissance !

Ma sœur, qu'ils étaient beaux ces jours
    De France !
O mon pays, sois mes amours
    Toujours !

Te souvient-il que notre mère,
Au foyer de notre chaumière
Nous pressait sur son cœur joyeux,
    Ma chère ?
Et nous baisions ses blancs cheveux
    Tous deux.

Ma sœur, te souvient-il encore
Du château que baignait la Dore,
Et de cette tant vieille tour
    Du Maure,
Où l'airain sonnait le retour
    Du jour ?

Te souvient-il du lac tranquille
Qu'effleurait l'hirondelle agile,
Du vent qui courbait le roseau
    Mobile
Et du soleil couchant sur l'eau
    Si beau ?

Oh ! qui me rendra mon Hélène,
Et ma montagne, et le grand chêne ?
Leur souvenir fait tous les jours
    Ma peine ;
Mon pays sera mes amours
    Toujours.

La romance se rapproche quelquefois de la ballade ; elle admet le récit d'événements merveilleux, d'apparitions mystérieuses ; les sylphes légers, les lutins et leur brillant cortége viennent embellir ses tableaux et prêter à l'imagination du poète toutes sortes de fictions intéressantes. Cependant en général elle a moins d'étendue que la ballade; le caprice plutôt que la raison veut qu'elle n'ait que trois ou quatre couplets.

CHAPITRE V.

PETITS POÈMES.

Sous le titre de *Petits Poèmes* ou genres secondaires nous comprendrons l'*Epithalame*, l'*Epître*, la *Satire*, le *Conte*, la *Fable*, l'*Eglogue*, l'*Idylle* et l'*Elégie*.

§ 1. DE L'ÉPITHALAME.

L'épithalame, comme l'indique son nom, est un petit poème fait à l'occasion d'un mariage. Il doit renfermer d'abord l'éloge des deux époux, et en second lieu exprimer des vœux pour leur bonheur. Plusieurs poètes de l'antiquité se sont livrés à ce genre de composition en traitant des sujets imaginaires; quelques poètes modernes s'y sont aussi exercés : le cardinal de Bernis, entre autres, a composé dans le genre sérieux l'épithalame de Louis, dauphin de France, et de Marie-Thérèse, infante d'Espagne (1745), qui peut servir de modèle.

§ 2. DE L'ÉPÎTRE.

L'épître est une lettre écrite en vers. Il n'est point de genre qui soit plus libre, soit dans le choix des sujets, soit dans celui du style, qui peut à volonté prendre tous les tons.

On distingue deux sortes d'épîtres : l'épître *noble* et l'épître *familière*.

L'épitre *noble* ou *philosophique* tient un peu à la poésie didactique ; elle roule sur la religion, la morale, la littérature, les sciences et les arts, enfin sur tous les sujets graves et sérieux.

L'épitre *familière* brille surtout par un air de négligence et de liberté : c'est là son principal caractère. Il ne lui faut point d'ornements étrangers ; de la simplicité, une plaisanterie de bon goût, de la naïveté, des saillies, des traits d'esprit, voilà ce qu'on aime à y rencontrer. Telle est la naïve simplicité de la charmante lettre qu'adressa Marot, de la prison du Châtelet, à son ami Lyon Jamet, pour l'engager à hâter l'instant de sa délivrance. (Voir l'article *Marot*, troisième partie.)

Boileau peut servir de modèle en ce genre. La versification de ses épitres est généralement plus soignée, plus flexible et plus douce que celle de ses satires.

J. B. Rousseau nous a laissé quelques épitres infiniment inférieures à ses compositions lyriques.

Celles de Ducis plaisent par la franchise et le naturel que le poète a su y répandre.

§ 3. DE LA SATIRE.

La satire est un discours en vers dont le but est de corriger les vices ou les travers des hommes en leur en montrant le mal ou le ridicule. La satire, renfermée dans de justes limites, peut être très utile à la société ; mais elle ne doit jamais se laisser aller aux personnalités. Elle évitera avant tout le scandale ; elle dévoilera le vice et l'hypocrisie, se moquera des ridicules de l'humanité, rira de la sottise et de l'orgueil, mais ne fera jamais de sa noble mission une question de personnes. Peu de poètes satiriques se sont maintenus dans de justes limites sur ce point, et Boileau lui-même en signalant tant de mauvais ouvrages nous a souvent trop fait rire aux dépens de leurs auteurs. La raillerie a le don de plaire, mais le railleur se fait détester. Despréaux n'aurait pas dû oublier ses propres préceptes :

L'ardeur de se montrer et non pas de médire
Arma la vérité du vers de la satire.

En France Mathurin Régnier (1573-1613) montra le chemin à Boileau : tous deux marchèrent sur les pas des anciens ; on les accuse même de les avoir suivis de trop près.

Gilbert, vers la fin du dix-huitième siècle, dut une partie de son illustration à deux satires. La Harpe ne lui pardonna jamais le passage suivant :

Dois-je au lieu de La Harpe obscurément écrire :
C'est ce petit rimeur de tant de prix enflé,
Qui, sifflé pour ses vers, pour sa prose sifflé,
Tout meurtri des faux pas de sa muse tragique,
Tomba de chute en chute au trône académique ?

Ce sont là sans doute les vers qui inspirèrent à l'auteur du *Lycée* le jugement si partial qu'il nous a laissé sur Gilbert.

§ 4. DU CONTE.

Le conte est le récit en vers d'une action prise dans la vie commune, dans le but de plaire et d'amuser; souvent aussi c'est par des aventures merveilleuses et surnaturelles qu'il pique notre curiosité. Tour à tour il nous montre ses acteurs dans un récit familier et piquant, et les met en scène devant nos yeux; alors il se change en un petit drame qui offre encore plus d'intérêt; mais toujours il doit avoir un but moral; car s'il est fait pour être amusant, rien ne l'empêche d'être utile. Le style du conte doit être simple, naïf, familier sans bassesse. La bonne plaisanterie, la franche gaieté, les saillies vives, fines et piquantes font le charme de ce petit poëme. Les vers de dix et de huit syllabes sont ceux qui semblent le mieux lui convenir.

Nous regrettons que les auteurs qui devraient nous servir de modèles dans ce genre aient fait un tel oubli des convenances, de la décence et des bonnes mœurs qu'il ne nous est pas possible d'en citer un seul passage. La Fontaine et Grécourt sont inexcusables d'avoir semé à pleines mains l'ordure la plus grossière dans leurs contes, qu'ils pouvaient par leur talent rendre si aimables. Leur livre n'est propre qu'à salir et gâter l'esprit et le cœur, et il doit être sévèrement proscrit par toutes les lois de la décence et de la morale.

Andrieux nous a laissé quelques contes charmants et pleins d'une douce et sainte morale; nous citerons celui où il raconte un de ces mille traits de bonté qui

honorèrent tous les moments de la vie de l'auteur de
Télémaque :

UNE PROMENADE DE FÉNÉLON.

Victime de l'intrigue et de la calomnie,
Et par un noble exil expiant son génie,
Fénélon dans Cambrai, regrettant peu la cour,
Répandait des bienfaits et recueillait l'amour ;
Instruisait, consolait, donnait à tous l'exemple.
Son peuple pour l'entendre accourait dans le temple ;
Il parlait, et les cœurs s'ouvraient tous à sa voix.

Quand, du saint ministère ayant porté le poids,
Il cherchait vers le soir le repos, la retraite,
Alors aux champs, aimés du sage et du poète,
Solitaire et rêveur, il allait s'égarer ;
De quel charme à leur vue il se sent pénétré !
Il médite, il compose, et son âme l'inspire ;
Jamais un vain orgueil ne le presse d'écrire :
Sa gloire est d'être utile ; heureux quand il a pu
Montrer la vérité, faire aimer la vertu !
Ses regards animés d'une flamme céleste
Relèvent de ses traits la majesté modeste ;
Sa taille est haute et noble ; un bâton à la main,
Seul, sans faste et sans crainte, il poursuit son chemin,
Contemple la nature, et jouit de Dieu même.

Il visite souvent le villageois qu'il aime,
Et chez les bonnes gens, de le voir tout joyeux,
Vient sans être attendu, s'assied au milieu d'eux,
Ecoute le récit des peines qu'il soulage,
Joue avec les enfants et goûte le laitage.
Un jour, loin de la ville ayant longtemps erré,
Il arrive aux confins d'un hameau retiré,
Et sous un toit de chaume, indigente demeure,
La pitié le conduit ; une famille y pleure.
Il entre ; et sur-le-champ, faisant place au respect,

La douleur un moment se tait à son aspect.
O ciel! c'est monseigneur!... On se lève, on s'empresse ;
Il voit avec plaisir éclater leur tendresse :
« Qu'avez-vous, mes enfants? d'où naît votre chagrin ?
Ne puis-je le calmer? versez-le dans mon sein ;
Je n'abuserai point de votre confiance. »
On s'enhardit alors, et la mère commence :
« Pardonnez, monseigneur; mais vous n'y pouvez rien ;
Ce que nous regrettons c'était tout notre bien.
Nous n'avions qu'une vache! hélas! elle est perdue :
Depuis trois jours entiers nous ne l'avons point vue,
Notre pauvre Brunon!.... nous l'attendons en vain!...
Les loups l'auront mangée, et nous mourrons de faim.
Peut-il être un malheur au nôtre comparable?
—Ce malheur, mes amis, est-il irréparable ?
Dit le prélat; et moi ne puis-je vous offrir,
Touché de vos regrets, de quoi les adoucir ?
En place de Brunon si j'en trouvais une autre?
—L'aimerions-nous autant que nous aimions la nôtre ?
Pour oublier Brunon il faudra bien du temps!
Eh! comment l'oublier ni nous ni nos enfants?
Nous serions bien ingrats!... c'était notre nourrice ;
Nous l'avions achetée étant encor génisse ;
Accoutumée à nous, elle nous entendait,
Et même à sa manière elle nous répondait ;
Son poil était si beau! d'une couleur si noire!
Trois marques seulement, plus blanches que l'ivoire,
Ornaient son large front et ses pieds de devant.
Avec mon petit Claude elle jouait souvent ;
Il montait sur son dos: elle le laissait faire.
Je riais... à présent nous pleurons au contraire!
Non, monseigneur, jamais! il n'y faut pas penser,
Une autre ne pourra chez nous la remplacer.

Fénélon écoutait cette plainte naïve ;
Mais pendant l'entretien bientôt le soir arrive :
Quand on est occupé de sujets importants
On ne s'aperçoit pas de la fuite du temps.

Il promet en partant de revoir la famille.

« Ah! monseigneur, lui dit la plus petite fille,
Si vous vouliez pour nous la demander à Dieu,
Nous la retrouverions.— Ne pleurez plus. Adieu. »

Il reprend son chemin, il reprend ses pensées,
Achève en son esprit des pages commencées ;
Il marche ; mais déjà l'ombre croît, le jour fuit ;
Ce reste de clarté qui devance la nuit
Guide encore ses pas à travers les prairies,
Et le calme du soir nourrit ses rêveries.
Tout à coup à ses yeux un objet s'est montré ;
Il regarde... il croit voir... il distingue... en un pré
Seule, errante et sans guide, une vache... c'est elle
Dont on lui fit tantôt un portrait si fidèle ;
Il ne peut s'y tromper ! et soudain, empressé,
Il court dans l'herbe humide et franchit un fossé,
Arrive haletant ; et Brunon complaisante,
Loin de le fuir, vers lui s'avance et se présente ;
Lui-même satisfait la flatte de la main.

Mais que faire? va-t-il poursuivre son chemin,
Retourner sur ses pas ou regagner la ville ?
Déjà pour revenir il a fait plus d'un mille...
« Ils l'auront dès ce soir, dit-il, et par mes soins :
Elle leur coûtera quelques larmes de moins. »
Il saisit à ces mots la corde qu'elle traîne,
Et, marchant lentement, derrière lui l'emmène.

Venez, mortels si fiers d'un vain et mince éclat,
Voyez en ce moment ce digne et saint prélat,
Que son nom, son génie et son titre décore,
Mais que tant de bonté relève plus encore !
Ce qui fait votre orgueil vaut-il un trait si beau ?

Le voilà fatigué de retour au hameau.
Hélas! à la clarté d'une faible lumière
On veille, on pleure encor dans la triste chaumière ;
Il arrive à la porte : « Ouvrez-moi, mes enfants ;

Ouvrez-moi : c'est Brunon, Brunon que je vous rends.
On accourt, ô surprise ! ô joie ! ô doux spectacle !
La fille croit que Dieu fait pour eux un miracle :
« Ce n'est point monseigneur, c'est un ange des cieux
Qui sous ses traits chéris se présente à nos yeux ;
Pour nous faire plaisir il a pris sa figure ;
Aussi je n'ai pas peur... oh ! non, je vous assure,
Bon ange !... » En ce moment, de leurs larmes noyés,
Père, mère, enfants, tous sont tombés à ses pieds.
« Levez-vous, mes amis ; mais quelle erreur étrange !
Je suis votre archevêque, et ne suis point un ange ;
J'ai retrouvé Brunon, et pour vous consoler
Je reviens vers vous ; que n'ai-je pu voler !
Reprenez-la, je suis heureux de vous la rendre.
—Quoi ! tant de peine ! ô ciel ! vous avez pu la prendre,
Et vous-même !... » Il reçoit leurs respects, leur amour ;
Mais il faut bien aussi que Brunon ait son tour.
On lui parle : « C'est donc ainsi que tu nous laisses !...
Mais le voilà !... Je donne à penser les caresses...
Brunon paraît sensible à l'accueil qu'on lui fait.
Tel au retour d'Ulysse Argus le reconnaît.
—Il faut, dit Fénélon, que je reparte encore ;
A peine dans Cambrai serai-je avant l'aurore.
Je crains d'inquiéter mes amis, ma maison...
—Oui, dit le villageois, oui, vous avez raison ;
On pleurerait ailleurs quand vous séchez nos larmes !
Vous êtes tant aimé ! prévenez leurs alarmes ;
Mais comment retourner ? car vous êtes bien las !
Monseigneur, permettez... nous vous offrons nos bras :
Oui, sans vous fatiguer, vous ferez le voyage. »
D'un peuplier voisin on abat le branchage.
Mais le bruit au hameau s'est déjà répandu :
Monseigneur est ici ! chacun est accouru,
Chacun veut le servir de bois et de ramée.
Une civière agreste aussitôt est formée,
Qu'on tapisse partout de fleurs, d'herbage frais,
Des branches au dessus s'arrondissent en dais ;
Le bon prélat s'y place, et mille cris de joie

Volent au loin; l'écho les double et les renvoie.
Il part; tout le hameau l'environne et le suit;
La clarté des flambeaux brille à travers la nuit.
Le cortège bruyant, qu'égaie un chant rustique,
Marche..... Honneurs innocents et gloire pacifique.
Ainsi par leur amour Fénélon escorté
Jusque dans son palais en triomphe est porté.

Voici un conte d'un autre genre qu'on nous saura gré de citer ici quoiqu'il soit bien connu : quand il n'y aurait que le nom du prince qui est l'un des deux héros, ce serait assez pour intéresser le lecteur; tout ce qui se rapporte au bon Henri touche vivement les cœurs français.

LES HARANGUES.

Un souverain quand il voyage,
S'il ne le fait secrètement,
Trouve partout sur son passage
Une harangue qui l'attend.
Vous dire s'il est bien content
De cette rencontre éternelle,
Ce n'est pas ici mon objet;
Contentons-nous à ce sujet
De deux faits plaisants qu'il rappelle.
Un roi de France, visitant
Les pays voisins de la Saône,
Devait un jour chemin faisant
Traverser la ville de Beaune
Et son fameux pont tant cité
Pour son inscription naïve.
Dès que la nouvelle en arrive
Les magistrats de la cité,
Présidés par leur chef de file,
Veulent aller hors de la ville,
Au devant de Sa Majesté.
On part muni d'une harangue

Que promptement vient de tracer
Ce chef très versé dans sa langue,
Et qu'il doit aussi prononcer.
Arrivés auprès d'une hutte
En tête du pont, le savant
Leur dit : « Allez toujours devant,
Je suis à vous dans la minute. »
A peine ont-ils fait le trajet
Qu'arrive du roi la voiture
Bien plus tôt qu'on ne l'attendait.
Pour la pauvre magistrature
Quel embarras! Point de discours;
C'est l'absent qui l'a dans sa poche.
Tout le cortége à leur approche
De sa marche interrompt le cours.
Le roi s'avance à la portière ;
Mais nos magistrats restent coi,
Regardant toujours en arrière.
Surpris de cet air de mystère,
« Eh bien! messieurs, leur dit le roi,
Me voici prêt à vous entendre. »
L'un deux à la fin lui répond :
« Sire, un moment daignez attendre;
La harangue est au bout du pont.
— Eh bien! dit le roi, qu'elle y reste. »
Le cortége part d'un pas leste;
Et moi je passe au second trait.
Henri-Quatre en est le sujet;
Ce nom seul est d'heureux présage.
Certain jour le bon roi Henri,
Revenant d'assez long voyage,
Allait entrer à Montlhéri.
Eh! vite, eh! vite, à son passage
Accourent tous les habitants.
Le curé s'est mis à leur tête;
A le haranguer il s'apprête;
Mais n'ayant eu que peu d'instants
Pour préparer ce qu'il doit dire,

Il se présente, et lui dit : « Sire,
Les habitants de Montlhéri
Sont charmés de vous voir ici.
— Bien, dit le vainqueur de la Ligue,
Votre harangue me plaît fort ;
Mais je voudrais l'entendre encor ;
Bis, si cela ne vous fatigue.
— Point du tout, sire. » Et sur-le-champ,
D'une voix plus ferme et plus nette,
Notre bon curé lui répète
Son court et naïf compliment.
« Encor mieux, dit le roi : j'ordonne
Que pour ses indigents l'on donne
Cent écus au digne pasteur.
— *Bis*, sire, répond l'orateur.
— Ventre-saint-gris ! j'aime cet homme,
Dit le bon monarque en riant.
Eh bien ! soit. Je double la somme. »
L'ordre s'exécute à l'instant ;
Et pour terminer mon histoire,
Le roi, le curé, l'auditoire,
Tout le monde s'en fut content.

§ 5. DE LA FABLE.

La fable ou apologue est le récit d'une action attribuée à des personnages quelconques, d'où l'on tire une vérité utile, qu'on appelle *moralité*.

La fable est, comme dit La Fontaine,

Une ample comédie à cent actes divers,
　Et dont la scène est l'univers.

Et cette comédie doit avoir son exposition, son nœud et son dénouement. Son action doit être *une, juste, naturelle* : *une*, parceque toutes les parties de cette action doivent tendre au même but moral ; *juste*, c'est à dire que l'application doit s'en faire facilement ; *naturelle*, c'est à dire fondée sur la nature ou du moins sur l'opinion reçue.

La moralité doit en être claire, courte et intéressante. On peut indifféremment la placer à la fin ou au commencement.

Le style de la fable doit être simple, naïf et sans prétention ; la variété, l'élégance sont aussi de son domaine ; mais le travail ne s'y doit jamais laisser apercevoir.

Le Grec Ésope est le père de la fable ; c'est de son nom que les premiers recueils publiés en France ont été appelés *Ysopets*.

Phèdre mit la fable en honneur chez les Latins, et le recueil qu'il nous a laissé est recommandable par de grandes qualités ; mais le maître inimitable dans ce genre est La Fontaine ; nous citerons au hasard une de ses fables ; nous n'avons que l'embarras du choix : presque toutes ont au suprême degré les qualités qu'on trouve à peine éparses dans tous les autres fabulistes.

Celle-ci est un chef-d'œuvre de finesse, de vivacité et d'enjouement :

LE VIEUX RAT ET LE CHAT.

J'ai lu chez un conteur de fables
Qu'un second Rodilard, l'Alexandre des chats,
 L'Attila, le fléau des rats,
 Rendait ces derniers misérables ;
 J'ai lu, dis-je, en certain auteur
 Que ce chat exterminateur,
Vrai Cerbère, était craint une lieue à la ronde ;

Il voulait de souris dépeupler tout le monde.
Les planches qu'on suspend sur un léger appui,
  La mort aux rats, les souricières
  N'étaient que jeux au prix de lui.
  Comme il voit que dans leurs tanières
  Les souris étaient prisonnières,
Qu'elles n'osaient sortir, qu'il avait beau chercher.
Le galant fait le mort, et du haut d'un plancher
Se pend la tête en bas ; la bête scélérate
A de certains cordons se tenait par la pate.
Le peuple des souris croit que c'est châtiment ;
Qu'il a fait un larcin de rôt ou de fromage,
Egratigné quelqu'un, causé quelque dommage ;
Enfin qu'on a pendu le mauvais garnement.
  Toutes, dis-je, unanimement
Se promettent de rire à son enterrement,
Mettent le nez à l'air, montrent un peu la tête,
  Puis rentrent dans leurs nids à rats,
  Puis ressortant font quatre pas,
  Puis enfin se mettent en quête.
Mais voici bien une autre fête :
Le pendu ressuscite, et, sur ses pieds tombant,
  Attrape les plus paresseuses.
« Nous en savons plus d'un, dit-il en les gobant :
C'est tour de vieille guerre, et vos cavernes creuses
Ne vous sauveront pas, je vous en avertis ;
  Vous viendrez toutes au logis. »
Il prophétisait vrai : notre maître Mitis
Pour la seconde fois les trompe et les affine,
  Blanchit sa robe et s'enfarine ;
  Et, de la sorte déguisé,
Se niche et se blottit dans une huche ouverte.
  Ce fut à lui bien avisé :
La gent trotte-menu s'en vient chercher sa perte.
Un rat sans plus s'abstient d'aller flairer autour ;
C'était un vieux routier ; il savait plus d'un tour ;
Même il avait perdu sa queue à la bataille.
« Ce bloc enfariné ne me dit rien qui vaille,

S'écria-t-il de loin au général des chats :
Je soupçonne dessous encor quelque machine ;
    Rien ne te sert d'être farine,
Car quand tu serais sac je n'approcherais pas. »

C'était bien dit à lui ; j'approuve sa prudence :
    Il était expérimenté,
    Et savait que la méfiance
    Est mère de la sûreté.

La fable prend quelquefois un ton grave et sérieux, comme celle *du Chêne et du Roseau*, qui est encore de La Fontaine :

LE CHÊNE ET LE ROSEAU.

Le chêne un jour dit au roseau :
« Vous avez bien sujet d'accuser la nature ;
Un roitelet pour vous est un pesant fardeau ;
    Le moindre vent qui d'aventure
    Fait rider la face de l'eau
    Vous oblige à baisser la tête,
Cependant que mon front au Caucase pareil,
Non content d'arrêter les rayons du soleil,
    Brave l'effort de la tempête.
Tout vous est aquilon, tout me semble zéphyr.
Encor si vous naissiez à l'abri du feuillage
    Dont je couvre le voisinage,
    Vous n'auriez pas tant à souffrir ;
    Je vous défendrais de l'orage ;
    Mais vous naissez le plus souvent
Sur les humides bords des royaumes du vent ;
La nature envers vous me semble bien injuste.
Votre compassion, lui répondit l'arbuste,
Part d'un bon naturel ; mais quittez ce souci :
    Les vents me sont moins qu'à vous redoutables ;
Je plie et ne romps pas. Vous avez jusqu'ici
    Contre leurs coups épouvantables
    Résisté sans courber le dos ;

Mais attendons la fin. Comme il disait ces mots
Du bout de l'horizon accourt avec furie
    Le plus terrible des enfants
Que le Nord eût portés jusque-là dans ses flancs.
    L'arbre tient bon, le roseau plie ;
    Le vent redouble ses efforts,
    Et fait si bien qu'il déracine
Celui de qui la tête au ciel était voisine
Et dont les pieds touchaient à l'empire des morts.

La philosophie, la politique ont plus d'une fois emprunté le langage de la fable pour donner aux hommes des leçons de haute morale. Il n'est pas jusqu'aux plus doux sentiments du cœur qui ne trouvent dans l'apologue un fidèle interprète ; telle est la touchante fable des *Deux Pigeons*.

Je citerai maintenant une des meilleures fables de l'abbé Aubert pour qu'on en puisse faire la comparaison avec celles de La Fontaine. On verra qu'avec un style pur et correct et un certain naturel l'abbé Aubert est encore bien loin de l'aimable négligence et du laisser-aller du *Bonhomme*.

FANFAN ET COLAS.

Fanfan, gras et vermeil et marchant sans lisière,
    Voyait son troisième printemps.
D'un si beau nourrisson Perrette toute fière
S'en allait à Paris le rendre à ses parents.
    Perrette avait sur sa bourrique
    Dans deux paniers mit Colas et Fanfan.
De la riche Cloé celui-ci fils unique
    Allait changer d'état, de nom, d'habillement
        Et peut-être de caractère.
        Colas, lui, n'était que Colas,
    Fils de Perrette et de son mari Pierre ;
Il aimait tant Fanfan qu'il ne le quittait pas ;

Fanfan le chérissait de même.
Ils arrivent. Cloé prend son fils dans ses bras ;
    Son étonnement est extrême,
Tant il lui paraît fort, bien nourri, gros et gras.
Perrette de ses soins largement est payée.
    Voilà Perrette renvoyée ;
  Voilà Fanfan que Colas voit partir.
  Trio de pleurs, Fanfan se désespère ;
  Il aimait Colas comme un frère :
Sans Perrette et sans lui que va-t-il devenir ?
Il fallut se quitter. On dit à la nourrice :
« Quand de votre hameau vous viendrez à Paris
    N'oubliez pas d'amener votre fils,
Entendez-vous, Perrette ? On lui rendra service. »
Perrette, le cœur gros, mais plein d'un doux espoir,
De son Colas déjà croit la fortune faite.
De Fanfan cependant Cloé fait la toilette :
Le voilà décrassé, beau, blanc ; il fallait voir !
Habit moiré, toquet d'or, riche aigrette.
On dit que le fripon se voyant au miroir
    Oublia Colas et Perrette.
« Je voudrais à Fanfan porter cette galette,
Dit la nourrice un jour ; Pierre, qu'en penses-tu ?
Voilà tantôt six mois que nous ne l'avons vu. »
    Pierre y consent ; Colas est du voyage.
   Fanfan trouva (l'orgueil est de tout âge)
    Pour son ami Colas trop mal vêtu ;
   Sans la galette il l'aurait méconnu.
Perrette accompagna ce gâteau d'un fromage,
De fruits et de raisins, doux trésors de Bacchus.
    Les présents furent bien reçus,
Ce fut tout ; et tandis qu'elle n'est occupée
    Qu'à faire éclater son amour,
    Le marmot, lui, bat du tambour,
Traîne son chariot, fait danser sa poupée.
Quand il a bien joué Colas dit : C'est mon tour.
    Mais Fanfan n'était plus son frère ;
    Fanfan le trouva téméraire ;

Fanfan le repoussa d'un air fier et mutin.
Perrette alors prend Colas par la main :
« Viens, lui dit-elle avec tristesse ;
Voilà Fanfan devenu grand seigneur ;
Viens, mon fils, tu n'as plus son cœur.

L'amitié disparaît où l'égalité cesse.

§ 6. DE L'ÉGLOGUE ET DE L'IDYLLE.

L'églogue, la poésie pastorale, la poésie bucolique sont trois termes différents qui signifient la même chose : c'est une imitation de la vie champêtre représentée avec tous ses charmes possibles. Cette sorte de poésie est pleine de grâce et de délicatesse ; elle ne rappelle point à l'esprit les images terribles de la guerre et des combats ; elle ne remue pas les passions par des objets de terreur. Le lieu de la scène est ordinairement un paysage rustique, ses acteurs de simples bergers. Le repos de la vie champêtre et ce qui l'accompagne, des chansons, des combats poétiques, des plaintes mélancoliques, des récits intéressants, tel est le fonds inépuisable de la poésie pastorale.

Le langage des bergers doit être naturel, simple et poli, ennemi de toute affectation. Boileau dans les vers suivants nous donne à la fois le précepte et l'exemple :

Telle qu'une bergère au plus beau jour de fête
De superbes rubis ne charge point sa tête,
Et, sans mêler à l'or l'éclat des diamants,
Cueille en un champ voisin ses plus beaux ornements ;
Telle, aimable en son air, mais humble dans son style,
Doit éclater sans pompe une élégante idylle.

Son tour simple et naïf n'a rien de fastueux,
Et n'aime point l'orgueil d'un vers présomptueux ;
Il faut que sa douceur flatte, chatouille, éveille,
Et jamais de grands mots n'épouvante l'oreille.
Mais souvent dans ce style un rimeur aux abois
Jette là de dépit la flûte et le hautbois,
Et, follement pompeux dans sa verve indiscrète,
Au milieu d'une églogue entonne la trompette.
De peur de l'écouter Pan fuit dans les roseaux,
Et les nymphes d'effroi se cachent sous les eaux.
Au contraire cet autre, abject en son langage,
Fait parler ses bergers comme on parle au village :
Ses vers plats et grossiers, dépouillés d'agrément,
Toujours baisent la terre et rampent tristement.
Entre ces deux excès la route est difficile.....

*

L'églogue a ordinairement la forme dramatique : ce sont des bergers qui s'entretiennent ensemble, qui se racontent des faits intéressants et à leur portée.

L'idylle au contraire présente ordinairement un petit tableau champêtre.

La pastorale proprement dite est un poème dramatique dont les acteurs sont des bergers ; c'est la représentation d'une action pastorale, qui doit avoir son exposition, son intrigue et son dénouement, et qui est divisée en actes et en scènes. On a aussi quelquefois donné le nom de pastorales à de petits romans en prose dont les personnages sont des bergers ou des laboureurs, tels sont : *Galatée, Estelle*, de Florian. Racan, Segrais, Mme Deshoulieres, Berquin, Léonard, André Chénier (ce dernier surtout) offrent plusieurs pièces qui sont des modèles en ce genre.

L'idylle du *Jeune Malade* de Chénier a une foule de beautés les plus touchantes ; les vers en sont pleins

d'art et de goût et dignes des plus sévères modèles ;
on y retrouve l'imagination pittoresque d'un temps
qui n'est plus.

LE JEUNE MALADE.

Apollon, dieu sauveur, dieu des savants mystères,
Dieu de la vie et dieu des plantes salutaires,
Dieu vainqueur de Python, dieu jeune et triomphant,
Prends pitié de mon fils, de mon unique enfant ;
Prends pitié de sa mère aux larmes condamnée,
Qui ne vit que pour lui, qui meurt abandonnée,
Qui n'a pas dû rester pour voir mourir son fils ;
Dieu jeune, viens aider sa jeunesse. Assoupis,
Assoupis dans son sein cette fièvre brûlante
Qui dévore la fleur de sa vie innocente.
Apollon, si jamais, échappé du tombeau,
Il retourne au Ménale avoir soin du troupeau,
Ces mains, ces vieilles mains orneront ta statue
De ma coupe d'onyx à tes pieds suspendue ;
Et, chaque été nouveau, d'un taureau mugissant
La hache à ton autel fera couler le sang.

Eh bien ! mon fils, es-tu toujours impitoyable ?
Ton funeste silence est-il inexorable ?
Mon fils, tu veux mourir ? Tu veux dans ses vieux ans
Laisser ta mère seule avec ses cheveux blancs ?
Tu veux que ce soit moi qui ferme ta paupière ?
Que j'unisse ta cendre à celle de ton père ?
C'est toi qui me devais ces soins religieux,
Et ma tombe attendait tes pleurs et tes adieux.
Parle, parle, mon fils ; quel chagrin te consume ?
Les maux qu'on dissimule en ont plus d'amertume.
Ne leveras-tu point ces yeux appesantis ?

— Ma mère, adieu ! je meurs, et tu n'as plus de fils.
Non, tu n'as plus de fils, ma mère bien aimée ;
Je te perds. Une plaie ardente, envenimée,

Me ronge : avec effort je respire, et je crois
Chaque fois respirer pour la dernière fois.
Je ne parlerai pas. Adieu ce lit me blesse,
Ce tapis qui me couvre accable ma faiblesse ;
Tout me pèse et me lasse. Aide-moi, je me meurs.
Tourne-moi sur le flanc. Ah ! j'expire ! O douleurs !
— Tiens, mon unique enfant, mon fils, prends ce breuvage ;
Sa chaleur te rendra ta force et ton courage.
La mauve, le dictame ont avec les pavots
Mêlé leurs sucs puissants qui donnent le repos.
Sur le vase bouillant, attendrie à mes larmes,
Une Thessalienne a composé des charmes.
Ton corps débile a vu trois retours du soleil
Sans connaître Cérès ni les yeux le sommeil.
Prends, mon fils, laisse-toi fléchir à ma prière ;
C'est ta mère, la vieille inconsolable mère
Qui pleure, qui jadis te guidait pas à pas,
T'asseyait sur son sein, te portait dans ses bras ;
Que tu disais aimer, qui t'apprit à le dire ;
Qui chantait, et souvent te forçait à sourire
Lorsque tes jeunes dents, par de vives douleurs,
De tes yeux enfantins faisaient couler les pleurs.
Tiens, presse de ta lèvre, hélas ! pâle et glacée,
Par qui cette mamelle était jadis pressée,
Un suc qui te nourrisse et vienne à ton secours
Comme autrefois mon lait nourrit tes premiers jours.

— O coteaux d'Érymanthe ! ô vallons ! ô bocage !
O vent sonore et frais qui troublais le feuillage
Et faisais frémir l'onde, et sur leur jeune sein
Agitais les replis de leur robe de lin !
De légères beautés troupe agile et dansante...
Tu sais, tu sais, ma mère, aux bords de l'Érymanthe,
Là ni loups ravisseurs, ni serpents, ni poisons...
O visage divin ! ô fêtes, ô chansons !
Des pas entrelacés, des fleurs, une onde pure,
Aucun lieu n'est si beau dans toute la nature.
Dieux ! ces bras et ces fleurs, ces cheveux, ces pieds nus
Si blancs, si délicats ! je ne les verrai plus !

Oh! portez, portez-moi sur les bords d'Erymanthe;
Que je la voie encor cette vierge charmante;
Oh! que je voie au loin la fumée à longs flots
S'élever de ce toit au bord de cet enclos.....
Assise à tes côtés, ses discours, sa tendresse,
Sa voix, trop heureux père, enchante ta vieillesse.
Dieux! par dessus la haie élevée en remparts
Je la vois à pas lents, en longs cheveux épars,
Seule sur un tombeau, pensive, inanimée,
S'arrêter et pleurer sa mère bien aimée.
Oh! que tes yeux sont doux, que ton visage est beau!
Viendras-tu point aussi pleurer sur mon tombeau?
Viendras-tu point aussi, la plus belle des belles,
Dire sur mon tombeau : Les Parques sont cruelles?

— Ah! mon fils, c'est l'amour, c'est l'amour insensé
Qui t'a jusqu'à ce point cruellement blessé!
Ah! mon malheureux fils! oui, faibles que nous sommes,
C'est toujours cet amour qui tourmente les hommes;
S'ils pleurent en secret, qui lira dans leur cœur
Verra que cet amour est toujours leur vainqueur.
Mais, mon fils, mais, dis-moi, quelle nymphe charmante,
Quelle vierge as-tu vue au bord de l'Erymanthe?
N'es-tu pas riche et beau, au moins quand la douleur
N'avait point de ta joue éteint la jeune fleur?
Parle, est-ce cette Eglé, fille du roi des ondes?
Ou cette jeune Irène aux longues tresses blondes?
Ou ne serait-ce point cette fière beauté
Dont j'entends le beau nom chaque jour répété,
Dont j'apprends que partout les belles sont jalouses?
Qu'aux temples, aux festins, les mères, les épouses
Ne sauraient voir, dit-on, sans peine et sans effroi?
Cette belle Daphné?... — Dieux, ma mère, tais-toi;
Tais-toi. Dieux! qu'as-tu dit? Elle est fière, inflexible;
Comme les immortels elle est belle et terrible!
Mille amants l'ont aimée; ils l'ont aimée en vain:
Comme eux j'aurais trouvé quelque refus hautain.
Non, garde que jamais elle soit informée...
Mais, ô mort! ô tourment! ô mère bien aimée!

Tu vois dans quels ennuis dépérissent mes jours ;
Ecoute ma prière, et viens à mon secours.
Je meurs ; va la trouver : que tes traits, que ton âge
De sa mère à ses yeux offrent la sainte image.
Tiens, prends cette corbeille et nos fruits les plus beaux ;
Prends notre Amour d'ivoire, honneur de ces hameaux ;
Prends la coupe d'Onyx à Corinthe ravie ;
Prends mes jeunes chevreaux, prends mon cœur, prends ma vie;
Jette tout à ses pieds ; apprends-lui qui je suis ;
Dis-lui que je me meurs, que tu n'as plus de fils.
Tombe aux pieds du vieillard, gémis, implore, presse ;
Adjure cieux et mers, Dieu, temple, autel, déesse ;
Pars, et si tu reviens sans les avoir fléchis,
Adieu, ma mère, adieu ! tu n'auras plus de fils.

— J'aurai toujours un fils ; va, la belle espérance
Me dit.... — Elle s'incline, et, dans un doux silence,
Elle couvre ce front, terni par ses douleurs,
De baisers maternels entremêlés de pleurs ;
Puis elle sort en hâte, inquiète et tremblante.
La démarche de crainte et d'âge chancelante,
Elle arrive ; et bientôt revenant sur ses pas,
Haletante, de loin, — Mon cher fils, tu vivras ;
Tu vivras. — Elle vient s'asseoir près de la couche :
Le vieillard la suivait, le sourire à la bouche.
La jeune belle aussi, rouge et le front baissé,
Vient jeter sur le lit un coup d'œil. L'insensé
Tremble ; sous ses tapis il veut cacher sa tête.
— Ami, depuis trois jours tu n'es d'aucune fête,
Dit-elle ; que fais-tu ? Pourquoi veux-tu mourir ?
Tu souffres. L'on me dit que je puis te guérir ;
Vis, et formons ensemble une seule famille.
Que mon père ait un fils et ta mère une fille. —

Le Mendiant, la Liberté, l'Aveugle, tels sont les titres de trois autres idylles d'André Chénier qui méritent toute admiration, et que nous voudrions pouvoir donner ici.

Voici maintenant une des plus jolies églogues de Léonard :

LE SACRIFICE DES ENFANTS.

MIRTIL ET CHLOÉ.

Le tendre enfant Mirtil, au lever de l'aurore,
    Vit la plus jeune de ses sœurs
Tristement occupée à rassembler des fleurs :
En les réunissant Chloé mêlait ses pleurs
Aux larmes du matin qui les baignaient encore.
Elle laisse couler deux ruisseaux de ses yeux
    Sitôt qu'elle aperçoit son frère.

CHLOÉ.

Hélas ! Mirtil, bientôt nous n'aurons plus de père !
    Que notre sort est douloureux !

MIRTIL.

Ah ! s'il allait mourir ce père qui nous aime...
    Ma sœur, il est si vertueux !
    Il a tant d'amour pour les dieux !

CHLOÉ.

Oui, Mirtil, et les dieux devraient l'aimer de même.

MIRTIL.

O ma sœur, comme ici tout me paraît changer !
Comme tous les objets semblent dans la tristesse !
    En vain mon agneau me caresse ;
    Depuis cinq jours je le délaisse,
Et c'est une autre main qui lui donne à manger.
Vainement mon ramier s'approche de ma bouche ;
De mes plus belles fleurs je n'ai point de souci ;
Enfin ce que j'aimais n'a plus rien qui me touche.
Mon père, si tu meurs je veux mourir aussi.

CHLOÉ.

    Hélas ! il t'en souvient, mon frère !
    Cinq jours bien longs se sont passés

Depuis que sur son sein nous tenant embrassés
Il se mit à pleurer....

MIRTIL.

Oui, Chloé, ce bon père !
Comme il devint pâle et tremblant !
« Mes enfants, disait-il, je suis bien chancelant :
Laissez-moi... Je succombe au mal qui me tourmente. »
 Il se traîna jusqu'à son lit.
 Depuis ce temps il s'affaiblit,
 Et tous les jours son mal augmente.

CHLOÉ.

 Ecoute quel est mon dessein :
 Si tu me vois de grand matin
 Occupée à cette guirlande,
C'est qu'au dieu des bergers j'en veux faire une offrande.
 Notre mère nous dit toujours
Que les dieux sont cléments, qu'ils prêtent leur secours
 Aux simples vœux de l'innocence ;
Moi je veux du dieu Pan implorer la clémence.
Et vois-tu cet oiseau, mon unique trésor ?
Eh bien ! je veux au dieu le présenter encor.

MIRTIL.

O ma sœur ! attends-moi, je n'ai qu'un pas à faire ;
De mes fruits les plus beaux j'ai rempli mon panier ;
Je vais l'aller chercher, et pour sauver mon père
 Je veux y joindre mon ramier.

Ces mots finis il court, va saisir sa richesse,
Et sous un poids si doux il revole à l'instant :
 Il souriait en le portant,
Tour à tour agité d'espoir et de tristesse.
 Les voilà tous deux en chemin
 Pour arriver au pied de la statue.
Elle se présentait sur un coteau voisin
Que des pins ombrageaient de leur cime touffue.
Là, s'étant prosternés devant le dieu des champs,
Ils élèvent vers lui leurs timides accents.

CHLOÉ.

Daigne, ô dieu des bergers, agréer mon offrande,
Et laisse-toi toucher aux pleurs que je répands !
    Tu vois, je n'ai qu'une guirlande ;
    A tes genoux je la suspends !
J'en ornerais ton front si j'étais assez grande.
O dieu, rends notre père à ses pauvres enfants !

MIRTIL.

Conserve ce bon père, ô dieu ! sois-nous propice.
Voilà mes plus beaux fruits que j'ai cueillis pour toi !
Si mon plus beau chevreau n'était plus fort que moi,
    J'en aurais fait le sacrifice.
Quand je serai plus grand j'en immolerai deux
Si tu vois en pitié deux enfants malheureux.

CHLOÉ.

Nous partageons les maux que notre père endure.
Quel don peut te fléchir ?... Tiens, voilà mon oiseau !
C'est pourtant tout mon bien, ô Pan ! je te le jure.
Vois, il vient dans ma main chercher sa nourriture,
Et je veux que ma main lui serve de tombeau.

MIRTIL.

    O Pan ! que faut-il pour te plaire ?
Regarde mon ramier, je le vais appeler ;
    Veux-tu sa vie ? elle m'est chère :
    Mais pour que tu sauves mon père,
Je vais... oui, dieu puissant ! je vais te l'immoler.
    Et leurs petites mains tremblantes
Saisissaient des oiseaux les ailes frémissantes.
Déjà glacés de crainte, ils détournaient les yeux
    Pour commencer leurs sacrifices ;
Mais une voix s'élève : « Enfants trop généreux,
Arrêtez ! l'innocence intéresse les dieux.
Gardez-vous d'immoler ce qui fait vos délices ;
    Je rends votre père à vos vœux. »

Leur père fut sauvé. Ce jour même avec eux
Il alla du dieu Pan bénir la bienfaisance ;
Il passa de longs jours au sein de l'abondance.
Et vit naître les fils de ses petits-neveux.

DE L'ÉLÉGIE.

L'élégie est un chant plaintif sur des malheurs particuliers ou sur les misères d'un peuple. La mélancolie est son caractère habituel; quelquefois elle s'élève jusqu'à l'indignation.

L'élégie se rencontre fréquemment dans la poésie des Hébreux; plusieurs psaumes sont de sublimes modèles en ce genre. Telles sont encore les plaintes du prophète, les *Lamentations de Jérémie* sur les malheurs de *la Fille de Sion*.

Ne se sent-on pas attendri jusqu'aux larmes à la lecture de ces plaintes si touchantes des Hébreux dans la servitude :

« Étant sur le bord des fleuves de Babylone, nous nous y sommes assis, et nous y avons répandu des larmes en nous souvenant de Sion.

« Nous avons suspendu nos harpes aux saules qui bordent les prairies ;

« Parceque ceux qui nous ont emmenés captifs nous ont demandé des cantiques de réjouissance ;

« Et que ceux qui nous ont arrachés de notre patrie nous ont dit : Chantez-nous quelqu'un des cantiques de Sion.

« Comment chanterions-nous les cantiques du Seigneur dans une terre étrangère ?

« Si je viens à t'oublier, ô Jérusalem ! que ma main droite devienne sans mouvement ;

« Que ma langue demeure attachée à mon palais si je ne me souviens toujours de toi, si je ne mets ma plus grande joie à m'entretenir de Jérusalem.

« Souvenez-vous, Seigneur, des enfants d'Edom au jour de Jérusalem; de ces peuples qui ont dit : Anéantissez-la jusque dans ses fondements.

« Malheur à toi, fille de Babylone. Heureux celui qui te traitera comme tu nous a traités.

« Heureux celui qui prendra tes petits enfants pour les écraser contre la pierre. »

L'élégie moderne n'a jamais approché de ce ton de sublimité. Millevoye, André Chénier, Casimir Delavigne, dans ses Messéniennes, sont les meilleurs modèles que nous puissions indiquer. *La Chute des feuilles*, de Millevoye, *la jeune Captive*, de Chénier, sont deux pièces remplies d'un charme inexprimable de douceur et de mélancolie ; peu de poètes modernes ont atteint ce degré de perfection.

LA CHUTE DES FEUILLES.

De la dépouille de nos bois
L'automne avait jonché la terre;
Le bocage était sans mystère,
Le rossignol était sans voix.
Triste et mourant à son aurore,
Un jeune malade à pas lents
Parcourait une fois encore
Le bois cher à ses premiers ans :
Bois que j'aime, adieu !.... je succombe;
Ton deuil m'avertit de mon sort;
Et dans chaque feuille qui tombe
Je vois un présage de mort.
Fatal oracle d'Epidaure,

Tu m'as dit : « Les feuilles des bois
A tes yeux jauniront encore,
Mais c'est pour la dernière fois.
L'éternel cyprès se balance ;
Déjà sur la terre en silence
Il incline ses longs rameaux ;
Ta jeunesse sera flétrie
Avant l'herbe de la prairie,
Avant le pampre des coteaux. »
Et je meurs ! De leur froide haleine
M'ont touché les sombres autans ;
Et j'ai vu comme une ombre vaine
S'évanouir mon beau printemps.
Tombe, tombe, feuille éphémère ;
Couvre, hélas ! ce triste chemin ;
Cache au désespoir de ma mère
La place où je serai demain ;
Mais si mon amante voilée
Au détour de la sombre allée
Venait pleurer quand le jour fuit,
Eveille par un léger bruit
Mon ombre un instant consolée.

Il dit, s'éloigne..... et sans retour ;
La dernière feuille qui tombe
A signalé son dernier jour.
Sous le chêne on creuse sa tombe.....
Mais son amante ne vint pas
Visiter la pierre isolée :
Et le pâtre de la vallée
Troubla seul du bruit de ses pas
Le silence du mausolée.

LA JEUNE CAPTIVE.

L'épi naissant mûrit de la faux respecté,
Sans crainte du pressoir le pampre tout l'été
    Boit les doux présents de l'aurore ;
Et moi, comme lui belle et jeune comme lui,

Quoi que l'heure présente ait de trouble et d'ennui,
    Je ne veux pas mourir encore.

Qu'un stoïque aux yeux secs vole embrasser la mort.
Moi je pleure et j'espère; au noir souffle du Nord
    Je plie et relève ma tête.
S'il est des jours amers, il en est de si doux !
Hélas ! quel miel jamais n'a laissé de dégoûts ?
    Quelle mer n'a point de tempête ?

L'illusion féconde habite dans mon sein.
D'une prison sur moi les murs pèsent en vain :
    J'ai les ailes de l'espérance.
Echappée aux réseaux de l'oiseleur cruel,
Plus vive, plus heureuse, aux campagnes du ciel.
    Philomèle chante et s'élance.

Est-ce à moi de mourir ? Tranquille je m'endors,
Et tranquille je veille ; et ma veille aux remords
    Ni mon sommeil ne sont en proie.
Ma bien-venue au jour me rit dans tous les yeux.
Sur des fronts abattus mon aspect dans ces lieux
    Ranime presque de la joie.

Mon beau voyage encore est si loin de sa fin !
Je pars, et des ormeaux qui bordent le chemin
    J'ai passé les premiers à peine.
Au banquet de la vie à peine commencé,
Un instant seulement mes lèvres ont pressé
    La coupe en mes mains encor pleine.

Je ne suis qu'au printemps, je veux voir la moisson ;
Et comme le soleil, de saison en saison,
    Je veux achever mon année.
Brillante sur ma tige et l'honneur du jardin,
Je n'ai vu luire encor que les feux du matin,
    Je veux achever ma journée.

O mort ! tu peux attendre ; éloigne, éloigne-toi ;
Va consoler les cœurs que la honte, l'effroi,
    Le pâle désespoir dévore ;

4

Pour moi Palès encore a des asiles verts,
Les amours des baisers, les muses des concerts;
    Je ne veux pas mourir encore.

Ainsi triste et captif, ma lyre toutefois
S'éveillait, écoutant ces plaintes, cette voix,
    Ces vœux d'une jeune captive ;
Et secouant le joug de ses jours languissants,
Aux douces lois des vers je pliais les accents
    De sa bouche aimable et naïve.

Ces chants, de ma prison témoins harmonieux,
Feront à quelque amant des loisirs studieux
    Chercher quelle fut cette belle :
La grâce décorait son front et ses discours,
Et, comme elle, craindront de voir finir leurs jours
    Ceux qui les passeront près d'elle.

CHAPITRE VI.

GENRE LYRIQUE.

La poésie lyrique est la manifestation la plus libre et la plus sublime de l'inspiration du poète. Destinée à être chantée, composée même aux accords de la *lyre*, c'est pour cela qu'on l'a appelée *lyrique*.

Tout ce qui existe dans la nature est du ressort de la poésie lyrique. Livré à l'enthousiasme de son inspiration, le poète s'élève dans les sphères célestes, ses chants redisent la gloire du Tout-Puissant, célèbrent les merveilles de la création et la nature entière : quelquefois, descendant sur la terre, tantôt il chante les bienfaiteurs de l'humanité pour exciter en nous une noble émulation, tantôt il nous épouvante par les châtiments qu'il promet aux coupables. Les guerriers, les héros sont de son domaine; souvent aussi ses chants sont l'interprète du plaisir et de la volupté. Le genre lyrique comprend l'*ode* et la *cantate.*

§ 1. DE L'ODE.

L'ode, avec plus d'éclat et non moins d'énergie,
Elevant jusqu'au ciel son vol ambitieux,
Entretient dans ses vers commerce avec les dieux.
Aux athlètes dans Pise elle ouvre la barrière,
Chante un vainqueur poudreux au bout de la carrière,
Mène Achille sanglant aux bords du Simoïs,
Ou fait fléchir l'Escaut sous le joug de Louis.
Tantôt, comme une abeille ardente à son ouvrage,
Elle s'en va de fleurs dépouiller le rivage.
Elle peint les festins, les danses et les ris.
. . . .
Son style impétueux souvent marche au hasard;
Chez elle un beau désordre est un effet de l'art.

(BOILEAU, *Art. poét.*)

L'ode est ordinairement composée d'un certain nombre de stances symétriques qui se reproduisent dans le même ordre jusqu'à la fin.

Suivant le sujet qu'elle traite, on l'appelle ode *sacrée* ou *hymne*, *héroïque*, *philosophique*, *badine*.

L'ode *sacrée* s'occupe des sujets qui ont trait à la religion; telle est l'ode de Rousseau *sur l'aveuglement des gens du monde,* dont voici le début:

Qu'aux accents de ma voix la terre se réveille;
Rois, soyez attentifs; peuples, prêtez l'oreille;

Que l'univers se taise et m'écoute parler :
Mes chants vont seconder les accords de ma lyre :
L'esprit saint me pénètre, il m'échauffe, il m'inspire
Les grandes vérités que je vais révéler.

L'ode *héroïque* célèbre les grands hommes et les héros ; c'est ainsi que Lefranc de Pompignan fait entendre un chant funèbre des plus sublimes sur la mort de J. B. Rousseau :

> La France a perdu son Orphée.....
> Muses, dans ce moment de deuil,
> Elevez le pompeux trophée
> Que vous demande son cercueil.....
> . . . .

et plus loin la strophe où il parle des accusations vraies ou fausses, mais qu'il suppose calomnieuses, auxquelles la réputation de Rousseau a été exposée, est tout entière de la plus sublime inspiration :

> Le Nil a vu sur ses rivages
> Les noirs habitants des déserts
> Insulter de leurs cris sauvages
> L'astre éclatant de l'univers.
> Cris impuissants, fureurs bizarres !
> Tandis que ces monstres barbares
> Poussaient d'insolentes clameurs,
> Le dieu, poursuivant sa carrière,
> Versait des torrents de lumière
> Sur ses obscurs blasphémateurs.

L'ode *philosophique* roule sur des sujets de morale, d'art ou de science. Victor Hugo veut montrer la triste destinée du poète sur cette terre :

> . . . .
> Malheur à l'enfant de la terre

Qui dans ce monde injuste et vain
Porte en son âme solitaire
Un rayon de l'esprit divin !
Malheur à lui ! L'impure envie
S'acharne sur sa noble vie,
Semblable au vautour éternel ;
Et de son triomphe irritée
Punit le nouveau Prométhée
D'avoir ravi le feu du ciel.

La gloire, fantôme céleste,
Apparaît de loin à ses yeux :
Il subit le pouvoir funeste
De son sourire impérieux.
Ainsi l'oiseau faible et timide
Veut en vain fuir l'hydre perfide,
Dont l'œil le charme et le poursuit ;
Il voltige de cime en cime,
Puis il accourt et meurt victime
Du doux regard qui l'a séduit.

Ou s'il voit luire enfin l'aurore
Du jour promis à ses efforts,
Vivant si son front se décore
Du laurier qui croît pour les morts,
L'erreur, l'ignorance hautaine,
L'injure impunie et la haine
Usent les jours de l'immortel :
Du malheur imposant exemple,
La gloire l'admet dans son temple
Pour l'immoler sur son autel.

L'ode *badine* n'est autre chose que la *chanson*.

§ 2. DE LA CANTATE.

La cantate est une espèce d'ode faite pour être mise en musique. On y distingue deux parties : un *ré-*

citatif, destiné à représenter l'objet; un *chant* ou *air* exprimant le sentiment ou la réflexion que cet objet a fait naître. J. B. Rousseau offre les plus beaux modèles en ce genre. Est-il rien de plus noble et de plus beau que ce tableau où le poète nous montre *Circé* ayant recours aux secrets mystérieux de son art pour rappeler Ulysse.

Sur un autel sanglant l'affreux bûcher s'allume ;
La foudre dévorante à l'instant le consume ;
Mille noires vapeurs obscurcissent le jour.
Les astres de la nuit interrompent leur course,
Les fleuves étonnés remontent vers leur source,
Et Pluton même tremble en son obscur séjour.
      Sa voix redoutable
      Trouble les enfers ;
      Un bruit formidable
      Gronde dans les airs :
      Un voile effroyable
      Couvre l'univers.
      La terre tremblante
      Frémit de terreur ;
      L'onde turbulente
      Mugit de fureur ;
      La lune sanglante
      Recule d'horreur.
Dans le sein de la mort ses noirs enchantements
    Vont troubler le repos des ombres.
Les mânes effrayés quittent leurs monuments :
L'air retentit au loin de leurs longs hurlements ;
Et les vents échappés de leurs cavernes sombres
Mêlent à leurs clameurs d'horribles sifflements.

CHAPITRE VII.

DU GENRE ÉPIQUE.

. . . . La poésie épique
Dans le vaste récit d'une longue action
Se soutient par la fable et vit de fiction.
Là pour nous enchanter tout est mis en usage ;
Tout prend un corps, une âme, un esprit, un visage.
Chaque vertu devient une divinité :
Minerve est la prudence, et Vénus la beauté ;
Ce n'est plus la vapeur qui produit le tonnerre,
C'est Jupiter armé pour effrayer la terre ;
Un orage terrible aux yeux des matelots,
C'est Neptune en courroux qui gourmande les flots :
Echo n'est plus un son qui dans l'air retentisse,
C'est une nymphe en pleurs qui se plaint de Narcisse.
Ainsi dans cet amas de nobles fictions
Le poète s'égaie en mille inventions,
Orne, élève, embellit, agrandit toutes choses,
Et trouve sous sa main des fleurs toujours écloses.

(BOILEAU, *Art poétique.*)

L'*épopée* est le récit en vers d'une grande action historique ; elle est regardée comme le dernier effort de l'esprit humain, soit par la variété et l'étendue du sujet qu'elle embrasse, soit par la pompe et la magnificence de son style, soit par le tableau des faits merveilleux et héroïques qu'elle présente : elle respire partout l'enthousiasme ; tous les ornements sont de son ressort, tout l'univers est son domaine : tout doit contribuer à l'embellir ; elle veut une variété continuelle pour en éloigner la monotonie et l'ennui.

La muse épique invente presque tout ce qu'elle raconte ; elle arrange les faits et les événements à son gré ; toute la nature est soumise à ses lois.

§ 1ᵉʳ. QUALITÉS DE L'ACTION ÉPIQUE.

L'action épique doit être *une, intéressante, merveilleuse, entière*.

1° L'action épique doit être *une*. Deux actions qui marcheraient ensemble, si elles intéressaient également, partageraient le cœur et rendraient ses mouvements incertains ; et si elles n'étaient pas également intéressantes l'une donnerait du dégoût pour l'autre. Ainsi dans *la Jérusalem délivrée* toute l'action tend à la prise de Jérusalem ; dans Milton, à l'expulsion d'Adam et d'Ève du Paradis terrestre.

L'unité d'action consiste donc à faire tendre tous événements particuliers racontés dans le poème vers un seul but, qui est l'intention exprimée par le poète dans sa proposition. L'action doit avoir un commencement, un milieu, une fin, et former un tout vivant.

L'unité d'action n'exclut point les *épisodes*. On appelle en général épisodes certaines petites actions subordonnées à l'action principale et qui semblent jouer autour d'elle, pour délasser le lecteur par une variété étrangère à celle du sujet même ; telles sont, dans *la Jérusalem délivrée*, les *Aventures de Tancrède avec Herminie et Clorinde* ; *la Description des Jardins d'Armide*, etc. Les épisodes doivent être courts, variés, agréables, accommodés au ton général de l'ouvrage.

2° L'action épique doit être *intéressante*, parcequ'elle doit émouvoir l'âme par des situations touchantes et piquer sans cesse la curiosité par la singularité des faits. Le succès dépend aussi du choix du sujet; suivons le précepte de Boileau :

Voulez-vous longtemps plaire et jamais ne lasser,
Faites choix d'un héros propre à m'intéresser,
En valeur éclatant, en vertus magnifique ;
Qu'en lui, jusqu'aux défauts, tout se montre héroïque ;
Que ses faits surprenants soient dignes d'être ouïs ;
Qu'il soit tel que César, Alexandre ou Louis;
Non tel que Polynice et son perfide frère :
On s'ennuie aux exploits d'un conquérant vulgaire.
N'offrez point un sujet d'incidents trop chargé ;
Le seul courroux d'Achille, avec art ménagé,
Remplit abondamment une *Iliade* entière :
Souvent trop d'abondance appauvrit la matière.

3° L'action épique doit être *merveilleuse*. Le merveilleux est nécessaire à la grandeur de l'action et des héros. Des événements qui intéressent les dieux et toutes les puissances surnaturelles ne peuvent rester indifférents aux hommes ; sans l'intervention divine au contraire les événements rentrent dans les accidents ordinaires, et les hommes ne sont plus que des hommes. Et le mieux est que le poète soit luimême sous l'illusion qu'il veut nous faire partager :

Qu'Enée et ses vaisseaux, par le vent écartés,
Soient aux bords africains d'un orage emportés ;
Ce n'est qu'une aventure ordinaire et commune,
Qu'un coup peu surprenant des traits de la fortune :
Mais que Junon, constante en son aversion,
Poursuive sur les flots les restes d'Ilion ;

4*

Qu'Eole en sa faveur, les chassant d'Italie,
Ouvre aux vents mutinés les prisons d'Eolie ;
Que Neptune en courroux s'élevant sur la mer
D'un mot calme les flots, mette la paix dans l'air,
Délivre les vaisseaux, des Syrtes les arrache [1] :
C'est là ce qui surprend, frappe, saisit, attache.
Sans tous ces ornements le vers tombe en langueur ;
La poésie est morte ou rampe sans vigueur ;
Le poète n'est plus qu'un orateur timide,
Qu'un froid historien d'une fable insipide.

On a dit que le christianisme ne pourrait se prêter à ce genre de poésie :

De la foi d'un chrétien les mystères terribles
D'ornements égayés ne sont point susceptibles ;
L'évangile à l'esprit n'offre de tous côtés
Que pénitence à faire et tourments mérités.

Malgré le respect que nous avons pour les idées de Boileau, nous ne saurions admettre entièrement une pareille opinion. Avec de l'art, du goût et du génie, nos prophètes, nos anges, nos saints et nos démons peuvent être convenablement placés dans un poème. Les exemples du Tasse, de Milton, de l'auteur d'*Athalie* semblent donner une preuve sans réplique de ce fait.

Nous croyons au contraire que les grandeurs infinies du Dieu de paix et de miséricorde, les mystères sacrés de son amour inépuisable seraient pour un homme de génie des ressorts d'intérêt et de merveilleux bien plus puissants que toutes les fables des anciens, qui ne parlent qu'à l'imagination et point au cœur. Ce qui manque dans le christianisme ce n'est

---

[1] Premier livre de l'*Énéide*, de Virgile.

pas le merveilleux; mais il manque un génie qui, animé de l'inspiration chrétienne et pénétré des vérités de notre sublime religion, puisse enfin le faire briller de tout son éclat.

4° L'action épique doit être *entière*. Cette qualité est renfermée dans l'idée de l'action telle que nous l'avons donnée, c'est à dire qu'elle doit avoir un *commencement*, un *milieu* et une *fin;* en d'autres termes, une *exposition*, un *nœud d'intrigue* et un *dénouement*.

La *vraisemblance* dans l'épopée consiste à user des différents ressorts qu'on met en jeu suivant les opinions reçues.

§ 2. ACTEURS DE L'ÉPOPÉE. — LEURS CARACTÈRES ET LEURS MOEURS.

Le nombre des acteurs est déterminé par le besoin de l'action et par la vraisemblance. On ne doit en employer ni plus ni moins qu'il ne faut pour que le principal personnage arrive à son but.

Le *caractère* est une disposition résultant du rapport des passions et de leur degré d'intensité. Les *mœurs* sont une disposition acquise par l'usage ou la répétition des mêmes actes; on les prend souvent l'un pour l'autre. Il y a le caractère de chaque âge, de l'enfance, de la jeunesse, de l'âge viril, de la vieillesse; de chaque condition, d'un roi, d'un magistrat, d'un militaire; il y en a de propres à certaines familles, la bonté, la hauteur, la générosité, etc....

Les mœurs de l'épopée doivent être telles que l'on

puisse y reconnaître l'humanité ; elles doivent être *bonnes, ressemblantes, égales* et *convenables.*

Les mœurs seront *bonnes*, c'est à dire qu'elles seront conformes à la loi naturelle, qui commande la vertu et proscrit le vice. Par *bonnes* on n'entend point ici perfection, mais seulement prédominance des vertus sur les vices. La perfection ennuie et décourage ; elle est d'ailleurs invraisemblable et nuit à l'illusion.

. . . . Aux grands cœurs donnez quelques faiblesses.
Achille déplairait moins bouillant et moins prompt ;
J'aime à lui voir verser des pleurs pour un affront.
A ces petits défauts marqués par la peinture
L'esprit avec plaisir reconnaît la nature ;
Qu'il soit sur ce modèle en vos écrits tracé.

(BOILEAU.)

Les mœurs seront *ressemblantes*, c'est à dire qu'on devra toujours conserver la vérité historique dans les caractères :

Qu'Agamemnon soit fier, superbe, intéressé.
Que pour ses dieux Énée ait un respect austère.
Conservez à chacun son propre caractère.

(BOILEAU.)

Les mœurs seront *convenables*, c'est à dire qu'il faut faire parler et agir les personnages selon leur âge, leur sexe et leur condition.

Le temps, qui change tout, change aussi nos humeurs :
Chaque âge a ses plaisirs, son esprit et ses mœurs.
Un jeune homme, toujours bouillant dans ses caprices,
Est prompt à recevoir l'impression des vices ;
Est vain dans ses discours, volage en ses désirs,
Rétif à la censure et fou dans les plaisirs.

L'âge viril, plus mûr, inspire un air plus sage :
Se pousse auprès des grands, s'intrigue, se ménage.
Contre les coups du sort songe à se maintenir,
Et loin dans le présent regarde l'avenir.
La vieillesse chagrine incessamment amasse,
Garde non pas pour soi les trésors qu'elle entasse,
Marche en tous ses desseins d'un pas lent et glacé,
Toujours plaint le présent et vante le passé ;
Inhabile aux plaisirs dont la jeunesse abuse,
Blâme en eux les douceurs que l'âge lui refuse.
Ne faites point parler vos acteurs au hasard,
Un vieillard en jeune homme, un jeune homme en vieillard.
(BOILEAU.)

Les mœurs seront *égales,* c'est à dire qu'il faut conserver aux personnages le caractère avec lequel on les a fait paraître dès l'abord. Il doit en être de même pour les personnages inventés à plaisir.

D'un nouveau personnage inventez-vous l'idée,
Qu'en tout avec soi-même il se montre d'accord,
Et qu'il soit jusqu'au bout tel qu'on l'a vu d'abord.
(BOILEAU.)

§ 3. FORME DE L'ÉPOPÉE.

Avant de commencer son récit le poète doit faire l'exposition du sujet qu'il se propose de traiter ; c'est ce qu'on appelle *proposition.*

Le Tasse expose ainsi le sujet de sa *Jérusalem délivrée :*

Je chante les exploits de la pieuse armée,
Et ce héros français vainqueur de l'Idumée,
Qui de l'antique foi rallumant le flambeau
Du Fils de l'Eternel délivra le tombeau.

La proposition doit être simple, claire, sans apprêt, sans orgueil ; c'est le précepte de Boileau :

Que le début soit simple et n'ait rien d'affecté :
N'allez pas dès l'abord, sur Pégase monté,
Crier à vos lecteurs d'une voix de tonnerre :
Je chante le vainqueur des vainqueurs de la terre !
Que produira l'auteur après tous ces grands cris ?
La montagne en tra... enfante une souris.
Oh ! que j'aime bien mieux cet auteur plein d'adresse
Qui, sans faire d'abord de si haute promesse,
Me dit d'un ton aisé, doux, simple, harmonieux :
Je chante les combats et cet homme pieux
Qui, des bords phrygiens conduit vers l'Ausonie,
Le premier aborda les champs de Lavinie.
Sa muse en écrivant ne met pas tout en feu,
Et pour donner beaucoup ne nous promet que peu.
Bientôt vous la verrez, prodiguant les miracles,
Du destin des Latins prononcer les oracles ;
De Styx et d'Achéron peindre les noirs torrents,
Et déjà les Césars dans l'Elysée errants.

Après la proposition le poète invoque une divinité pour la prier de lui révéler les causes surnaturelles des événements qu'il va raconter ; il peut bien savoir ce qui se passe sur la terre ; mais comment saurait-il, sans le secours d'une divinité, ce qui se passe dans le ciel ou dans les régions où il n'est pas donné à l'homme de pénétrer : c'est ce qu'on appelle *invocation*.

Telle est l'invocation du Tasse à la muse des chants religieux :

O toi qui sur le mont illustré par la fable
Ne te couronnes point d'un laurier périssable ;
Qui, mariant la voix aux cantiques des cieux,

Ceins de l'or des soleils ton front religieux,
Muse, vierge divine, à toi je m'abandonne. . . .
(*Trad. de* Baour-Lormian.)

L'invocation peut être d'un style élevé; c'est une prière à une divinité; on peut par conséquent y mettre beaucoup de chaleur, de force et de dignité.

Après l'invocation et la proposition le récit commence, soit que le poète raconte lui-même les événements, soit qu'il les fasse raconter par ses personnages. Dans le premier cas il parle en son nom; dans le second il rapporte les discours de ses acteurs, ce qui donne à son récit une forme plus dramatique. Le récit est ordinairement divisé en *chants* ou *livres*, dont le nombre est à peu près arbitraire. L'*Iliade* en a vingt-quatre, l'*Enéide* douze; l'Arioste n'en a pas mis moins de quarante-huit dans son poème de *Roland furieux*.

§ 4. Auteurs épiques.

Chez les Grecs Homère a composé l'*Iliade*, dont le sujet est la colère d'Achille au siége de Troie; l'*Odyssée*, dont le sujet est le retour d'Ulysse dans sa patrie après la prise de Troie.

Chez les Latins Virgile a composé l'*Enéide*, dont le sujet est l'établissement des Troyens en Italie sous la conduite d'Enée.

Chez les Italiens le Tasse a composé *la Jérusalem délivrée*, dont le sujet est la délivrance de Jérusalem par Godefroy de Bouillon au temps de la première croisade.

Chez les Portugais le Camoëns, auteur des *Lusiades*, a chanté les exploits des Portugais et les découvertes de Vasco de Gama.

Chez les Anglais Milton a composé *le Paradis perdu*, l'expulsion de nos premiers parents du paradis terrestre.

Chez les Allemands Klopstock a composé *la Messiade*, dont le sujet est la rédemption.

Enfin chez les Français Voltaire a composé *la Henriade*, dont le sujet est la prise de Paris par Henri IV.

§ 5. DES POÈMES HÉROÏQUES.

Certains poèmes sont une dépendance de l'épopée : ce sont les *poèmes héroïques* et les *poèmes héroï-comiques, burlesques,* etc.

Le poème héroïque est une épopée imparfaite, sans fiction, sans merveilleux et sans unité ; c'est un récit en vers d'une suite de faits historiques, une histoire rimée à la différence près du style, qui doit être, comme dans l'épopée, passionné, chaleureux et même inspiré.

Le poème héroï-comique emploie toutes les grandes machines de l'épopée à la conduite d'une action sans importance réelle, dans laquelle figurent des personnages vulgaires. *Le Lutrin* de Boileau est un modèle en ce genre.

Le poème *burlesque*, par le travestissement des mœurs et du langage, fait descendre les dieux et les héros au niveau de la populace. Tels sont les poèmes de Scarron. La *parodie* est l'imitation burlesque d'un poème sérieux.

Les poèmes badins rentrent encore dans l'épopée : *Vert-Vert, le Lutrin vivant*, de Gresset, peuvent être cités comme des modèles en ce genre.

CHAPITRE VIII.

DU GENRE DRAMATIQUE.

Le poème dramatique est la reproduction d'une action feinte ou réelle à l'aide de personnages agissant et parlant selon la vérité ou la vraisemblance.

L'action dramatique est grave, héroïque, sérieuse, ou commune, légère et enjouée ; de cette double nature résultent la *tragédie* et la *comédie*.

Le but commun de ces espèces de poèmes est de corriger les mœurs : la tragédie en excitant en nous la terreur et la pitié par le spectacle des grandes catastrophes qui mettent en évidence les misères de l'humanité ; la comédie en nous amusant par le ridicule et par la peinture vive et chargée de nos vices et de nos défauts.

§ 1er. QUALITÉS DE L'ACTION DRAMATIQUE.

L'action dramatique doit être *vraie* ou *vraisemblable, entière* et *une*.

1° La *vraisemblance dramatique* consiste à présenter les choses de telle sorte qu'elles aient dû se passer ainsi qu'on les représente. L'action dramatique peut être historique et vraie, comme celle d'*Esther ;* vraie seulement quant au fond et altérée dans les circonstances, comme celles des *Horaces,* ou altérée dans le fond même et dans les circonstances, et ne conservant de l'histoire que les noms, comme dans *Héraclius.* Si elle est historique, il faut que le spectateur puisse dire à chaque scène : *La chose est arrivée ainsi,* ou *a dû arriver ainsi;* si elle est d'imagination : *La chose a pu arriver ainsi.* Voilà le vrai et le vraisemblable. Plus cette apparence sera frappante, plus le spectacle fera d'effet.

L'action dramatique doit être *une par le fait, par le lieu, par le temps :*

Qu'en *un lieu,* qu'en *un jour un seul fait* accompli
Tienne jusqu'à la fin le théâtre rempli.

L'*unité d'action* veut que toutes les parties, tous les incidents tendent vers un seul et unique but, qui est le dénouement. Les épisodes, s'ils ont un rapport nécessaire avec l'action principale, ne nuisent point à l'unité d'action.

L'*unité de lieu* exige que toute l'action s'accomplisse dans le lieu même où elle a été commencée : les lois de la plus sévère critique étendent l'unité de lieu jusqu'à l'enceinte d'un palais et même d'une ville. Le temps qui s'écoule pour les entr'actes ou les changements de décoration permet de supposer sans effort qu'il a été possible de se transporter pendant cet intervalle d'un quartier à un autre de la même ville; mais franchir les mers, transporter le lieu de la scène d'un pays dans un autre, voilà ce qui est contre toutes les règles de la vraisemblance.

L'*unité de temps* exigerait à la rigueur que l'action dramatique ne durât pas plus de temps que la représentation ; mais comme il serait impossible de resserrer la plupart des sujets dans un si court espace, on a étendu l'unité de temps à la durée d'un jour entier. Telle est la limite la plus reculée à laquelle puissent souscrire la raison et le goût. C'est là le défaut dans lequel sont tombés les Espagnols, comme le remarque Boileau :

Un rimeur sans péril, de là les Pyrénées,
Sur la scène en un jour renferme des années.
Là souvent le héros d'un spectacle grossier,
Enfant au premier acte, est barbon au dernier.

La division des pièces modernes en actes ou en tableaux doit peut-être nous rendre un peu moins exigeants sur ces obligations imposées au poète. Il est permis à un spectateur complaisant de se laisser transporter en idée, pendant un entr'acte, d'un pays à un autre, ou de se trouver tout à coup à plusieurs années de distance du commencement de l'action lorsque d'ailleurs il est vivement intéressé par le spectacle. On ne peut cependant abuser de cette facilité ; la perfection de l'œuvre ne peut admettre une pareille licence.

§ 2. CONDUITE DE L'ACTION DRAMATIQUE.

L'action dramatique se divise en cinq parties distinctes appelées *actes*.

Les actes sont eux-mêmes composés de parties d'action qu'on appelle *scènes*.

Les actes sont des actions partielles, entières, ayant un commencement, un milieu, une fin et tendant par des voies diverses au but unique de l'action principale de la pièce.

Les scènes sont marquées par la sortie ou l'entrée d'un personnage.

Le nombre des actes, selon les habitudes les plus ordinaires, doit être porté à cinq. Telle est la division adoptée par les meilleurs auteurs et les critiques les plus judicieux.

Le premier acte contient l'exposition du sujet, fait connaître les personnages du poème, leurs caractères, leurs mœurs, soit en les faisant paraître eux-mêmes, soit en les faisant annoncer par les acteurs qui sont en scène :

Que dès les premiers vers l'action préparée
Sans peine du sujet aplanisse l'entrée ;
Je me ris d'un auteur qui, lent à s'exprimer,
De ce qu'il veut d'abord ne sait pas m'informer,
Et qui, débrouillant mal une pénible intrigue,
D'un divertissement me fait une fatigue.
J'aimerais mieux encor qu'il déclinât son nom,
Et dit : je suis Oreste ou bien Agamemnon,
Que d'aller par un tas de confuses merveilles
Sans rien dire à l'esprit étourdir les oreilles :
Le sujet n'est jamais assez tôt expliqué.

(BOILEAU.)

Ainsi, dans la tragédie de Cinna, Emilie annonce dès la première scène l'intention de se venger : elle aime Cinna, mais elle ne consentira à lui donner sa main qu'à condition qu'il assassinera Auguste :

Quoique j'aime Cinna, quoique mon cœur l'adore,
S'il veut me posséder, Auguste doit périr.
Sa tête est le seul prix dont il peut m'acquérir.

Dans le *Misanthrope* de Molière on aperçoit dès les premiers vers le caractère d'Alceste. Après la première scène il nous est parfaitement connu :

PHILINTE.

Qu'est-ce donc ? qu'avez-vous ?

ALCESTE.

Laissez-moi, je vous prie.

PHILINTE.

Mais encor, dites-moi, quelle bizarrerie...

ALCESTE.

Laissez-moi là, vous dis-je, et courez vous cacher.
. . . .
. . . .
Allez, vous devriez mourir de pure honte ;
Une telle action ne saurait s'excuser,
Et tout homme d'honneur s'en doit scandaliser.
Je vous vois accabler un homme de caresses,
Et témoigner pour lui les dernières tendresses ;
De protestations, d'offres et de serments
Vous chargez la fureur de vos embrassements ;
Et quand je vous demande après quel est cet homme,
A peine pouvez-vous dire comme il se nomme.
Votre chaleur pour lui tombe en vous séparant,
Et vous me le traitez à moi d'indifférent.
Morbleu ! c'est une chose indigne, lâche infâme,
De s'abaisser ainsi jusqu'à trahir son âme ;
Et si par un malheur j'en avais fait autant,
Je m'irais de regret pendre tout à l'instant.

Le nœud doit aussi commencer dans le premier

acte, et le dénouement être préparé sans que cependant cette préparation soit sensible.

Dans le second, le troisième et le quatrième acte, le nœud doit se serrer de plus en plus, et le trouble et la curiosité du spectateur doivent aller toujours en croissant.

Le cinquième acte, qui est le plus vif de tous, contient le dénouement. Il doit être intimement lié avec le quatrième, dont la fin doit déjà préparer le spectateur à ce dénouement. On doit mettre entre ces deux derniers actes le moins d'intervalle possible. Tout doit finir avec la dernière scène.

§ 3. PERSONNAGES QUI CONCOURENT A L'ACTION DRAMATIQUE.

Les *personnages*, dans un poème dramatique, sont le principal objet sur lequel se fixe l'attention du spectateur. C'est sur eux que roule tout l'intérêt de l'action: Le poète doit donc mettre tous ses soins à les représenter tels qu'ils doivent être. Parmi ces personnages il en est toujours un qui domine tous les autres par l'intérêt qu'il inspire, soit parcequ'il est l'auteur de l'entreprise, soit parcequ'il en est l'objet.

C'est par les *mœurs* et les *caractères* que le poète peut faire connaître les personnages. Là, comme dans la poésie épique, c'est par la *bonté*, la *ressemblance*, l'*égalité*, la *convenance* des mœurs et des caractères qu'on pourra parvenir à la perfection. Nous renvoyons à ce que nous avons déjà dit, page 119, § 2, *Acteurs de l'épopée*.

L'action dramatique s'entame, se conduit et se termine par des entretiens entre les acteurs, des discours que s'adressent entre eux les personnages : c'est ce qu'on appelle *dialogue*.

Le dialogue ne doit avoir pour objet que ce qui peut contribuer à l'intérêt direct de l'action : il ne doit jamais traiter de choses étrangères au sujet. Ce n'est pas à dire pour cela qu'on en doive bannir les épisodes ; mais ils doivent se rattacher à l'action principale, et n'être placés là que pour mieux faire connaître un caractère sur lequel on veut appuyer. Une des plus grandes qualités du dialogue c'est la vivacité. Les personnages doivent être tout entiers à l'action ; tous leurs sentiments, leurs passions doivent tendre vers ce but unique, et par conséquent ils ne doivent montrer ni hésitation ni préoccupation étrangère ; autrement l'intérêt se ralentirait, et l'action perdrait tout son naturel.

On appelle *monologue* le discours d'un personnage qui remplit seul une scène.

L'*aparté* a lieu lorsqu'un acteur en scène avec d'autres acteurs parle avec l'intention de n'être pas entendu d'eux.

§ 4. DE LA TRAGÉDIE.

La tragédie est la représentation d'une action héroïque et malheureuse, dont l'objet est de corriger les mœurs en excitant la terreur et la pitié.

L'objet de la tragédie est de se conformer à cette merveilleuse disposition du cœur humain qui cherche des larmes et se complaît dans les gémissements. L'homme est tellement misérable qu'il semble se consoler par la pensée des infortunes d'autrui; et plus les personnages qu'il voit ainsi frappés lui paraissent élevés au dessus de lui, plus son émotion est vive et délicieuse. Il y a quelque chose de mystérieux dans l'intérêt qu'il éprouve alors : c'est un mélange de douleur et de joie. Il pleure avec plus de liberté : il y a dans sa pitié une sorte de retour sur lui-même qui n'est pas sans volupté ; ses maux propres lui deviennent plus supportables, parcequ'il en voit de plus pesants autour de lui.

Les poètes ont bien compris ce besoin extrême du cœur humain, qui cherche avidement l'image des grandes calamités et des retours bizarres de ce que nous appelons la fortune. De là le choix des scènes désolantes qui remplissent les tragédies. Ce sont des rois qui tombent, des puissants qui périssent, d'éclatants revers, d'affreuses perfidies, des meurtres atroces, enfin tout ce qui étonne la pensée des peuples et les dispose soit à une morne terreur, soit à une douce pitié.

Que dans tous vos discours la passion émue
Aille chercher le cœur, l'échauffe, le remue.
Si d'un beau mouvement l'agréable fureur
Souvent ne nous remplit d'une douce *terreur*
Ou n'excite en notre âme une pitié charmante,
En vain vous étalez une scène savante.

(BOILEAU.)

La tragédie doit éviter avec soin, pour produire cet effet, de présenter à la pitié des hommes un caractère intéressant seulement par le crime : il faut qu'elle soit fidèle au principe de tous les arts, qui consiste à représenter toujours la vertu comme un objet d'intérêt et d'affection. Ce n'est pas à dire pour cela qu'on n'ait pas vu de criminels sur la scène tragique ; sans doute, mais alors ou ils sont poussés par une fatalité aveugle, ou on voit à côté de leurs atrocités d'éclatantes vertus, ou même un remords suffit pour nous attendrir en leur faveur. Alors on plaint le coupable et on s'y intéresse : c'est ainsi que le crime peut devenir tragique.

Racine a réussi à mettre sur la scène le personnage de Néron, il est vrai ; mais le caractère de ce monstre est encore indécis. Il combat contre lui-même, et il peut encore se mêler de la pitié aux sentiments d'horreur qu'inspirent ses premiers crimes.

La tragédie moderne s'est souvent corrompue par le désir extrême de produire de grands effets, et comme on s'adressait à des cœurs longtemps flétris par des malheurs réels, on croyait qu'il fallait dépasser toutes les bornes dans le spectacle des malheurs de la scène. De là des inventions horribles, une terreur qui dégénérait en une sorte d'effroi stupide ; des meurtres affreux, une dégoûtante dégradation dans le crime, telle qu'elle se rencontre quelquefois devant les tribunaux de la terre, mais telle qu'il ne faut jamais l'offrir dans un poème destiné à être produit devant des spectateurs, à moins que l'on ne veuille mettre l'horreur à la place de la pitié.

La tragédie anglaise a depuis longtemps fourni des exemples de cette dégradation. On peut le voir dans les pièces de Shakespeare, et surtout dans Othello. Il fallait assurément être frappé de la pensée que le cœur humain avait épuisé toutes les émotions pour oser présenter en spectacle cet Othello, qui immole de sang-froid sa maîtresse, qui lui fait subir tous les apprêts d'une mort lente et préméditée, et qui, au moment de la poignarder, garde une férocité assez calme pour lui dire d'adresser à Dieu ses dernières prières et de se disposer à paraître devant lui.

Voici une partie de cette épouvantable scène : Desdémona est dans son lit; Othello entre tenant une lumière et une épée; il s'approche de sa maîtresse, qui dort et qui s'éveille à ce bruit.

« Qui est là ? dit-elle; Othello? — Oui, Desdémona. — Voulez-vous vous mettre au lit, seigneur? — Avez-vous prié Dieu ce soir, Desdémona? — Oui, cher époux. — Si vous vous souvenez dans votre âme de quelque crime pour lequel vous n'ayez pas encore demandé pardon au ciel et obtenu grâce, implorez-le sur-le-champ. — Ah! mon Dieu! où peut tendre votre discours, seigneur? — Allons, faites ce que je dis, et soyez prompte. Je vais me promener ici tandis que votre âme se prépare; car je ne voudrais pas la tuer; non! le ciel m'en préserve! je ne veux pas tuer votre âme. — Vous parlez de tuer! — Oui, j'en parle. —Ah! que le ciel ait donc pitié de moi! — Ainsi soit-il, du fond de mon cœur. — Si c'est votre cœur qui parle, j'espère que vous ne voudrez pas me tuer. — Espère! — Et cependant vous me faites trembler. — Pense à tes péchés. — Il y a le tendre amour que j'ai pour vous. — Oui, c'est pour cela que tu vas mourir. — C'est mourir d'une mort bien contre nature, que d'être tuée pour aimer. »

Ensuite viennent des explications sur l'infidélité de Desdémona ; Othello devient de plus en plus furieux, et Desdémona continue :

« Oh ! bannissez-moi, seigneur, mais ne me tuez pas ! — Tombe, prostituée ! — Tuez-moi demain ; laissez-moi vivre encore cette nuit ! — Non : si tu résistes... — Seulement une demi-heure. — Le parti est pris, plus de délai. — Seulement le temps de dire une prière ! — Il est trop tard. »

Il l'étouffe en lui jetant un oreiller sur le visage et le pressant sur sa bouche avec effort et fureur. Tout cela n'est-il pas digne d'une nation de sauvages ? La tragédie n'est pas une école de férocité froide et stupide ; c'est un spectacle de sentiments sublimes auxquels se mêlent des passions qui, si elles ne sont pas toujours élevées, ne doivent au moins jamais être brutales. (1)

§ 5. DE LA COMÉDIE.

La comédie est la représentation d'une action de la vie commune, dans le but moral de corriger les vices de l'homme par la satire et le ridicule.

La comédie prétend instruire les hommes en les

---

(1) Laurentie, *Etude des Lettres.*

amusant ; c'est sa devise, et par conséquent elle ne saisit point entre les vices de l'humanité ce qu'il y a de plus grave et de plus triste. Elle pénètre rarement dans les mystères profonds du cœur ; ou si elle les dévoile quelquefois avec finesse, ce n'est jamais pour émouvoir notre pitié par le spectacle de la dégradation ; c'est pour exciter notre malignité par le spectacle du ridicule.

Le comique se rencontre dans les formes, dans les situations, dans les idées, dans les mots même façonnés ou placés d'une certaine manière. Les contrastes, les surprises, les méprises, les mécomptes engendrent le rire : on peut rire de tout, de rien même, par voie de contagion, lorsqu'on rit.

Sous le rapport des ressorts qu'elle emploie, la comédie se divise en comédie *de mœurs* et comédie *d'intrigue*.

La *comédie de mœurs* se propose ou de mettre en relief un caractère unique, comme dans *le Misanthrope*, *l'Avare*, *le Glorieux*, etc., ou de peindre un côté spécial des mœurs générales, comme dans *les Femmes savantes*, *les Précieuses ridicules*, etc.... La comédie de mœurs est ou *noble*, ou *bourgeoise*, ou *populaire*, selon les personnages qu'elle met en scène.

La *comédie d'intrigue* subordonne la peinture des mœurs à l'action dont elle complique et embrouille le nœud. *L'Étourdi*, de Molière, est un chef-d'œuvre en ce genre.

Lorsque la comédie ne se propose que d'exciter le rire, elle prend le nom de *farce*. Lorsqu'elle travestit un sujet on l'appelle *parodie*. Mêlée à la danse, c'est la *comédie-ballet*. Si elle admet le chant, elle rentre dans la classe du *vaudeville* ou de l'*opéra-comique*.

Le *drame* est une espèce de composition dramatique en prose ou en vers où l'on représente les événements les plus funestes et les situations les plus misérables de la vie commune.

L'*opéra* ou *tragédie lyrique* est une composition en vers faite pour être chantée. L'action doit en être héroïque et merveilleuse. Comme l'épopée l'opéra appelle à son secours les ressorts les plus surnaturels; toute la nature est son domaine. Dans ce composé tout est mensonge, mais tout est d'accord, et cet accord en fait la vérité; la musique y fait le charme du merveilleux, le merveilleux y fait la vraisemblance de la musique. On est transporté dans un monde nouveau : c'est la nature dans l'enchantement, et visiblement animée par une foule d'intelligences dont les volontés sont ses lois.

Les décorations font une partie essentielle du spectacle de l'opéra. La danse en est aussi une des plus brillantes décorations; mais il faut avoir soin de ne jamais les amener, ainsi que les fêtes, sans raison et en dépit de la vraisemblance. Les opéras de *Quinault* peuvent être cités comme les modèles en ce genre.

CHAPITRE VIII.

DU GENRE DIDACTIQUE.

La poésie didactique est celle qui se propose d'enseigner aux hommes les règles d'un art ou d'une science. Elle peut s'appliquer à toutes les choses qui tiennent du raisonnement et qui s'adressent à l'intelligence : c'est pourquoi on l'appelle aussi *poésie philosophique*.

Le poème didactique est donc un recueil des préceptes d'un art ou d'une science, ou l'exposition d'une vérité. Comme tel il faut qu'il soit intéressant, et que l'agrément de la poésie fasse oublier l'aridité des préceptes qu'il enseigne. C'est au poète à choisir un sujet qui puisse lui fournir assez de son propre fonds pour intéresser suffisamment et faire disparaître la sécheresse de la science. Les épisodes adroitement amenés, les digressions, la richesse de la diction, contribueront aussi puissamment à faire goûter ce genre de composition. D'ailleurs c'est la muse que le poète a invoquée qui parle ; elle ne doit s'exprimer qu'avec cette élégance, cette noblesse qui sied à une divinité. Alors toute l'amertume de la science disparaît pour ne laisser goûter que la douceur sous laquelle le poète a su la cacher. C'est le charme si puissant qu'on trouve à chaque page dans le poème des *Géorgiques* de Virgile et dans la traduction que nous en a donnée Delille. C'est aussi ce que l'auteur de *l'Art poétique* a bien compris. Son sujet offrait peu d'attraits par lui-même ; il a cependant su le rendre intéressant par le charme de sa diction et la perfection de style ; il a su habilement semer des fleurs sur un chemin difficile et raboteux. Sous ce rapport Boileau doit être mis au premier rang.

Nous citerons aussi comme modèles en ce genre *la Religion*, de Racine le fils ; *les Jardins*, de Delille ; *les Saisons*, de Saint-Lambert. On peut trouver aussi dans *la Gastronomie*, de Berchoux, nombre de petits tableaux aussi bien dessinés que spirituels et gracieux. Tout le monde connaît son morceau *sur le Café*, le *récit de la mort de Vatel*, etc.

Seconde Partie.

IIe SECTION. — GENRES EN PROSE.

Les principaux genres en prose sont : 1° le *genre oratoire ;* 2° le *genre historique ;* 3° le *genre didactique* ou *philosophique ;* 4° le *genre romanesque ;* 5° le *genre épistolaire.*

CHAPITRE I.

DU GENRE ORATOIRE.

Le genre oratoire se subdivise en espèces, d'après la nature des sujets, ou même suivant le lieu dans lequel s'exerce l'éloquence. Dans le premier cas, l'éloquence est ou *délibérative,* ou *judiciaire,* ou *démonstrative ;* dans le second, on distingue l'éloquence de la *tribune,* du *barreau,* de la *chaire,* de l'*Académie.*

§ 1. DE L'ÉLOQUENCE EN GÉNÉRAL.

L'éloquence est en général la faculté de disposer et d'exprimer ses idées et ses sentiments de manière à communiquer l'émotion. L'homme éloquent est celui dont la pensée vient du cœur et des entrailles avant de passer par le cerveau et d'être exprimée par la voix ; c'est celui qui a le talent de faire passer chez les autres les sentiments, les émotions dont il est lui-même pénétré.

Pour arriver à ce but l'orateur a trois choses à faire : 1° *plaire* en se rendant agréable par sa *probité*, sa *modestie*, sa *bienveillance* et sa *prudence* ; c'est ce qui constitue les *mœurs oratoires* ; 2° *prouver* par les *arguments* ou *preuves* ; 3" *toucher* par les *passions*. C'est ainsi qu'après avoir mis en jeu successivement les facultés du cœur, du jugement et de l'âme, il emporte les convictions et fait partager toute son émotion.

§ 2. DE L'ÉLOQUENCE DÉLIBÉRATIVE.

L'éloquence *délibérative* a pour but de *conseiller* ou de *dissuader*. L'objet de sa délibération porte toujours sur l'avenir : dans ce genre on comprend l'éloquence de la *tribune*, qu'on appelle aussi éloquence *parlementaire* ou *politique :* ce sont les discours des hommes appelés à prendre part dans les affaires de l'état. Ce genre domine dans toutes les grandes assemblées, dans les délibérations du peuple, en un mot dans toutes les discussions politiques.

§ 3. DE L'ÉLOQUENCE JUDICIAIRE.

L'éloquence judiciaire a pour but d'*accuser* ou de *défendre*. L'accusation ou la défense ne peut porter que sur le temps passé. Dans le genre judiciaire rentrent tous les discours du barreau; les *plaidoyers* des avocats en faveur des accusés, les *réquisitoires* des avocats du roi contre les coupables, les *mémoires* en matière civile ou criminelle, tous les discours enfin dans lesquels il y a matière à accusation ou à défense.

§ 4. DE L'ÉLOQUENCE DÉMONSTRATIVE.

L'éloquence démonstrative a pour objet de *louer* ou de *blâmer*. On ne peut louer ou blâmer que des faits présents ou passés. Ce genre comprend, pour la louange, les *panégyriques* ou *éloges*, sortes de discours dont le sujet est la louange d'un homme, d'une ville, d'un pays, quelquefois d'une vertu, etc.; l'*oraison funèbre*, éloge prononcé sur la tombe d'un mort; les *discours académiques*, dans lesquels l'orateur fait habituellement l'éloge de son prédécesseur; les *compliments*, les *remerciements*, etc.; pour le blâme, les *discours satiriques*, les *censures*, les *critiques*, etc.

On peut encore faire rentrer dans ce genre l'*éloquence de la chaire* ou *éloquence sacrée*.

L'*éloquence de la chaire* est celle qui parle aux hommes pour combattre leurs erreurs par le dogme et leurs passions par la morale; elle comprend le *sermon*, le *prône*, le *panégyrique chrétien* et l'*oraison funèbre sacrée*.

Le sermon est un discours régulier où le prédicateur traite un point de doctrine ou de morale.

Le prône est un discours dans lequel il explique l'épître ou l'évangile du jour.

Le panégyrique chrétien est un discours exclusivement consacré dans la chaire à la louange des saints.

L'oraison funèbre sacrée est l'éloge d'un personnage illustre par sa position sociale, ses talents et ses vertus, prononcé après sa mort du haut de la chaire évangélique.

§ 5. DE LA RHÉTORIQUE.

La rhétorique est l'art de développer, de guider et de régulariser l'éloquence, soit parlée, soit écrite. Elle se divise en autant de parties que l'orateur a de devoirs à remplir. Il doit d'abord trouver ce qu'il doit dire, c'est l'*invention ;* puis arranger ses matériaux dans un ordre convenable, c'est la *disposition ;* puis les dire d'une manière convenable, c'est l'*élocution ;* enfin le ton, les gestes avec lesquels il doit les dire forment ce qu'on appelle l'*action*.

I. L'INVENTION est la partie de la rhétorique qui consiste à trouver les moyens d'atteindre le but qu'on se propose, c'est à dire les moyens de *plaire*, de *prouver*, de *toucher*, comme nous l'avons dit plus haut.

II. LA DISPOSITION consiste à déterminer l'ordre, l'arrangement des diverses parties.

L'orateur doit entrer en matière de manière à fixer l'attention et à captiver la bienveillance de l'assemblée: après ce prélude, qui doit conduire au sujet, il faut exposer le sujet lui-même, qu'on divise si la division importe à la clarté. Il faut ensuite mettre en évidence ses moyens d'attaque et de défense et les appuyer par des preuves, prévoir ou réfuter les arguments de son adversaire, et conclure de telle sorte que l'esprit de l'auditeur éclairé et réchauffé demeure sous l'impression de tous les moyens qui ont été employés pour le convaincre et pour l'émouvoir.

Ces différentes parties prennent les noms d'*exorde*, de *proposition*, de *division*, de *narration*, de *confirmation*, de *réfutation* et de *péroraison*.

1° L'*exorde* a pour but de préparer l'auditeur à écouter avec attention et bienveillance la suite du discours. C'est dans cette partie du discours que l'orateur doit surtout chercher à plaire, parceque les premières impressions sont les plus durables. Quant au sujet, l'exorde est ou *simple*, ou *tempéré* ou *pompeux*; quant aux dispositions de l'orateur et de l'auditoire, il est *insinuant* ou *véhément*.

2° La *proposition* est l'exposé clair et précis du sujet. Toutes les fois que la proposition est composée il y a *division*.

3° La *division* est le partage du discours en divers points qui seront traités successivement.

4° La *narration* est l'exposition du fait assortie à l'utilité de la cause ou à l'intelligence du sujet. Les qualités de la narration sont la *brièveté*, la *clarté*, la *vraisemblance*. La brièveté dans la narration consiste à dire tout ce qu'il faut, et rien de plus. La clarté consiste à mettre avec soin chaque fait à sa place; à ne rien laisser d'embrouillé, de louche, soit dans les faits, soit dans les mots. La vraisemblance veut qu'on présente les faits comme on les voit dans la nature, qu'on observe toutes les convenances aux qualités, aux mœurs, aux caractères des personnes, enfin qu'on ne dise rien qui puisse paraître hasardé.

5° La *confirmation* est la partie du discours où l'on prouve ce qu'on a avancé dans la proposition : c'est la partie où l'on développe les *arguments* ou *preuves*.

6° La *réfutation* détruit les moyens de l'adversaire, soit en attaquant les conséquences de ses arguments, soit en attaquant les principes sur lesquels il les a appuyés.

7° Enfin la *péroraison* doit résumer tout le discours en peu de mots, et emporter la persuasion de l'auditoire par le développement des passions.

III. L'ÉLOCUTION est la partie de la rhétorique qui s'occupe des styles. Nous renvoyons à ce que nous en avons déjà dit.

IV. L'ACTION se compose de la voix, du geste et de la physionomie, auxquels il faut joindre la mémoire.

La voix peut prendre autant d'inflexions qu'il y a de sentiments. La perfection sera donc dans la conformité la plus exacte de la voix avec les sentiments que l'orateur veut exprimer : qu'il ait une voix forte s'il veut être véhément, douce s'il est calme, soutenue s'il traite un sujet grave, touchante s'il veut attendrir. Ces principes doivent régler le ton de l'orateur, qui sera calme dans l'exposition des faits, plus élevé dans la discussion, plus animé dans la dispute, véhément dans les morceaux pathétiques.

Le geste doit être en harmonie avec le ton ; l'attitude du corps dépend du mouvement de la pensée.

La mémoire, dans ses rapports avec l'éloquence, n'est pas le don de retenir fidèlement un discours composé par avance ; c'est la faculté de conserver l'ordre des pensées, de voir sans cesse devant soi, en présence même de l'idée qui reçoit actuellement sa forme, l'idée qui doit suivre et que la parole exprimera à son tour.

CHAPITRE II.

DU GENRE HISTORIQUE.

Le genre historique dans son ensemble embrasse le récit, le tableau et l'appréciation des faits religieux, politiques, militaires, sociaux, littéraires et scientifiques dont se compose la vie de l'homme.

L'histoire, considérée sous le rapport de l'étendue du sujet, est ou *universelle*, ou *générale*, ou *particulière*.

L'histoire est *universelle* quand elle embrasse, soit dans toute la durée des temps, soit dans une période limitée, l'ensemble des faits dont ont été le théâtre tous les empires de la terre. Tel est le discours de Bossuet sur l'histoire universelle.

L'histoire est *générale* quand elle comprend l'histoire complète et continue d'un peuple pendant toute sa durée.

L'histoire est *particulière* lorsqu'elle n'embrasse qu'une certaine période de l'histoire d'un peuple, ou qu'elle comprend le récit de quelque grand événement.

Enfin l'histoire est *individuelle* lorsqu'elle se contente de raconter la vie des individus. Elle prend aussi le nom de *biographie*.

L'histoire est *sacrée* ou *profane* : *sacrée* quand elle s'occupe du récit des faits relatifs à la religion ; *profane* quand elle raconte les événements des divers empires de la terre.

L'histoire *littéraire* comprend la naissance, les progrès, la perfection, la décadence et le renouvellement des lettres, des sciences et des arts.

L'histoire *naturelle* a pour objet tout ce qui existe dans la nature ; elle comprend les trois règnes : 1° le *règne animal* ; 2° le *règne végétal* ; 3° le *règne minéral*.

Le genre historique comprend encore les *mémoires*, les *annales*, etc.

On appelle *mémoires* un genre de composition historique dans lequel l'auteur se borne à raconter les faits dont il a été témoin, auxquels il a pris part ; c'est un recueil de faits particuliers sur tel ou tel personnage, sur les circonstances de quelque événement, sans ordre, sans suite, mais à mesure qu'ils naissent sous la plume de l'auteur.

Les *annales* sont une suite de faits rangés par ordre chronologique, destinés à servir de matériaux à l'histoire plutôt qu'à en former une par eux-mêmes.

CHAPITRE III.

DU GENRE DIDACTIQUE OU PHILOSOPHIQUE.

Le genre didactique comprend tous les traités servant à instruire les hommes dans une science ou dans un art quelconque. La religion, la morale, la philosophie, la politique, les lettres, les sciences, les arts peuvent donner matière à ce genre d'écrire. Les dissertations morales, les mélanges littéraires, les dialogues philosophiques font encore partie du genre didactique, ainsi que toute autre composition littéraire ayant pour but un enseignement quel qu'il soit.

CHAPITRE IV.

DU GENRE ROMANESQUE.

Le récit d'une suite d'aventures inventées à plaisir, ou tirées de l'histoire avec tous les changements que peut y apporter le goût et l'imagination, et formant un tout identique, constitue ce genre d'écrire, et prend le nom de *roman*.

Le roman n'est point destiné uniquement au divertissement des lecteurs : il doit avoir avant tout, comme tous les ouvrages d'imagination, un but moral : sa fonction est de censurer les vices de la société, de montrer les effets pernicieux des passions désordonnées, d'inspirer l'amour de la vertu, et de faire sentir qu'elle est seule digne de nos hommages.

Le roman doit former un tout identique, c'est à dire qu'il doit avoir une exposition, un nœud et un dénouement. L'unité d'action est aussi nécessaire à ce genre de composition, parceque, comme nous l'avons déjà vu dans l'épopée, c'est un moyen puissant d'intérêt. Le fil du récit peut cependant être interrompu par des incidents, des épisodes, mais qui tous doivent tendre au but principal. Le roman peut admettre des personnages de toutes les classes, de toutes les conditions ; mais ceux qui y figurent ne doivent jamais manquer aux convenances et aux bonnes mœurs ; s'il en est autrement, le romancier manque au plus sacré de ses devoirs.

Le roman peut à son gré adopter les formes les plus diverses : tantôt c'est un simple récit, tantôt il s'élève, par la richesse de son style, jusqu'aux régions de la poésie ; quelquefois aussi c'est dans une correspondance que se déroule toute l'intrigue, ou bien le récit est entremêlé de lettres. Quelle que soit sa forme, la morale doit toujours être pour le romancier l'objet le plus sacré de sa vénération ; s'il s'écarte de ce principe il n'est digne ni du nom d'honnête homme ni du titre de bon citoyen.

CHAPITRE V.

DU GENRE ÉPISTOLAIRE.

Le genre épistolaire tient le milieu entre les ouvrages sérieux et les ouvrages de pur amusement. Il n'est peut-être pas en littérature de genre plus varié et plus étendu. Il comprend tout ce que la pensée embrasse, tout ce que la parole peut exprimer. L'abbé Lebatteux rapproche le genre épistolaire du genre oratoire pour la variété des sujets qu'il embrasse. Le genre épistolaire, dit-il, n'est autre chose que le genre oratoire rabaissé jusqu'au simple entretien ; par conséquent il y a autant d'espèces de lettres qu'il a d'espèces d'oraisons. On conseille dans une lettre, on détourne, on exhorte, on console, on demande, on recommande, on réconcilie, on discute, et alors on est dans le genre délibératif; on accuse, on se plaint, on menace, on demande que les torts soient réparés, c'est le genre judiciaire ; on loue, on blâme, on raconte, on félicite, on remercie, etc..., c'est le genre démonstratif.

Le style de la lettre doit en général être approprié au sujet: élevé, fleuri, simple, familier selon les circonstances. Il doit surtout briller par le naturel, et ne laisser jamais apercevoir la peine et le travail. Le charme d'une douce négligence, la naïveté, la finesse, la bonne plaisanterie sont aussi de son domaine. Enfin il peut prendre tour à tour tous les tons et toutes les nuances, selon le caractère du sujet, de la personne qui écrit et de celle à qui l'on écrit.

Ce genre admet aussi les figures de mots et de pensées, mais appropriées à son genre. Il y a des métaphores pour tous les états : ici c'est une comparaison nouvelle, ou une allusion fine; là c'est un rapprochement entre deux idées peu communes, une métaphore singulière, une suspension, une surprise, une anecdote, enfin tous les ornements qui peuvent plaire et intéresser.

Rendons ces préceptes plus sensibles par quelques exemples :

1° *Métaphore.*

« La vie est courte, c'est bientôt fait : le fleuve qui nous entraîne est si rapide qu'à peine pouvons-nous y paraître. Voilà des moralités de la semaine sainte. »
(Mme DE SÉVIGNÉ.)

2° *Allégorie.*

VOLTAIRE AU ROI DE PRUSSE.

« Il y avait autrefois vers le cinquante-troisième degré de latitude un bel aigle dont le vol était admiré dans toutes les latitudes du monde. Un petit rat était sorti de sa souricière pour aller contempler l'aigle, et il fut épris d'une violente passion pour ce roi des oiseaux. Le rat vieillit depuis dans sa retraite, et fut réduit à ronger des livres ; encore les rongeait-il fort mal, parcequ'il n'avait plus de dents. L'aigle conserva toujours son beau bec, mais il eut mal à ses royales pattes.

« Ce qu'on ne croira jamais c'est que cet aigle pendant sa maladie s'amusait quelquefois à faire de fort jolis vers, qu'il daignait envoyer au rat. Puisque les chênes de Dodone parlaient, pourquoi un aigle ne ferait-il pas des vers ? Le rat devenu décrépit ne pouvait plus faire que de la prose : il prit la liberté d'envoyer à son ancien patron l'aigle quelques feuilles d'un ancien livre qu'il avait trouvé dans sa bibliothèque. . . . .

P. S. Si par hasard Sa Majesté l'aigle pouvait s'amuser de ces chiffons, son vieux vassal le rat lui enverrait tout l'ouvrage par les chariots de poste dès qu'il sera imprimé. »

3° *Antithèse.*

« Sévigné n'est point fou par la tête, c'est par le cœur : ses sentiments sont tout vrais, sont tout faux ; sont tout froids, sont tout brûlants; sont tout fripons, sont tout sincères; enfin son cœur est fou.

(Mme DE SÉVIGNÉ.)

4° *Comparaison.*

« En vérité j'ai bien de la peine. Je suis justement comme le médecin de Molière, qui s'essayait le front pour avoir rendu la parole à une fille qui n'était pas muette. »

(Mme DE SÉVIGNÉ.)

5° *Suspension.*

« Devinez ce que c'est, mon enfant, que la chose du monde qui vient le plus vite et qui s'en va le plus lentement, qui vous fait approcher le plus près de la convalescence et qui vous en retire le plus loin, qui vous fait toucher l'état du monde le plus agréable et qui vous empêche le plus d'en jouir, qui vous donne les plus belles espérances et qui en éloigne le plus l'effet. Ne sauriez-vous le deviner ? jetez-vous votre langue aux chiens ? C'est un rhumatisme. »

(Mme DE SÉVIGNÉ.)

6° *Hyperbole.*

« J'admire la lettre de Pauline ; est-ce de son écriture ? non ; mais pour son style, il est aisé à reconnaître. La jolie enfant! je voudrais bien que vous puissiez me l'envoyer dans une de vos lettres. »

(M^e DE SÉVIGNÉ.)

7° *Hypotypose.*

« L'archevêque de... revenait hier fort vite de Saint-Germain ; voici ce qui lui arriva : il allait à son ordinaire comme un tourbillon ; il passait au travers de Nanterre, *tra, tra, tra ;* il rencontre un homme à cheval : *Gare! gare!* Ce pauvre homme se veut ranger, son cheval ne le veut pas ; enfin le carrosse et les six chevaux renversent le pauvre homme et le cheval, et passent pardessus, et si bien pardessus que le carrosse en fut versé et renversé. En même temps l'homme et le cheval, au lieu de s'amuser à être roués, se relèvent miraculeusement, remontent l'un sur l'autre et s'enfuient, et courent encore, pendant que les laquais et le cocher de l'archevêque et l'archevêque lui-même se mettent à crier : « *Arrête! arrête ce coquin!* qu'on lui donne cent coups de bâton! » Et l'archevêque, en racontant ceci, disait : « *Si j'avais tenu ce maraud-là,* je lui aurais rompu les bras et les oreilles. » (Mme DE SÉVIGNÉ.)

8° *Répétition.*

« Je n'ai rien vu de si beau, de si bon, de si aimable, de si net, de si bien arrangé, de si éloquent, de si régulier, en un mot de si merveilleux que votre lettre. » (Mme DE MAINTENON.)

9° *Pensées délicates, bons mots.*

« Je vous écris comme un chat, et je vous aime comme un chien. (Mme LAF....)

Paul-Louis Courrier, accusé d'avoir fait à dessein une tache d'encre sur un manuscrit de Longus, en plaisante avec ses amis :

« Dieu seul est juge de mes intentions, et Dieu voit mon cœur, qui n'est pas coupable de cette *noirceur;* car certes *le trait serait noir,* comme dit Mme de Pimbèche. »

10° *Citations.*

« L'air de Grignan me fait peur : un vent *qui déracine des arbres dont la tête au ciel était voisine et dont les pieds touchaient à l'empire des morts* me faisait trembler. » (Mme DE SÉVIGNÉ.)

« Votre frère me paraît avoir tout ce qu'il veut, *bon dîner, bon gîte et le reste.* » (LA MÊME.)

11° *Anecdotes appliquées au sujet.*

« On contait hier à table qu'Arlequin, l'autre jour, à Paris, portait une grosse pierre sous son manteau. On lui demanda ce qu'il voulait faire de cette pierre : il répondit que c'était l'échantillon d'une maison qu'il voulait vendre. Cela me fit rire; si vous croyez, ma fille, que cette invention soit bonne pour vendre votre terre, vous pouvez vous en servir. »

(Mme DE SÉVIGNÉ.)

Nous ne dirons rien ici du cérémonial dans les lettres. Il y a longtemps que Voltaire s'est moqué de la grande importance que nos pères y attachaient. « César et Pompée, dit-il, s'appelaient dans le sénat César et Pompée ; mais ces gens-là ne savaient pas vivre : ils finissaient leurs lettres par *adieu*. Nous étions, nous autres, il y a soixante ans, *affectionnés serviteurs ;* nous sommes devenus depuis *très humbles et très obéissants ;* et actuellement *nous avons l'honneur d'être.* Je plains notre postérité ; elle ne pourra que difficilement ajouter à ces belles formules. »

Heureusement elle est revenue de cette affectation puérile, et le cérémonial se simplifie tous les jours.

Nous terminerons ce chapitre par l'excellent conseil que donne l'auteur du *Manuel de style épistolaire,* de la collection Roret. « Si vous voulez connaître les secrets du style épistolaire, ses lois, sa définition et ses préceptes, ouvrez le livre modèle, ouvrez les lettres immortelles d'un auteur inimitable, d'une femme qui a si particulièrement excellé dans le style épistolaire que ce genre ne rappelle plus d'autre nom que le sien. Lisez madame de Sévigné, car tous les secrets de l'art lui ont été révélés. Sa plume, comme une baguette magique, transporte votre esprit où il lui plaît, resserre ou dilate votre cœur à son gré. Elle a reçu le don de l'illusion et du prestige ; son humeur changeante et légère vous tient sous le joug de tous ses caprices ; elle éveillera le sourire sur vos lèvres aussi facilement qu'elle fera couler les larmes de vos yeux. Quelquefois son babil charmant vous intéressera à des riens, à des bagatelles qu'elle a redites cent fois.

« Quand elle entretiendra sa fille de sa douleur et de ses regrets, il y aura tant d'émotion dans sa voix qu'elle vous laissera entrevoir tout ce qu'il y a d'amour dans le cœur d'une mère. Quelquefois sa parole prend un accent si mesuré et si grave que vous croyez entendre la raison même ; et quand de hautes pensées viennent l'assaillir, des expressions si hardies et si inattendues s'accumulent sous sa plume, son langage est empreint d'une grandeur si simple que vous admirerez ce rare génie auquel la nature a prodigué ses dons les plus brillants, et l'art ses trésors les plus cachés.

« Nous ne saurions trop le répéter, c'est madame de Sévigné qu'il faut lire et relire sans cesse, non pour l'imiter, mais comme objet d'étude et comme source d'inspiration. Toutefois gardez-vous de la prendre pour modèle, vous vous égareriez infailliblement sur les pas de ce guide trompeur. Le style, on l'a dit cent fois, ne doit recevoir que l'empreinte de notre âme. S'il n'est que le reflet d'un autre style, il n'a plus ni vérité ni naturel. Avant tout soyez vous, soyez vrais ; que vos expressions soient la glace fidèle où se réfléchit la physionomie de votre esprit et, j'ose le dire, de votre cœur. »

Il ne faut pas oublier non plus ces paroles de madame de Sévigné : *Une jeune personne qui écrit envoie son portrait.*

Troisième Partie.

PRÉCIS DE L'HISTOIRE DE LA LITTÉRATURE GRECQUE.

INTRODUCTION.

L'histoire de la littérature grecque embrasse plus de vingt-sept siècles. Ce long espace peut se diviser en six époques principales.

La première période est toute fabuleuse ; elle se perd dans la nuit des temps, et se termine par la prise de Troie (1250), événement où commence seulement l'histoire de la Grèce, qui jusque là est cachée sous les fictions de la mythologie.

Dans *la seconde période* la littérature grecque prend naissance. Comme celle de tous les peuples, elle commence par la poésie, qui chez les Grecs parvint, dès son origine, à un haut point de perfection. La poésie épique et la poésie lyrique furent cultivées avec le plus grand succès dès ces temps reculés. Cependant la véritable littérature ne peut exister sans l'art d'écrire en prose. Cet art, qui nous paraît si simple, n'était pourtant pas connu aux premiers écrivains de la Grèce ; il ne fut inventé que du temps de Solon. Ce législateur donna aux Athéniens leur célèbre constitution l'an 594 avant J. C. C'est à cette époque que se termine la période purement poétique de la littérature grecque.

La troisième période est celle du plus grand lustre de la littérature grecque. La liberté qui régnait dans tous les petits états dont la Grèce se composait en favorisa les progrès; mais ce furent surtout le gouvernement d'Athènes, le caractère et les mœurs de ses habitants qui firent de cette ville le point de réunion de toutes les espèces de talent : l'éloquence, la philosophie, l'histoire prirent naissance et parvinrent rapidement à la perfection. Dans la poésie le genre dramatique jeta un si grand lustre que la poésie lyrique, la poésie épique et le genre didactique en furent presque éclipsés. Cette période se termine à l'époque où la Grèce perd son indépendance, à la bataille de Chéronée. Alexandre prend les rênes de l'état. (336 av. J. C.)

Après la mort d'Alexandre la Grèce fit partie du royaume de Macédoine, et fut déchirée par des guerres civiles. La littérature trouva alors asile chez les Ptolémées. Dans cette *quatrième période* Alexandrie fut le principal siége des lettres et des sciences grecques. L'érudition avait remplacé le génie : les sciences proprement dites, la géographie, les mathématiques et surtout la critique, parvinrent à leur perfection. Alexandrie continua à être la capitale du monde littéraire après que la Grèce fut tombée au pouvoir des Romains, événement qui eut lieu 146 ans avant J. C.

La cinquième période va depuis l'année 146 avant J. C. jusqu'à l'an 306 de l'ère chrétienne. La littérature se ressentit pendant ces quatre siècles de la décadence de l'esprit public et du caractère national. C'est l'époque brillante de la littérature romaine.

Au commencement de *la sixième période* la Grèce devint pour ainsi dire la capitale d'une nouvelle monarchie. La capitale de l'empire romain fut transférée dans une ville fondée par des Grecs et entourée de nations qui parlaient cet idiome. Bysance devint le foyer où se conservèrent les lumières du monde, et cet état dura jusqu'à l'année 1453. Les Turcs s'emparèrent alors de Constantinople, détruisirent l'empire grec, et le flambeau des lettres, porté en Italie, devait de là éclairer toute l'Europe.

Les six périodes que nous venons d'analyser peuvent être désignées par les épithètes de *fabuleuse*, de *poétique*, *d'athénienne*, *d'alexandrine*, de *romaine* et de *bysantine*.

CHAPITRE Ier.

PÉRIODE FABULEUSE.

La Grèce reçut sa civilisation de l'Egypte et de la Phénicie : plusieurs traditions lui vinrent aussi de l'Inde ; mais c'est dans le nord de la Grèce, dans la Thrace, qu'il faut chercher le berceau des muses grecques. C'est de cette province qu'une tradition qui se perd dans la plus haute antiquité fait venir une partie toute nationale de leur religion, les mystères, ainsi que la poésie sacrée. Les montagnes de la Thessalie, l'Olympe, l'Hélicon, le Parnasse et le Pinde étaient les sanctuaires de cette poésie. La lyre et la harpe y ont été inventées. En Thessalie et en Béotie, deux provinces qui dans la suite des temps furent si peu fécondes en hommes de génie, il n'y a pas une source, pas une rivière, pas une colline, il n'y a pas une forêt auxquelles la poésie n'ait attaché quelque souvenir. Là coulait le Pénée ; là se trouvait la vallée de Tempé ; c'est en Thessalie qu'Apollon chassé du ciel vécut comme berger au milieu d'un peuple heureux ; c'est là que les Titans firent la guerre aux dieux.

Linus, de *Chalcis*, est un des premiers poètes grecs dont la tradition nous ait conservé le nom. Il était fils d'Apollon et d'une muse. Sa mort tragique était l'objet d'une fête qu'on célébrait à Thèbes.

On cite encore les noms d'Olen *de Lycie*, d'Olympus *de Mysie*, des deux Eumolpe, fondateurs des mystères d'Eleusis. Tous ces poètes étaient à la fois prêtres, législateurs, musiciens et devins : c'est là le caractère de cette époque fabuleuse.

Mais le plus célèbre de ces poètes-devins fut Orphée, que la tradition place au quatorzième siècle avant notre ère. Il était né à Labéthres en Thrace; fils du roi Œagre et de la muse Calliope, il prit part à la fameuse expédition des Argonautes, et la célébra par ses chants. Sa vie appartient plutôt à la mythologie qu'à l'histoire. On doit le regarder comme le véritable auteur de la théologie des Grecs : il abolit les sacrifices humains, et institua une expiation pour mettre fin à ces vengeances de famille qui étaient usitées parmi ces peuples comme elles le sont encore aujourd'hui parmi quelques nations peu civilisées. Le plus célèbre des disciples d'Orphée fut Musée, qui suivit les traces de son maître, et composa comme lui des *mystères*, des *initiations*, des *théogonies*, etc.

CHAPITRE II.

PÉRIODE POÉTIQUE.

(1250—594.)

Cette période est remarquable par les émigrations fréquentes des peuples de la Grèce. Tandis que les descendants d'Hercule viennent dans le Péloponèse redemander, les armes à la main, le patrimoine de leur père, des colonies grecques vont chercher le repos et la paix sur les heureuses côtes de l'Asie mineure, dont les rivages sont bientôt peuplés d'Ioniens et de Doriens. Le midi de l'Italie, la Sicile, reçoivent aussi de nouveaux hôtes et une nouvelle langue, et l'on voit ainsi se former deux nouvelles Grèces auprès de la mère-patrie ; la Grèce d'Asie et la Grèce d'Italie.

La Grèce asiatique, favorisée par tous les avantages d'une longue paix, enrichie par son commerce et les ressources du climat le plus fortuné, éclipsa la Grèce d'Europe, déchirée par la guerre, et brilla d'un vif éclat pendant toute la durée de cette période ; le vrai théâtre de la poésie fut l'Ionie.

Le caractère sacré et mystique de la poésie disparaît pour faire place aux chants héroïques. La poésie épique brille de tout son éclat. Les héros de la fable, les Hercule, les Argonautes, les guerres de Thèbes, les vainqueurs de Troie, leurs courses périlleuses au milieu des écueils immenses de la mer, tels sont les sujets des chants épiques des poètes de cette époque, qu'on appelle du nom général de *rapsodes*. Ils allaient chantant de ville en ville, de palais en palais, l'histoire de leur héros, et recevaient pour prix de leurs chants une généreuse et honorable hospitalité.

HOMÈRE a été unanimement reconnu par l'antiquité comme le père de la nouvelle poésie ou de l'épopée. Il était Ionien et peut-être natif de Chios. Il fut nommé *Mæonides*, d'après son père *Mæon*, et *Mélésigènes* parceque, dit-on, il naquit sur les bords du fleuve Mélès. Dans l'antiquité sept villes se disputaient l'honneur de lui avoir donné le jour. Il a fleuri, selon les calculs les plus probables, de mille à onze cents ans avant notre ère. Cependant l'époque où il a vécu, les circonstances de sa vie, tout jusqu'à son existence même est enveloppé de doutes. Homère a composé l'*Iliade* et l'*Odyssée*. On lui attribue aussi des *hymnes* et un petit poème comique, *la Batrachomyomachie*, ou combat des rats et des grenouilles.

L'*Iliade*, en vingt-quatre chants, la plus parfaite des épopées de tous les siècles et de toutes les nations, s'occupe d'un simple épisode de la guerre de Troie. Le poète chante les événements qui se sont passés dans un espace de cinquante et un jours depuis la querelle entre Agamemnon et Achille jusqu'aux obsèques d'Hector. Le sujet de cette composition est la satisfaction que Jupiter donne à son petit-fils Achille, offensé par le chef des Grecs. Le récit d'une action particulière, c'est à dire de la colère et de la vengeance d'Achille, donne au poète l'occasion de décrire des combats, de raconter les événements qui en ont été la suite, et de rapporter un grand nombre de traits historiques antérieurs à l'insulte qui fait naître la colère de son héros : telle est l'adresse du poète que dans un sujet si simple il trouve moyen de déployer le trésor immense des connaissances qu'il avait acquises, et d'étaler toutes les richesses de la plus brillante imagination. Le poète suppose que les dieux sont partagés entre les Grecs et les Troyens, ce qui donne une haute importance à l'action de sa fable. La forme dramatique qu'il a adoptée en mettant en scène les dieux et les hommes, et en les faisant agir chacun selon son caractère, cet artifice peut-être inconnu aux poëtes qui l'avaient précédé, est la véritable cause de l'intérêt qu'inspire l'*Iliade* et du charme qui s'attache à sa lecture. (Schœll, *Hist. de la litt. grecque.*)

L'*Odyssée*, aussi en vingt-quatre chants, raconte non la vie d'Ulysse, comme le titre mal choisi par les rapsodes le fait supposer, mais seulement les aventures d'Ulysse depuis la prise de Troie jusqu'à son retour dans l'île d'Ithaque, où il délivre sa maison des hommes avides qui dilapidaient sa fortune, et triomphe de tous ses ennemis par sa valeur et sa prudence. C'est un véritable tableau de la vie humaine, qui doit nous apprendre combien il faut à l'homme de courage et de prudence pour surmonter les obstacles qui s'opposent à son bonheur, et pour éviter les écueils et les piéges dont il est entouré.

L'action de ce poëme ne dure que quarante jours; mais à la faveur du plan qu'il a choisi, Homère a trouvé le secret de décrire toutes les circonstances du retour d'Ulysse, de rappeler plusieurs détails de la guerre de Troie, et d'embellir son fond par des digressions amusantes et des récits intéressants.

C'est à l'*Odyssée* surtout que s'applique le jugement prononcé sur les poésies d'Homère par le législateur du Parnasse français :

On dirait que, pour plaire instruit par la nature,
Homère ait à Vénus dérobé sa ceinture.
Son livre est d'agréments un fertile trésor ;
Tout ce qu'il a touché se convertit en or.

Tout reçoit dans ses mains une nouvelle grâce ;
Partout il divertit, et jamais il ne lasse.
Une heureuse chaleur anime ses discours :
Il ne s'égare point en de trop longs détours.
Aimez donc ses écrits, mais d'un amour sincère :
C'est avoir profité que de savoir s'y plaire.

L'admiration qui s'attache aux œuvres d'Homère n'a guère trouvé de contradicteurs. Le nom du seul détracteur qu'Homère ait rencontré, Zoïle, est couvert d'opprobre. Lamotte n'a pas échappé au ridicule pour avoir été insensible à la beauté de ces poèmes. On peut donc dire avec Chénier :

Trois mille ans ont passé sur la cendre d'Homère,
Et depuis trois mille ans Homère respecté
Est jeune encor de gloire et d'immortalité.

Nous placerons à côté d'Homère les poètes cycliques, qui chantaient en vers le récit complet d'une expédition ou de la vie d'un héros. Ces vastes compositions, dont les unes sont contemporaines d'Homère et les autres postérieures à l'*Iliade* et à l'*Odyssée*, ne nous sont point parvenues.

HÉSIODE, de *Cumes* en Éolide, surnommé *l'Ascréen* du long séjour qu'il fit à Ascra, ville de Béotie, au pied du mont Hélicon, est le père de la poésie didactique. On n'est point d'accord sur l'époque où il a vécu ; les uns le font contemporain d'Homère ; les autres le placent après, ce qui est plus probable. Nous avons sous son nom le poème didactique *des travaux et des jours*, qui renferme des préceptes d'agriculture mêlés à des leçons de morale ; la *Théo-*

gonie, fragment sur la généalogie des dieux ; enfin un autre fragment intitulé *le Bouclier d'Hercule*.

Le *genre lyrique* et le *genre élégiaque* prennent aussi naissance pendant cette seconde période.

CALLINUS, d'*Ephèse* (684 avant J. C.), est regardé comme l'inventeur du vers élégiaque.

TYRTÉE (684 av. J. C.), envoyé par les Athéniens au secours des Spartiates pendant la seconde guerre de Messénie, leur inspira par ses poésies l'enthousiasme guerrier. Il nous reste plusieurs fragments de ces élégies par lesquelles Tyrtée excitait la valeur des Spartiates. Ce sont des morceaux pleins de verve et de chaleur, et qui respirent partout l'amour de la patrie.

MIMNERME, de *Colophon* en Ionie (590 av. J. C.), donna au vers élégiaque une nouvelle destination. Il appliqua ce mètre à la plainte amoureuse ; ses poésies, pleines d'harmonie, étaient empreintes d'une douce mélancolie. Il ne nous en reste presque rien.

ARCHILOQUE, vers le huitième siècle, fut l'Homère de la poésie lyrique. Son génie le plaça au premier rang ; mais la méchanceté de son caractère et la licence de ses écrits le rendirent odieux et méprisable.

ALCMAN, ALCÉE, la célèbre SAPHO parcoururent avec gloire la carrière ouverte par Archiloque. On sait que cette femme, remarquable d'ailleurs par son génie, ne pouvant vaincre l'indifférence du jeune Phaon, se précipita du promontoire de Leucade dans la mer. Quoi qu'il en soit, elle excita une admiration générale : elle enseignait aux jeunes filles de Lesbos la poésie et la musique. Elle avait composé neuf livres de poésies lyriques, dont il ne nous est parvenu que deux morceaux.

CHAPITRE III.

PÉRIODE ATHÉNIENNE.

(594—336 av. J. C.)

Cette période est l'époque brillante de la littérature grecque; Athènes en est le siége. Les différents genres de poésie, déjà distincts dans la période précédente, se déterminent davantage par les progrès de l'art qui perfectionne la nature. La prose, qui n'avait jusqu'alors fourni que quelques essais informes, se développe dans tous les genres, et rivalise avec la poésie. L'éloquence, l'histoire, la philosophie s'élèvent au plus haut point de perfection.

Nous allons passer successivement en revue tant de chefs-d'œuvre en commençant par les genres en poésie.

PREMIÈRE SECTION.—POÉSIE.

§ 1. *Poésie gnomique.*

On appelait *poésie gnomique* ou *gnomes* des sentences détachées dans lesquelles des hommes d'une sagesse reconnue et d'une expérience consommée exprimaient avec sensibilité et concision le résultat de leurs observations morales. La forme poétique qu'on choisit pour ces préceptes contribuait à les imprimer plus fortement dans la mémoire.

Solon, de *Salamine*, législateur des Athéniens, est le plus célèbre de ces poètes.

Théognis, de *Mégare*, vécut à Thèbes dans l'exil; il nous a laissé un grand nombre de sentences sous le titre d'*Exhortations*.

Phocylide, de *Milet*, cultiva aussi ce genre avec un grand succès. Ses poésies étaient si renommées qu'on les faisait chanter par les rapsodes avec celles d'Homère.

Xénophane, de *Colophon*, se distingua aussi par des élégies gnomiques; il nous en a été conservé quelques morceaux.

Pythagore, de *Samos*, nous a laissé aussi des sentences sous le nom de *vers dorés*.

§ 2. *Poésie élégiaque.*

Simonide, de *Céos* (588 av. J. C.), est regardé comme l'inventeur de l'élégie moderne ou élégie lugubre. Les anciens vantaient beaucoup la sensibilité qui régnait dans les élégies de ce poète.

§ 3. *Poésie didactique.*

La poésie didactique de cette époque est toute philosophique.

Xénophane, de *Colophon*, et Parménide, d'*Elée*, appliquèrent la poésie à l'exposition de leurs doctrines.

Empédocle, d'*Agrigente*, composa de même en grands vers un poème *sur la nature*.

On peut faire entrer aussi dans ce genre *la fable* ou *apologue*, employée dès la plus haute antiquité par les poètes et les orateurs pour captiver l'attention, et diriger l'esprit d'hommes simples placés au premier degré de la civilisation. La plus ancienne fable grecque qui nous ait été conservée est celle de *l'Epervier* et de *l'Alouette* qui se trouve dans Hésiode, celle du *Cheval* et du *Cerf*, de *Stésichore*, imitée par La Fontaine.

Esope (570 av. J. C.), esclave phrygien, est regardé comme le créateur de ce genre. On sait peu de chose sur les circonstances de sa vie. Il fut, dit-on, esclave d'un Samien nommé Xanthus. Idmon, auquel il fut vendu, lui donna la liberté. Crésus, roi de Lydie, aimait à s'entretenir avec lui, et l'envoya à Delphes. Les habitants de cette ville l'accusèrent calomnieusement de sacrilége, le condamnèrent à mort et le précipitèrent de la roche Hyampée.

§ 4. *Poésie lyrique.*

Dans cette période la poésie lyrique brilla de son plus grand éclat. L'enthousiasme de la liberté qui enflammait les cœurs de tous les Grecs, les fêtes et les solennités nationales et religieuses qu'on célébrait avec toute la pompe qui pouvait en relever l'éclat, les victoires brillantes que ce peuple remporta sur les barbares qui avaient menacé son indépendance, fournissaient aux poètes de nombreuses occasions, soit pour inviter leurs compatriotes à la jouissance des plaisirs d'une vie dont aucun revers ne troublait la tranquillité, soit pour vanter la prospérité publique, pour célébrer les exploits des guerriers, ou pour remercier les dieux des bienfaits que leurs mains avaient répandus sur la Grèce.

Stésichore, d'*Himère* en Sicile, le plus ancien parmi les poètes lyriques de cette période, florissait environ 570 ans avant J. C., à l'époque de Phalaris, tyran d'Agrigente, dont il fut un des adversaires. Il composa un poème lyrique sur la *destruction de Troie*.

Anacréon, de *Téos* (559-474 av. J. C.), naquit à Abdère, passa une partie de sa vie à la cour de Polycrate, tyran de Samos, et vint passer les dernières années de sa vie à Téos, où il mourut âgé de quatre-vingt-cinq ans. Il excella dans l'ode badine et légère, dont il fut le père. Il s'exerça aussi dans d'autres genres, et composa des hymnes, des élégies et même des épigrammes. La légèreté, la simplicité, l'abandon qui caractérisent la manière de ce poète aimable ont été étrangers à tous les poètes qui l'ont précédé et à la plupart de ceux qui ont voulu l'imiter.

Pindare, de *Thèbes*, est le prince de la poésie lyrique. Il naquit à l'époque la plus glorieuse de la Grèce (608 avant J. C.), et il regardait cette circonstance comme un grand bienfait des dieux. On peut dire que Pindare est le poète par excellence. Jamais l'inspiration n'a été aussi complète; chez lui le souffle poétique semble véritablement une faveur divine qui maîtrise et qui emporte le génie. C'est, dit Horace, un torrent débordé qui se précipite, immense et profond, du sommet des montagnes.

Les chants lyriques de Pindare tels qu'ils nous sont parvenus sont distribués en quatre sections, intitulées:

Chants olympiques, Victoires pythiques, Victoires néméennes, Victoires isthmiques; ils étaient pour la plupart destinés à chanter les victoires remportées aux grands jeux de la Grèce.

Quatre femmes brillèrent aussi dans ce genre :

ERINNE, de *Téos*, de l'école de Sapho.

CORINNE, de *Thèbes*, qui vainquit quatre fois Pindare dans des combats poétiques.

TÉLÉSILLE, d'*Argos*, suivit les traces de Tyrtée.

PRAXILLE, de *Sicyone*, se distingua dans le dithyrambe.

§ 5. *Poésie dramatique.*

La poésie dramatique dut son origine aux fêtes qui se célébraient en l'honneur de Bacchus. Au temps de la vendange, sous le ciel parfumé de l'Attique, les joyeux habitants des campagnes avaient coutume de se réunir pour remercier par des chants le dieu qui remplissait leurs tonneaux. Ces chants étaient l'objet d'un concours dont un bouc était le prix, ce qui lui fit donner le nom de *Chant du bouc*, d'où vient celui de *tragédie*. On intercala d'abord dans ce chant le récit d'une action jouée par un seul personnage, et représentée ensuite par autant d'acteurs qu'il y avait de personnages prenant part à l'action.

La tragédie, informe et grossière en naissant,
N'était qu'un simple chœur où chacun en dansant,
Et du dieu des raisins entonnant les louanges,
S'efforçait d'attirer de fertiles vendanges.
Là, le vin et la joie éveillant les esprits,
Du plus habile chantre un bouc était le prix.

L'art dramatique demeura dans l'enfance sous THESPIS, qui, comme le dit Boileau,

> . . . . fut le premier qui, barbouillé de lie,
> Promena dans les bourgs cette heureuse folie,
> Et, d'acteurs mal ornés chargeant un tombereau,
> Amusa les passants d'un spectacle nouveau.

ESCHYLE parut enfin pour tirer la tragédie de cet état d'abjection et d'ignorance.

> Eschyle dans le chœur jeta les personnages,
> D'un masque plus honnête habilla les visages,
> Sur les ais d'un théâtre en public exhaussé
> Fit paraître l'acteur d'un brodequin chaussé.

Il était fils d'Euphorion, et naquit à Eleusis l'an 525 avant J. C. Il fut bon soldat avant d'être grand poète : Marathon, Salamine, Platée furent témoins de ses exploits. Un de ses frères fut tué à Marathon ; un autre eut un bras coupé à la bataille de Salamine. Eschyle porta dans la poésie dramatique toute l'énergie, toute la vigueur qu'il avait montrée dans les combats. Dans le genre qu'il avait embrassé il eut tout à créer, acteurs, théâtre, poésie, et son puissant génie ne s'effraya pas d'une œuvre si difficile et si compliquée : il put suffire à tout.

Ce grand homme ne put jouir de sa gloire : Sophocle encore adolescent lui ravit sa couronne. Alors, cédant à l'injustice de ses concitoyens, il se retira en Sicile, à la cour d'Hiéron, déterminé à ne plus revoir son ingrate patrie. Il mourut à soixante-dix ans. Les Athéniens après sa mort revinrent de leur injustice : ils lui élevèrent des statues, et lui décernèrent le titre de père de la tragédie.

Sur les quatre-vingts tragédies qu'Eschyle avait composées il nous en reste sept, dont voici les titres : *Prométhée enchaîné, les Sept Chefs devant Thèbes, les Perses, Agamemnon, les Coéphores, les Euménides, les Suppliantes.*

Le caractère d'Eschyle se déploie tout entier dans ses ouvrages ; partout on y remarque cette mâle et sauvage énergie du guerrier. Nulle part il ne met en jeu les passions douces et larmoyantes : la terreur profonde et involontaire devient entre ses mains le seul but de la tragédie ; partout on le voit enveloppé d'une horreur sombre et mystérieuse : c'est Prométhée enchaîné sur le Caucase, dévoré vivant par un éternel vautour et foudroyé par le dieu qui n'a pu fléchir son inébranlable volonté, ou bien encore les fureurs de la guerre civile et les serments de sept chefs impitoyables qui jurent de détruire la ville de Thèbes; c'est une épouse criminelle, Clytemnestre, qui perce le flanc de son royal époux pour jouir de sa dépouille avec un amant adultère : c'est Oreste portant le poignard dans le sein de sa mère, et exposé ensuite aux furies vengeresses de son crime. Enfin tous les tableaux qu'il nous présente, tous les vers qu'il fait retentir à nos oreilles nous font voir le sauvage héros de Marathon et de Salamine.

SOPHOCLE naquit à Colone, bourg de l'Attique, l'an 496 avant J. C. Rival d'Eschyle dans sa jeunesse, il le vainquit, et régna sans partage lorsque le vieil athlète eut emporté dans l'exil la douleur et le ressentiment de sa défaite. Sa vie fut une longue suite de triomphes. A seize ans il chanta les triomphes de Salamine ; à vingt ans il était vainqueur au théâtre, et il devait s'avancer de succès en succès jusqu'à la plus longue vieillesse. L'ingratitude de ses enfants vint attrister ses dernières années : pressés de jouir de sa fortune, ils voulurent faire croire qu'il était tombé en enfance, et l'appelèrent devant les juges pour le faire interdire. Sophocle se présenta devant ses juges, et présenta pour toute défense sa pièce d'*OEdipe à Colone*, qu'il venait de terminer. Les juges, transportés d'admiration, se levèrent, et le reconduisirent en triomphe jusque dans sa maison.

Sophocle avait composé plus de cent pièces ; sept seulement nous sont parvenues : *Ajax furieux*, *les Trachiniennes* ou *la Mort d'Hercule*, *OEdipe roi*, *OEdipe à Colone*, *Antigone*, *Electre* et *Philoctète*.

Ajax furieux paraît être un des premiers ouvrages de Sophocle. Ajax est devenu fou de désespoir de n'avoir pu obtenir les armes d'Achille. Dans sa fureur il égorge des troupeaux croyant immoler les juges qui ont prononcé en faveur d'Ulysse : revenu à lui, il a honte de ce qu'il a fait, et se donne la mort.

Les Trachiniennes tirent leur nom du chœur, qui est composé de jeunes filles de Trachine, amies de Déjanire, dont la crédulité causa la mort d'Hercule, principal sujet de la pièce. Sénèque et Rotrou ont imité cette pièce sous le nom d'*Hercule furieux*.

Philoctète a été imité par La Harpe, et a fourni à Fénelon un des plus beaux livres du *Télémaque*.

OEdipe roi : le sujet de cette pièce est la découverte du fatal mystère qui couvre la naissance, le parricide et l'inceste d'OEdipe. Lorsque le fatal secret est dévoilé OEdipe se crève les yeux et s'éloigne de Thèbes. Corneille et Voltaire ont imité cette tragédie sans pouvoir l'égaler.

OEdipe à Colonne est d'un intérêt plus touchant. Le malheureux prince, victime de la fatalité, touche au terme de ses malheurs. Il arrive à Colone guidé par Antigone; Créon, Polynice veulent enfin l'arracher de ce lieu : il meurt enfin plein de résignation et selon la prédiction des dieux.

Antigone est le complément des deux pièces précédentes. Bravant la défense de Créon, cette jeune princesse ensevelit ses frères égorgés l'un par l'autre sous les murs de Thèbes. Antigone est mise à mort par Créon; mais celui-ci subit le châtiment de sa cruauté par le suicide de son fils, qui ne veut pas survivre à la perte d'Antigone, son amante.

Electre n'est autre chose que les Coéphores sous un autre nom. C'est le meurtre de Clytemnestre par Oreste, qui venge au nom des dieux la mort d'Agamemnon. L'*Oreste* de Voltaire est une imitation de cette pièce.

Sophocle donna à la tragédie le plus haut point de perfection dont elle était susceptible :

Sophocle enfin, donnant l'essor à son génie,
Accrut encor la pompe, augmenta l'harmonie,
Intéressa le chœur dans toute l'action,
Des vers trop raboteux polit l'expression,
Lui donna chez les Grecs cette hauteur divine
Où jamais n'atteignit la faiblesse latine.

EURIPIDE naquit à Salamine. C'était au moment de l'invasion de Xerxès. Les Athéniens, abandonnant leur ville, avaient cherché leur salut sur leurs vaisseaux. Leurs femmes et leurs vieillards avaient trouvé un asile à Salamine. Ce fut dans cette île que, le jour même de la bataille, Clito donna le jour à Euripide tandis que Mnésarque son époux combattait pour la patrie. Avant de se livrer à la poésie dramatique il s'était livré à l'athlétique, puis à la philosophie, qu'il étudia sous Anaxagore. Il devint le rival de Sophocle, et fut plusieurs fois couronné. Plus tard, cédant à l'envie de ses concitoyens, qui l'avaient accusé d'impiété, il se retira en Macédoine à la cour du roi Archelaüs, près duquel il mourut après avoir joui des plus grands honneurs.

Euripide composa cent vingt tragédies. Il nous en reste dix-huit, dont quelques-unes appartiennent vraisemblablement à ses élèves; nous avons aussi sous son nom un drame satirique, *le Cyclope*, seul monument de ce genre que nous ait légué l'antiquité.

Voici le titre des dix-huit tragédies d'Euripide : *Hécube, Oreste, les Phéniciennes, Médée, Hippolyte, Alceste, Andromaque, les Suppliantes, Iphigénie en Aulide, Iphigénie en Tauride, Rhésus, les Troyennes, les Bacchantes, les Héraclides, Hélène, Ion, Hercule furieux, Electre.*

Plusieurs de ces pièces ne semblent pas dignes d'Euripide. Lorsque le poète traite les mêmes sujets qu'Eschyle ou Sophocle, le désir d'innover le conduit à travestir la tradition et à imaginer des fables romanesques et d'une invraisemblance choquante.

Iphigénie en Aulide peut être considérée comme le chef-d'œuvre d'Euripide. On ne peut rien voir de plus touchant que la pieuse résignation de la fille d'Agamemnon. Racine a peut-être donné plus de noblesse à ce caractère; mais il n'a pas égalé le naturel et le pathétique de son modèle, que du reste il a surpassé dans la peinture de l'amour, dans le caractère d'Achille et d'Agamemnon, qu'il a heureusement corrigé en substituant Ulysse à Ménélas, comme promoteur du sacrifice d'Iphigénie.

Le sujet d'*Iphigénie en Tauride* n'est pas moins connu. Iphigénie après avoir échappé miraculeusement à la mort sur le rivage d'Aulis, se trouve transportée en Tauride, où elle devient prêtresse de Diane, et destinée, comme telle, à accomplir un affreux ministère. Oreste, poussé par la destinée, aborde sur ce rivage inhospitalier; il va être immolé sur l'autel de Diane lorsqu'il est reconnu par sa sœur. Guymond de Latouche a imité avec quelque succès cette tragédie.

Hécube retrace les dernières scènes de la déplorable existence de la veuve de Priam, qui apprend successivement la mort de Polydore son fils, égorgé par Polymnestor au mépris des lois de l'hospitalité, et qui ne peut empêcher le sacrifice de Polyxène, immolée sur le tombeau d'Achille. Cette double action concentrée dans l'âme d'Hécube produit d'admirables scènes. Hécube essayant de fléchir Ulysse, Polyxène se résignant à son sort peuvent être mises au nombre des plus belles inspirations de la scène grecque.

Médée, égorgeant ses enfants pour punir l'infidélité

de Jason, a fourni à Euripide le sujet d'une de ses plus belles tragédies. On y trouve un plan bien conçu et des caractères bien dessinés. Plusieurs auteurs l'ont imité dans cette pièce sans pouvoir l'atteindre. La plus ancienne imitation française de cette tragédie est celle de J. de La Péruse, 1553. Pierre Corneille a aussi composé une Médée, 1639; Longepierre, 1694; Clément, 1770. Chez les Latins Sénèque aussi a composé une Médée.

Alceste représente le touchant dévouement d'une femme qui sacrifie sa vie pour racheter celle de son époux. Ducis a fondu cette pièce dans son Œdipe chez Admète, et il l'a dénaturée en rapprochant deux des plus beaux épisodes de l'histoire héroïque des Grecs.

Hippolyte couronné a pour sujet la passion de Phèdre pour le fils de Thésée. C'est une des meilleures pièces d'Euripide, que Racine a encore surpassée dans sa tragédie de Phèdre.

Les pièces d'Euripide se ressentent en général de ses premières études. Elles sont semées presque partout de sentences morales et philosophiques qui ralentissent la passion, et ôtent à ses caractères l'énergie mâle et vigoureuse qu'on trouve dans Eschyle et dans Sophocle.

SUSARION, de *Mégare*, fit pour la comédie ce que Thespis avait fait pour la tragédie. Vers 570 av. J. C., accompagné d'un certain DOLON, il se mit à parcourir les campagnes de l'Attique, et, monté sur un chariot qui lui tenait lieu de théâtre, il amusait une population grossière de ses parades burlesques.

Ces amusements grossiers peu à peu perfectionnés firent naître la comédie. La mythologie ne fournit que peu de sujets à cette espèce de drame. Les événements qui se passaient sous les yeux du poète, les affaires publiques, la politique, les chefs de parti, les administrateurs de l'état, les écrivains, les orateurs, qui se distinguaient par leur ambition, leur vénalité, leur lâcheté ou leur bassesse, voilà les objets qui fournissaient au poète une source intarissable de plaisanteries, une riche galerie de portraits, une ample moisson de ridicules. Cette tolérance fit dégénérer la satire en une licence effrénée qui ne connut plus de bornes. Il n'y eut plus rien de sacré, et on fut obligé bientôt d'appeler le secours des lois pour réprimer de tels abus : c'est cette époque de licence qu'on désigne sous le nom de *comédie ancienne*.

Les grammairiens d'Alexandrie citent pour l'ancienne comédie six poètes : *Epicharme, Cratinus, Eupolis, Aristophane, Phérécrade* et *Platon*.

ARISTOPHANE (386 av. J. C.) est le seul de ces poètes dont il se soit conservé des pièces entières ; encore de cinquante-quatre pièces qu'il avait composées ne nous en est-il parvenu que onze, que nous ne possédons même pas dans leur forme originaire ; ce sont : *les Acharnéens, les Chevaliers, les Nuées, les Guêpes, les Oiseaux, les Femmes célébrant la fête de Cérès, la Paix, Lysistrate, les Grenouilles, les Harangueuses* et *Plutus*.

Trois de ces pièces, *les Acharnéens, la Paix* et *Lysistrate* se rapportent à la guerre du Péloponèse : Aristophane, prévoyant les malheurs qui devaient retomber sur sa patrie, les avait composées pour engager les Athéniens à faire une paix honorable.

Les Chevaliers et *les Harangueuses* sont deux critiques des démagogues.

Les Nuées tournent en ridicule les sophistes et Socrate lui-même, qui avait été leur disciple avant d'être leur ennemi.

Les Guêpes sont dirigées contre les tribunaux et la manie de juger sans cesse. Racine en a tiré sa charmante comédie des *Plaideurs*.

Les Oiseaux sont une pièce qui semble destinée à empêcher les Athéniens de fortifier Décélie dans la crainte que cette ville ne devînt une place d'armes pour les Lacédémoniens, et les engager à rappeler leurs troupes de Sicile pour les opposer aux entreprises des Lacédémoniens.

Les Femmes célébrant la fête de Cérès contiennent une défense des femmes contre les attaques d'Euripide, leur ennemi acharné.

Les Grenouilles sont dirigées contre les poëtes tragiques qui depuis la mort d'Eschyle et d'Euripide ne font plus que coasser au lieu de chanter.

Le Plutus tourne en ridicule l'avarice de ses concitoyens et prépare la comédie de mœurs.

Les allusions, les personnalités, les jeux de mots dont sont remplies toutes ces pièces les rendent fort difficiles à entendre ; en outre on est souvent choqué de la grossièreté des plaisanteries et de la bizarrerie des idées ; mais on ne trouve nulle part plus de sel et plus de causticité.

La licence effrénée dont jouissait la comédie ancienne disparut lorsqu'après la prise d'Athènes Lysandre y eut établi le gouvernement des trente tyrans. Lamachus (404 ans av. J. C.), l'un d'eux, défendit toutes les personnalités sur la scène. Une époque nouvelle commença pour le théâtre : c'est celle qu'on appelle *la comédie moyenne*, qui dura jusqu'à Ménandre.

MÉNANDRE (342 — 293 av. J. C.) ne nous est connu que par quelques fragments : il est le père de *la comédie nouvelle* ou *comédie de mœurs*.

PHILÉMON fut le rival de Ménandre. Les anciens ont aussi conservé le nom de trente-deux poètes comiques qui brillèrent vers la fin de cette période, mais dont les ouvrages sont perdus.

SECONDE SECTION. — PROSE.

§ 1. *Histoire et Géographie.*

Cette troisième période vit naître le genre historique.

DENYS, de *Milet* (510 av. J. C.), fut le premier qui entreprit la composition d'une histoire générale de la Grèce.

HÉCATÉE, de *Milet* (503 av. J. C.), composa une *Périégèse* ou *Tour du monde*, travail exclusivement géographique, et une *Généalogie des familles grecques*.

HÉRODOTE, né à *Halycarnasse en Carie*, l'an 484 av. J. C., connut le premier l'art de lier entre eux les événements qui intéressaient les divers peuples de la terre, et de faire un tout régulier de tant de parties incohérentes : il mérita le titre de *père de l'histoire profane*. Il se forma par de longs voyages en Asie, en Egypte, en Grèce et en Italie; il passa une partie de sa vie à rassembler les matériaux du grand ouvrage qui devait faire sa gloire et celle de sa patrie.

Son histoire est divisée en neuf livres, auxquels les Grecs donnèrent les noms des neuf muses. Elle embrasse un espace de deux cent vingt ans, depuis Gygès, roi de Lydie, jusqu'à la fuite de Xerxès. Les quatre premiers livres sont en quelque sorte l'introduction des cinq derniers. Ils renferment l'histoire des colonies grecques d'Asie, du royaume de Lydie, de Cambyse, de Smerdis et de l'expédition de Darius en Scythie. Au cinquième c'est la révolte de l'Ionie et la continuation des guerres médiques jusqu'à la fuite du grand roi et la bataille du mont Mycale.

Aux beautés de l'ordonnance Hérodote réunit au suprême degré les charmes de la diction; son style tient pour ainsi dire le milieu entre la poésie épique et la prose.

On attribue encore à Hérodote une *Vie d'Homère* qu'on nous a laissée sous son nom.

THUCYDIDE, fils d'Olorus, est le plus parfait des historiens grecs. Il descendait de Miltiade; il naquit treize ans après Hérodote et quarante ans avant le commencement de la guerre du Péloponèse. Il commanda une flotte athénienne dans la mer Egée. Brasidas ayant attaqué Amphipolis, il n'arriva pas assez tôt pour la défendre, et fut exilé pour ce fait : il se retira à Scaptésula, où il resta vingt ans. Son histoire, divisée en huit livres, comprend les vingt et une premières années de la guerre du Péloponèse. Thucydide ne se contente pas de raconter les faits avec art et agrément, il les juge avec une perspicacité profonde et une grande délicatesse : les réflexions qu'il mêle à tous ses tableaux en doublent l'intérêt ; mais ce qui contribue surtout à enrichir ses récits ce sont ces harangues immortelles où brillent toutes les qualités de l'homme politique, du bon citoyen et du défenseur zélé de son pays. L'*Oraison funèbre des Athéniens morts en combattant*, prononcée par Périclès, la *Description de la Peste d'Athènes* sont des morceaux de premier ordre ; le récit de la malheureuse *expédition des Athéniens en Sicile* passe pour un des morceaux les plus dramatiques de l'histoire.

XÉNOPHON, d'*Athènes*, fils de Gryllus, surnommé *l'Abeille attique*, naquit en 447 av. J. C. Socrate, dont il était le disciple, lui sauva la vie à la bataille de Délium. Il commandait un corps de Grecs dans l'expédition de Cyrus le Jeune, et après la défaite de Cunaxa il commanda la fameuse retraite des dix mille. Exilé d'Athènes comme attaché au parti des Doriens, il se retira à Scyllus, près d'Olympie, et y mourut en 356.

Les œuvres de Xénophon comprennent :

1° *Les Helléniques*; il commence l'histoire grecque où l'a laissée Thucydide, et la continue jusqu'à la bataille de Mantinée, de 411 à 362.

2° *L'expédition de Cyrus le Jeune* en sept livres, et la fameuse retraite des dix mille.

3° *La Cyropédie*, ou l'Éducation de Cyrus en huit livres.

4° *L'Éloge d'Agésilas,* roi de Lacédémone, dont il fut l'ami.

Il composa aussi plusieurs ouvrages philosophiques : des *Mémoires sur Socrate,* l'*Apologie de Socrate,* des traités sur *la chasse, l'hippiatrique, la tactique militaire,* etc.

ANAXIMANDRE dressa la première carte de géographie.

PYTHÉAS, parti de Marseille, suivit les côtes de la Méditerranée et de l'Océan jusqu'à l'Islande, et écrivit la relation de son voyage.

Hérodote dans son histoire, Xénophon dans sa retraite des dix mille ouvrirent par de nombreuses et savantes observations le cercle des connaissances géographiques.

§ 2. *Eloquence.*

L'éloquence naquit en Sicile, et se forma à Athènes. Thémistocle, Cimon, Alcibiade, Périclès surtout furent doués du talent de la parole.

CORAX, de *Syracuse,* donna le premier des leçons de rhétorique.

GORGIAS, de *Leontium,* son disciple, ouvrit une école d'éloquence à Athènes en 480, et forma plusieurs orateurs en leur faisant traiter des sujets supposés, tels que l'*Eloge d'Hélène,* l'*Apologie de Palamède,* etc.

POLUS, d'*Agrigente,* disciple de Gorgias, écrivit un traité dans lequel il exposa toute la doctrine de son maître.

Les dix orateurs attiques sont : *Antiphon, Andocide,*

Lysias, Isocrate, Isée, Eschine, Lycurgue, Hypéride, Dinarque et *Démosthène*, qui fut le plus célèbre de tous.

DÉMOSTHÈNE naquit à Pœania, en Attique, l'an 381 av. J. C. Il suivit les leçons d'Isée et de Platon, et plaida dès l'âge de dix-sept ans contre ses tuteurs, qui voulaient lui ravir son patrimoine. Il gagna sa cause. Ce succès l'engagea à se présenter devant l'assemblée du peuple ; mais il échoua. Alors il se retira dans la solitude, et là par un travail continuel, par la lecture assidue des grands maîtres, et surtout de Thucydide, qu'il copia six fois en entier, il vainquit toutes les difficultés, et revint triomphant au milieu de l'assemblée, dont il remporta tous les suffrages. Il fut l'adversaire le plus redoutable de la puissance de Philippe de Macédoine. Il s'empoisonna dans l'île de Célaurie, pour n'être point livré à Antipater. (322 av. J. C.)

On admire surtout dans Démosthène la concision, l'énergie, le mouvement et le sublime. Ceux de ses discours qui méritent le plus notre admiration sont les *Philippiques* et les *Olynthiennes*, le discours sur l'*ambassade d'Eschine*, dans lequel il accusait cet orateur de s'être laissé corrompre par Philippe, le discours pour la *Couronne*, où il justifie, contre l'accusation d'Eschine, Ctésiphon, qui avait proposé de lui décerner une couronne d'or pour récompense de ses services.

On a de Démosthène soixante-un discours, soixante-cinq exordes, six lettres écrites au peuple d'Athènes pendant son exil.

§ 3. *Philosophie.*

Cette période est la plus brillante époque de la philosophie en Grèce. Comme la poésie, elle prit naissance en Asie-Mineure et dans la Grande-Grèce. Elle ne fut même dans l'origine qu'une espèce de poésie qui s'appropriait les notions que lui avait fournies la religion naturelle.

Les *sept sages* de la Grèce, par lesquels on ouvre d'ordinaire l'histoire de la philosophie grecque, n'étaient point des hommes savants ou des philosophes dans le sens que nous l'entendons; c'étaient des hommes distingués par leur expérience, respectables par leurs vertus et les services qu'ils rendirent à leurs concitoyens. Ils recueillaient un petit nombre de vérités morales et les renfermaient dans des maximes assez claires pour être comprises de tout le monde et au premier aspect. Ces maximes, écrites en vers pour qu'elles pussent mieux rester dans la mémoire, furent gravées sur des tables de marbre, qu'on plaça dans le temple d'Apollon à Delphes.

Voici les noms de ces sept sages :

PITTACUS, de *Mitylène* ; SOLON, d'*Athènes* ; CLÉOBULE, de *Linde* ; PÉRIANDRE, de *Corinthe* ; CHILON, de *Lacédémone* ; BIAS, de *Priène*, et THALÈS, de *Milet*.

L'histoire de la philosophie n'entre point dans le plan que je me suis proposé : je ne donnerai donc ici que les noms des principales écoles et des philosophes dont les noms ont eu le plus de célébrité.

On distingue avant Socrate trois écoles principales

dans la philosophie grecque : *l'école d'Ionie, l'école d'Italie* et *l'école d'Elée.*

L'ÉCOLE D'IONIE fut fondée par THALÈS, de *Milet*, vers 640. Elle se divisa dans la suite en une infinité de sectes différentes. Les principaux philosophes de cette école sont Anaximandre (611), Anaximène, disciple du précédent; Anaxagore (590), qui renouvela l'école ionique; Archélaüs (460).

L'ÉCOLE D'ITALIE eut pour fondateur PYTHAGORE, de *Samos* (590). Il avait parcouru l'Egypte, la Chaldée, l'Asie-Mineure, les Indes; à son retour il fonda une école philosophique à Crotone, en Italie.

Empédocle (444), *Ocellus* (410), *Timée*, *Archytas*, de *Tarente* (408), *Philotaüs*, de *Crotone* (374), furent ses principaux disciples.

L'ÉCOLE D'ELÉE fut fondée par XÉNOPHANE, de *Colophon* (535), dans l'Italie méridionale.

Les philosophes éléatiques sont : *Parménide* (434), *Héraclite*, *Zénon* (504), *Leucippe*, *Démocrite*, d'*Abdère*.

Il ne nous est rien resté des écrits de ces philosophes, si ce n'est quelques fragments épars çà et là dans les auteurs.

Leur philosophie était toute hypothétique, sans observation et sans méthode, et il en fut ainsi jusqu'à SOCRATE, qui sut le premier fonder un système sur la pratique et la morale. Il fut en effet le fondateur de cette vraie philosophie pratique qui peut conduire à la vertu par la vérité. Il regardait la connaissance des devoirs comme la seule nécessaire aux hommes, et il confirma toujours cette doctrine par ses exemples. Il proclama le premier l'existence d'un seul Dieu, l'immortalité de l'âme, et fut victime de cette noble croyance...

Socrate n'écrivit point, ne fonda point d'école; ais il eut des disciples célèbres qui recueillirent sa octrine, la formulèrent dans leurs savants écrits, et la transmirent à la postérité comme le plus beau monument de leur époque.

XÉNOPHON, dont nous avons déjà eu occasion de parler, a laissé plusieurs ouvrages sur la philosophie de son maître. (*Voir* aux historiens de cette période.)

ARISTIPPE fonda l'*école de Cyrène.*

EUCLIDE fut le fondateur de celle de *Mégare.*

ANTISTHÈNE fonda l'*école cynique,* et eut pour disciple le fameux DIOGÈNE, de *Sinope.*

PLATON, surnommé *le divin*, fonda l'Académie, la plus célèbre de toutes les écoles socratiques. Il naquit l'an 430 av. J. C. d'un sang noble : par son père il descendait de Codrus, et par sa mère de Solon. Platon s'était livré d'abord à la poésie; mais séduit par les leçons de Socrate il se livra tout entier à lui, et devint son disciple bien aimé. Platon a toujours été regardé comme le plus beau génie de l'antiquité.

Les ouvrages de Platon se composent de *trente-cinq dialogues*, d'un *traité sur la république* et d'un autre *sur les lois;* on a aussi de lui des *lettres.*

Le style de Platon est élégant, animé, brillant de traits d'esprit et d'imagination et pénétré d'une douce chaleur; c'est, comme le dit Aristote, un milieu entre la poésie et la prose. Son style est si majestueux qu'on avait coutume de dire que si Jupiter voulait parler grec il parlerait comme Platon.

Hippocrate, le célèbre médecin qui refusa les présents du roi des Persés, est encore un des écrivains de cette période si célèbre, et les nombreux ouvrages de médecine qu'il nous a laissés nous font un devoir de rappeler ici son nom.

CHAPITRE IV.

PÉRIODE ALEXANDRINE.

(336-146 av. J. C.)

Pendant cette nouvelle période c'est Alexandrie qui est dépositaire du flambeau sacré des lumières. Les savants trouvent en Egypte, auprès des Ptolémées, la sécurité, les richesses, les honneurs; ils quittent en foule le continent de la Grèce, livré sans cesse à des guerres civiles et à des dissensions toujours renaissantes, pour se rendre dans ce nouveau royaume, récemment fondé sur les débris du vaste empire d'Alexandre.

PREMIÈRE SECTION. — POÉSIE.

§ 1er. *De la Comédie.*

Dans cette période la comédie devient à peu près ce qu'elle est chez les nations modernes, le tableau des ridicules et des vices qu'on trouve dans la société dégagé de toute personnalité ; c'est ce genre qui est connu sous le nom de *comédie nouvelle.*

Trente-deux poètes dramatiques de cette époque sont nommés dans les ouvrages des anciens; pas une seule de leurs comédies ne nous est parvenue. Ménandre d'Athènes, disciple de Théophraste, est le plus célèbre de tous.

§ 2. *De la Tragédie.*

Les grammairiens d'Alexandrie ont formé une pléiade des auteurs tragiques de cette période; ce sont : *Alexandre l'Étolien, Philiscus de Corcyre, Sosithée, Homère le jeune, Anantiade, Sosiphane,* et *Lycophron.*

Il ne nous reste rien de tous ces poètes, si ce n'est quelques fragments épars.

§ 3. *Genre didactique.*

ARATUS, de *Soles,* vécut à la cour d'Antigone Gonatas, roi de Macédoine (250 av. J. C.). Il nous a laissé son poème des *Phénomènes* et des signes, qui était célèbre dans l'antiquité. Il y traite de l'astronomie, des phénomènes célestes et des pronostics qu'on peut en tirer; plusieurs poètes latins lui ont fait de nombreux emprunts.

§ 4. *Genre épique.*

APOLLONIUS est le seul poète épique de cette période. Son poème sur l'*Expédition des Argonautes* n'est pas sans mérite. Ce poète était de Rhodes : il étudia sous Callimaque, dont nous parlerons plus bas.

§ 5. *Genres divers.*

CALLIMAQUE, de *Cyrène* (260 av. J. C.), devint bibliothécaire de la fameuse bibliothèque d'Alexandrie, sous Ptolémée Philadelphe. Érudit, historien, géographe et poète à la fois, il est le représentant de la poésie lyrique et élégiaque de cette période. La plus célèbre de ses élégies est celle qu'il composa sur *la chevelure de Bérénice*, que Catulle a traduite. L'*Hymne à Cérès*, les *Bains de Pallas* sont aussi des morceaux bien remarquables.

THÉOCRITE, de *Syracuse*, fleurit sous Ptolémée II Philadelphe, roi d'Egypte, et sous Hiéron, roi de Syracuse. Il a porté le genre bucolique au point de perfection dont il est susceptible. Aucun de ceux qui ont voulu le surpasser, soit anciens, soit modernes, n'a pu égaler sa simplicité, sa naïveté et sa grâce.

Ses *Bucoliques* se composent de trente *idylles*, qui sont autant de petits poëmes fort intéressants. Les plus estimées de ces pièces sont : *l'Enchanteresse*, que Racine aimait surtout, *le Cyclope Polyphème*, *les Syracusaines* ou les fêtes d'Adonis, qui forment un petit drame, et *la Mort d'Adonis*, imitée par La Fontaine.

MOSCHUS et BION, dans le genre pastoral, méritent aussi d'être cités.

SECONDE SECTION. — PROSE.

Cette période abonde en érudits, en grammairiens, en critiques, en commentateurs des anciens écrivains. L'étude, la science et l'érudition remplacent le génie : c'est là le caractère particulier de cette époque.

§ 1er. *Histoire.*

Sans compter une vingtaine d'historiens d'Alexandre, dont il ne nous reste plus que les noms, cette période vit naître un des plus grands historiens de l'antiquité.

POLYBE, de *Mégalopolis,* est le modèle des historiographes modernes. Conduit à Rome comme otage, à l'âge de quarante ans, il devint l'ami, le conseil et le compagnon d'armes du jeune Scipion Emilien pendant dix-sept ans qu'il resta dans cette capitale du monde. Il voyagea en Gaule, en Ibérie, et eut à sa disposition tous les documents nécessaires pour publier son *Histoire générale,* dont il nous reste une partie. Elle embrassait un espace de cinquante-trois ans, depuis le commencement de la seconde guerre punique jusqu'à la soumission de la Macédoine par les Romains.

§ 2. *Eloquence.*

L'éloquence de cette période est celle qui est connue dans les écoles sous le nom d'*asiatique.* Ce n'était plus cette mâle et nerveuse éloquence de citoyens libres et indépendants parlant pour la liberté et l'indépendance de la république; elle avait à la fois changé d'objet et de manière : il n'était plus question d'entraîner la multitude ou des juges sévères; il s'agissait de briller dans des sujets de convention par un style surchargé d'ornements brillants et fastueux, qui étaient venus à la mode à la place de l'antique simplicité.

§ 3. *Philosophie.*

Les deux plus célèbres philosophes de cette période sont Aristote et Théophraste.

ARISTOTE, de *Stagire*, ville de Macédoine, naquit l'an 384 av. J. C. Son père était médecin d'Amyntas, roi de Macédoine. Il étudia avec une grande ardeur toutes les sciences naturelles, et fut pendant vingt ans le disciple de Platon. Philippe l'appela auprès de lui pour diriger les études d'Alexandre, son fils, et pendant huit ans il se consacra à l'éducation du jeune prince.

Aristote fut le fondateur de la secte des *péripatéticiens*. Il avait embrassé toutes les branches des connaissances humaines cultivées de son temps; il sut les classer et leur donner une forme scientifique. On a compris sous treize chefs principaux les écrits qu'Aristote a laissés à notre admiration : ouvrages de *logique*, de *métaphysique*, de *psychologie*, de *rhétorique*, de *poésie* et de *poétique*, de *morale*, de *politique*, de *mathématiques*, de *physique*, d'*histoire naturelle*, d'*économie* et d'*histoire*, enfin de *lettres*.

THÉOPHRASTE fut le successeur d'Aristote dans l'île

de Lesbos. Il nous a laissé un ouvrage connu sous le nom de *Caractères*, qui a été placé au nombre des livres classiques. Il a été traduit par notre célèbre Labruyère, qui lui a fait plus d'un emprunt dans le livre immortel qu'il nous a laissé. Théophraste avait aussi écrit plusieurs ouvrages d'histoire naturelle dont il ne nous reste presque rien.

ÉPICURE, chef et fondateur de la secte épicurienne, appartient encore à cette période, ainsi que la secte des stoïciens.

ZÉNON, de *Citium*, ami d'Antigone Gonatas, fonda, vers 330, la philosophie stoïcienne ou du Portique. Ses écrits sont perdus, et sa doctrine ne nous est parvenue que par les ouvrages de ses disciples dans les siècles suivants.

PYRRHON, d'*Élée*, fut le chef des sceptiques vers le commencement de cette période.

§ 4. *Écriture sainte.*

La plus célèbre traduction des livres de l'ancien Testament est celle que l'on connaît sous le nom de *Bible des Septante*.

Ce fut Ptolémée Philadelphe, roi d'Egypte, qui, sur le conseil de Démétrius, de Phalère, son bibliothécaire, fit faire cette traduction grecque pour la bibliothèque qu'il avait fondée à Alexandrie. Il avait envoyé deux officiers de sa cour, *Aristéas* et *Andréas*, auprès d'Éléazar, grand-pontife des Juifs à Jérusalem, pour lui demander une copie des saintes écritures de ce peuple, et soixante-douze hommes possédant également bien les langues hébraïque et grecque. Ces savants furent enfermés dans l'île de Pharos, où, après une conférence sur le sens de l'original et sur la manière de l'écrire, ils dictèrent tous une seule traduction à Démétrius, de Phalère. Lorsque le travail fut achevé, le roi d'Égypte les renvoya dans leur patrie chargés de présents pour eux-mêmes, pour le grand-prêtre et pour le temple de Jérusalem.

CHAPITRE V.

PÉRIODE GRÉCO-ROMAINE.

(146 av. J. C. — 306 ap. J. C.)

Pendant cette période la Grèce n'est plus qu'une province de l'empire romain. Elle perd jusqu'à son nom, auquel les vainqueurs substituèrent celui d'Achaïe. Athènes, Tarse, Alexandrie, Rome sont les dépositaires de toutes les sciences et de tous les arts.

PREMIÈRE SECTION. — POÉSIE.

Nous trouvons ici bien peu de modèles à citer. Quelques auteurs épigrammatiques, tels que POLYSTRATE, MÉLÉAGRE, ANTIPATER et quelques autres versificateurs.

APOLLODORE (115 av. J.C.) avait écrit en vers une histoire héroïque de la Grèce, qui ne nous est point parvenue.

ARCHIAS, pour qui plaida Cicéron, écrivit un poème dont il ne nous reste rien sur la guerre des Cimbres et celle de Mithridate.

OPPIEN nous a laissé deux poèmes, l'un sur *la Chasse*, l'autre sur *la Pêche*, qui ne sont pas sans mérite.

Voici à peu près tout le bagage poétique de cette période, qui est l'âge d'or de la littérature latine.

SECONDE SECTION. — PROSE.

La prose est beaucoup plus riche que la poésie, et est représentée par un grand nombre d'hommes remarquables dans tous les genres.

§ 1. *Histoire.*

Sans parler d'un grand nombre d'historiens de ces temps, dont les ouvrages sont perdus, nous arriverons de suite à ceux dont les écrits nous ont été conservés.

DIODORE, de *Sicile*, contemporain de Jules César et d'Auguste, fit plusieurs voyages en Asie, en Afrique et en Europe, et s'établit ensuite à Rome, où il publia sa *Bibliothèque historique* en quarante livres : cet ouvrage, dont il ne nous reste guère qu'un tiers, est un résumé des historiens antérieurs sur l'Egypte, la Grèce, Rome et Carthage. On y trouve une foule de détails précieux pour l'érudition.

FLAVIUS JOSÈPHE naquit 37 ans après J. C. d'une famille sacerdotale juive. Engagé malgré lui dans une guerre contre les Romains, il fut fait prisonnier à la prise de la ville d'Iotapat, et prédit à Vespasien sa grandeur future. Ayant accompagné Titus au siége de Jérusalem, il ne put vaincre par ses conseils l'obstination de ses concitoyens. Il nous a laissé *l'Histoire de la guerre de Judée* et de la *destruction de Jérusalem*, les *Antiquités judaïques* en vingt livres. C'est une histoire complète des Juifs depuis la création du monde jusqu'à Néron.

PLUTARQUE, né à *Chéronée* en Béotie, vers l'an   de J. C., est peut-être le plus répandu et le plus populaire de tous les prosateurs de l'antiquité. Il étudia à Athènes, et vint à Rome, où il enseigna la philosophie à l'empereur Adrien. Plutarque éleva la *biographie* à la dignité de l'histoire, et ses *Vies des hommes illustres* sont incomparablement le premier ouvrage qui existe de ce genre. Il y a peu de lectures aussi attachantes et aussi instructives; il n'y en pas qui élève l'âme davantage. Plutarque est remarquable non seulement comme historien, mais encore comme philosophe : il nous a laissé un très grand nombre de petits traités philosophiques très instructifs et très intéressants. Amyot a fait une traduction de Plutarque qui est très estimée.

ARRIEN naquit à *Nicomédie* dans le second siècle de l'ère chrétienne, et porta les armes au service des empereurs romains. Il fut à la fois historien, philosophe, géographe et tacticien. Son principal ouvrage est l'*Expédition d'Alexandre* en sept livres. C'est l'histoire des guerres d'Alexandre depuis la mort de son père. Arrien semble porter un vif amour pour la vérité et la montre dans toute sa narration, ce qui nous rend son ouvrage fort précieux. En philosophie, nous avons de lui le *Manuel d'Epictète*.

APPIEN, d'*Alexandrie*, vécut à Rome sous Trajan, Adrien et les Antonins. Il y exerça d'abord la profession d'avocat, et fut ensuite administrateur du fisc. Son *histoire de Rome*, en vingt-quatre livres, n'existe pas en entier. Elle embrassait l'histoire de la république jusqu'à Auguste.

DION CASSIUS, fils de Cassius Apronianus, sénateur romain, naquit 155 après J. C., en Bithynie. Il passa la plus grande partie de sa vie à Rome, dans les fonctions publiques; il fut sénateur sous Commode, gouverneur de Smyrne après la mort de Septime Sévère, auquel il avait déplu. Il fut ensuite consul, proconsul en Afrique et en Pannonie. Dans sa vieillesse il retourna dans sa patrie. Il a publié une *histoire romaine* en quatre-vingts livres, fruit de vingt années de travail. Cette histoire embrassait une période de neuf cent quatre-vingt-trois ans, depuis la fondation de Rome jusqu'à l'année 229 après J. C. Il ne nous en reste que des fragments. Le style en est inégal, et le récit des faits manque souvent de critique et d'impartialité.

HÉRODIEN écrivit l'*histoire des empereurs romains* depuis la mort de Marc-Aurèle jusqu'à l'avénement de Gordien-le-Jeune. Cet ouvrage embrasse une période de cinquante-neuf ans. Hérodien imita les anciens historiens, surtout Thucydide. Il est véridique et impartial. Son jugement est excellent, son style clair et agréable. Son grand défaut est d'avoir négligé la chronologie.

§ 2. *Eloquence.* – *Rhéteurs*.

Dans le premier siècle du christianisme les rhéteurs reprennent faveur sous le nom de sophistes. L'éloquence, désormais renfermée dans un cercle étroit, comme le barreau, les écoles et les lectures publiques, continue à dégénérer : on cultiva l'art et la théorie plutôt que l'éloquence elle-même : des sujets imaginaires sur lesquels les maîtres et les élèves s'exerçaient remplacèrent ces débats intéressants sur les affaires publiques, qui avaient exalté l'imagination et échauffé le cœur des grands orateurs de l'antiquité.

Dion Chrysostôme est sans contredit le premier de ces sophistes. Il vécut sous Vespasien, Titus, Domitien, Nerva et Trajan. Proscrit par Domitien, il erra de province en province, déguisant son nom et vivant du travail de ses mains. Il s'était établi chez les Gètes, et à la nouvelle de la mort de Domitien il détermina, par son éloquence, l'armée romaine à proclamer Nerva. Dion avait composé un grand nombre de dissertations et de discours dans lesquels on trouve beaucoup d'imitation de l'éloquence antique. Il avait pris pour modèles Platon et Démosthène.

Lucien, né à *Samosate* en Afrique vers le milieu du second siècle de l'ère chrétienne, est le plus célèbre et le plus connu des rhéteurs de son époque; il s'exerça avec succès dans presque tous les genres d'écrire, et son esprit railleur l'a fait surnommer le *Voltaire* de l'antiquité. Personne mieux que Lucien n'a su imiter le style et la simplicité attique : il excelle dans tous les genres, surtout dans la fine plaisanterie. Plus on le lit, plus on l'apprécie, plus on l'aime.

Ses principaux ouvrages sont : les *Dialogues des Morts*, les *Dialogues des Dieux*, l'*Eloge de Démosthène*, l'*Eloge de la Mouche*, le *Médecin déshérité par son père*, le *premier et le second Phalaris*, *du triste sort des gens de lettres*, *Histoire véritable*, etc., etc.

MAXIME, de *Tyr*, et PHILOSTRATE sont encore deux rhéteurs distingués de cette époque.

LONGIN, ministre de la reine de Palmyre, du temps d'Aurélien, nous a laissé un traité estimé sur le *sublime*.

ATHÉNÉE, de *Naucratis* en Egypte, a laissé, sous le titre de *Banquet des Savants*, un ouvrage très savant et riche en notices littéraires, philosophiques, grammaticales et historiques.

DENYS, d'*Halycarnasse*, est à la fois historien et rhéteur. Il a composé plusieurs ouvrages de rhétorique et de grammaire très estimés et un livre sur les antiquités romaines.

§ 3. *Pères de l'Eglise.*

Quelques Pères de l'Eglise appartiennent à cette période.

S. BARNABÉ (42 de J. C.) ; S. CLÉMENT, pape (91 de J. C.) ; S. IGNACE, évêque d'Antioche, martyr sous Trajan (107 de J. C.), et S. DENYS, évêque d'Alexandrie.

Plusieurs Pères apologistes.

Les Pères apologistes sont ceux qui portèrent aux oreilles des princes, des magistrats ou du peuple la justification des chrétiens, de leur doctrine et de leurs mœurs.

S. Justin, né à Néapolis en Samarie. Il se convertit au christianisme après une recherche approfondie de la vérité, devint apôtre, et eut la gloire de verser son sang pour la croix. Ses ouvrages se composent d'une *Exhortation aux Gentils*, de *deux Apologétiques*, d'un *Dialogue avec le juif Tryphon*, et d'une *lettre à Diognète*.

Tatien, d'Assyrie (167 de J. C.), disciple de S. Justin, se fit connaître par deux ouvrages : le *Discours aux Grecs*, et le *Diatessaron*.

S. Théophile, d'abord païen ou juif, ensuite chrétien et évêque d'Antioche, composa en trois livres la *Défense du christianisme*.

Hermias appartient au second siècle de l'Eglise ; on a de lui un ouvrage intitulé *Division des philosophes païens*, aussi remarquable par la clarté, la précision que par le sel, la grâce et la vivacité.

S. Clément, d'*Alexandrie*, fut le chef de l'école chrétienne d'Alexandrie. Il compta Origène parmi ses disciples. Obligé de fuir pour éviter la persécution de l'empereur Sévère (202 de J. C.), il porta en Asie-Mineure, en Syrie, en Palestine la lumière de son génie et l'exemple de ses vertus. Son *Exhortation aux Gentils* détruit l'idolâtrie dans son principe ; son *Pédagogue* est un excellent guide pour la vie chrétienne, ses *Stromates* sont un recueil de pensées religieuses et philosophiques et un monument de saine morale et de profonde érudition.

ORIGÈNE naquit à Alexandrie l'an 185 de J.-C. Il vint à Rome après la persécution de Septime Sévère, et s'y fit des admirateurs et des amis; puis il succéda à S. Clément, son maître, dans l'enseignement évangélique à Alexandrie et le surpassa. Tout l'Orient subit l'influence irrésistible de son entraînante voix; Origène est en effet un des plus grands génies du christianisme naissant. Son traité *contre Celse* est un chef-d'œuvre d'éloquence et de dialectique. Ses *homélies* et ses *sermons* sont d'excellents modèles à imiter : nous en possédons plus de mille.

CHAPITRE VI.

PÉRIODE BYSANTINE.

(306-1453 de J. C.)

Le siége de l'empire est transféré de Rome à Constantinople; le christianisme succède au paganisme; la littérature grecque suit ce double mouvement. Mais en vain quelques amis des lettres veulent rappeler la littérature à son antique pureté; la décadence est rapide au milieu des bouleversements nombreux qui changent, pendant cette période, toute la face de l'Europe jusqu'au moment fatal où une religion impie et une langue barbare viennent remplacer le culte de Jésus-Christ et la langue des Platon et des Démosthène.

PREMIÈRE SECTION. — POÉSIE.

S. GRÉGOIRE, de *Nazianze*, l'un des plus grands orateurs du christianisme, fut aussi un poète élégant, gracieux et pur.

Il nous a laissé plus de deux cent cinquante poèmes épigrammatiques adressés à diverses personnes de sa famille, et cent soixante-dix petits poèmes sacrés, en vers de différentes mesures.

Parmi les poètes chrétiens de cette époque nous devons citer aussi SYNÉSIUS, évêque de Ptolémaïs, contemporain de Chrysostôme, qui nous a laissé des hymnes religieux qui ne sont pas sans mérite.

NONNUS, de *Paléopolis* en Egypte (410 de J. C.), composa un poème cyclique en quarante-huit livres sur les exploits de Bacchus. S'étant converti au christianisme, il paraphrasa l'évangile de S. Jean.

MUSÉE, au quatrième siècle de l'ère chrétienne, nous a laissé un petit poème sur *Héro et Léandre*

QUINTUS, de *Smyrne*, COLUTHUS, TRYPHIODORE, Georges PISIDÈS (630 de J. C.), Jean TZETZÈS au quatrième siècle, sont les derniers poètes grecs que nous ayons à citer.

SECONDE SECTION.— PROSE.

§ 1. *Eloquence.*

Au commencement de cette période l'éloquence prend un nouvel essor. La chaire évangélique brille d'un éclat tel que jamais depuis elle ne s'est élevée plus haut, et le mouvement qu'elle imprime donne à ses adversaires même une force et une énergie qui manquaient depuis longtemps aux orateurs profanes.

A cette période appartiennent les *Pères dogmatiques.*

On appelle *Pères dogmatiques* ceux qui développèrent dans leurs ouvrages les vérités de foi et de morale qui servent de fondement à la science théologique.

Les principaux Pères dogmatiques sont : *S. Athanase, S. Grégoire de Nazianze, S. Grégoire de Nysse, S. Basile* et *S. Jean Chrysostôme.*

S. ATHANASE naquit à Alexandrie vers l'an 296. Elevé à la dignité d'évêque d'Alexandrie, sa vie fut un long combat contre l'hérésie d'Arius et les empereurs ariens. Déposé et rétabli tour à tour par les empereurs Constantin, Constance, Julien et Jovien, il finit par triompher glorieusement des ennemis de la sainte Eglise, et mourut à Alexandrie en 373. Il nous reste de lui des *Commentaires sur la Bible,* beaucoup d'écrits contre les Ariens, parmi lesquels on remarque son *Apologie à l'empereur Constance.* Les qualités qui caractérisent l'éloquence d'Athanase sont surtout la vigueur et le mouvement.

S. Grégoire, *de Nazianze*, était fils de Grégoire, évêque de Nazianze en Cappadoce. Il étudia les lettres et la philosophie dans les villes de Césarée, d'Alexandrie et d'Athènes. Nommé évêque de Constantinople, il céda aux réclamations élevées contre lui, se démit de son siége, et vécut quelque temps dans la condition privée ; puis il administra comme coadjuteur le diocèse de son père, et passa ses dernières années dans une paisible retraite, que la piété et les lettres lui rendirent agréables jusqu'à son dernier jour. Ses nombreux écrits sont d'excellents modèles à imiter : doux et onctueux lorsqu'il donne des conseils, il sait trouver une mâle énergie lorsqu'il tonne contre les ennemis de Jésus-Christ.

S. Basile, évêque de Césarée (329-379), fut le condisciple et l'ami de S. Grégoire. Il fut le véritable évêque de l'Evangile, le père du peuple, l'ami des malheureux, inflexible dans sa foi, mais infatigable dans sa charité. Pauvre lui-même de cette pauvreté qui devenait rare dans l'Eglise chrétienne, il n'avait qu'une seule tunique, et ne vivait que de pain et de grossiers légumes ; mais il employait des trésors à embellir Césarée. L'ouvrage le plus important de S. Basile est l'*Hexaméron*, ou l'*Ouvrage des six jours*, dans lequel l'orateur explique les merveilles de la création. Ses œuvres se composent d'*homélies*, de *panégyriques*, d'*écrits polémiques*, de *lettres*, etc.

S. Grégoire, de *Nysse*, frère de S. Basile, naquit à Sébaste vers l'an 330, fut forcé par les Ariens d'abandonner son siége épiscopal, qu'il ne reprit qu'à la mort de Valens. Il mourut l'an 396 ; il a laissé de nombreux ouvrages qui l'ont placé au premier rang parmi les orateurs chrétiens.

S. JEAN CHRYSOSTÔME (Bouche-d'Or), le plus célèbre des Pères grecs, naquit à Antioche vers 344, et fut formé à l'éloquence par Libanius, rhéteur païen dont il conserva toujours l'amitié. Il quitta le barreau pour se livrer à l'étude des saintes Écritures et pour se vouer aux austérités chrétiennes. Après plusieurs années de retraite il reparut à Antioche, où il brilla par une éloquence qu'on a souvent comparée à celle de Cicéron. Appelé au siége épiscopal de Constantinople, il y déploya les mêmes vertus et la même éloquence qu'à Antioche ; mais, ayant déplu à l'impératrice Eudoxie, il fut exilé, et mourut pendant le long voyage auquel il avait été obligé de se soumettre pour arriver au lieu de son exil. On a dit que Chrysostôme était l'Homère des orateurs, et il a toujours été considéré comme le premier orateur du christianisme pendant ces premiers âges. Ses ouvrages se composent d'*homélies*, de *discours*, de *panégyriques* et de *traités philosophiques*.

Parmi les orateurs profanes nous citerons *Thémiste* et *Libanius*.

THÉMISTIUS, né en Paphlagonie, qui jouit d'une grande faveur auprès des empereurs Constance, Julien, Jovien, Valens et Théodose, pratiquait l'indifférence en matière de religion, et sous ce point de vue il rendit beaucoup de services en prévenant de funestes collisions ou même des rigueurs homicides, et il mérita l'estime et l'affection des chrétiens persécutés. On a de lui plusieurs discours où, malgré la beauté de son génie, le rhéteur ne sait pas assez se dissimuler.

Libanius, disciple de Thémiste, naquit en 314, à Antioche. Il s'associa à l'empereur Julien pour régénérer le paganisme en ruines. Cependant son zèle pour les faux dieux ne le porta pas à persécuter les chrétiens, et, comme Thémiste, il sut conserver des amis parmi eux. Il fut lié d'amitié avec S. Basile et S. Chrysostôme, qui avait été son disciple. Il mourut à Antioche dans un âge peu avancé. On a de lui des *harangues* et des *lettres* dont plusieurs sont adressées à des philosophes chrétiens.

§ 2. *Histoire.*

L'histoire fournit aussi des noms célèbres.

Eusèbe, surnommé *Pamphile*, évêque de Césarée en 315, nous a laissé une *Histoire ecclésiastique* qui est son ouvrage le plus important. On a de lui plusieurs travaux philosophiques, théologiques, etc., qui l'ont fait placer parmi les Pères dogmatiques de l'Église grecque. On lui reproche avec raison d'être partisan de la doctrine d'Arius.

Zozime, historien profane du cinquième siècle, a composé une *Histoire de Rome depuis Auguste jusqu'à l'an 410* qui est un précis curieux et rapide écrit par un homme supérieur.

Procope, né à Césarée, fut l'historien de Bélisaire, dont il fut le compagnon d'armes. Son *Histoire contemporaine* comprend le règne de Justinien; son style est pur et ses récits intéressent par la variété qu'il a su y répandre avec beaucoup d'art.

Vient après cette époque la longue suite des historiens bysantins proprement et que notre cadre étroit ne nous permet pas d'énumérer.

Ces historiens nous ont transmis la longue suite des événements qui se sont écoulés depuis Constantin jusqu'à la prise de Constantinople par les Turcs; les principaux sont : ZONARAS, NICÉTAS ACOMINATUS, NICEPHORE GRÉGORAS et LAONICUS CHALCONDYLE.

PRÉCIS DE L'HISTOIRE DE LA LITTÉRATURE ROMAINE.

INTRODUCTION.

Les cinq premiers siècles de Rome n'offrent d'autres traces de littérature que des chants barbares et indécents et la poésie grossière des prêtres Saliens.

La littérature romaine ne commence réellement qu'à la fin de la première guerre punique, lorsque la poésie grecque se fut introduite en Italie ; et à partir de cette époque on peut la diviser en quatre parties bien distinctes.

La première commence à la fin de la première guerre punique (241 av. J. C.), et finit à la mort de Sylla (79 av. J. C.); c'est l'*enfance de la littérature.*

La seconde, qui est le *siècle d'Auguste*, ou l'*âge d'or de la littérature latine*, s'étend depuis la mort de Sylla (79 av. J. C.) jusqu'à l'an 14 après J. C., époque de la mort d'Auguste.

La troisième embrasse un espace d'un peu plus de cent ans, depuis la mort d'Auguste jusqu'au siècle des Antonins (14-139 de J. C.). C'est la *décadence de la littérature.*

La quatrième période embrasse le temps qui s'écoule depuis les Antonins jusqu'à la destruction de l'empire d'Occident (139-476 de J.-C.). *Extinction de la littérature latine.*

CHAPITRE I.

PREMIÈRE PÉRIODE.

(241—79 av. J. C.)

Le drame, l'épopée, la satire et l'épigramme sont les genres que cultivèrent les poètes romains de cette période.

§ 1. *Poésie dramatique.*

Livius Andronicus fut le premier qui fit représenter à Rome une tragédie (509 de Rome). Ce poète était un Grec de Tarente, qui, ayant été fait prisonnier après la prise de sa ville natale, fut amené à Rome, et devint l'esclave du consul Livius Salvator, qui lui donna son nom. Il traduisit plusieurs pièces grecques, qui inspirèrent aux Romains du goût pour ce genre de spectacle. Nous n'avons conservé de ses œuvres que quelques fragments insignifiants.

Quintus Ennius, né à Rudiæ près de Tarente, vint à Rome l'an 204 av. J. C.; il fut l'ami de Scipion l'Africain, et l'accompagna dans ses campagnes. On cite plusieurs tragédies qu'il traduisit librement du grec, et dans ce nombre sont l'*Hécube* et la *Médée* d'Euripide. Il ne nous en reste que des fragments.

Marcus Pacuvius, neveu d'Ennius, et natif de Brindes, perfectionna la tragédie romaine. Les anciens citent de ce poète dix-neuf tragédies dont nous n'avons que les titres.

Lucius Attius suivit la carrière ouverte par Ennius et Pacuvius. On lui attribue aussi beaucoup de pièces dont il ne nous reste rien.

La comédie romaine est représentée pendant cette période par deux hommes remarquables, et qui n'ont point été surpassés depuis chez les Latins, Plaute et Térence.

Marcus Accius Plautus, né l'an 527 de Rome, deux cent vingt-sept ans avant Jésus-Christ, à Sarsine, village de l'Ombrie, est le véritable père de la comédie romaine, et le talent le plus éminemment comique que Rome ait jamais possédé. Varron porte jusqu'à cent trente le nombre des pièces qu'il avait composées. Il nous en reste vingt, dont voici les titres : *Amphitryon, Asinaria* ou le *père indulgent, Aulularia* ou la *cassette,* les *Captifs, Curculio* ou le *parasite, Casina* ou le *Sort, Cistellaria, Epidicus* ou le *Querelleur,* les *Bacchides, Mostellaria* ou le *Revenant,* les *Ménechmes,* le *Soldat fanfaron,* le *Négociant,* l'*Imposteur,* le *Jeune Carthaginois,* la *Persane,* le *Cordage* ou le *Naufrage, Stichus, Trinummus* ou le *Trésor caché, Truculentus* ou le *Grossier.* Molière a imité de Plaute *Amphitryon,* l'*Avare,* tiré de l'*Aulularia.* Rotrou et Regnard ont imité les *Ménechmes ;* le dernier surtout en a tiré une pièce fort originale.

« Plaute, c'est le poète populaire qui veut plaire à tous, qui fait la part de tous, qui a au besoin pour l'aristocratie de graves pensées, de délicates paroles, une élégance exquise même dans les emportements de sa licencieuse gaieté, pour la populace au contraire force lazzis et quolibets, pour la masse du public de l'observation, du comique ; qui fait au vice une rude guerre, l'exposant tout nu sur la scène, sans pitié et sans vergogne, à la risée des spectateurs, le faisant expirer en moraliste impitoyable sous les coups d'un sanglant ridicule. » (M. *Patin.*)

TÉRENCE naquit à Carthage huit ans après la mort de Plaute, l'an 562 de Rome, 129 ans avant J. C. Dans son enfance il fut enlevé par des pirates et vendu à un sénateur romain, qui le fit élever avec soin, et lui donna la liberté. Térence sut gagner l'amitié de Scipion l'Africain le jeune, èt de Lælius, qui, dit-on, prirent part à la composition de ses ouvrages.

Il nous reste de Térence six pièces, dont voici les titres : l'*Andrienne*, l'*Eunuque*, l'*Heautotimorumenos* ou le *père qui se punit lui-même*, les *Adelphes* ou les *Frères*, *Phormion* ou la *corbeille*, *Hécyre* ou la *belle-mère*. La Fontaine a presque traduit l'*Eunuque* ; Molière a trouvé dans les *Adelphes* sa comédie de l'*Ecole des Maris*. Le *Phormion* lui a donné l'idée des *Fourberies de Scapin*.

Térence, c'est le poète de la bonne compagnie, du beau monde ; aimé des premiers rangs, qu'il fait sourire ; déserté de la foule, dont il ne tient guère à provoquer la grosse gaieté. Sous le rapport de la force comique il est bien au dessous de Plaute ; mais il le surpasse par l'art avec lequel il a travaillé les sujets que lui ont fournis ses modèles. Sa diction est classique, facile et pure. Il opéra dans la langue latine une révolution notable.

§ 2. *Poésie épique.*

Livius Andronicus, créateur de la tragédie romaine, traduisit ou imita l'*Odyssée* d'Homère.

Ennius après lui composa un grand poëme épique ou historique en dix-huit livres, intitulé les *Annales romaines*. Il renfermait toute l'histoire romaine depuis son origine jusqu'au temps du poëte ; il ne nous en reste que quelques fragments.

Scipion était le titre d'un autre poëme d'Ennius, aussi perdu.

Cicéron, dans sa jeunesse, avait composé sur les guerres de Marius un poëme dont il ne nous reste que très peu de chose.

§ 3. *Satire.*

La satire est d'origine romaine ; on en attribue l'invention à Ennius. Pacuvius et après lui Lucilius parcoururent la même carrière, et composèrent plusieurs livres de satires, qui ne nous sont point parvenues.

La prose est moins riche que la poésie pendant cette première période. Il nous reste des noms, et voilà tout ; à peine peut-on citer quelques fragments.

L'histoire nous présente les noms de Fabius Pictor, qui vivait pendant la seconde guerre punique, et qui est regardé comme le plus ancien historien de Rome ; Marcus Porcius Caton, dit le Censeur, qui avait composé un ouvrage *sur les origines* de Rome.

L'éloquence n'a guère conservé que des souvenirs.

Cicéron cite plusieurs noms parmi lesquels se trouvent ceux de Caton l'Ancien, de Crassus et le premier de tous, celui de Marc-Antoine, qui, à cause de son éloquence, porte le nom de *l'Orateur*. C'est vers la fin de cette période qu'on voit pour la première fois à Rome se former des écoles d'éloquence latine.

CHAPITRE II.

SECONDE PÉRIODE.

(78 av. J. C. — 14 ap. J. C.)

Cette période est le siècle d'or de la littérature romaine. Le mépris que les sévères républicains avaient affecté pour les lettres grecques fit place à l'enthousiasme le plus vif et le plus général. Toute la jeunesse romaine était instruite par des Grecs ou par des Romains qui avaient fait leurs études en Grèce. L'éloquence des Grecs, leur poésie et leur philosophie trouvèrent à Rome des imitateurs qui approchèrent de leurs modèles.

PREMIÈRE SECTION. — POÉSIE.

Je suis forcé de m'écarter, dans cette période, de la marche que j'ai suivie jusqu'ici, de passer en revue, chacun à son tour, les divers genres de poésie. Pour ne point scinder en différentes parties ce que j'ai à dire sur chacun des écrivains qui vont nous occuper, je citerai les poètes suivant l'ordre chronologique dans lequel ils sont nés, ou quelquefois selon leur importance. Je parlerai d'abord de *Lucrèce* et de *Catulle*, qui servent de transition entre la période précédente et celle qui va nous occuper.

TITUS LUCRETIUS CARUS vivait du temps de Cicéron; élève des philosophes d'Athènes, il revint à Rome rempli d'admiration pour le système d'Épicure. Il composa un poème *sur la Nature des choses*, dans lequel il exposa les dogmes de la philosophie épicurienne et l'absurde doctrine du matérialisme. On regrette que Lucrèce ait employé le brillant génie dont il était doué à propager un système si désolant; pour le naturel, l'énergie et le pathétique, il est peut-être le premier des poètes latins. Pourquoi faut-il qu'il ait ainsi sali sa plume ? Le cardinal de Polignac a fait dans son poème de l'*Anti-Lucrèce* une brillante réfutation du poème *de la Nature des choses*.

CATULLE (86-40 av. J. C.) est, par la perfection de son style, un des premiers poètes de cette période. Ses épigrammes sont pleines de finesse, de grâce et de sentiment. Son *Épithalame de Thétis et de Pélée* est à la hauteur de la poésie de Virgile.

VIRGILE, *Publius Maro*, naquit auprès de Mantoue l'an de Rome 684, 70 ans av. J. C., et mourut à Brindes âgé de cinquante-neuf ans. Virgile est sans contredit le premier poète des Latins dans tous les genres dont il s'est occupé. Un seul de ses poèmes suffirait pour lui assurer l'immortalité. Son ouvrage le plus important est l'*Énéide*, épopée en douze chants, dans laquelle il a chanté l'établissement des Troyens en

Italie sous la conduite d'Énée. Ce poème est un des plus beaux monuments du génie de l'homme. Cependant Virgile ne l'avait point encore amené au point de perfection qu'il désirait, puisqu'il avait donné ordre de le brûler après sa mort. Mais ses amis Lucius Varius et Plotius Tucca obtinrent qu'il révoquât cet ordre, et il leur permit de publier l'Énéide, à laquelle ils s'engagèrent de ne rien ajouter. Tel qu'il est ce poème est, après l'Iliade et l'Odyssée, l'épopée la plus parfaite non seulement de l'antiquité, mais encore des temps modernes.

Virgile est aussi auteur du poème didactique le plus accompli qui existe. La langue latine n'a point d'ouvrage plus parfait que les *Géorgiques*. Le plan en est admirablement conçu, et l'étendue que le poète lui a donnée prouve l'excellence de son génie. Les quatre livres qui forment la division de l'ouvrage traitent de l'agriculture, de la culture des arbres, de l'éducation des bestiaux et de celle des abeilles. Delille a lutté glorieusement avec son modèle dans la traduction qu'il nous a laissée des Géorgiques.

La *poésie pastorale* des Latins doit tout son éclat à Virgile. Le premier à Rome il a essayé ce genre de poésie, et il l'a porté à sa perfection. Son recueil d'*Eglogues*, composé de dix petites pièces, réunit toutes les beautés, depuis la plus exquise simplicité de la pastorale jusqu'à la majesté et à l'élévation de l'épopée. Interprète de Théocrite, presque partout Virgile a surpassé son modèle.

Tels sont les trois ouvrages qui ont mérité à Virgile le nom glorieux de Prince des poètes latins.

Ovide, *Publius Naso*, naquit à Sulmone, dans l'Abruzze, l'an 714 de Rome, 43 av. J. C. *Les Métamorphoses*, poème mythologique en quinze livres, sont l'ouvrage le plus important et le plus parfait de ce poète, et lui assurent un rang parmi les premiers poètes de l'antiquité. Il a réuni dans ce poème une suite de deux cent quarante-six fables de la mythologie, qui commencent au chaos, et vont jusqu'à la mort de César. Les autres ouvrages d'Ovide ne sont pas moins intéressants, et brillent surtout par l'esprit qu'il a su y répandre; en voici les titres : *les Fastes, l'Art d'aimer, le Remède d'amour, l'Art de conserver la beauté;* trois recueils d'élégies : *les Amours, les Tristes, les Pontiques,* qu'il écrivit pendant son exil. On sait qu'Auguste l'exila de Rome, et ne lui permit jamais d'y rentrer. Le malheureux poète mourut en pleurant sa terre natale chez un peuple barbare.

Horace, *Quintus Flaccus*, né à Venouse, en Apulie, 65 ans av. J. C., d'un affranchi de la maison Horatienne, fut le père de la poésie lyrique en Italie. Les *odes* que nous a laissées ce poète représentent sous toutes ses faces le genre lyrique depuis l'ode religieuse et héroïque jusqu'à la chanson. Personne n'a touché avec une flexibilité si variée, si puissante, avec une pureté si remarquable toutes les cordes de la lyre. Tantôt c'est Pindare, tantôt Anacréon, et partout cependant il laisse un parfum d'originalité qui n'appartient qu'à lui.

Les deux livres de *satires* que nous a laissées Horace sont, ainsi que ses *épîtres*, des modèles dans leur genre. Ce sont autant de petits tableaux dans lesquels le poète nous fait passer sous les yeux les vices ou les ridicules des hommes de son temps. Une raillerie douce et bienveillante, une critique sans fiel et sans malice, une plaisanterie remplie de finesse, un style toujours pur et sans prétention font le charme toujours nouveau de ces délicieuses *conversations*.

Il nous reste à parler de l'*Art poétique* d'Horace, qui est un chef-d'œuvre de poésie didactique. C'est assez faire son éloge que de dire que ce poème a frayé la route à Boileau.

Les autres poètes de cette période sont:

POLLION et VARIUS, qui ne nous sont guère connus que par les éloges que leur ont donnés Virgile et Horace;

MANILIUS, qui nous a laissé un poème sur *l'astronomie*;

GALLUS, à qui Virgile a dédié sa dernière églogue, et qui composa plusieurs livres d'élégies dont nous n'avons que quelques fragments;

PROPERCE et TIBULLE, poètes érotiques remarquables par la grâce et la mollesse dont ils ont semé leurs ouvrages.

SECONDE SECTION. — PROSE.

Tous les genres en prose brillent d'un grand éclat pendant cette période. L'éloquence, l'histoire, la philosophie, le genre épistolaire se montrent dans toute leur perfection.

§ 1. *Eloquence.*

Trois grands noms remplissent cette période, Hortensius, Jules César et Cicéron.

HORTENSIUS ORTALUS naquit d'une famille plébéienne, l'an 640 de Rome, huit ans avant Cicéron. Il s'éleva aux plus grands honneurs par ses talents et son éloquence, et devint aussi un des plus riches des Romains. Cicéron dit qu'il était doué d'une mémoire si heureuse qu'il n'eut jamais besoin d'écrire un discours qu'il avait médité. Il eut les plus beaux succès au barreau, lutta souvent contre Cicéron, son illustre adversaire, sans pour cela cesser d'être son ami, sans être jaloux de sa gloire. Il ne nous reste aucun monument de son éloquence.

JULES CÉSAR, dit Quintilien, est le seul orateur qu'on pourrait comparer à Cicéron s'il eût suivi la carrière du barreau. On trouve dans ses discours tant de force, tant de vivacité, de mouvement qu'on voit bien qu'il a été fait orateur par le même génie qui l'a fait guerrier. Toutes ces qualités sont ornées par une très grande élégance de diction, qu'il soignait d'une manière extraordinaire. Cicéron lui-même jugea qu'il était le plus élégant de tous les orateurs latins.

MARCUS TULLIUS CICÉRON naquit 106 ans avant J. C. à Arpinum, ville du Latium, dont les habitants jouissaient à Rome du droit de cité, et par conséquent de la prérogative de voter dans les comices. Cicéron est le premier de tous les orateurs dans l'éloquence judiciaire, et le second dans l'éloquence politique. Ses œuvres oratoires se composent pour la politique : 1° d'un discours sur *la loi Manilia;* 2° de deux discours *sur la loi agraire;* 3° des quatre *Catilinaires;* 4° des *Philippiques* contre Antoine. Les discours judiciaires de Cicéron sont au nombre de trente-quatre, les plus célèbres sont : le discours *pour Roscius*, les *Verrines* et le discours *pour Milon.* « Cicéron, dit M. Villemain, n'a rien perdu de sa gloire en traversant les siècles; il reste au premier rang comme orateur et comme écrivain; peut-être même, si on le considère dans l'ensemble et dans la variété de ses ouvrages, il est permis de voir en lui le premier écrivain du monde. »

Cicéron n'est pas moins remarquable par ses ouvrages de rhétorique que par ses œuvres oratoires. Ces livres sur la rhétorique et l'éloquence sont, à la vérité, le résultat des leçons que lui donnaient des rhéteurs et des grammairiens grecs, ou tirés de l'étude des beaux modèles laissés par les orateurs d'Athènes; mais ils prouvent aussi qu'il avait lui-même approfondi toutes les branches de l'art oratoire, et qu'il l'avait appliqué aux affaires publiques les plus importantes. Ils se composent de *quatre livres de la Rhétorique à Hérennius;* de *deux livres de l'Invention oratoire;* de *trois Dialogues sur l'orateur;* de *Brutus* ou *des Orateurs illustres; l'Orateur, les topiques, la partition oratoire.*

Pour n'avoir point à revenir sur cet illustre écrivain, je vais parler ici de ses autres travaux, ses œuvres philosophiques et ses lettres, qui lui assurent le premier rang parmi les auteurs épistolaires.

Les ouvrages philosophiques de Cicéron sont une des principales sources où nous puisons la connaissance des divers systèmes imaginés par les philosophes de la Grèce. Ces ouvrages sont des traductions libres, des imitations ou des extraits raisonnés des livres grecs dont la plupart sont perdus : ce sont souvent des compilations faites avec goût et jugement. Ils se composent : 1° d'un traité *des lois;* 2° *les Acamiques;* 3° *des vrais biens et des vrais maux;* 4° des *Tusculanes;* 5° *de la nature des Dieux;* 6° *de la divination;* 7° *du Destin;* 8° *Caton l'ancien,* ou *de la Vieillesse;* 9° *Lælius,* ou *de l'Amitié;* 10° *des Devoirs.*

Les lettres de Cicéron ne nous retracent pas seulement le portrait fidèle de leur illustre auteur, qui s'y est peint avec toutes ses vertus et ses faiblesses ; elles forment encore un document précieux pour l'histoire du huitième siècle de la république romaine.

Adressées pour la plupart à des personnages de sa famille, à des amis lettrés et occupant un rang élevé dans la politique, elles embrassent toutes sortes de sujets, depuis les détails les plus familiers jusqu'aux considérations les plus élevées sur la politique, la philosophie et la littérature. Les lettres de Cicéron sont le plus varié comme le plus beau modèle en ce genre.

§ 2. *Histoire.*

Nous comptons dans cette période trois grands historiens, sans compter plusieurs autres noms secondaires qui ne sont cependant pas sans mérite ; César, Salluste, Tite-Live.

CÉSAR, *Jules*, avait composé un grand nombre d'ouvrages, des harangues, des sentences, une collection de lettres, un traité sur les aruspices, etc. Tout cela est perdu ; mais le temps nous a conservé deux compositions historiques de ce grand homme : *les Commentaires sur les guerres des Gaules* et *les Commentaires sur les guerres civiles*. Ces deux ouvrages sont remarquables par la simplicité, la pureté et l'élégance qu'on y trouve à chaque page ; ils brillent par la précision et la netteté. César y parle toujours en homme d'état et sans passion. Cette œuvre a toujours joui chez les anciens d'une grande considération, et chez les modernes elle n'a rien perdu du mérite que lui a reconnu la savante antiquité.

SALLUSTE, *Caius Crispus*, naquit à Amiterne, au pays des Sabins, l'an 85 avant J. C. Son premier ouvrage est *l'Histoire de la conjuration de Catilina*, qu'il composa, dit-on, pendant qu'il était tribun du peuple. Il publia ensuite sa *Guerre de Jugurtha*, et plus tard il s'occupa d'un grand travail sur l'histoire romaine qui ne nous est point parvenu.

Les deux ouvrages qui nous restent de Salluste l'ont fait placer à côté de Thucydide. Personne ne sait mieux que lui disposer les parties de son travail, de manière que les unes éclaircissent les autres et que toute la composition présente un ensemble et une harmonie parfaite. Son style est énergique, concis, riche en idées et en sentences : on y remarque cependant beaucoup d'archaïsme et d'hellénisme qui sentent un peu la prétention, et c'est peut-être le seul défaut qu'on puisse lui reprocher.

TITE-LIVE naquit à Padoue, 59 ans av. J. C., d'une famille consulaire. Il écrivit à Rome sous le règne d'Auguste, qui l'estimait et le protégeait. Son *histoire romaine* est le fruit de vingt années de travail; elle se composait de cent quarante-deux livres, et embrassait sept cent quarante-quatre années. La partie la plus considérable et la plus intéressante nous manque. Tite-Live peint admirablement les caractères des personnages par les discours qu'il met dans leur bouche et qui, renfermant d'excellentes vues, placent le lecteur au milieu des événements. Il sait avec beaucoup d'art varier sa narration en coupant le récit des grandes actions par celui des faits moins importants, sa véracité et son impartialité inspirent la plus haute estime pour son caractère moral. Il est regardé comme un des écrivains les plus éloquents de l'antiquité. Sa diction est riche, élégante, harmonieuse Il sait prendre tous les tons, et choisir celui qui convient le mieux au fait qu'il rapporte ; mais il est toujours simple, gracieux et quelquefois grand et majestueux.

Parmi les historiens annalistes dont les ouvrages sont perdus il faut compter HORTENSIUS, rival de Cicéron en éloquence, et POMPONIUS ATTICUS, son ami; TÉRENTIUS VARRO, le plus savant des Romains, qui avait composé un traité sur l'origine de la ville de Rome. Pline parle aussi d'un ouvrage biographique de cet auteur, qui renfermait la vie de sept cents hommes illustres, et qui était orné de leurs portraits.

CORNÉLIUS NÉPOS s'est placé, par son ouvrage intitulé *les Vies des grands capitaines,* dans un rang honorable parmi les historiens de Rome. On trouve dans cet ouvrage la vie de vingt capitaines grecs; la critique moderne y a reconnu quelques erreurs historiques, en rendant toutefois justice à la pureté et à l'élégance du style de cet écrivain.

CHAPITRE III.

TROISIÈME PÉRIODE.

(14—139 ap. J. C.)

Cette période n'est plus qu'un pâle reflet de la précédente. Les lettres et les arts se ressentent du despotisme qui pèse sur Rome et l'empire; la corruption des mœurs se glisse dans toutes les branches de la littérature; le goût se déprave, et la décadence commence, insensible d'abord, mais augmentant progressivement sous l'autorité abrutissante et forcenée des Césars.

PREMIÈRE SECTION. — POÉSIE.

§ 1. *Poésie dramatique.*

SÉNÈQUE nous a laissé dix tragédies, qui ne sont pas à proprement parler des œuvres dramatiques : composées comme exercices d'école plutôt que pour être représentées sur le théâtre, elles présentent peu d'intérêt. Sénèque semble y avoir méconnu le véritable objet de la tragédie, et n'avoir eu d'autre but que de briller par des antithèses forcées, des sentences pompeuses et pleines de prétention et des descriptions magnifiques; partout on reconnaît le rhéteur, le poète dramatique ne se montre nulle part.

Voici les titres des dix tragédies qui nous restent sous le nom de Sénèque : *Médée, Hippolyte, les Troyennes, Agamemnon, OEdipe, Thyeste, Hercule furieux, Hercule au mont OEta, la Thébaïde, Octavie.* La plupart de ces pièces sont tirées des tragiques grecs; *Octavie* est la seule dont le sujet soit romain.

§ 2. *Poésie épique.*

Lucain naquit l'an 38 de J. C., à Cordoue en Espagne. D'abord l'ami et le confident de Néron, puis son rival en poésie, puis enfin sa victime, il meurt à vingt-sept ans, après s'être fait ouvrir les veines, laissant inachevé un poème qui annonçait le plus brillant génie. *La Pharsale* n'est pas à proprement parler un poème épique, mais un poème héroïque remarquable par une grande force et une grande énergie de style; c'est l'histoire en vers de la guerre entre César et Pompée, en dix livres. Les principaux défauts de cet ouvrage sont le manque d'unité et d'action.

Valérius Flaccus fleurit sous Vespasien; il nous a laissé un poème sur les *Argonautes*, qu'il a imité d'Apollonius de Rhodes : on y trouve des descriptions intéressantes, des comparaisons riches de poésie, et souvent son style a de l'énergie et de la couleur.

SILIUS ITALICUS a écrit un poème en dix-sept chants sur la seconde guerre punique. Ses caractères ont de la vérité ; les sentiments qu'il exprime sont grands et nobles. Silius excelle dans la description des batailles ; mais souvent il manque d'enthousiasme, et son style manque de caractère.

STACE naquit 61 ans après J. C. à Naples, et fut favorisé par Domitien, à qui il dédia un de ses poèmes. Sa *Thébaïde*, poème en douze chants, est plutôt un poème historique qu'une épopée. Le sujet de ce poème est la guerre civile entre les fils d'OEdipe, Étéocle et Polynice. Stace a gâté ce sujet, fort beau en lui-même, en lui donnant une forme historique, ornée seulement d'épisodes et de machines. Sa diction manque de naturel ; il prend l'exagération pour la grandeur et les subtilités pour de l'esprit.

§ 3. *Poésie didactique.*

COLUMELLE, à cause du dixième livre de son ouvrage sur l'agriculture, doit être placé au rang des poètes didactiques de cette période. Ce dernier livre est écrit en vers, et traite *de la culture des jardins.*

§ 4. *Satire.*

L'aspect des vices et des ridicules de cette époque monstrueuse devait inspirer la satire ; il fit naître le génie de Perse et de Juvénal.

AULUS PERSIUS FLACCUS naquit à Volaterra l'an 34

de J. C., le vingtième du règne de Tibère. Il puisa son goût pour la satire dans l'aversion et le dégoût que lui inspirait la corruption de ses contemporains, à laquelle il fut toujours étranger. On reconnaît dans les satires de Perse une âme honnête, vertueuse et ardente, un talent auquel il manquait la maturité que donne l'expérience du monde, et une absence presque totale d'imagination. L'obscurité dont il enveloppe ses pensées le rend très difficile à comprendre, et c'est un des grands défauts qu'on lui reproche.

Perse en ses vers obscurs, mais serrés et pressants,
Affecta d'enfermer plus de mots que de sens.
(BOILEAU, *Art. poét.*)

JUVÉNAL,

. . . . Elevé dans les cris de l'école,
Poussa jusqu'à l'excès sa mordante hyperbole.
Ses ouvrages, tout pleins d'affreuses vérités,
Etincellent pourtant de sublimes beautés,
Soit que sur un écrit arrivé de Caprée
Il brise de Séjan la statue adorée;
Soit qu'il fasse au conseil courir les sénateurs,
D'un tyran soupçonneux pâles adulateurs.
. . . .
Ses écrits pleins de feu partout brillent aux yeux.
(BOILEAU, *Art. poét.*)

Juvénal naquit l'an 42 après J. C.; il passa sa jeunesse dans les écoles des rhéteurs, où il prit le goût pour la déclamation. Son recueil se compose de seize satires, remarquables par l'énergie, la hardiesse et la véhémence du style et surtout par l'accent de conviction avec lequel le poète exhale son indignation contre les vices de son siècle.

PÉTRONE se place à côté des deux satiriques dont nous venons de parler; son *Satyricon*, roman licencieux mêlé de prose et de vers, contient un passage remarquable contre la corruption des Romains. On croit qu'il vivait sous Néron.

MARTIAL s'est fait un nom par ses *Épigrammes*, qui ne sont autre chose que des satires en raccourci. Son recueil, composé de quatorze livres, est des plus piquants, et nous apprend bien des petits détails que nous ne connaîtrions point sans lui.

PHÈDRE, affranchi d'Auguste, nous a laissé un recueil de fables remarquables par la simplicité et l'élégante pureté avec lesquelles elles sont écrites.

SECONDE SECTION. — PROSE.

§ 1. *Histoire.*

VELLÉIUS PATERCULUS vécut dans l'intimité de Tibère, et ne cessa de louer ce prince même lorsque les cruautés de l'empereur vinrent souiller les exploits du général des armées de Germanie. Son *précis* d'histoire universelle offre de grandes beautés. Nous avons à regretter qu'il soit mutilé en beaucoup d'endroits.

VALÈRE MAXIME, né à Rome sous le règne d'Auguste, recueillit, dans un ouvrage intitulé *dits et faits mémorables*, les paroles et les actions d'individus de divers temps et de différentes nations qu'il trouvait répandues dans les ouvrages historiques, et qui lui paraissaient dignes d'être transmises à la postérité. On lui reproche de n'avoir montré ni jugement dans le choix de ses anecdotes, ni critique dans leur disposition, ni goût dans l'emploi des expressions et dans les transitions, qui manquent de naturel.

TACITE, *Caius Cornélius*, naquit vers l'an 60 de J. C., et vécut sous les empereurs Vespasien, Titus, Domitien et Nerva. Cet historien est un des écrivains qui font le plus d'honneur à la littérature romaine. Voici le portrait qu'en donne un écrivain allemand : Une âme nourrie dès l'enfance de tout ce que l'esprit républicain des anciens Romains avait produit de grand et d'immortel ; brûlante de patriotisme et d'amour pour la véritable gloire ; pénétrée du souvenir des fondateurs de la grandeur romaine, de leurs vertus civiques, de leur conduite irréprochable et de la pureté de leurs mœurs ; une âme remplie d'indignation contre tout ce qui pouvait dégrader le caractère des anciens Romains ; détestant les sentiments serviles, tels que l'adulation, la bassesse, le goût du luxe et de la dissipation, celui des plaisirs peu honnêtes, les excès de la débauche et de la cupidité..... telle fut l'âme de Tacite.

Les ouvrages de Tacite sont : 1° la *Vie d'Agricola*, son beau-père, le modèle accompli des biographies, le plus beau monument qui ait été érigé à un particulier par la plume d'un écrivain ; 2° les *mœurs des Germains*, ouvrage dans lequel il n'a point été surpassé, et que l'on peut considérer comme la satire indirecte des mœurs romaines de son époque ; 3° les *Histoires*, qui commencent à l'avénement de Galba et s'étendent jusqu'à la mort de Domitien, embrassant un espace de vingt-neuf années. Les *Annales*, en seize livres, embrassaient l'histoire des événements qui se sont passés depuis la mort d'Auguste jusqu'à celle de Néron. L'ouvrage ne nous est pas parvenu tout entier; nous n'avons que les quatre premiers livres, une partie du cinquième et les livres onze à quatorze, à l'exception de la fin du dernier.

Tacite est universellement regardé comme le plus grand des historiens. Il est grave, profond, énergique, concis, sans manquer d'abondance; il peint ses portraits des plus vives couleurs; ses jugements sévères flétrissent le crime et la tyrannie; il est d'ailleurs exact, ami de la vérité, bien informé, n'écrivant que sur ce qu'il a vu ou ce que des contemporains lui ont raconté.

QUINTE-CURCE vivait probablement pendant cette période; mais rien n'est plus incertain que le temps précis de son existence, les auteurs n'en font point mention. L'ouvrage qu'il nous a laissé sous le titre d'*Exploits d'Alexandre-le-Grand* a quelques beautés sous le rapport du style, malgré l'affectation qui s'y montre presque partout; mais c'est un tissu de fables et d'invraisemblances indignes du caractère de l'historien.

SUÉTONE, *Tranquillus,* naquit sous le règne de Néron, exerça à Rome la profession de rhéteur. Son principal ouvrage est *la Vie des douze premiers Césars.* Il trace les caractères de ces princes avec la plus grande vérité et, selon l'expression de S. Jérôme, avec la même liberté avec laquelle les empereurs avaient vécu. Ni la haine ni l'adulation ne conduisent jamais sa plume. Le style de Suétone est simple, concis et correct, sans ornements et sans affectation.

FLORUS, *Annæus Lucius*, naquit, selon l'opinion commune, en Espagne, et écrivit sous le règne de Trajan. Son *Abrégé de l'Histoire romaine* est moins une histoire qu'un éloge continuel du peuple romain, écrit avec élégance, mais dans un style d'orateur et avec beaucoup d'affectation.

§ 2. *Eloquence.*

L'éloquence politique avait disparu avec le gouvernement républicain : il ne resta plus sous les successeurs d'Auguste pour s'exercer que les tribunaux, où se plaidaient les procès; le sénat, où l'on prodiguait les éloges aux princes, et les écoles de déclamation ouvertes par les rhéteurs, où l'on traitait des sujets imaginaires. Corruption du goût, style emphatique, figures exagérées, voilà les trois caractères de cette époque de décadence.

ANNÆUS SÉNÈQUE est un des plus anciens rhéteurs de cette époque; il vécut sous Auguste et sous Tibère, et fut le père de Sénèque le Philosophe et le grand-père du poète Lucain. On a de lui quelques ouvrages de controverse.

QUINTILIEN, né en Espagne l'an 42 après J. C., composa plusieurs déclamations dans le genre de Sénèque; mais son ouvrage le plus important est son livre des *Institutions oratoires*, qu'on regarde généralement comme le chef-d'œuvre de la critique romaine. Cet ouvrage est un traité complet de rhétorique ; il renferme un plan d'études pour un orateur depuis les premiers éléments de la grammaire. Quintilien y a déposé les résultats d'une longue expérience et de méditations profondes. Son style, imité de celui de Cicéron, serait d'une élégance parfaite sans quelques traces d'affectation et de mauvais goût qui appartiennent à son siècle plutôt qu'à lui.

PLINE LE JEUNE, né sous le règne de Néron, neveu et pupille de Pline l'Ancien, fut l'écrivain le plus ingénieux et le meilleur orateur de son temps ; il prononça pendant son consulat l'*Eloge de l'empereur Trajan*, en présence même de ce prince. Ce morceau, qui nous est parvenu sous le nom de *Panégyrique de Trajan*, est, malgré les défauts qu'on y trouve, un des beaux monuments littéraires de cette période.

§ 3. *Lettres.*

Deux écrivains nous ont laissé des recueils de lettres, SÉNÈQUE LE PHILOSOPHE et PLINE LE JEUNE. Celles de Sénèque sont des traités philosophiques destinés au public ; il est même douteux qu'elles aient jamais été envoyées à la personne à laquelle elles sont adressées.

Les *Lettres* de Pline au contraire offrent l'intérêt le plus vif par la variété des sujets qui y sont traités ; elles sont importantes pour l'histoire parcequ'on y trouve une foule de renseignements sur les personnages politiques et sur les écrivains de son temps. Le style de Pline dans ses lettres est celui d'un grand écrivain et d'un homme du monde.

§ 4. *Philosophie.*

La philosophie est représentée pendant cette période par Tacite, dont nous avons parlé, les deux Pline et Sénèque.

LUCIUS ANNÆUS SÉNÈQUE, fils du rhéteur dont nous avons parlé, naquit à Cordoue, l'an 2 de J. C. Il fut le précepteur de Néron, et mourut par ordre de ce prince cruel l'an 65 de J. C. Les ouvrages de Sénèque sont fort nombreux; ses principaux traités sont : 1° *sur la Colère ;* 2° *Consolation à sa mère ;* 3° *Consolation à Polybe ;* 4° *Consolation à Marcie ;* 5° *de la Providence ;* 6° *de la Tranquillité de l'âme ;* 7° *du Courage du Sage ;* 8° *de la Clémence ;* 9° *de la Brièveté de la Vie ;* 10° *de la Manière de vivre heureux ;* 11° *de la Retraite du Sage ;* 12° *des Bienfaits ;* 13° *cent vingt-quatre Lettres à Lucilius Junior.* Sénèque dans tous ses écrits prêche la morale la plus austère, et enseigne surtout le mépris de la mort. Son style est brillant et élégant, mais souvent affecté, rempli d'antithèses; il ne vise qu'à l'effet : Quintilien l'accuse d'avoir corrompu le goût de son siècle.

Sénèque écrivit encore un ouvrage sur les sciences naturelles, qui porte le titre de *Questions sur la Nature.* Il traite dans ce livre de tous les phénomènes de la nature, le feu, les météores, les tremblements de terre, l'eau, les vents, etc., etc...

PLINE L'ANCIEN ou L'AINÉ est le seul écrivain romain qui ait écrit sur l'histoire naturelle. Il vécut dans l'intimité de Vespasien, et périt en 79, lors d'une éruption du Vésuve, la première dont l'histoire fasse mention : elle engloutit les villes d'Herculanum, de Pompéia et de Stabies. Pline fut la victime de la curiosité qui l'avait porté à examiner de près ce terrible phénomène. Nous avons à regretter beaucoup d'ouvrages de ce laborieux écrivain : il ne nous reste de lui que son *Histoire naturelle*. Ce livre forme une espèce d'encyclopédie de toutes les sciences naturelles, de la cosmographie, de la médecine et de l'histoire des arts. Cet ouvrage, très précieux par la variété des matières dont il traite et par le grand nombre de renseignements qu'il fournit, doit cependant être lu avec attention, parceque Pline a quelquefois fait ses extraits avec précipitation. Son style est souvent affecté et obscur ; il court trop après l'esprit, et tombe quelquefois dans la déclamation.

CHAPITRE IV.

QUATRIÈME PÉRIODE.

(139—500 ap. J. C.)

Cette période est marquée par une dégradation incessante, pendant laquelle tout se mêle et se confond. La littérature profane disparaît peu à peu, tandis qu'à sa place on voit croître une riche génération d'écrivains sacrés, qui, sans s'élever peut-être à l'antique pureté des écrivains du siècle d'Auguste, se fait remarquer par une vigueur de style et une fermeté de caractère jusqu'alors inconnue. Tous les genres de littérature sont cultivés sans distinction par les mêmes hommes ; aussi dans cette multitude de travaux variés trouve-t-on bien peu d'œuvres remarquables.

PREMIÈRE SECTION. — POÉSIE.

§. 1. *Poëtes profanes.*

Nous n'en citerons que trois :

NÉMÉSIANUS, contemporain de l'empereur Numérien, qui nous a laissé quatre charmantes églogues et plusieurs autres poèmes.

CALPURNIUS, originaire de Sicile, vivait sous l'empereur Dioclétien. On a de lui un recueil de poésies bucoliques qui ne manquent ni d'élégance ni de grâce.

CLAUDIEN, né à Alexandrie, en Egypte, vers 365, vécut sous Arcadius et Honorius, fut le premier poète de son temps. Il excita tellement l'admiration de ses contemporains qu'ils lui élevèrent une statue. Ce poète, malgré l'emphase, la recherche, la monotonie du rhythme de ses vers, ne manque pas d'une certaine élévation : plusieurs passages de ses œuvres prouvent qu'il avait vraiment le sentiment de la poésie. Son principal ouvrage est l'*Enlèvement de Proserpine.*

§ 2. *Poètes chrétiens.*

Ausone naquit à Bordeaux vers 309. Son père était médecin de l'empereur Valentinien. Après avoir achevé ses études il se livra à l'étude du droit, puis professa pendant trente ans la rhétorique, et fut choisi par Valentinien pour être le précepteur du jeune Gratien, son fils. Cette fonction lui valut le titre de comte et de gouverneur des Gaules. Après la mort de Gratien il rentra dans la vie privée, et mourut dans sa patrie vers 394.

Les ouvrages d'Ausone se composent pour la plupart de poésies mêlées, auxquelles il est difficile d'assigner un genre. Ce sont des *épigrammes*, des *éphémérides*, des *épitaphes*, des *idylles*, etc., et l'on remarque dans toutes ces pièces beaucoup d'élégance et de poésie; il n'y manque que de la simplicité et du goût.

Lactance, dont nous avons à parler ailleurs, doit être compté parmi les poètes chrétiens à cause de son poème du *Phénix*, dans lequel il a réuni tout ce que les anciens ont rapporté de ce fabuleux oiseau. On n'y trouve ni invention ni verve poétique.

Prudence a été souvent appelé le prince des poètes chrétiens. Il naquit en 348 à Calagurris ou à Saragosse. Ses poésies lyriques offrent des passages agréables et touchants, des sentiments chrétiens exprimés avec force, mais aussi beaucoup d'idées superstitieuses. Prudence avait de l'instruction, et connaissait les bons auteurs de l'antiquité. L'esprit et l'imagination ne lui manquent pas; cependant il ne peut en aucun cas être comparé aux auteurs classiques.

S. Paulin est, après Prudence, le plus célèbre poète du quatrième siècle; il fut élevé à Bordeaux, et suivit les leçons d'Ausone. Il nous reste trente-huit poèmes de cet auteur : ce sont des paraphrases de psaumes, des éloges de saints, etc. On y remarque peu d'invention et peu de savoir.

S. Ambroise, dont nous parlerons ailleurs, jouit aussi d'un certain renom parmi les poètes chrétiens. On lui a attribué longtemps le cantique connu sous le nom de *Te Deum. Ses hymnes* jouissent d'une réputation méritée.

Sidoine Apollinaire naquit à Lyon vers 438, et mourut à soixante ans. Il avait reçu une éducation brillante, et son goût pour la poésie se développa de bonne heure. Il existe de lui une collection de lettres en prose, et vingt-quatre poèmes, dont les principaux sont les trois panégyriques prononcés en l'honneur des trois empereurs Avitus, Majorien et Anthémius. On y reconnaît un homme de talent, qui ne manque pas d'imagination et de verve, et qui sait intéresser et plaire.

Quoique le sixième siècle soit hors de cette période, nous citerons cependant un poète chrétien de cette époque qui ne manque pas d'un certain mérite; je veux parler de Fortunat, né vers 530, qui devint le poète favori de sainte Radegonde, reine de France. Cette princesse, veuve de Clotaire Ier, s'était établie à Poitiers, où elle avait fondé un monastère de femmes. Fortunat y fut mandé, s'y rendit, fut consacré prêtre et nommé évêque de Poitiers vers 600. On a de lui un recueil de poésies en onze livres; *une vie de S. Martin* en vers, et une *élégie* sur la *destruction du royaume de Thuringe.*

SECONDE SECTION. — PROSE.

§ 1. *Ecrivains profanes.*

JUSTIN vivait probablement sous Marc-Aurèle. On ne sait rien sur sa vie. Il a fait un extrait du grand ouvrage historique de Trogue-Pompée : c'est une sorte d'abrégé d'histoire ancienne depuis Ninus jusqu'à César Auguste. Il se contenta de prendre les faits et les passages les plus intéressants ; il ne rapporte les autres événemens que brièvement et pour ne pas interrompre la liaison. Cette histoire manque en général de critique : son style est correct, simple, élégant, mais fort inégal.

AURÉLIUS VICTOR, né dans les dernières classes du peuple, s'éleva par son mérite aux premières dignités de l'état, et fut nommé par l'empereur Julien gouverneur de Pannonie. On a de lui un ouvrage mutilé sur l'histoire romaine.

EUTROPE, dont on ne sait presque rien, n'est remarquable que parcequ'il fut un des auteurs favoris du moyen âge.

AMMIEN MARCELLIN est le dernier auteur latin qui mérite le nom d'historien ; il était né à Antioche, et vécut sous Julien et ses successeurs jusqu'à Valentinien. Il fit long-temps la guerre en Germanie, en Gaule, et suivit Julien dans son expédition en Perse. Il nous a laissé une histoire des empereurs romains depuis Nerva jusqu'à l'année 378. Une partie de cet ouvrage ne nous est pas parvenue ; ce qui nous en reste est consciencieusement écrit, et fait honneur au savoir et aux sentiments de cet historien.

APULÉE est le seul véritable romancier des Latins. Il était né sous le règne d'Adrien, à Madaure, colonie romaine située sur les confins de la Numidie. Il fut élevé à Carthage, et termina ses études à Athènes, où il s'appliqua surtout à la philosophie platonique. De retour dans sa patrie, il fut promu aux dignités et revêtu même du sacerdoce. Il nous reste six ouvrages d'Apulée : nous ne parlerons que de celui auquel il doit sa réputation, son roman intitulé *la Métamorphose*, vulgairement appelé *l'Ane d'or*. C'est une espèce de roman satirique dans lequel Apulée se moque avec beaucoup d'esprit et d'originalité des ridicules et des vices qui dominaient son siècle, de la superstition qui était générale, du penchant pour le merveilleux et la magie, de la fourberie des prêtres du paganisme, de la mauvaise police qui régnait dans l'empire romain et qui permettait aux voleurs d'exercer impunément tous leurs brigandages. Le héros du roman, changé en âne, éprouve des aventures de toutes sortes, et finit par recouvrer sa première forme.

Le style d'Apulée est affecté, précieux, obscur, prolixe, rempli de mots barbares : il a toutes les duretés que les anciens reprochent à la diction des écrivains originaires d'Afrique.

Symmaque est un des plus grands orateurs de la fin du quatrième siècle. Fils d'un préfet de Rome, il reçut une éducation distinguée, et obtint plusieurs charges dans l'état. Il fut successivement grand pontife, questeur et préteur. En 384 il fut nommé à la préfecture de Rome. Il prit le parti de Maxime, dont il prononça le panégyrique. En 391 il parvint au consulat. On ignore l'époque de sa mort. De tous les ouvrages qu'il avait composés il ne nous reste que des lettres dont beaucoup sont insignifiantes.

§ 2. *Ecrivains chrétiens.*

Boèce naquit peu d'années avant la destruction de l'empire romain, à Rome, où son père et son aïeul avaient exercé les premières dignités de l'état. A l'âge de dix ans il fut envoyé à Athènes pour y étudier la langue grecque, et il y resta dix-huit ans. Pendant cette longue absence Rome avait changé deux fois de maître, et Théodoric venait de fonder en Italie le royaume des Visigoths : ce prince reconnut dans Boèce des talents et des connaissances, et il l'éleva aux honneurs et le nomma consul l'an 510. Pendant vingt ans Boèce fut le plus ferme soutien de l'empire de Théodoric, et l'éclat dont brilla le règne de ce prince lui doit en grande partie son lustre et sa grandeur : mais tant de gloire lui attira des haines irréconciliables. Ses ennemis réussirent à le rendre suspect au roi en l'accusant d'avoir favorisé la persécution contre les Ariens ; il fut jeté dans une prison et condamné à une mort affreuse (526). Dans sa prison il composa un petit livre qui l'a immortalisé, le *Traité de la consolation*, où il traite de la Providence. Il avait aussi composé beaucoup d'ouvrages philosophiques, des traductions de plusieurs traités d'Aristote. Ces ouvrages ont longtemps servi de base à l'enseignement du moyen âge.

Cassiodore fut l'homme le plus savant de l'Occident après Boèce. Il naquit vers 470 à Syllacium, d'une famille distinguée par les services qu'elle avait rendus à l'état. Théodoric le choisit pour son secrétaire, et lui accorda toute sa confiance. En 539 il se retira des affaires, et vécut encore vingt-trois ans dans un monastère qu'il avait fait bâtir près de sa ville natale. Cassiodore a laissé un recueil de *rescrits* et d'*ordonnances* en douze livres; une *Chronique* qui va depuis le déluge jusqu'à l'année 519 après J. C.; une *Histoire des Goths* en douze livres, qui ne nous est point parvenue, et dont Jornandès nous a laissé un extrait qui peut jusqu'à un certain point nous consoler de cette perte.

S. Grégoire de Tours a été souvent nommé le père de l'histoire de France. Il naquit en 544, d'une famille considérée de l'Auvergne, et fut nommé en 573 évêque de Tours. En 594 il fit le voyage de Rome pour voir Grégoire-le-Grand, et mourut l'année suivante. Son *Histoire ecclésiastique des Francs* est divisée en dix livres. Cet ouvrage est indispensable à ceux qui veulent étudier l'ancienne histoire des Francs. Du reste le style de cet écrivain est barbare. On lui reproche d'être crédule, superstitieux et étranger à la critique historique.

§ 3. *Pères de l'Eglise latine.*

Les principaux Pères apologistes latins sont : *Tertullien, Minucius Félix, Arnobe, Lactance, S. Cyprien* et *Firmicus*.

Tertullien naquit à Carthage vers l'an 160, et fut d'abord païen ; il se convertit à la vue de la patience héroïque des martyrs, et donna l'exemple de toutes les plus hautes vertus. On a de lui un grand nombre d'écrits ; les principaux sont : *l'Apologétique*, la plus ample et la plus fameuse de toutes les apologies des chrétiens ; les *Traités sur les spectacles*, dans lesquels il ramène toute la question à ce point de vue : *qu'est-ce que le chrétien? qu'est-ce que le théâtre?* les *Traités contre les Juifs ; de l'Ame ;* les cinq livres *contre Marcion*, que Bossuet appelle un chef-d'œuvre de doctrine et d'éloquence.

Tertullien, à cause de l'éclat, du feu et de l'énergie qu'il déploie, a mérité d'être appelé *le Bossuet de l'Afrique ;* son style cependant est quelquefois dur et barbare et rempli de locutions africaines.

Minucius Félix florissait vers l'an 207 de J. C. Il fut d'abord païen ; converti au christianisme, il composa pour la défense de cette religion un dialogue intitulé *Octave*. On voit dans cet ouvrage que Minucius s'est souvent servi de l'Apologétique de Tertullien ; mais son style a beaucoup plus d'élégance et de pureté.

Arnobe naquit en Afrique sous le règne de Dioclétien. Il se fit chrétien et prêtre après avoir été philosophe païen. Il composa un traité *contre les païens,* dans lequel il a montré beaucoup d'érudition et de conviction ; mais le style n'en est pas toujours correct.

LACTANCE fut le disciple d'Arnobe, qui lui enseigna la rhétorique. Il fut choisi par Constantin pour être le précepteur de son fils, ce qui ne l'empêcha pas de rester humble et pauvre au milieu des grandeurs. Ses ouvrages sont au nombre de cinq : 1° *les Institutions divines,* qui sont son chef-d'œuvre, en sept livres; 2° l'*Abrégé du livre des Institutions;* 3° le *Traité de la colère de Dieu;* 4° le *Traité de la mort des persécuteurs;* 5° le *Traité de l'ouvrage de Dieu.*

S. CYPRIEN naquit à Carthage d'une noble famille. Il professait la rhétorique lorsqu'il se fit chrétien, converti par un prêtre nommé Cécilius. Il quitta sa femme pour vivre dans la chasteté, et distribua ses biens aux pauvres. Elu évêque de Carthage, il se fit remarquer par son zèle et sa piété. Il obtint la palme du martyre l'an 258.

On a de S. Cyprien seize ouvrages, dont trois appartiennent à l'apologie du christianisme; les treize autres traitent différents sujets. On y trouve partout une éloquence mâle, nerveuse, franche et simple, un peu âpre quelquefois. S. Augustin, S. Jérôme en font un magnifique éloge.

FIRMICUS, de Sicile, adressa, l'an 340, aux empereurs Constance et Constant, un traité *sur les Erreurs des religions profanes,* dans lequel il fait voir l'origine de toutes les mythologies païennes, et qu'il termine par la comparaison du sacrifice des chrétiens avec ceux des païens.

Parmi les Pères dogmatiques latins nous citerons : *S. Hilaire, S. Ambroise, S. Jérôme, S. Augustin, S. Léon-le-Grand, S. Grégoire-le-Grand.*

S. HILAIRE naquit à Poitiers, vers le commencement du quatrième siècle, de parents nobles et païens; il embrassa la religion chrétienne après l'avoir sérieusement étudiée, et fut élevé à l'épiscopat par ses concitoyens vers 350. Il se montra bientôt un des plus éloquents défenseurs du christianisme, et combattit avec persévérance les principes des Ariens. Ceux-ci cependant réussirent à le faire exiler en Phrygie; mais il fut bientôt rappelé à son siége épiscopal. Il mourut vers 367. Les ouvrages de ce saint docteur se composent de douze livres *sur la Trinité,* d'un *Traité des Synodes,* d'un *Commentaire sur S. Matthieu et les psaumes,* et de trois *Ecrits à l'empereur Constance.* Le style de S. Hilaire est véhément, impétueux, mais quelquefois obscur et enflé. S. Jérôme l'a appelé *le Rhône de l'éloquence latine.*

S. AMBROISE déploya en Occident contre l'arianisme le même zèle qu'en Orient S. Grégoire de Nazianze et S. Bazile. Son infatigable activité, son éloquence, la célébrité que lui acquirent ses ouvrages, la sainteté de ses mœurs, sa piété ardente l'ont fait placer au premier rang parmi les Pères de l'Église. Elu évêque de Milan, il signala son épiscopat par une fermeté à toute épreuve; il osa même refuser l'entrée de l'église à l'empereur Théodose jusqu'à ce qu'il eut fait pénitence du massacre de Thessalonique. Il mourut en 397 âgé de cinquante-sept ans.

Les ouvrages de S. Ambroise se partagent en cinq classes principales : 1° *les Livres sur les Ecritures saintes;* 2° *les OEuvres morales et théologiques;* 3° *les Oraisons funèbres;* 4° *les Lettres;* 5° *les Poésies.*

S. Ambroise organisa la liturgie dans le diocèse de Milan, et créa un rit particulier connu sous le nom de *rit ambrosien,* qui fut longtemps en concurrence avec le rit romain, et qui est encore en usage à Milan.

S. Jérome, né vers 331, à Stridon en Pannonie, d'une famille riche, vint de bonne heure à Rome, où il se fit baptiser, voyagea dans la Gaule, dans l'Asie, visita les saints lieux, et fut ordonné prêtre par Paulin, évêque d'Antioche. De retour à Rome, il devint secrétaire du pape Damase ; il fut en même temps chargé d'expliquer publiquement les saintes Écritures, et opéra un grand nombre de conversions. Après la mort de Damase il retourna en Palestine, et s'enferma dans un monastère de Bethléem. Il en fut chassé par les hérétiques, et mourut peu après. S. Jérôme a laissé un grand nombre d'ouvrages dans lesquels il combat les hérétiques de son temps, Vigilance, Jovinien, Pélage ; mais son plus beau titre à notre admiration est sa traduction latine de la Bible, connue sous le nom de *Vulgate,* et adoptée comme canonique par le concile de Trente.

S. Augustin, le premier des Pères de l'Église, naquit à Tagaste, ville de Numidie, en 354, d'un père païen et d'une mère chrétienne, sainte Monique. Après une jeunesse dissipée il vint enseigner la rhétorique à Milan. Dans cette ville il fit la connaissance de S. Ambroise, qui, réunissant ses efforts aux instances de sa mère, réussit à le convertir ; il fut bientôt après ordonné prêtre et puis évêque d'Hippone. Il vécut en commun avec les clercs de son église, qu'il préparait au saint ministère, et forma ainsi les premiers séminaires. Il combattit avec ardeur, soit par ses discours, soit par ses écrits, les donatistes, les manichéens et les pélagiens, instruisit son peuple par ses prédications, soulagea les pauvres et maintint la discipline dans plusieurs conciles. Il mourut à Hippone durant le siége de la ville par les Vandales. Ses principaux ouvrages sont : *la Cité de Dieu*, son chef-d'œuvre ; *les Traités sur la Grâce et le libre Arbitre*, qui l'ont fait surnommer *le Docteur de la Grâce* ; ses *Rétractations*, où il juge les écrits et les opinions de sa jeunesse ; ses *Confessions*, où il fait l'histoire de ses erreurs et de sa conversion miraculeuse ; des *Traités sur l'Ecriture*, un *Commentaire sur les psaumes*, *des sermons, des lettres*, etc.

S. LÉON-LE-GRAND, pape de 440 à 461, condamna dans plusieurs conciles les sectes hérétiques qui troublaient l'unité de l'Église, notamment Eutychès et les manichéens. En 452 il parvint par son éloquence à dissuader Attila d'entrer dans Rome ; mais il ne put garantir cette ville des fureurs de Genséric en 452. On a de lui quatre-vingt-seize sermons et cent treize épîtres, qui lui donnent un rang distingué comme écrivain ecclésiastique.

S. GRÉGOIRE-LE-GRAND, pape de 590 à 604, la dernière lumière de l'Église en ces temps de décadence. Ses écrits sont nombreux, ne manquent pas de force et de dignité ; mais le plus souvent on y trouve l'obscurité et le mauvais goût de son siècle. Il termine la littérature sacrée en Occident ; c'est à lui que l'on doit le *rit grégorien,* qui ne fut adopté par l'Église gallicane que du temps de Charlemagne.

HISTOIRE

DE

LA LITTÉRATURE FRANÇAISE.

L'histoire de la littérature française peut se diviser en trois grandes époques : *le moyen âge, la renaissance* et *les temps modernes.*

Le *moyen âge* comprendra l'histoire de la littérature en France sous les rois mérovingiens, sous les successeurs de Charlemagne et sous les rois de la troisième race jusqu'à l'avénement de François Ier (1515). Les écrivains ecclésiastiques, les troubadours, les trouvères, les premiers chroniqueurs français, les premiers essais de la poésie française, tels sont les sujets que nous aurons à étudier dans cette période.

La renaissance commence avec le règne de François Ier, et se termine à l'avénement de Louis XIV. C'est l'époque de Malherbe et de Ronsard.

Les temps modernes comprennent l'histoire de la littérature pendant le règne du grand roi et le dix-huitième siècle avec les premières années du dix-neuvième.

MOYEN-AGE.

CHAPITRE Ier.

DEPUIS LES TEMPS LES PLUS RECULÉS JUSQU'A LA FONDATION DE LA MONARCHIE DES FRANCS, 420 ANS APRÈS J. C.

Les plus anciens habitants de la Gaule dont l'histoire nous ait transmis le souvenir sont les Celtes. Ce peuple, selon les traditions les plus probables, était originaire du grand plateau de l'Asie, et était issu d'une de ces nombreuses tribus errantes que les anciens confondaient sous le nom générique de *Scythes* ou *Nomades*.

L'origine de la langue primitive que parlaient ces peuples a exercé et exercera longtemps cette critique philosophique qui cherche à découvrir la parenté des peuples par celle de leur idiome. Certains savants, retrouvant dans le langage des Celtes des formes de la langue des Phéniciens et des Hébreux, ont conclu que ce peuple était asiatique; d'autres ont pensé que ces notions avaient tout simplement été transmises aux Celtes par les Grecs et les Romains : ne pourrait-on pas supposer aussi que les marchands phéniciens, qui dès la plus haute antiquité vinrent faire le commerce sur les côtes de la Gaule, y laissèrent de nombreuses traces de leur idiome.

Quoi qu'il en soit, la langue celtique paraît avoir conservé une partie de sa pureté primitive dans le patois parlé encore aujourd'hui par les Bas-Bretons, et César nous apprend que c'était en Bretagne que se rendaient ceux des druides qui désiraient acquérir une connaissance plus approndie de la langue et de la religion.

Les druides, comme on sait, étaient possesseurs exclusifs de toute science et de toute autorité : ministres des dieux, ils étaient exempts de toutes les charges de l'état, et jouissaient de grands et de nombreux priviléges. Tant d'immunités attiraient dans leurs écoles une nombreuse jeunesse curieuse de se faire initier à leurs pratiques et d'être agrégée à un corps si puissant. Mais ce n'était qu'aux plus affidés de leurs disciples qu'ils confiaient, dans le silence de leurs vastes forêts, leurs sciences mystérieuses. La mémoire était le seul dépôt de tant de connaissances : il leur était défendu de rien écrire, soit qu'ils craignissent que l'écriture ne contribuât à répandre dans le public des connaissances qu'il leur importait de tenir secrètes, soit qu'ils voulussent éprouver et soutenir la persévérance de leurs adeptes par des études longues et pénibles ; aussi consacraient-ils quelquefois jusqu'à vingt années de leur vie à ces studieuses méditations.

Deux autres classes de prêtres partageaient avec les druides la souveraine autorité : les devins, qui offraient les sacrifices, interprétaient les présages, prédisaient l'avenir ; les bardes, poètes sacrés de la nation, qui chantaient la Divinité, la gloire des héros, et enflammaient par leurs chants le courage des guerriers.

Telle était la puissance des druides lorsque vers l'an 600 avant J. C. une colonie de Phocéens vint s'établir dans le midi de la Gaule, et y fonda la ville de Marseille. La colonie prit un rapide accroissement, grâce à la protection puissante de la tribu des Ségobriges, et bientôt la langue grecque se répandit dans ces heureuses contrées et devint presque la langue nationale ; les druides eux-mêmes ne dédaignèrent pas de s'en servir.

L'alliance de Rome ne contribua pas peu à étendre et à augmenter cette influence civilisatrice. Marseille s'était toujours montrée l'alliée fidèle et dévouée des Romains, et ceux-ci ne se furent pas plus tôt débarrassés de la puissance rivale de Carthage qu'ils tournèrent leurs regards bienveillants vers une cité qui les avait puissamment secourus. Marseille devint le centre de la civilisation de l'occident. L'on vit s'établir dans les villes de Narbonne, d'Arles, de Vienne, de Nîmes, de Toulouse, de Bordeaux, etc., des écoles savantes où se rendit une nombreuse jeunesse. De savants professeurs initièrent les populations aux sciences de la Grèce, et les progrès furent tels que bientôt la langue grecque fut la seule employée pour les actes publics dans toute la Gaule Narbonnaise, et se partagea avec la langue latine tout le midi et le sud-est de la Gaule, tandis que la langue celtique fut confinée dans les provinces occidentales de l'Armorique (Bretagne).

La conquête de César et le long séjour des armées

romaines dans la Gaule favorisèrent encore ces progrès. Sillonnées en tous sens par les légions romaines, les provinces de la Gaule du centre ne purent rester étrangères à ce mouvement. La langue du vainqueur devint celle du vaincu. Le celte et le grec eurent presque une destinée commune : ces deux idiomes furent successivement remplacés par la langue qu'avaient apportée les conquérants du monde. La langue latine s'introduisit rapidement dans toutes les provinces de la Gaule ; elle fut étudiée dans toutes les écoles, et bientôt la jeunesse gauloise, exercée dans la langue de Cicéron et de Virgile, put disputer les prix d'éloquence et de poésie qui étaient offerts à son émulation dans toutes les villes de la Gaule. L'on vit briller à Rome dans toutes les hautes conditions et jusque sur les bancs du sénat une foule de Gaulois lettrés : des orateurs éloquents, des avocats, des professeurs, des hommes instruits de toute espèce vinrent en foule dans la capitale du monde annoncer une ère nouvelle pour la civilisation de la Gaule.

Dans le siècle suivant, quand vint cette brillante époque de la littérature latine, la Gaule ne resta point en arrière ; elle fournit, elle aussi, au *siècle d'Auguste* des hommes dignes de ceux que vit naître alors l'Italie ; et sous l'administration impériale, tandis que les monstruosités des empereurs, les séditions sanglantes éteignaient le feu du génie, la Gaule, presque étrangère à toutes ces calamités, se livrait avec ardeur au perfectionnement des lettres, et les écrivains gaulois furent en quelque sorte les dernières illustrations de la littérature latine.

Enfin le christianisme pénétra dans les Gaules, et ses divines inspirations firent bientôt naître un genre de littérature qui devait surpasser tous les autres et absorber toutes les imaginations.

S. Irénée, second évêque de Lyon (177 ap. J.C.), institua solennellement le christianisme dans les Gaules. Les évêques établirent autour d'eux des écoles où une nombreuse jeunesse fut instruite dans les saints dogmes de la religion et dans les devoirs de la société. Alors on vit briller une foule d'évêques et de prêtres aussi remarquables par leurs vertus que par les ouvrages qu'ils nous ont laissés. S. Hilaire, évêque de Poitiers (350), illustrait son siége par son éloquence énergique et fougueuse, et méritait d'être surnommé *le Rhône de l'Eloquence latine*. S. Martin de Tours faisait bâtir le monastère de Ligugé, près de Poitiers (360). Enfin s'élevaient de toutes parts de nombreux monastères, qui conservèrent seuls au milieu des dévastations des barbares le dépôt sacré des lettres et des sciences.

CHAPITRE II.

DE LA FONDATION DE LA MONARCHIE DES FRANCS A L'AVÉNEMENT DE CHARLEMAGNE (420-768).

La première moitié du cinquième siècle est signalée par l'invasion des barbares. Un torrent d'hommes féroces et grossiers inonda la Gaule, et bouleversa tout ordre établi. Les lettres suivirent la désorganisation générale : la langue latine, jusqu'alors parlée par toutes les populations, se corrompit et reçut dans son sein un grand nombre de mots barbares. « *On n'entend plus*, dit un contemporain, *que le langage barbare du Germain ou le chant sauvage du Bourguignon ivre*. Cette Gaule si lettrée était livrée à la barbarie. Alors la décadence fut complète; le goût même des lettres se perdit; un jargon barbare remplaça la langue latine. Sans le clergé et les moines tout était perdu.

L'invasion des Francs dans les Gaules n'eut d'abord aucun résultat apparent. C'était un idiome de plus à mêler et à confondre avec tant d'autres langages déjà mêlés et confondus; et de tous ces jargons barbares unis avec la langue latine se forma peu à peu une langue que l'on appela *romane-rustique*.

Cependant le mouvement religieux et moral reprit bientôt une nouvelle activité pendant les deux siècles qui suivent. Du sixième au huitième siècle une science unique occupe l'activité des esprits, la théologie. Dans les siècles précédents on avait écrit pour charmer l'esprit; dans les trois qui suivent la chute de l'empire on n'écrit, on n'étudie que pour éclairer ses semblables ou sa propre conscience.

Le latin continua d'être l'interprète de l'éloquence sacrée; les moines et les clercs l'étudiaient avec soin; les rois francs l'employaient dans tous leurs actes, dans leurs ordonnances, lois, etc.; en un mot le latin était la langue de l'Église et de l'état. Plusieurs rois francs, entre autres Caribert (561) et Chilpéric (567), parlèrent et écrivirent en latin avec pureté et élégance; Chilpéric même se piqua d'être théologien et bel esprit. Du reste la plupart des hommes qui ont laissé un nom dans l'histoire littéraire de cette époque appartiennent à l'ordre ecclésiastique.

On peut ranger sous quatre classes les ouvrages et opuscules divers qui ont été composés dans la première période de la domination franque dans les Gaules : 1° les Sermons, les Exhortations pieuses, les Homélies, etc.; 2° les Légendes, ou Vies des Saints, qui sont innombrables; 3° les Chroniques et tous les écrits qui se rapportent plus particulièrement à l'histoire, comme les lettres des évêques, des papes aux rois, etc.; 4° les ouvrages poétiques, qui sont très rares et qui ont presque tous pour objet ou une vérité du christianisme ou un fait capital tiré des livres saints.

Au huitième siècle la décadence est complète. Les discussions sanglantes des maires du palais, l'invasion de la Neustrie par les Austrasiens portent le dernier coup à la civilisation renaissante : encore une fois la barbarie triomphe de la civilisation. Charles-Martel, vainqueur à la bataille de Testry (690), dégrade la Neustrie, et punit le clergé de l'appui qu'il avait prêté aux derniers rois de la race mérovingienne. Alors les biens du clergé deviennent la proie des soldats austrasiens; les couvents, asiles de la science et de la piété, sont livrés à des guerriers ignorants et barbares. Les écoles furent fermées, les évêques proscrits ou assassinés : jamais le flambeau des lettres ne fut si près de s'éteindre.

CHAPITRE III.

DE L'AVÉNEMENT DE CHARLEMAGNE AU X° SIÈCLE.

Tel était le triste état des lettres lorsque Charlemagne succéda à son père (768). Le génie de ce grand homme, avide de tout connaître comme de tout conquérir, arrêta les progrès de la barbarie qui menaçait de détruire jusqu'aux derniers vestiges de la civilisation des Grecs et des Romains. On dirait que dans Charlemagne le génie de la conquête n'est inspiré que par le génie de la civilisation : il enlève à l'Italie les érudits qu'elle possède encore ; il appelle autour de lui, de l'Espagne, de l'Allemagne et de la Saxe, les S. Prudence, les Agobard, les Léidrade, les Waelfried Strabo, les Godescalc. Ses libéralités et plus encore son amitié donne à la France cet Alcuin, l'honneur de son siècle et l'une des lumières de l'Église. Les Saxons vaincus reçoivent des missionnaires qui les éclairent en les convertissant, et la parole de Dieu se fait entendre dans des lieux où elle n'est pas encore parvenue.

Le roi germain, l'auteur de tant d'institutions utiles, ne savait pas lire à trente-deux ans : il reçut ses premières leçons de Pierre de Pise, qui lui apprit la grammaire et la langue latine ; Alcuin, de l'école célèbre d'York, lui enseigna la rhétorique, la dialectique et l'astronomie. Charlemagne parlait le latin avec autant de facilité que la langue tudesque ; il sut assez bien le grec, et l'on présume qu'il entendait l'hébreu, le syriaque et l'esclavon. Eginhard, gendre et historien de ce prince, nous apprend qu'il composa plusieurs ouvrages de théologie, d'histoire et même quelques pièces de poésie.

Il fonda dans son palais, sous les auspices du savant Alcuin, une école à laquelle assistaient Charles, Pépin et Louis, ses fils, Gisla, sœur, et Gisla, fille de Charlemagne, Eginhard et les autres conseillers intimes du prince, etc. L'enseignement d'Alcuin embrassait toutes les sciences. Il institua aussi dans son palais une académie dont firent partie tous les hommes les plus éclairés du temps. Ils y siégeaient tous avec un surnom emprunté à la littérature ou à l'histoire : Charlemagne avait le surnom de *David*, Angilbert celui d'*Homère*, Riculf celui de *Damœtas*, Alcuin celui d'*Albinus*, Gisla celui de *Lucie*, etc.

Pour que l'instruction fût bien dirigée dans tous ses états, Charles écrivit dès l'an 787 une lettre circulaire à tous les métropolitains, avec injonction de la communiquer à tous leurs suffragants et à tous les abbés de leurs provinces : il les exhortait à établir des écoles dans tous leurs diocèses et de mettre à leur tête des personnes capables d'instruire les autres. Léidrade fonda une école célèbre à Lyon, Théodulf à Orléans, Alcuin à l'abbaye de Saint-Martin de Tours, Sigulf à l'abbaye de Ferrière. Les écoles d'Utrecht, de Corbie, de Fontenelle, de Saint-Riquier, de Saint-Vandrille eurent une grande célébrité, et furent fréquentées par un grand nombre de disciples qui devinrent célèbres dans les annales littéraires du neuvième siècle.

Les écrits du siècle de Charlemagne sont pour la plupart des ouvrages de théologie, des commentaires sur les livres saints, divers traités sur la liturgie, des recueils de lois (*Capitulaires*), des chroniques historiques sur l'histoire des Francs et la vie de Charlemagne.

Eginhard nous a laissé plusieurs ouvrages, et entre autres une vie de Charlemagne divisée en deux parties : la première contient ses guerres et ses expéditions; la seconde renferme l'histoire de sa vie intérieure au milieu de sa cour et de sa famille.

Tilpin (753) ou Turpin, d'abord moine de Saint-Denis, puis archevêque de Reims, n'est connu que par le fameux roman qu'on lui a longtemps attribué, l'*Histoire de la vie de Charlemagne et de Roland*, et qui n'a été composé que vers la fin du onzième siècle. C'est dans ce roman que se trouvent les fables de la Table ronde et des douze pairs de Charlemagne, et dans lequel la chevalerie est importée par erreur sous le règne de Charlemagne, etc.

Cependant la langue allemande, langue du vainqueur, n'avait été ni employée par lui dans le gouvernement, ni imposée aux vaincus gaulois et romains : la langue latine, langue de l'Eglise, resta la langue des affaires et de la littérature. Cependant une altération progressive ne tarda pas à s'introduire. Une langue se forma du mélange de tous ces idiomes avec le latin, et à la fin du huitième siècle cette révolution, peut-être insensible d'un jour à l'autre, fut universelle : l'idiome moderne commença, et fut d'abord le roman rustique. Cette langue se parlait dans tout le midi de la Gaule jusqu'aux bords de la Loire, tandis que les princes francs austrasiens et leur cour avaient conservé la langue *théostique* ou *tudesque*.

On ne peut douter que cette langue *romane* n'ait été à peu près uniforme dans toute la Gaule vers le huitième siècle, et que les premières altérations qu'elle ait subies n'aient été causées par la prononciation plus ou moins aspirée des peuples qui la parlaient. Cette diversité donna naissance à deux sortes de romans, le *roman provençal*, dont se servaient toutes les provinces du midi jusqu'à la Loire, et le *roman wallon* (waelchs), qui se parlait dans tout le nord. Le *roman wallon* se prononçait du gosier; c'était un langage rude et grossier où dominaient les diphthongues *oi, oil, oin,* on le nomma aussi langue d'*oïl* ou d'*oui*, parcequ'ainsi s'exprimait le signe d'affirmation dans cette langue. Le provençal prit le nom de langue d'*oc* par le même motif.

Le monument le plus antique de cette langue qui nous ait été conservé c'est le serment prononcé par Louis-le-Germanique (842) et celui des seigneurs français. Nous ne donnerons point le texte de ces deux serments, où il serait encore bien difficile de reconnaître la langue française; nous attendrons pour faire des citations que le langage soit assez rapproché du nôtre pour que nos jeunes lecteurs puissent le déchiffrer sans trop de travail.

Le plus ancien monument de la langue romane, après ces deux serments, est un fragment de deux cent cinquante-sept vers d'un poème sur Boèce. La plupart des mots de ce morceau sont provençaux, et sont encore éloignés du français. Enfin, au dixième siècle, lorsqu'il n'y eut plus en France que des Français, la langue française prit son essor : on la parlait à la cour du roi, dans les châteaux des hauts barons et dans toutes les cités. Le latin continua néanmoins d'être la langue des savants; les prédicateurs même prêchaient en latin, ce qui prouve que cette langue était encore à la portée du peuple. Nous pouvons déjà citer un fragment de ce siècle, auquel nous ajouterons la traduction interlinéaire : c'est un fragment d'une traduction en prose du symbole de S. Athanase :

« Kikumkes vult salf estre devant toutes chozes
Quiconque veut sauvé être avant toutes choses
» besoing est qu'il tienget la commune fei. »
besoin est qu'il tienne la commune foi.

On peut déjà distinguer au milieu de ces formes barbares et tirées du latin l'élément de la langue française; mais il fallut encore bien du temps pour la tirer de cette obscure barbarie.

CHAPITRE IV.

DIXIÈME SIÈCLE. — LITTÉRATURE PROVENÇALE.

§ 1ᵉʳ. *Les Troubadours.*

Les poètes du midi ont un caractère distinctif, caractère que nuls autres écrivains d'aucune nation n'ont offert avant eux; c'est le mélange, et je dirai même la confusion des idées religieuses et des images de la galanterie. Cette inconvenance naïve, qui, de la part d'écrivains appartenant à d'autres temps ou à d'autres mœurs, serait une coupable irrévérence, offre ici une couleur locale, que notre sévérité n'ose condamner. Nous croyons à la sincérité des sentiments et des opinions qui ont égaré ces poètes. Dans cette aberration littéraire, produite par les idées chevaleresque et par l'esprit féodal, on aime à reconnaître l'empreinte de la nature, l'abandon de la franchise, et sous ces divers rapports cette partie de leurs ouvrages est peut-être plus piquante encore que leurs autres compositions. (1)

Nous avons donc ici plus d'une difficulté à éluder, aussi nous nous contenterons de présenter les masses; nous restreindrons les détails et les citations, et nous rappellerons seulement les noms des troubadours que l'histoire a mis au premier rang.

Bornons-nous d'abord à rêver cet état de la France méridionale qui favorisa le génie de ces poètes et qui inspira la mollesse de leurs chants depuis la fin du neuvième siècle : à côté de cette France du nord, si ravagée, si désolée par les invasions et le mauvais gouvernement, par les guerres intestines et la rapacité des seigneurs, une France du midi avait reçu des lois plus douces et une vie meilleure. La fondation du petit royaume d'Arles, qui fut ensuite remplacé par le comté de Provence, divisé plus tard en comté de Barcelone et en comté de Toulouse; le gouvernement de plusieurs petits princes, qui passèrent

(1) M. Raynouard, *des Troubadours.*

obscurs, heureusement pour leurs sujets ; l'union de la princesse *Doulce* avec le comte de Barcelone ; l'influence des Espagnols, qui à cette époque-là étaient fort avancés en civilisation, et avaient beaucoup emprunté du génie brillant et de la galanterie chevaleresque des Maures ; toutes ces causes firent fleurir dans la Provence les arts et la *gaie science* (1) (*el gaï saber*), tel était le nom qu'on donnait alors à la poésie. Ceux qui se livraient à *ce gai savoir* se nommaient *troubadours* (trouveurs, inventeurs). Les poètes du nord, qui vinrent un peu plus tard, prirent de même le nom de *trouvères*, qui a la même signification.

Le troubadour avait auprès de lui quelqu'un qui ressemblait à un écuyer à côté d'un chevalier. Le troubadour faisait des vers, et souvent les chantait lui-même ; mais de plus il était suivi d'un et parfois de deux *jongleurs*, qui chantaient ses vers ou récitaient de longs romans et des histoires de chevalerie. Comme le jongleur était un personnage secondaire, quand on était las de l'entendre, pour varier il faisait des tours. Dans les mœurs du temps la condition du troubadour, souvent adoptée par les grands, était singulièrement honorée : celle des jongleurs, au contraire, semblait un peu dédaignée. Toutefois quand on était un jongleur très habile ou très heureux on s'élevait au rang de troubadour. A force de chanter des vers on apprenait à en faire soi-même ; si ces vers étaient ingénieux, s'ils étaient souvent répétés,

---

(1) M. Villemain, *Leçons de Littérature au moyen âge*.

s'ils plaisaient à des beautés célèbres du temps, alors un duc, un comte, un vicomte vous faisait chevalier, et quand on devenait chevalier et qu'on avait la *gaie science* on était de droit troubadour. Quelquefois aussi, quand on était troubadour, et que l'on commettait d'autres fautes que celles qui étaient alors universelles et permises aux troubadours, on était dégradé, et on retombait à l'état de jongleur. (1).

Toutes les conditions sociales fournissaient des troubadours. Leur carrière était assez uniforme dans son heureuse gaieté et sans autre événement que la passion qui les inspirait. Rarement les troubadours allaient visiter la terre sainte : par leurs chants ils excitaient à la croisade, mais ils étaient retenus par les délices des cours de Provence.

Au reste, après cette vie de gaieté et de faveur, on voyait finir le troubadour comme on finissait toujours à cette époque ; il se faisait religieux dans quelque monastère.

Ce qui frappe au premier abord dans la poésie des troubadours c'est l'uniformité gracieuse de leurs images et de leurs expressions. Leur poésie riante et sonore semble toujours le son d'une même musique ; en les étudiant beaucoup on a encore bien de la peine à les distinguer. Il y a cependant des différences ; il y a surtout des variétés dans les caractères, qui ont produit de fortes nuances dans les talents. Aucun d'eux ne s'élève au dessus de tous par un éminent génie ; mais quelques-uns dans les aven-

(1) M. Villemain, *Leçons de Littérature au moyen âge*,

tures de leur vie et dans l'ardeur de leurs passions ont eu quelque chose de puissamment original, qui s'est communiqué à leurs poésies; ce sont parmi ces hommes ceux qui étaient adonnés au métier des armes.

§ 2. — *Forme de la poésie provençale.*

Il n'est plus douteux aujourd'hui que la civilisation arabe n'ait agi particulièrement sur les peuples les plus rapprochés de l'Espagne. Les provençaux et les Catalans étaient sans cesse en communication : des chevaliers provençaux visitaient la cour de Saragosse; pendant soixante ans la même maison gouverna les deux états. Les chevaliers arabes visitaient les cours des princes chrétiens d'Espagne et de Sicile ; quelques-uns d'entre eux étaient, comme les troubadours, poètes et guerriers ; ils savaient les langues de chrétiens méridionaux, et plus d'une fois le chant mêlé du pêcheur de *Calcanassor* se renouvela dans le palais d'un roi espagnol en présence des chevaliers et des dames.

Quelle était alors cette poésie arabe ? Galante, passionnée comme l'orient, guerrière comme l'islamisme à sa naissance; elle était lyrique. La *Gazelle* et la *Casside* étaient ses formes favorites. Le nom de *Gazelle* semble indiquer cette poésie svelte et gracieuse; rien ne ressemble mieux pour la forme aux chants d'amour de la Provence. (1)

Un autre élément de la poésie arabe, c'est la rime.

---

(1) M. Villemain, *Leçons de Littérature au moyen â. c.*

Cette rime est quelquefois une assonnance ; souvent elle est pleine, redoublée, entrelacée, distribuée par échos. En sorte que la poésie arabe, si hardie dans ses images, si emportée, si capricieuse, est singulièrement savante, symétrique, artiste par la forme.

Tel est aussi le caractère de la poésie provençale, et sous ce rapport elle ne ressemble nullement aux poésies des trouvères et à d'autres essais des langues naissantes.

Sous le nom de *chanzos* et de *sirventes* se rangeaient une foule de genres secondaires, tels que la *tenson*, le *soulas*, la *pastourelle*, la *ballade*, le *plaint*, la *novas*.

La *tenson* était une espèce de dialogue entre deux interlocuteurs soutenant sur une même question deux opinions contradictoires.

Le *soulas* était l'expression de la joie et du plaisir.

La *pastourelle* vantait la vie champêtre.

La *ballade* était un petit poème dans lequel on répétait à la fin de chaque strophe le vers qui commençait la pièce.

Le *plaint* était une élégie, la *novas* un conte ou une nouvelle.

§ 3. *Poètes provençaux.*

Parmi les troubadours quelques-uns sortent tout à fait de la ligne commune, moins par leurs talents que par l'élévation de leur rang social ou les traverses de leur vie aventureuse et chevaleresque. Nous citerons :

Guillaume IX, duc d'Aquitaine et comte de Poitou, est le plus ancien troubadour dont les pièces nous aient été conservées. Il fut dans la première partie de sa vie un mauvais prince et même un très discourtois chevalier. Plus tard il courut les dangers de la croisade avec beaucoup d'intrépidité, et finit par se faire moine. Ses adieux au Poitou sont une de ses pièces les plus remarquables.

Bernard de Ventadour, fils de l'homme qui chauffait le four du comte de Ventadour, s'éleva par son talent à l'honneur de poète en titre de la fameuse Éléonore d'Aquitaine, puis de Raymond, comte de Toulouse. Il finit par se faire religieux à Citeaux.

Bertrand de Born, vicomte de Hautefort en Limousin, poète et guerrier tout à la fois, fut le plus terrible antagoniste de Henri II et de Richard Cœur-de-Lion. Il défendit contre ces deux princes l'indépendance de l'Aquitaine pendant toute la seconde moitié du douzième siècle. Ses poésies sont des cris de guerre et des exhortations à combattre vaillamment.

Richard Cœur-de-Lion. C'est ce prince que Bertrand de Born, dans un de ses chants, appelle oui-et-non. Seigneur feudataire de l'Anjou, il avait eu dans sa jeunesse de fréquents rapports avec les poètes provençaux. Il parlait et chantait leur langue. Richard, après avoir livré tant de combats, tué tant de Sarrasins, revint de la croisade sans armée et même sans écuyer: mais cela n'effrayait point un chevalier comme Richard. Débarqué en Europe, sur les côtes de la Dalmatie, il entreprit de traverser seul le territoire de l'un de ses plus grands ennemis, le duc d'Autriche, dont il avait fait une fois abattre l'étendard déjà placé sur une tour en Palestine. Le duc le vendit prisonnier à l'empereur Henri VI, qui le retint dix-huit mois captif. On sait ce que le roman et le théâtre ont jeté d'ingénieux et de touchant sur cette aventure. On connaît cette histoire d'un troubadour fidèle qui s'était mis en quête de Richard, que l'on savait revenu de la terre sainte et que l'on ne voyait reparaître nulle part. Selon ce récit le troubadour Blondel, après avoir erré dans beaucoup de lieux, chantant au pied des forteresses qui pouvaient renfermer son maître, entendit du fond d'une tour une voix qui achevait sa chanson, et reconnut Richard.

Je ne sais si l'histoire est authentique, si la fidélité du troubadour, si la découverte imprévue de Richard, si ce chant à deux voix du troubadour et du prince captif, si tout cela offre autant de vérité que d'intérêt. Nous avons du moins un vestige curieux du talent poétique de Richard dans les loisirs de sa captivité.

Nous citerons encore les noms de plusieurs auteurs dont les œuvres ont été réunies par M. de Sainte-Palaye en un seul corps d'ouvrage.

Le dauphin d'Auvergne, Peyrols, Raymond Béranger IV, Béatrix, Arnaud de Marveil, Rambaud de Vaquieras, Pierre Vidal, Arnaud Daniel, Amanieu des Escas, Pierre Cardinal, Giraud Riquier, Sordello, etc.

C'est au zèle du roi René que nous devons aujourd'hui *les vies des troubadours,* qui furent recueillies pour lui par LE MOINE DES ÎLES D'OR.

La première moitié du treizième siècle voit s'éteindre la poésie provençale. La croisade contre les Albigeois en 1210 engagea tout le midi de la France dans une guerre sanglante. De plus graves intérêts occupèrent alors tous les partis, et la *gaie science* perdit tout l'intérêt qu'elle avait inspiré dans les deux siècles précédents. D'autres causes inhérentes aux troubadours mêmes et à leur genre de poésie contribuèrent aussi à cette décadence. La poésie provençale en devenant sur la fin du douzième siècle satirique et haineuse perdit beaucoup de sa brillante inspiration. Née pour chanter le beau ciel de la Provence, quand elle voulut s'arracher à ce doux emploi, elle devint plutôt injurieuse qu'énergique. Les poètes eux-mêmes dégénérèrent de leurs vertus chevaleresques; ils ne furent bientôt plus regardés que comme de vils jongleurs; ils ne furent plus reçus comme autrefois dans les cours, qu'ils égayaient de leurs chants : dès lors ils tombèrent dans le mépris, et leurs brillantes poésies furent bientôt oubliées.

§ 4. *Fondation des jeux floraux.*

Au milieu de cette décadence complète de la poésie provençale les magistrats de Toulouse auraient voulu, pour l'honneur de leur patrie, conserver cet éclat poétique qui avait brillé dans leur pays et qui était près de s'éteindre; quelques poètes toulousains, qui s'assemblaient chaque semaine dans le jardin des Augustines pour se lire leurs vers, résolurent en 1323 de former une académie *de gaie science*. Les magistrats s'empressèrent de s'associer à *ces gais troubadours* pour faire renaître par une fête publique l'amour de l'art des vers. Une lettre fut adressée à toutes les villes de langue d'*oc* pour annoncer que le 1ᵉʳ mai 1324 une violette d'or serait donnée pour récompense à l'auteur de la meilleure pièce de vers en langue provençale. Le prix fut adjugé au milieu d'un grand concours à d'Arnaud Vidal, et l'auteur fut en même temps déclaré docteur de la *gaie science*. Tel fut le commencement des *jeux floraux*, dont l'académie s'est conservée jusqu'à nos jours.

CHAPITRE V.

ONZIÈME, DOUZIÈME, TREIZIÈME SIÈCLES.

§ 1. — *Le Roman Wallon et les Trouvères.*

Au septième et au huitième siècle c'était en latin qu'on écrivait même des chansons. Dans la France du nord, quand Clotaire II remporta une grande victoire, cette victoire fut célébrée dans son armée par une chanson latine. Ces chansons étaient rimées à la vérité; c'était le cachet moderne sur l'idiome antique.

Une influence nouvelle vint agir sur toute la France centrale et septentrionale. Les Normands débarquent, leurs invasions se succèdent pendant cinquante ans : ils s'établissent enfin, s'emparent d'une des plus riches provinces de France, et y fondent un état nouveau. On vit alors se reproduire ce qui avait marqué la première conquête allemande : les vainqueurs adoptèrent la langue des vaincus ; mais ils y mirent quelque empreinte de la leur et de leur génie national. On voit Rollon et ses compagnons, aussitôt qu'ils sont établis dans la Normandie, prendre la religion, la langue et les mœurs des Français. Cette influence fut si rapide qu'à Rouen, la capitale des nouveaux conquérants, on ne parlait que la langue romane; tout l'intérieur même du pays était devenu tout roman et tout français.

Guillaume, maître de l'Angleterre, imposa la langue française-normande à ses gens d'affaires et à ses tribunaux ; le français devint la langue obligée de l'Angleterre conquise. C'est par là que l'on s'explique comment nos plus anciens morceaux de roman wallon, de français parisien ont été rédigés par des Normands en Angleterre. A l'appui de cette assertion nous citerons un passage de vieux français normand ; c'est la première fois qu'un fragment de notre ancien idiome a pu être présenté à nos lecteurs et compris sans le secours d'une traduction.

Ce sont des vers du *roman de Rou*, chronique où Robert Wace raconte les exploits de Rollon et de ses successeurs :

    Taillefer, ki mult bien cantout,
    Sor un cheval ki tost alout,
    Devant li Dus alout cantant
    De Karlemaigne è de Rollant,
    E d'Oliver è des vassals
    Ki morurent en Renchevals (*Roncevaux*).
    Quand il orent chevalchié tant

K'as Engleis vendrent apprismant (approchant):
Sires, dis Taillefer, merci.....

Je n'en citerai pas davantage : mais ce n'est plus là du roman ou du provençal; la langue française est trouvée.

Le nombre des trouvères, du douzième siècle à la fin du treizième, s'élève à plus de deux cents, et leurs ouvrages sont innombrables ; preuve incontestable des progrès de la langue française. Il n'y avait guère de sujet qui à cette époque fût incompatible avec le rhythme poétique, comme aussi la passion de la poésie avait pénétré dans toutes les classes et dans toutes les conditions. C'est aussi dans cette poésie des trouvères que nous trouvons la grande création du moyen âge, l'imagination du moyen âge personnifiée, la chevalerie.

Les genres de poésies employés par les trouvères étaient plus nombreux et plus variés que ceux dont s'étaient servis les troubadours :

La *chanson*, tour à tour bouffonne, badine ou amoureuse.

Le *lai* ou *virelai*, sorte d'élégie composée de stances irrégulières qui se terminaient ordinairement par un même refrain. C'est à peu près la romance de nos jours.

La *pastourelle*, que les trouvères empruntèrent aux troubadours.

Le *sirvente*, d'abord satirique et narquois, employé plus tard à célébrer les tournois et à chanter les victoires des croisés sur les infidèles.

Les trouvères composaient aussi nombre de *fabliaux*, *contes* et *nouvelles*, qu'ils allaient récitant de castel en castel; car leur genre de vie ressemblait beaucoup à celui des troubadours.

Enfin c'est à la poésie des trouvères que nous sommes redevables de ces innombrables romans de chevalerie, épopées gigantesques, remarquables sinon par le génie, au moins par une imagination brillante et par une fécondité intarissable. Ce sont ces histoires surprenantes dont Charlemagne et ses pairs sont toujours les héros : ce sont les Roland, les Amadis; puis les chevaliers de la table ronde et les exploits du roi Artus; l'histoire des ducs de Normandie; la conquête de l'Angleterre par les Normands ; enfin une multitude d'ouvrages dont on ne lit plus guère aujourd'hui que les titres, et qui au moyen âge faisaient les délices des cours et des châteaux.

Nous ne citerons encore ici que des noms ; pénétrer plus avant dans ce dédale de fables fatiguerait sans fruit l'attention.

ROBERT WACE, Anglo-Normand, né à Jersey vers 1124, composa un grand nombre de romans dont cinq seulement nous sont restés. Le *roman de Brut*, le *roman de Rou* sont les deux plus intéressants ; ils forment ensemble une histoire fabuleuse des rois de la Grande-Bretagne depuis les temps les plus reculés jusqu'à la conquête de l'Angleterre par les Normands.

CHRESTIENS de TROYES est le romancier le plus fécond et le plus estimé du douzième siècle. Il nous a laissé six poèmes; 1° le *roman d'Erec et d'Enide*; 2° le *roman de Cligés* ; 3° le *roman de Guillaume d'Angleterre;* 4° le *roman du Chevalier du Lion.* Ces quatre ouvrages sont comme des branches dépendantes de la table ronde. Les héros qui en sont les principaux acteurs sont tous chevaliers de cet ordre et attachés au roi Artus.

On attribue encore à Chrestiens le *Saint-Greaal Tristan de Léonnois*, *Perceval le Gallois*, *Lancelot-du-Lac*.

HUON DE VILLENEUVE, sous Philippe-Auguste, prit pour sujet de ses romans *Charlemagne et ses pairs*, *Régnault de Montauban*, *les quatre fils Aymon*, *Maugis d'Aigremont*, etc., etc.

JEAN DE FLAGNY nous a laissé un poème de trente mille vers, *Garin le Loherain*. C'est l'histoire de Garin, duc de Lorraine, et de son frère Bégon.

ADENEZ ne nous a pas laissé moins de deux cent mille vers. Ses principaux romans sont *Guillaume d'Orange*, *l'Enfance d'Ogier le Danois*, *Aimery de Narbonne*, *Cléomadès*, etc.

Dans le genre satirique on vit briller :

PERROT DE SAINT-CLOUD, auteur du *roman du Renard*. Ce renard joue des tours plaisants au loup son compère. Vingt poètes du treizième siècle y firent des additions sans nombre, si bien que le poème finit par compter vingt-six mille vers. On trouve dans cet ouvrage la plupart des fables dans lesquelles figure le renard.

RUTEBEUF, à l'imitation de Perrot, a fait un *Renard le bestourné*.

D'autres noms se rattachent encore à ce genre; ce sont Henri d'Andely, Tainturier, Robert de Blois, Guiart, Thibaud de Mailly, etc.

Le fabliau dut une grande partie de l'éclat dont il brilla à MARIE DE FRANCE. Son recueil se compose de trois cents pièces, qu'elle a traduites, nous dit-elle, du *laitin;* son style simple, sans art, semble indiquer une grande facilité. Nous citerons la fable de *la Mort et li Boquillon.*

> Tant de loin que de près n'est laide
> La mort. La clamait à son aide
> Tosjors un povre bosquillon
> Que n'ot chevance ne sillon :
> — Que ne viens, disait, ô ma mie,
> Finir ma dolorouse vie ! —
> Tant brama qu'advint ; et de voix
> Terrible : — Que veux-tu ? — Ce bois
> Que m'aydiez à carguer, madame ! —
> Peur et labeur n'ont même game.

Parmi les trouvères lyriques ou chansonniers nous citerons :

RAOUL DE COUCY, qui mourut dans la terre sainte, âgé de vingt-quatre ans. Tout le monde sait l'histoire de son cœur, qu'il envoya de Palestine à la dame de Fayel, et que le mari de cette dame lui fit manger pour la punir de son infidélité.

THIBAUT, comte de Champagne, nous a laissé soixante-dix chansons. C'est la première réputation classique en poésie vulgaire que nous trouvons dans la France septentrionale au moyen âge : quelques-uns de ses couplets par leur perfection semblent appartenir à une autre époque. Nous citerons celui-ci :

> J'aloie l'autre ier, errant,
>   Sans compaignon,
> Sor mon palefroy pensant
> A faire une chanson,
> Quant je oi, ne sai comment,
>   Es un buisson,
> La voix dou plus bel enfant
>   K'onques vist nul hom,
> El n'était pas enfés si
>   N'eust quinze ans et demi :
> Onques nul rien ne vi
>   De si gente façon.

AUDEFROY-LE-BASTARD excellait surtout dans la romance. On lui doit les romances de *Bele Isabeaus,* de *Bele Idoine,* d'*Argentine,* de *Bele Emmelos,* etc.

§ 2. *Naissance de la prose française.*

Enfin vers le milieu du douzième siècle naquit la prose française. L'histoire de Ville-Hardouin est presque le plus ancien monument qui nous en soit resté. Sous ce rapport seul il serait digne d'un haut intérêt.

GEOFFROY DE VILLE-HARDOUIN, maréchal de Champagne, a écrit l'histoire de la quatrième croisade. Ce n'est pas encore un historien ; c'est un homme qui dit la chose qu'il a faite ou qu'il a vue avec la plus grande simplicité de langage, comme il l'a faite et comme il l'a vue. Ecoutons-le lui-même lorsque, envoyé en ambassade à Venise pour obtenir des vaisseaux pour la croisade, il vient *requérir le peuple humblement.* C'est Geoffroy de Ville-Hardouin, maréchal de Champagne, qui dit :

« Seigneurs, les plus hauts et les plus puissants
« barons de France nous ont envoyés à vous, et vous
« crient merci, afin qu'il vous prenne pitié de Jéru-
« salem, qui est dans le servage des Turcs, et qu'au
« nom de Dieu vous veuillez les accompagner pour
« venger la honte de Jésus-Christ. Et ils vous ont
« élus parcequ'ils savent que nulle nation n'est aussi
« puissante que vous sur mer, et ils nous ont com-
« mandé de tomber à vos pieds et de ne pas nous
« lever que vous n'ayez octroyé la promesse d'avoir
« pitié de la terre sainte. »

Si on veut un échantillon de son style et de son langage, voici quelques phrases extraites de son récit de la prise et du pillage de Constantinople, le jour de pâque fleurie :

« Et bien témoigne, Geoffroy, le maréchal de Cham-
« pagne, à son escient pour vérité, que jamais de-
« puis le commencement des siècles ne fut tant ga-
« gné en une ville. »

Cette armée pauvre et grossière est maîtresse de tout. Il continue :

« Chascun prit hotel comme il lui plust, et il y
« en avait assez : ainsi firent la pâque fleurie, et la
« grande pâque après, en cet honneur et en cette
« joie que Dieu leur eut donnés. »

Les *grandes Chroniques* ou *Chroniques de Saint-Denis* furent rassemblées à l'instigation de Suger et par ordre de Louis-le-Jeune. On ne négligea rien pour que ces chroniques fussent complètes et exactes. On les consultait toutes les fois qu'on voulait renouveler quelques cérémonies anciennes.

Sous le règne de S. Louis le progrès de la langue est remarquable dans la prose comme dans la poésie. Partout c'est par les vers que commence la littérature, partout c'est par la prose que la littérature se fixe, et que la langue se décide. Thibaut, comte de Champagne, pour la poésie, le sire de Joinville pour la prose ferment glorieusement la première moitié du treizième siècle.

JOINVILLE avait été élevé à la cour de Thibaut : c'est là que dès l'enfance il avait puisé quelque chose de cet esprit conteur des troubadours qu'il porta dans l'histoire; là il avait pris cette vivacité d'entretien et cette vivacité moqueuse qu'il conserva près du pieux Louis IX sans trop scandaliser le saint roi. Joinville suivit S. Louis à la croisade, devint le favori du prince et revint avec lui. Le pieux roi se plaisait beaucoup dans la conversation du jeune sénéchal de Champagne, qui avait toujours un ton plaisant et enjoué.

Quand S. Louis, tourmenté d'un nouveau désir de croisade, partit pour Tunis, le sénéchal aima mieux rester dans ses terres, et le roi ne s'en fâcha pas. Joinville apprit bientôt la mort du malheureux prince, et le regretta vivement : c'est alors qu'il se mit à écrire l'histoire de *S. Louis*. C'est la première fois que nous trouvons un type de génie dans cette époque lointaine.

Joinville part pour la croisade; mais il faut repasser devant son château, et là, comme il a le cœur tout ému, il le dit :

« Ainsi que j'allais de Blcicourt à Saint-Urban, qu'il me fallait passer auprès du chastel de Joinville, je n'osai oncques tourner la face devers Joinville, de peur d'avoir trop grand regret et que le cœur ne me faillist de ce que je laissais mes deux enfants et mon beau chastel de Joinville, que j'avais fort au cœur. »

§ 3. *Le roman de la Rose.*

Il me reste encore à parler du monument le plus original du treizième siècle, le *roman de la Rose* : ce fameux ouvrage eut pour premier auteur GUILLAUME DE LORRIS, vers 1230, et comprenait quatre mille six cents vers. C'est un poème tout allégorique. L'auteur suppose que, se promenant par un beau jour de printemps dans une vaste prairie, il aperçut un magnifique jardin. La porte lui en est ouverte par *Oyseuse*. Il aperçoit au milieu de ce jardin un rosier tout chargé de fleurs ; après bien des aventures, il cueille la plus belle rose de l'arbre, et le songe finit.

Quarante ans plus tard, vers l'an 1280, JEHAN DE MEUG, surnommé *Clopinel* parcequ'il était boiteux, changea le dénouement de son prédécesseur, et continua le roman de la Rose sur un plan beaucoup plus vaste. Il l'augmenta de dix-huit mille vers. Des deux auteurs du roman, c'est le dernier qui en recueillit toute la gloire. Les critiques s'accordent pourtant à donner la préférence à Guillaume de Lorris. Son style est plus poétique, et il a parfois quelque sentiment de l'harmonie.

CHAPITRE VI.

QUATORZIÈME SIÈCLE.

La France au quatorzième siècle fut livrée à l'anarchie, à la guerre civile, aux invasions intérieures. Quand on voit les règnes malheureux de Philippe de Valois et de Jean, cette captivité du roi, cette prise de possession de la France par les Anglais, la folie de Charles VI et les crimes d'Isabeau de Bavière, on s'étonne que notre belle patrie ait pu résister à tant de maux, et que l'œuvre commencée de la civilisation n'ait pas été engloutie encore une fois au milieu de si affreuses tempêtes. La France respira quelque temps sous le règne du sage Charles V; mais ce fut pour retomber dans de nouveaux malheurs.

Nous aurons bien peu d'œuvres remarquables à signaler pendant cette période calamiteuse ; *Froissard, Gaston Phœbus, Alain Chartier, Christine de Pisan* sont à peu près les seuls auteurs dignes de notre attention.

FROISSARD, né à Valenciennes dans le Hainault, vers 1337, était fils d'un peintre d'armoiries. Il étudia pour être prêtre ; mais il avait peu de vocation, et il nous dit lui-même que dès l'âge de douze ans il n'aimait que

> Veoir danses et caroles,
> Oïr ménestrels et paroles
> Qui s'apertiennent à déduit.

Ses goûts allèrent se fortifiant avec l'âge :

> Au boire je prens grant plaisir :
> Aussi fais-je en beaux draps vêtir
> En viande fresche et nouvelle
> Quant à table me voy servir,
> Mon esperit se renouvelle.
>
> Violettes en leurs saisons
> Et roses blanches et vermeilles
> Voy volontiers, car c'est raisons ;
> Et chambres pleines de candeilles,
> Jeux et danses et longues veilles,
> Et beaus liets pour li rafreschir,
> Et au couchier pour mieux dormir,
> Espices, clairet et rocelle ;
> En toutes ces choses veir
> Mon esperit se renouvelle.

Avec ces inclinations, aussitôt qu'il eut pris les ordres sacrés il s'attacha d'abord à la maison de sir Robert de Namur. Ce seigneur, remarquant en lui une curiosité naturelle à s'enquérir des faits d'armes, l'engagea fort jeune encore à écrire la chronique des guerres du temps. Froissard se fit *historien* : c'est le titre qu'il se donne lui-même. Pour écrire l'histoire il fallait savoir ; pour savoir il se mit à courir les aventures. Il devint historien ambulant. Il allait de ville en ville, de château en château, interrogeant, demandant, et écrivait à mesure. Il visita ainsi la France et l'Angleterre, où il devint *clerc* de la reine. Il suivit à Milan le duc de Clarence, qui allait épouser la fille de Galéas II. Il passa ensuite quelque temps en Bearn auprès du comte de Foix ; puis il partit avec la comtesse de Boulogne, qui allait épouser le duc de

Berry. Il obtint vers ce même temps le canonicat de Chimay, et il se remit à voyager plus que jamais pour la composition de son histoire.

Ce livre est une histoire presque universelle des états de l'Europe depuis l'année 1322 jusqu'à la fin du quatorzième siècle. Ce sont les victoires de l'Angleterre, l'invasion de la France, le règne désastreux du roi Jean, les victoires et la sagesse de Charles V, les malheurs et la folie de Charles VI. On ne trouve point dans Froissard de recherches instructives et savantes; mais il excelle dans la peinture des hommes. Edouard III, le prince Noir, Jean, Clisson, Duguesclin, Gaston sont admirablement présentés. On l'a accusé quelquefois d'aimer trop les Anglais : si on l'étudie attentivement, on s'aperçoit que c'est plutôt de l'héroïsme et du courage qu'il est l'admirateur que de la nation anglaise elle-même. Les étroites limites que nous nous sommes prescrites ne nous permettent de citer qu'un morceau très court de l'historien du roi Jean : nous choisirons le moment où Froissard représente cet infortuné prince dans la tente du prince de Galles :

« Quant ce vint au soir, le prince de Galles donna
« à souper au roi de France et à Monseigneur Phi-
« lippe, son fils, à Monseigneur Jacques de Bourbon
« et à la plus grande partie des comtes et des barons
« de France qui prisonniers étaient. Et assit le
« prince le roi de France et son fils Monseigneur
« Philippe, Monseigneur Jacques de Bourbon, etc....
« à une table moult haute et bien couverte, et

« tous les autres barons et chevaliers aux autres
« tables. Et servait toujours le prince au devant de
« la table du roi et par toutes les autres tables si
« humblement qu'il pouvait ; ni oncques ne se voulut
« seoir à la table du roi, pour prière que le roi lui sût
« faire : ainsi disait qu'il n'était encore mie si suffi-
« sant qu'il appartenist de lui seoir à la table d'un si
« haut prince et de si vaillant homme que le corps
« de lui était, et que montré avait la journée. »

Dans certains récits de bataille Froissard atteint une grande élévation et jamais on n'y remarque de confusion. Il est toujours varié, et a un talent particulier pour accommoder son style à son sujet.

GASTON PHÉBUS, comte de Foix, composa aussi plusieurs ouvrages ; il ne nous reste de lui qu'un ouvrage intitulé *les Déduits de la chasse.*

ALAIN CHARTIER, natif de Bayeux (1386), parut sous le règne de Charles V. Le succès de ses études lui mérita le titre d'*excellent orateur*, de *noble poète*, de *très renommé rhétoricien*. Charles VI et Charles VII l'honorèrent de leur protection. Il a laissé plusieurs ouvrages tant en prose qu'en vers.

CHRISTINE DE PISAN naquit à Venise en 1363, et vint avec son père à la cour de Charles V. Mariée à quinze ans, veuve à vingt-cinq, elle se livra tout entière à la culture des lettres. Ses ouvrages sont très nombreux ; une partie est en vers, et l'autre en prose. Les ouvrages en vers forment sept recueils séparés ; ce sont des ballades, lais, virelais, rondeaux, etc., et plusieurs petits poèmes moraux et didactiques.

Parmi ses ouvrages en prose on remarque surtout l'Histoire de Charles-le-Sage : le style en est fleuri, vrai de figures, de comparaisons et quelque peu pédantesque.

Nous ne devons point omettre de signaler ici un des bienfaits de Charles V ; c'est à ce prince que nous devons l'institution de la Bibliothèque royale. Ce fut avec ses propres livres que Charles fonda cet admirable établissement, aujourd'hui le plus riche de l'Europe.

CHAPITRE VII.

QUINZIÈME SIÈCLE.

Le quinzième siècle ne nous offre aucun grand génie, mais beaucoup de travail et beaucoup d'esprit. La littérature y acquit une activité extraordinaire ; poésie, romans, histoire, voilà les trois genres dominants de cette période.

§ 1er. *Poésie.*

Le poëte le plus remarquable et le plus original de ce siècle est un prince.

CHARLES D'ORLÉANS, père de Louis XII, était fils de Valentine de Milan. Cette origine et l'éducation qu'elle suppose expliquent le goût si pur de Charles ; l'heureux reflet de la civilisation italienne était passé sur lui.

Le jeune Charles d'Orléans fut fait prisonnier à la bataille d'Azincourt (1415), et resta vingt-cinq ans captif. Cette captivité nous a valu le volume le plus original du quinzième siècle, le premier ouvrage où l'imagination soit correcte et naïve et où le style offre une élégance prématurée. Est-il rien de plus gracieux que sa première élégie sur lui-même ?

>Au temps passé, quand nature me fist
>En ce monde venir, elle me mist
>Premièrement tout en la gouvernance
>De une dame que on appelait enfance,
>En lui faisant estroit commandement
>De moi nourrir et garder tendrement,
>Sans point souffrir soing ou mélancolie
>Aucunement me tenir compagnie.

Ce qu'il regrette surtout dans sa captivité c'est le beau soleil de France, le beau mois de mai, les danses et les belles dames de France. Ses paroles sont charmantes pour chanter le beau temps et les doux loisirs.

>Les fourriers d'été sont venus
>Pour appareiller son logis ;
>Ils ont fait tendre ses tapis,
>De fleurs et de perles tissus.
>. . . . .
>. . . . .
>Le temps a laissé son manteau
>De vent, de froidure et de pluye,
>Et s'est vêtu de broderye,
>De soleil riant, cler et beau.
>
>Il n'y a beste ni oyseau
>Qui en son jargon ne chante et crye :

> Le temps a laissé son manteau
> De vent, de froidure et de pluye.

C'est à l'abbé Sallier, membre de l'Académie des inscriptions, que nous devons les poésies de Charles d'Orléans ; il en a retrouvé le manuscrit au milieu du dix-huitième siècle.

CLOTILDE DE SURVILLE, née vers 1405 au château de Wallon sur l'Ardèche, épousa le jeune Béranger de Surville, qu'elle aimait. Devenue veuve, elle se livra à la culture de la poésie, et mourut à quatre-vingt-dix ans. Ses ouvrages ne nous sont point parvenus. En 1802 on prétendit avoir retrouvé ces poésies, et on publia même un recueil plein d'intérêt : il est reconnu aujourd'hui que ce recueil doit être attribué à M. Vanderbourg.

VILLON est le premier poète dont parle Boileau dans son *Art poétique*. Tout le monde connaît ces vers :

> Villon sut le premier dans ces siècles grossiers
> Débrouiller l'art confus de nos vieux romanciers.

Ces *vieux romanciers* dont parle Boileau sont *le Roman de la Rose* et les vieux romans de chevalerie. Villon fut enfant de Paris, comme on disait alors : ses idées, ses sentiments, ses images montrent ce qu'était la corruption d'une grande ville. C'est un homme dont le théâtre est la petite halle, le marché, le Pré-aux-Clercs ; ses tours sont des friponneries qui le font condamner à la prison et la potence ; voyons comme il pleure quelquefois ses égarements et ses fautes :

> Si suis pécheur, je le sais bien ;
> Pourtant ne veut pas Dieu ma mort,
> Mais convertisse et vive bien.
>
> . . . .
>
> Hé Dieu ! si j'eusse estudié
> Au temps de ma jeunesse folle
> Et à bonnes mœurs dédié,
> J'eusse maison et couche molle.
> Mais quoy ! je fuyoye l'escolle
> Comme faict le mauvais enfant.
> En escrivant cette parole
> A peu que le cœur ne me fend.
>
> <div align="right">(<i>Le Grand Testament.</i>)</div>

Peut-on voir le repentir exprimé d'une façon plus touchante ! On peut voir par là que cet escroc, ce gibier de prison avait une âme de poète, et dans une vie honteuse et un siècle grossier il a eu quelques inspirations qui égalent ce que, dans une civilisation éclairée, un génie délicat et pur peut exprimer de plus touchant. Cela justifie fort bien Boileau de l'avoir mis en tête de nos vieux poètes.

Je ne dénombrerai pas tous ses successeurs immédiats, qui font la transition avec le siècle de François Ier ; je ne parlerai pas de Pierre Michaud, de Martial de Paris, de Coquillard, de Guillaume Crétin, de Jean Lemaire, de Jean Bouchet ; je laisserai même de côté Jean Marot, père d'un meilleur poète que lui, et Octavien de Saint-Gelais, bien qu'il ait de la grâce et du goût.

§ 2. *Romans.*

L'esprit français, un peu contraint et réservé dans la haute poésie, avait de bonne heure réussi dans l'art de conter. En ce genre le naturel, la facilité, la gaieté lui appartiennent dès le douzième siècle. Ces dons indigènes se fortifièrent par l'habitude et l'exercice. On les retrouve au quinzième siècle dans le style de ces grands romans qui faisaient alors le passe-temps de tout ce qui lisait. On ne peut pas nombrer ces ouvrages. La plupart n'étaient que des copies plus modernes d'anciens romans, des variantes sur un sujet connu; mais l'art de conter s'y renouvelait toujours.

Dans la foule de ces récits il en est un peu connu et le plus ingénieux du monde : c'est un épisode de Merlin l'Enchanteur, vieille invention du dixième siècle. L'auteur y raconte comment l'habile enchanteur perdit sa puissance et sa liberté.

Il est un autre roman d'un genre tout différent et dont je dirai ici quelques mots : c'est tout à la fois un roman de mœurs et une satire politique contre les Anglais; le titre est *Jehan de Paris*. Quel est ce Jean de Paris? c'est un prince qui n'est pas dans l'histoire, car il ne s'agit point là du roi Jean battu par les Anglais ; tout au contraire : ce Jean de Paris, s'il ne bat pas les Anglais, du moins se moque d'eux. A la mort du roi son père il projette de réclamer la main d'une princesse d'Espagne qui lui était promise dès l'enfance. Mais il apprend que le vieux roi d'Angleterre a formé le même dessein, qu'il est attendu par la cour de Burgos, et qu'il fait ses emplettes de noces en France. Le jeune roi s'arrange pour que les marchands de Paris vendent aux acheteurs anglais ce qu'ils ont de moins beau et de plus commun. Le roi d'Angleterre, avec son cortége et ses présents, demande la permission de passer par la France; il débarque à Calais, et se met en route pour la frontière. Mais il est bientôt rencontré par un autre voyageur dont le train est plus brillant, la suite plus nombreuse, et qui pourtant ne se donne que pour un bourgeois de Paris. Partout ce bourgeois devance le roi : arrive-t-on dans une auberge, Jean de Paris a loué toute l'auberge; il veut bien en céder quelque chose au roi d'Angleterre, et l'invite même à souper: « Voilà, lui dit-il, mes cousins du faubourg Saint-« Honoré et du faubourg Saint-Denis. » C'étaient les ducs d'Orléans et de Bourbon. On sert en magnifique vaisselle d'argent : « Vaisselle de voyage, dit Jean de « Paris, que j'ai prise par le conseil de ma bonne « mère, et pour ne point casser d'assiettes. »

On le voit, cette pauvre France, qui avait été tant pillée par les Anglais dans le quinzième siècle, aimait, dans ses romans, à se faire plus riche qu'eux.

Le roi d'Angleterre est ébloui, régalé, mystifié. Il manque de chevaux ; Jean de Paris lui en donne. Il est arrêté par une rivière ; Jean de Paris le fait passer sur deux bateaux qu'il a, dit-il, menés en route avec lui. Arrivé en Espagne, Jean de Paris, par son cortége, les belles étoffes et le luxe de ses gens, éclipse tout à fait le roi d'Angleterre : il s'est pourvu de tout;

9

il donne des tournois, des bals. Le roi d'Angleterre et les seigneurs de sa suite sont les plus gauches du monde ; Jean de Paris, avec ses garçons de boutique, fait admirablement les honneurs de la fête. Jean de Paris étonne tout le monde, plaît surtout à la princesse, se fait connaître, et l'épouse. Le roi d'Angleterre s'en retourne bien moqué.

Nous pouvons encore citer *le Petit Jehan de Saintré* ou *l'Histoire de la Dame aux belles Cousines*, par ANTOINE LASALLE. *Gérard de Nevers et la belle Euriante* est encore un roman célèbre de cette époque.

§ 3. *Genre historique.*

Dans le genre historique les principaux auteurs à citer sont :

ENGUERRAND DE MONSTRELET, prevôt de Cambray, qui continua la chronique de Froissard jusqu'en 1453. Son ouvrage, quoique un peu diffus, renferme des détails très précieux et très riches de toute l'histoire de cette époque.

JUVÉNAL DES URSINS quitta la magistrature pour entrer dans les ordres. Il devint archevêque de Reims, et sacra Louis XI en 1461. Il présida les évêques chargés de réviser le procès de Jeanne-d'Arc. Il écrivit les événements qui signalèrent le malheureux règne de Charles VI. Son livre est écrit avec franchise et naïveté : c'est le document le plus précieux de l'histoire de ce temps.

PHILIPPE DE COMINES apprit le métier d'historien par la pratique des affaires, et ce fut en faisant sa propre fortune qu'il se rendit expert dans la politique. Il naquit sujet du duc de Bourgogne; mais, rebuté par la mauvaise fortune et les fautes du prince *Téméraire*, il le quitta pour s'attacher à Louis XI, dont il devint le négociateur le plus habile en Angleterre, à Florence, à Venise, en Savoie. Il rédigea par la suite des *Mémoires* sur le règne de son nouveau maître.

Le livre de Comines offre toute la perfection d'un récit judicieux et naïf : au talent de conter il joint la sagacité politique. Il n'est pas éloquent : il a dans l'esprit trop de rectitude pour s'amuser aux phrases, et il est rarement assez ému pour trouver de vives expressions. Fait-il un portrait de Louis XI, sans doute il analyse fort bien l'esprit et les qualités du prince; mais il passe froidement sur ses vices, ne tenant compte que de ce qui est utile ou nuisible à la conduite des affaires. En somme Comines a été le peintre le plus expressif et le plus intelligent de la politique et de l'habileté de Louis XI. Nous ne devons pas omettre ici que Louis XI fut auteur lui-même, et qu'il composa pour son fils Charles VIII *le Rosier des Guerres*.

§ 4. *Origine et premiers essais de la Poésie dramatique.*

Nous arrivons jusqu'au milieu du quatorzième siècle sans trouver aucune trace évidente de compositions dramatiques en langue vulgaire. A cette époque cependant, toutes les fois qu'il survenait quelque solennité, un mariage royal, la présence d'un prince étranger, on donnait des spectacles dans les rues ; mais ces représentations étaient fort simples : tout le monde y jouait ; on allait, on venait dans un certain ordre ; on changeait deux ou trois fois de costume ; le peuple était chargé de représenter le peuple : on le divisait quelquefois en chrétiens et en Sarrasins, en Romains et en Juifs.

On trouve dans une vieille chronique du temps de Philippe-le-Bel quelques détails sur une de ces représentations. Le jour que Philippe-le-Bel arma son fils chevalier il y eut un spectacle où paraissait la personne de notre Seigneur, qui mangeait des pommes avec sa mère et disait des patenôtres.

« On entendit les bienheureux chanter dans le pa-
« radis en la compagnie d'environ quatre-vingt-dix
« anges ; on entendit les damnés gémir dans un en-
« fer noir, au milieu de cent diables qui riaient de
« leurs supplices. On vit aussi un renard habillé en
« clerc... »

Voilà selon toute apparence la plus ancienne analyse d'un drame en langue vulgaire.

Ces représentations allèrent se perfectionnant et se diversifiant ; mais ce n'est que vers 1402, dans les premières années du quinzième siècle, que le théâtre prit en France une sorte de consistance. Quelques pèlerins, dit-on, qui depuis longtemps jouaient des mystères à Paris et dans la banlieue, étaient menacés d'interdiction par le prevôt de Paris. Le roi Charles VI, mélancolique et fort ennuyé, vint, pour juger l'affaire, voir une de leurs représentations. Il fut amusé, et par reconnaissance il autorisa par un édit la confrérie dramatique, sous le nom de *Confrérie de la Passion*, avec le privilége exclusif de jouer des scènes religieuses. Les confrères continuèrent leurs représentations jusqu'à la fin du règne de François Ier (1547).

Les sujets de ces *Mystères* étaient Adam et Eve, les trois rois mages, le massacre des Innocents, les Noces de Cana, la Samaritaine et autres scènes religieuses. Cette confrérie eut une vogue immense dans Paris, et se répandit bientôt dans les principales villes de France.

Sous Philippe-le-Bel il avait été permis aux procureurs de s'adjoindre des clercs, qui, liés entre eux par les rapports d'une même profession, formaient une corporation honorée et privilégiée sous le nom de *Clercs de la Bazoche*. La bazoche se livra elle aussi, pendant les vacances de Pâques, à des représentations théâtrales d'un autre genre, qu'elle donna sous le nom de *Moralités*.

A côté d'eux on vit paraître, sous le règne de Charles VII, une nouvelle association sous le nom des *Enfants-sans-souci*. Formée sur le modèle de l'association des Confrères, cette société n'avait ni les mêmes idées ni le même but. La piété n'entrait pour rien dans leur entreprise ; chez eux l'humanité tout entière était mise en jeu et personnifiée sous le nom de *Sottise*. Le chef de la société prenait lui-même le titre de *Prince des sots;* un autre personnage non moins important était la *Mère sotte*. Enfin les pièces qu'ils représentaient s'appelaient *Sotties*, et se moquaient sous le voile de l'allégorie des défauts du genre humain.

Quelques citations ferons mieux connaître ces divers genres de drame que tout ce que nous en pourrions dire.

Le Mystère de la Passion fut joué à Paris le 12 novembre 1437, jour de l'entrée du roi Charles VII à Paris.

L'ouvrage est divisé en trois parties : la Conception, la Passion et la Résurrection. On pouvait jouer à part chaque partie.

Le mystère de la Conception se compose de cinquante-trois actes ; on y compte cent personnages nécessaires, Dieu le Père, Jésus-Christ, le Saint-Esprit, la sainte Vierge, les anges, les patriarches et même les diables.

On voit en scène Lucifer convoquant ainsi les démons :

> Diables d'enfer, horribles et cornus,
> Gros et menus, ors regards basiliques,
> Infâmes chiens, qu'êtes-vous devenus ?
> Bossus, tortus, serpens diaboliques,
> Vos pratiques de jour en jour perdez,
> Venez à moi, maudits esprits damnez.

Cet appel fait accourir tout l'enfer ; Satan répond :

> Que te faut-il, mâtin irraisonnable ?
> Abominable, puant, vilain, infaict,
> Pansu, goulu, esprit insociable,
> Par toi avons encontre Dieu forfaict ;
> Nous souffrons maux plus qu'on ne saurait dire,
> Prends-tu plaisir à nous venir mauldire.

Dans une autre scène Satan fait en ces termes le portrait de la sainte Vierge :

> Elle est plus belle que Lucresse,
> Plus que Sara dévote et saige ;
> C'est une Judith en couraige,
> Une Esther en humilité,
> Et Rachel en honnesteté ;
> En langaige est aussi bénigne
> Que la sybille Tiburtine ;
> Plus que Pallas a de prudence,
> De Minerve elle a l'éloquence :
> C'est la non pareille qui soit ;
> Et suppose que Dieu pensoit
> Racheter tout l'humain lignaige
> Quand il la fit.

Le mystère de la Passion forme un gros volume in-folio imprimé à deux colonnes.

Parmi les *sotties* des gais confrères des *Enfants-sans-souci* nous ne citerons qu'une pièce ; elle n'a qu'un défaut, c'est d'être trop connue, et pour ainsi dire usée, vulgaire ; mais elle est excellente et pleine de vrai comique ; il y a du Molière, il y a du Rabelais : c'est la *Farce de maistre Pierre Pathelin*, les ruses d'un avocat pauvre et fripon pour avoir un habit.

La scène s'ouvre par les reproches de Guillemette à son mari :

> Je vy que chascun vous voulait
> Avoir pour gagner sa querelle.
> Maintenant chascun vous appelle
> Partout l'avocat dessous l'orme.

Pathelin se défend comme il peut, et promet d'avoir un habit neuf.

Je m'en veux aller à la foire.

GUILLEMETTE.

A la foire ?

PATHELIN.

Par saint Jean; voire
A la foire gentil'marchande;
Vous déplaît-il si je marchande
Du drap ou quelque autre suffrage
Qui soit bon à notre mesnage ?
Nous n'avons robe qui rien vaille.

GUILLEMETTE.

Vous n'avez denier ni maille,
Que ferez-vous ?

PATHELIN.

Vous ne savez ;
Belle dame, si vous n'avez
Du drap pour nous deux largement,
Si me desmentez hardiment.
Quel' couleur vous semble plus belle,
D'un gris vert? d'un drap de Bruxelle?
Ou d'autre? il me le faut savoir.

GUILLEMETTE.

Tel que vous le pourrez avoir;
Qui empruncte ne choisit mye.

PATHELIN (*en comptant sur ses doigts*).

Pour vous, deux aulnes et demye,
Et pour moi trois, voire bien quatre ;
Ce sont....

GUILLEMETTE.

Vous comptez sans rabattre ;
Qui diable vous les prestera ?

PATHELIN.

Que vous en chault qui ce sera?
On me les prestera vraiment,
A rendre au jour du jugement, etc.

La scène change : Pathelin est dans la boutique du marchand ; il lui fait mille contes, lui parle de son père, de sa tante :

Que je la vis belle,
Et grande, et droite, et gracieuse!
Par la Mère Dieu précieuse,
Vous lui ressemblez de corsage.

Et il vient très naturellement au drap.

Or, vrayment j'en suis attrapé ;
Car je n'avais intention
D'avoir drap, par la passion
De nostre Seigneur, quand je vins.
J'avais mis à part quatre-vingts
Escus, pour retraire une rente ;
Mais vous en aurez vingt ou trente,
Je le voy bien : car la couleur
M'en plaist très tant que c'est douceur.

Le drapier demande vingt-quatre-sous de l'aune. Pathelin s'écrie : « Vingt sous, vingt sous. » Le débat s'échauffe ; Pathelin cède enfin, et emporte le drap, sans payer.

Suit la visite du drapier ; la folie de Pathelin ; l'ébahissement du pauvre drapier.

Mais la maîtresse scène, c'est celle qui nous a enrichis de ce proverbe si juste et si utile à rappeler quelquefois à tous ceux qui parlent : *Revenez à vos moutons.* C'est une confusion, un enchevêtrement de drap et de brebis dans la tête du pauvre marchand, deux fois volé :

LE JUGE.

Sus, revenons à nos moutons
Qu'en fut-il ?

LE DRAPIER.

Il en prit six aulnes
De neuf francs.

Ce juge représente un véritable bailli de village du vieux temps ; il se creuse la tête pour voir comment on peut tirer le drap des moutons, et les moutons du drap. Vient la morale ; c'est qu'un fripon, alors même qu'il a l'avantage d'être homme de loi, peut très bien être trompé par le fripon qu'il a défendu.

Pathelin a ordonné à son client de se défendre comme un mouton, de dire *bée* pour toute réponse.

C'est un ordre de circonstance qui ne doit pas durer plus longtemps que le procès ; mais Agnelet se sert du même moyen pour payer l'avocat de sa peine ; à ces *bée* répétés, Pathelin s'écrie, par un souvenir plaisant de sa propre friponnerie :

...... Me fais-tu manger de l'oie ?
Maugrebleu, ai-je tant vécu,
Qu'un bergier, un mouton vestu,
Un vilain paillart, me rigolle.

Ainsi au quinzième siècle on avait déjà trouvé la comédie : quant au drame sérieux nous avons encore longtemps à l'attendre.

RENAISSANCE.

(XVIᵉ SIÈCLE.)

INTRODUCTION.

La seconde moitié du quinzième siècle avait été féconde en événements de la plus haute importance pour l'œuvre de la civilisation et de l'émancipation intellectuelle. L'invention de l'imprimerie, l'expulsion totale des Anglais du sol de la France, les conquêtes de Charles VIII en Italie, la prise de Constantinople par les Turcs-Ottomans sont autant de faits qui contribuèrent puissamment à préparer en France la régénération des lettres et des arts.

L'imprimerie, inventée à Strasbourg en 1440 par Jean Guttemberg, Jean Faust et Pierre Schœffer, se répandit rapidement en France, et en rendant les livres aussi communs et aussi populaires que les manuscrits étaient rares et peu accessibles elle a hâté la renaissance et le nouveau progrès des arts.

Les premiers ouvrages que l'imprimerie parisienne fit éclore furent des livres ascétiques, de vieux romans, des satires et des allégories populaires : on trouvait cette invention économique, et l'on s'empressait d'acheter des livres.

La France, débarrassée enfin de la domination étrangère, reprenait peu à peu ses anciens goûts et son ancienne prédilection.

Alors nos conquêtes en Italie vinrent donner une nouvelle impulsion aux esprits ; et le premier effet que produisirent sur notre littérature à peine ébauchée les clartés qui émanaient de l'Italie fut une surprise profonde, suivie d'imitations burlesques : alors parut cette série de poètes qui s'éclipsa lorsque vint Marot. Assonances, allitérations, rimes triples, quadruples, entassées dans un seul vers, faisaient le charme et le mérite de cette monstrueuse poésie.

Les Grecs, bannis de Constantinople en 1453, furent accueillis avec empressement en Italie par les Médicis. Ils apportèrent avec eux les débris de leur littérature et de leurs arts. Les chefs-d'œuvre de l'ancienne Grèce se répandirent avec une grande rapidité, multipliés à l'infini par la presse italienne. La France fut encore une fois initiée à des arts et à des sciences dont elle avait perdu depuis longtemps les semences, et qui excitèrent chez elle autant d'admiration que d'étonnement. C'était une nouvelle voie vers la perfection.

Sous le règne de Louis XII tout se prépare et s'épure : la grâce des mœurs commence à naître. Le roi forme la maison de la reine, appelle les dames à à la cour, et y introduit ainsi l'élégance et le bon goût.

Alors aussi paraissent les premières feuilles volantes destinées à annoncer au peuple les nouvelles politiques,

François Ier succède à Louis XII en 1515. A l'amour du luxe et de la somptuosité le nouveau roi joignait un enthousiasme irréfléchi pour les anciens chevaliers et le désir ardent d'égaler en tout les Médicis. Dès lors tout change : le règne de ce monarque n'est qu'une longue fête ; les chasses, les tournois, les mascarades, les bals, les concerts se succèdent au bruit des armes ; de splendides palais s'élèvent ; d'admirables copies de la Vénus de Médicis et de l'Apollon du Belvédère viennent, conduites par le Primatice, embellir les jardins de Fontainebleau ; des professeurs de grec et des femmes aimables prennent place à la table du roi ; les honneurs, la richesse, la faveur royale deviennent les récompenses du savoir. Par malheur la constance ne fut jamais la vertu dominante de François Ier; il tomba souvent dans d'étranges contradictions.

Le protestantisme, dont la naissance coïncide avec l'avénement de François Ier, sous prétexte de remédier à des abus pour la plupart inhérents à la civilisation incomplète de l'époque, portait sa main sacrilége sur l'autel, cet appui, ce lien de la société moderne. *Le père des lettres* fut tour à tour indifférent favorable aux novateurs. On le vit ondoyant et divers, partagé entre Rome et la réforme. Protestant avec Marguerite et Dubelley, il était catholique avec les cardinaux du Prat, de Tournon, de Lorraine. Il faisait à Paris brûler les luthériens, et les protégeait en Allemagne et à Genève.

Cependant cette incertitude, ce partage entre l'Eglise et la réforme, François Ier n'en est point seul coupable. La noblesse, la cour parurent un instant comme lui indécises entre Luther et le pape.

Ajoutons qu'une bonne part de cette influence heureuse sur les lettres qu'on attribue à François Ier est due à Marguerite, sa sœur, femme d'Henri d'Albret, roi de Navarre. L'un fut nommé *le Père des lettres*, l'autre fut appelée *la dixième Muse* et *la quatrième Grâce*.

CHAPITRE Ier.

PREMIÈRE SECTION. — POÉSIE.

§ 1. *De l'école de Marot à celle de Ronsard.*

Marot bientôt après fit fleurir les ballades,
Tourna des triolets, rima des mascarades,
A des refrains réglés asservit les rondeaux,
Et montra pour rimer des chemins tout nouveaux.

(BOILEAU, *Art. poét.*)

Le nom de MAROT est la première époque vraiment remarquable dans l'histoire de notre poésie, bien plus par le talent qui brille dans ses ouvrages et qui lui est particulier que par les progrès qu'il fit faire à notre versification.

CLÉMENT MAROT était fils de Jean Marot, valet de chambre de Louis XII. A quinze ans on le vit acteur dans la troupe des Enfants-sans-souci; puis il passa au service de Marguerite, dont il devint le page favori. Dès lors commença pour Marot cette vie aventureuse et galante dont la misère et l'exil devaient être le triste dénouement. Il accompagna François Ier en Italie, fut blessé et fait prisonnier à Pavie près de son maître, dont il partagea la captivité. De retour en France, il fut enfermé au Châtelet, comme accusé de partager les nouvelles opinions religieuses. Il en sortit, mais fut bientôt obligé de se réfugier en Béarn, puis à la cour de Ferrare et à Venise. Il parvint cependant à obtenir de François Ier son rappel et la survivance de son père, qui lui fut accordée d'assez mauvaise grâce ; mais la publication de ses *Psaumes* lui attira une nouvelle disgrâce. Il se retira à Genève, et ensuite à Turin, où il mourut dans l'indigence, vers 1544.

Ce qui caractérise les ouvrages de Marot c'est une finesse exquise unie à une souplesse jusqu'alors inconnue. Son style a vraiment du charme, et ce charme tient à une naïveté de tournure et d'expression qui se joint à la délicatesse des idées et des sentiments : personne n'a mieux connu que lui, même de nos jours, le ton qui convient à l'épigramme. Personne n'a mieux connu le rhythme du vers à cinq pieds et le vrai ton du style épistolaire, à qui cette espèce de vers sied si bien : c'est dans les beaux jours du siècle de Louis XIV que Boileau a dit :

Imitons de Marot l'élégant badinage.

Du reste Marot a tous les anciens défauts de la versification française. Les vers masculins et féminins se succèdent et se confondent chez lui sans aucun ordre, malgré la règle que Jean Bouchet avait faite de l'entrelacement des rimes. Les hiatus ou entrechoquements de voyelles se rencontrent presque aussi souvent dans ses vers que dans ceux de Villon.

Deux fois Marot fut mis en prison : la première, comme nous l'avons dit, pour avoir prêté à une accusation d'hérésie. Du Châtelet, où il était captif, il adressa une épître à son ami Lyon Jamet, et, employant l'apologue du lion et du rat, il le pria de solliciter son élargissement. En voici d'abord le début, qui a souvent été imité :

> Je ne t'escry de l'amour vaine et folle;
> Tu voys assez s'elle sert ou affolle.
> Je ne t'escry ne d'armes ne de guerre;
> Tu vois qui peult bien ou mal acquerre.
> Je ne t'escry, etc.
> Mais je te veux dire une belle fable.

Il raconte alors comment le lion délivre le rat d'un piége où il était pris :

> Dont maistre rat échappe vistement,
> Puis mist à terre un genouil gentement,
> Et en ostant son bonnet de la teste
> A mercié mille fois la grand'beste,
> Jurant le dieu des souriz et des ratz
> Qu'il lui rendrait.

A son tour le lion est pris dans les rets; le rat accourt et promet de le délivrer :

> Lors le lyon ses deux grans yeulx vertit
> Et vers le rat les tourna un petit,
> En luy disant : O pauvre verminière,
> Tu n'as sur toy instrument ne manière,
> Tu n'as cousteau, serpe ne serpillon.
> . . . .
> Va te cacher, que le chat ne te voye.

> Sire lyon, dist le filz de souris,
> De ton propos certes je me soubris;
> J'ai des coustaulx assez, ne te soucye,
> De bel os blanc plus tranchant qu'une sye;
> Leur gaine, c'est ma gencive et ma bouche;
> Bien coupperout la corde qui te touche
> De si très près, car je y mettray bon ordre.

> Lors sire rat va commencer à mordre
> Ce gros lyon : vrai est qu'il y songea
> Assez longtemps ; mais il vous le rongea
> Souvent et tant qu'à la parfin tout rompt ;
> Et le lyon de s'en aller fut prompt,
> Disant en soi : Nul plaisir en effect
> Ne se perd point, quelque part où soit faict.
> . . . .
> Or viens me veoir, pour faire le lyon ;
> Et je mettray peine, sens et estude
> D'être le rat, exempt d'ingratitude.

Il n'est pas besoin de faire remarquer la gentillesse et la grâce de cet apologue.

La seconde fois que Clément tâta de la prison il avait, cédant à un mouvement d'humanité, arraché des mains des archers un prisonnier que sans doute il croyait innocent. Pour sortir il eut recours à François Ier lui-même, et lui adressa une épître dont nous citerons le commencement et la fin :

> Roy des Français, plein de toutes bontez,
> Quinze jours a, je les ai bien contés,
> Et dès demain seront justement seize,
> Que je fus fait confrère au diocèse
> De Saint-Marri, en l'église Saint-Pris ;
> Si vous dirai comment je fus surpris,
> Et me desplaist qu'il faut que je le die.
> Trois grans pendars vinrent à l'estourdie,
> En ce palais, me dire en désaroy :
> Nous vous faisons prisonnier par le roy.
> Incontinent, qui fut bien étonné ?
> Ce fut Marot, plus que s'il eust tonné ;
> Puis m'ont montré un parchemin escrit,
> Où n'y avait seul mot de Jésus-Christ ;
> Il ne parlait tout que de plaiderie,

De conseillers et d'emprisonnerie.
Vous souvient-il, ce me dirent-ils lors,
Que vous estiez l'autre jour là dehors,
Qu'on recourut un certain prisonnier
Entre nos mains ? Et moy de le nier ;
Car soyez seur, si j'eusse dict ouy,
Que le plus sourd d'entre eux m'eust bien ouy ;
Et d'autre part j'eusse publiquement
Esté menteur ; car pourquoi et comment
Eussé-je peu un autre recourir
Quand je n'ay sceu moy-mesme secourir ?
Pour faire court, je ne sceu tant prêcher,
Que ces paillards me voulussent lascher.
Sur mes deux bras, ilz ont leur main posée
Et m'ont mené ainsi qu'une espousée.
. . . .
Très humblement je requiers vostre grâce
De pardonner à ma trop grand' audace,
D'avoir emprins *(entrepris)* ce sot escrit vous faire ;
Et m'excusez si pour le mien affaire
Je ne suis point vers vous allé parler ;
Je n'ay pas eu le loisir d'y aller.

Mais le chef-d'œuvre de Marot dans le genre de l'épître c'est celle où il raconte à François Ier comment il a été volé par son valet. C'est un modèle de narration, de finesse et de bonne plaisanterie.

On dit bien vray : la mauvaise fortune
Ne vient jamais qu'ellen'en améne une
Ou deux ou trois avecque elle : vous, sire,
Vostre cœur noble en sçaurait bien que dire
Et moy chétif, qui ne suis roi ne rien,
L'ay esprouvé, et vous conteray bien,
Si vous voulez, comment vint la besogne.
J'avais un jour un vallet de Gascongne,
Gourmant, ivrongne, et asseuré menteur,
Pipeur, larron, jureur, blasphémateur,

Sentant la hart de cent pas à la ronde,
Au demeurant le meilleur filz du monde.

Ce vers si plaisant, après l'énumération des belles qualités de ce valet, est devenu proverbe, et se répète encore tous les jours dans le même sens.

Ce vénérable hillot (*ilote*) fut adverty
De quelque argent que m'aviez departy,
Et que ma bourse avait grosse apostume :
Si se leva plus tost que de coustume,
Et me va prendre en tapinois icelle :
Puis la vous met très bien sous son esselle,
Argent et tout (cela se doibt entendre),
Et ne croy point que ce fust pour la rendre,
Car oncques puis n'en ay ouy parler.
Brief, le villain ne s'en voulut aller
Pour si petit; mais encore il me happe
Saye et bonnet, chausses, pourpoint et cappe :
De mes habits en effect il pilla
Tous les plus beaux, et puis s'en habilla
Si justement qu'à le veoir ainsi estre,
Vous l'eussiez prins en plain jour pour son maistre.
Finablement de ma chambre il s'en va
Droit à l'estable, où deux chevaux trouva,
Laisse le pire et sur le meilleur monte,
Pique et s'en va. Pour abréger le conte,
Soyez certain qu'au partir dudit lieu
N'oublia rien, fors à me dire adieu.

Ainsi s'en va chatouilleux de la gorge
Le dict vallet, monté comme un sainct George,
Et vous laissa Monsieur dormir son saoul,
Qui au resveil n'eust sceu finer d'un soul.
Ce Monsieur-là, sire, c'estoit moy mesme,
Qui, sans mentir, fus au matin bien blesme
Quand je me voy sans honneste vesture,
Et fort fasché de perdre ma monture ;

Mais de l'argent que vous m'aviez donné
Je ne fus point de le perdre estonné;
Car votre argent, très débonnaire prince,
Sans point de faute est suject à la pince.

Bientôt après cette fortune-là,
Une autre pire encore se mesla
De m'assaillir, et chascun jour m'assault;
Me menaçant de me donner le saut,
Et de ce saut m'envoyer à l'envers
Rithmer sous terre et y faire des vers.

C'est une lourde et longue maladie
De trois bons mois qui m'a tout' estourdie
La povre teste, et ne veut terminer;
Ains me contraint d'apprendre à cheminer.
. . . .
Que diray plus? au misérable corps
Dont je vous parle, il n'est demouré, fors
Le povre esprit qui lamente et soupire,
Et en pleurant tasche à vous faire rire.
Et pour autant, sire, que suis à vous,
De trois jours l'un viennent taster mon poux
Messieurs Braillon, Le Coq, Akaquia,
Pour me garder d'aller jusqu'à quia.
Tout consulté, ont remis au printemps
Ma guérison. . . . .
Voilà comment depuis neuf moys en ça
Je suis traicté Or ce que me laissa
Mon larronneau, longtemps ce l'ay vendu,
Et en sirops et julebs despendu.
Ce néantmoins, ce que je vous en mande,
N'est pour vous faire ou requête ou demande,
Je ne veux point tant de gens ressembler
Qui n'ont soucy autre que d'assembler;
Tant qu'ils vivront, ils demanderont eux.
Mais je commence à devenir honteux,
Et ne veux plus à vos dons m'arrester.

Je ne dy pas, si voulez rien prester,

> Que ne le prenne; il n'est point de presteur,
> S'il veut prester, qui ne face un debteur.
> Et scavez-vous, sire, comment je paye?
> Nul ne le sçait si premier ne l'essaye.
> Vous me devrez, si je puis, du retour.
> Et vous ferai encores un bon tour.
> A celle fin qu'il n'y ait faute nulle,
> Je vous feray une belle cédule,
> A vous payer, sans usure il s'entend,
> Quand on verra tout le monde content;
> Ou, si voulez, à payer ce sera
> Quand votre loz et renom cessera.

Depuis Horace on n'avait pas donné à la louange une tournure si délicate. On imagine sans peine que le père des lettres voulut bien être le créancier d'un débiteur qui empruntait de si bonne grâce. Voici comment Marot en rend compte à un ami :

> Puisque le roi a desir de me faire
> A ce besoing quelque gracieux prest,
> J'en suis content; car j'en ay bien affaire
> Et de signer ne fuz onques si prest.
> Par quoy vous pry' scavoir combien c'est
> Qu'il voult cédule, afin qu'il se contente :
> Je la feray tant seure, si Dieu plaist,
> Qu'il n'y perdra que l'argent et l'attente.

Nous rappellerons ici le nom de VICTOR BRODEAU que Marot appelait son fils, et qui mourut jeune d'années et de travaux.

Les deux protecteurs de Marot, François Ier et Marguerite de Navarre, étaient aussi poètes.

Les poésies de François Ier, la plupart inédites, se composent de ballades, rondeaux, chansons, etc. On nous saura gré de citer l'épitaphe qu'il fit pour la célèbre Laure de Pétrarque, en passant à Avignon :

> En petit lieu compris vous pouvez voir
> Ce qui comprend beaucoup par renommée :
> Plume, labeur, la langue et le devoir
> Furent vaincus par l'amant de l'aimée.
> O gentil ame, étant tant estimée,
> Qui te pourra louer qu'en se taisant?
> Car la parole est toujours réprimée
> Quand le sujet surmonte le disant.

MARGUERITE DE NAVARRE, outre des contes et des mystères dont nous parlerons plus loin, a laissé, comme son père, des poésies où se retrouvent les leçons, sinon la main de Marot.

Quelques écrivains obscurs partageaient avec Marot les faveurs de la cour de François Ier.

MAURICE SCÈVE, auteur de quatre cents dizains énigmatiques, mais plus chastes, plus élégants que ceux qu'on avait composés jusque là.

MELLIN DE SAINT-GELAIS, né à Angoulême en 1491, et qui devint aumônier du dauphin. Ses rondeaux, ses épigrammes étincellent d'esprit, et si elles s'écartent souvent du bon goût elles s'éloignent rarement du bon ton. Nous ne citerons qu'une des épigrammes de Saint-Gelais; la voici :

> Un charlatan disait en plein marché
> Qu'il monstrerait le diable à tout le monde :
> Si n'y eust nul, tant fust-il empêché,
> Qui ne courust pour voir l'esprit immonde.
> Lors une bourse assez large et profonde
> Il leur déploie et leur dit : Gens de bien,
> Ouvrez vos yeux, voyez, y a-t-il rien?

— Non, dit quelqu'un des plus près regardans.
— Et c'est, dit-il, le diable, oyez-vous bien,
Ouvrir sa bourse et ne voir rien dedans.

§ 2. *École de Ronsard.*

Nous avons dit qu'il s'était manifesté au milieu de la littérature française un grand mouvement d'étonnement et d'admiration lorsqu'étaient apparues pour la première fois les littératures antiques des Grecs et des Romains : ce mouvement à la mort de François Ier devint une véritable révolution littéraire.

François Ier était mort en 1547. L'année d'après THOMAS SEBILLET publia un *art poétique* dans lequel il recommandait, comme des modèles à suivre, Alain Chartier, Jean de Meug, Marot et Mellin : ce livre fut accepté, et devint le code du bon goût. Mais bientôt une voix se fit entendre qui déclara qu'il était temps de sortir de l'ornière de la vieille littérature française, qu'il fallait régénérer la langue en la ramenant aux formes grecques et latines, et laisser de côté le grossier verbiage des Marot et des Saint-Gelais.

JOACHIM DU BELLAY, neveu du cardinal de ce nom, fut l'auteur d'un manifeste en faveur de cette réforme de la langue, et annonça à grands cris cette levée de boucliers contre la vieille langue française. Les savants, les érudits se pressent ; on s'empare violemment des trophées de l'antiquité. Du Bellay met son système en pratique. Ronsard paraît ; c'est le triomphateur du nouveau Parnasse : Jodelle se montre, et réforme la scène. L'ancien génie de Marot et de

Villon tombe dans le mépris. Écoutons le jugement de Boileau sur cette nouvelle école.

Ronsard, qui *le* suivit (Marot), par une autre méthode,
Réglant tout, brouillant tout, fit un art à sa mode,
Et toutefois longtemps eut un heureux destin ;
Mais sa muse, en français parlant grec et latin,
Vit dans l'âge suivant, par un retour grotesque,
Tomber de ses grands mots le faste pédantesque.

PIERRE DE RONSARD, gentilhomme vendomois, né en 1534, embrassa avec fureur la cause des novateurs. Après avoir passé quelques années au service du duc d'Orléans, et séjourné trois ans en Écosse, à la cour du roi Jacques, il était rentré en France, et s'était livré à une étude sérieuse des anciens sous Dorat, Turnèbe et autres savants professeurs ; il avait remporté le prix aux jeux floraux, et un décret des magistrats de Toulouse l'avait surnommé *le poète par excellence ;* mais plus il étudiait, plus il se persuadait que tout était à refaire dans la langue française. Laissant donc là les traces de ses prédécesseurs, il se mit à la tête de la réforme indiquée par du Bellay, et, comme dit Boileau, il ne parla plus en *en français* que *grec et latin.* Malgré tous ses défauts et toutes ses erreurs Ronsard était né avec du talent : il a de la verve poétique. Certains passages de ses œuvres révèlent véritablement le poète.

Il s'exerça dans tous les genres, et le premier il osa aborder l'épopée ; mais sa *Franciade* ne fut pas achevée. Il fut aussi le premier poète français qui composa des odes.

Ses ouvrages très nombreux se composent de madrigaux, de sonnets, de chansons, etc.; de cinq livres d'odes; de *la Franciade,* poëme inachevé; du *Bocage royal*, recueil de poésies diverses, d'*églogues*, de *mascarades*, d'*hymnes*, de *petits poèmes*, etc.

Nous réunirons sous un même coup d'œil quelques-unes de ces expressions ridicules et pédantesques qui ont attiré sur Ronsard et son école tant de sarcasmes et de plaisanteries. Pour lui les géants sont *serpents-pieds;* les centaures, *dompte-poulains;* les poètes, *mâche-lauriers;* la toux, *ronge-poumon;* le soleil, *brûle-champs;* le temps est *un grand mangeard.* Il termine une description de Bacchus par ce vers :

Ses yeux étincelaient tout ainsi que chandelles.

Le soleil à la chevelure blonde est *l'astre perruqué de lumière, Apollon porte-perruque,* etc.

Hippolyte est peint

Dégouttant de sueur et d'une honnête crasse.

§ 3. *La pléiade poétique du seizième siècle.*— *Disciples de Ronsard.*

Pour partager sa gloire et son apothéose avec ceux qui l'avaient aidé dans la croisade contre le vieux français, Ronsard imagina de fonder une pléiade poétique, dont il était lui-même le centre. Ces astres subalternes qui l'entouraient étaient Joachim du Bellay, promoteur de la révolte; Dorat, maître de Ronsard; Amadys Jamyn, son élève chéri; Remy Belleau, Estienne Jodelle et Ponthus Thyard, ou suivant d'autres, Antoine Baïf, Scévole de Sainte-Marthe et Marot.

JOACHIM DU BELLAY, surnommé par ses amis *l'Ovide français,* fut, comme nous l'avons dit, l'auteur de *l'Illustration de la langue française.* Cet écrivain se distingua par un goût plus sûr et une pensée plus originale. Son style a de la correction pour le temps ; on y trouve de la force, des images, de la dignité. Sa chanson du *Vanneur de blé* est un morceau plein de grâce et de verve :

AUX VENTS.

A vous, troupe légère,
Qui d'aile passagère
Par le monde volez,
Et d'un sifflant murmure
L'ombrageuse verdure
Doucement ébranlez,

J'offre ces violettes,
Ces lys et ces fleurettes
Et ces roses ici,
Ces vermeillettes roses,
Tout fraîchement écloses,
Et ces œillets aussi.

De votre douce haleine
Eventez cette plaine,
Eventez ce séjour :
Cependant que jahanne (*travaille*)
A mon blé, que je vanne
A la chaleur du jour.

Du Bellay a essayé de tous les genres connus à cette époque. Ses principaux ouvrages sont : *l'Olive,* les

Regrets, le *Poète courtisan* et *les Antiquités de Rome.*

DORAT (1510—1588) n'est guère connu que comme professeur de grec. Il dut son admission dans la pléiade à la reconnaissance de Ronsard, dont il avait été le professeur. On a de lui quelques petits poèmes.

ANTOINE BAÏF (1532-1589) est cité comme le plus outré, le plus dur, le plus barbare, le plus obscur, le plus glorieux des auteurs de la pléiade.

RÉMI BELLEAU épuisa dès son vivant toute sa célébrité littéraire ; quelques-unes de ses pièces se font remarquer cependant par une grande fraîcheur.

PONTHUS DE THYARD, devenu évêque, renonça à la poésie.

JAMYN devina le vrai caractère du vers alexandrin.

JODELLE fut le réformateur du théâtre, comme nous le verrons un peu plus tard.

Citons encore quelques noms qui eurent une certaine célébrité :

DUBARTAS, qui a encore renchéri sur Ronsard, et dont le style ampoulé n'est pas dépourvu quelquefois d'une certaine noblesse.

CHASSIGNET, qui montra dans ses vers jusqu'où peut aller le ridicule. En traduisant un psaume il dit en s'adressant à Dieu :

Par toi le mol zéphyr, aux ailes diaprées,
Refrise d'un air doux la perruque des prées ;
    Et sur les monts voisins
Éventant ses soupirs sur les vignes pamprées,
Donne la vie aux fleurs et *du* suc aux raisins.

Chassignet ne s'en tient pas à la *perruque des prés :* il en donne une aussi au soleil :

> Soit que du beau soleil la perruque empourprée
> Redore de ses rais cette basse contrée.

On doit avouer que le dieu du jour, qui de temps immémorial est en possession chez les poètes d'avoir la plus belle chevelure du monde, ne doit pas être content de Chassignet, qui s'avise de le mettre en perruque.

§ 4. *Retour à l'école de Marot.—Malherbe.*

Pendant que les Dubartas et les Baïf se livraient aux monstrueux excès de leur esprit novateur, et étalaient dans leurs vers ampoulés tout ce que peut l'enflure et le ridicule, d'autres écrivains plus réservés, se livrant à l'imitation des Italiens, se vouèrent à la poésie galante et légère.

DESPORTES montra dans ses sonnets une molle élégance, une grâce raffinée auxquelles on ne peut donner beaucoup d'éloges ni faire subir une critique bien sévère. On remarque dans ses vers un progrès bien sensible. L'hiatus ne s'y voit plus que rarement, ainsi que les enjambements prosaïques ; il connaît la coupe de la phrase poétique, et sait la varier et la suspendre. Une de ses chansons,

> Rosette, pour un peu d'absence,
> Votre cœur vous avez changé ;
> Et moi, sachant votre inconstance,
> Le mien autre part j'ai rangé, etc.

n'est pas encore oubliée après deux siècles.

BERTAUT, évêque de Séez, imita Desportes, et poussa plus loin que lui la correction et l'élégante simplicité du style; mais il est fade et sans invention.

Cependant parmi cette génération de poètes langoureux quelques hommes conservaient une originalité de caractère, une liberté d'esprit que n'avaient pu influencer les différends que nous avons remarqués dans la littérature de cette époque.

PASSERAT, après des études longues et sérieuses, ne semblait se réveiller que pour entonner de joyeux refrains : des plaisanteries mordantes et caustiques le vengeaient des malheurs du temps. Témoin de toutes les horreurs de la Ligue, il fut l'auteur de la plupart des vers de la satire *Ménippée*.

D'autres poètes marchaient sur ses traces, et donnaient à la poésie un tour original qu'elle n'avait point eu jusque là.

MATHURIN RÉGNIER (1573—1613), neveu de Desportes, était né à Chartres. Le premier parmi les poètes français il a réussi dans la satire : il imita avec succès ceux qu'il avait pris pour modèles.

De ces maîtres savants disciple ingénieux,
Régnier, seul parmi nous formé sur leurs modèles,
Dans son vieux style encore a des grâces nouvelles.
Heureux si ses discours, craints du chaste lecteur,
Ne se sentaient des lieux où fréquentait l'auteur,
Et si du son hardi de ses rimes cyniques
Il n'alarmait souvent les oreilles pudiques.

(BOILEAU, *Art. poét.*)

Régnier a laissé seize satires, cinq élégies et quelques épîtres.

THÉODORE AGRIPPA D'AUBIGNÉ, gentilhomme protestant, aïeul de Mme de Maintenon, fut attaché dès sa jeunesse au roi de Navarre, et contribua par sa valeur à placer Henri IV sur le trône. Après la mort de son maître il vécut dans la retraite, et y composa plusieurs ouvrages en prose et en vers. Un recueil de sept satires qu'il nous a laissé l'a placé à côté de Régnier dans ce genre. Au milieu d'un amas d'ordures et de mauvais goût on trouve une énergie sans égale, une verve de poésie, d'enthousiasme et de haine qui ne se sont peut-être jamais confondus au même degré chez aucun écrivain.

§ 5. *Malherbe.*

Enfin Malherbe vint, et le premier en France
Fit sentir dans les vers une juste cadence ;
D'un mot mis en sa place enseigna le pouvoir,
Et réduisit la muse aux règles du devoir.
Par ce sage écrivain la langue réparée
N'offrit plus rien de rude à l'oreille épurée.
Les stances avec grâce apprirent à tomber,
Et le vers sur le vers n'osa plus enjamber.

MALHERBE (1555-1628) fut le premier modèle du style noble et le créateur de la **poésie lyrique**. Il en a l'enthousiame, les mouvements et les tournures. Né avec de l'oreille et du goût, il connut les effets du rhythme, et trouva une foule de constructions poétiques adaptées au génie de notre langue. Il nous enseigne l'espèce d'harmonie imitative qui lui convient, et comment on se sert avec art de l'inversion et avec réserve. Ses ouvrages ne sont pourtant pas encore d'une pureté comparable aux écrivains des beaux jours de Louis XIV : il ne serait pas juste de l'exiger ; mais tout ce qu'il nous apprit il ne le dut qu'à lui-même, et au bout de deux cents ans on cite encore nombre de morceaux de lui qui sont d'une beauté irréprochable. La langue française était formée.

Peut-on rien voir de plus gracieux, de plus délicatement senti que ces stances qu'il adresse à son ami Duperrier sur la mort de sa fille :

Ta douleur, Duperrier, sera donc éternelle,
 Et les tristes discours
Que te met en l'esprit l'amitié paternelle
 L'augmenteront toujours.

Observons d'abord le choix du rhythme ; ce petit vers, qui tombe régulièrement après le premier, peint si bien l'abattement de la douleur. C'est là le vrai secret de l'harmonie :

Le malheur de ta fille au tombeau descendue
 Par un commun trépas
Est-ce quelque dédale où la raison perdue
 Ne se retrouve pas ?
Elle était de ce monde, où les plus belles choses
 Ont le pire destin,
Et, rose, elle a vécu ce que vivent les roses,
 L'espace d'un matin.

Le charme de ces vers est inexprimable ; citons encore cette belle strophe sur la mort :

La mort a des rigueurs à nulle autre pareilles :
 On a beau la prier ;

La cruelle qu'elle est se bouche les oreilles,
    Et nous laisse crier.

Le pauvre en sa cabane, où le chaume le couvre,
    Est sujet à ses lois,
Et la garde qui veille à la porte du Louvre
    N'en défend pas nos rois.

Voilà enfin des vers français.

Deux poètes, élèves de Malherbe, eurent même de son vivant une réputation méritée : Racan et Maynard.

RACAN (*Honorat de Bueil*, marquis de) naquit à La Roche-Racan, en Touraine, en 1589. Comme poète lyrique il est resté fort au dessous de son maître ; mais comme poète bucolique il a justifié l'éloge qu'en a fait Boileau quand il a dit :

Racan chante Philis, les bergers et les bois.

Il a le premier saisi le vrai ton de la pastorale.

MAYNARD a laissé des vers dont l'expression est toujours pure et toujours choisie. Ses sonnets et ses épigrammes sont de bon goût. On ne lui reproche que d'être un peu froid.

§ 6. *Du théâtre pendant le quinzième siècle.*

Les représentations des mystères, qui avaient été considérées comme une récréation fort innocente tant que la foi et la piété des spectateurs en avaient soutenu la vogue, présentèrent un caractère dangereux dès que la réforme eut infecté la France : l'autorité se hâta d'intervenir ; les confrères de la Passion furent contraints de quitter l'hôpital de la Trinité, et deux ordonnances leur défendirent de continuer leurs représentations (1542). Ce ne fut qu'en 1548, à force de sollicitations, qu'ils obtinrent la permission de représenter à l'Hôtel de Bourgogne des sujets *licites, profanes et honnêtes*, et qu'ils obtinrent encore une fois du parlement un privilége exclusif.

Les sotties et les moralités, auxquelles Louis XII avait accordé toute sa faveur, ne trouvèrent pas dans François I*er* la même protection. Les Bazochiens et les Enfants-sans-souci, qui jusque là s'étaient impunément attaqués aux princes et aux princesses, reçurent l'ordre d'être plus circonspects à l'avenir, et la surveillance de plus en plus sévère dont ils devinrent l'objet fit bientôt disparaître tout à fait ce genre de spectacle et de composition.

Alors parurent des traductions en vers de quelques tragédies grecques, et ces essais montraient que du moins les modèles commençaient à être connus ; mais aucune de ces pièces n'avait été représentée. Enfin parut en 1552 celui qui devait le premier obtenir les honneurs de la représentation.

Etienne Jodelle fit un nouveau pas vers le bien : doué d'un esprit flexible et plein de ressource, il ne voulut pas rester sur les traces de ses prédécesseurs, et sans prendre des sujets chez les Grecs il voulut du moins traiter à leur manière ceux de *Cléopâtre* et de *Didon* : il imita leurs prologues et leurs chœurs ; mais comme il n'avait ni leur génie ni aucune idée de leur contexture dramatique, tout se passe en déclamations et en récits. Le style en est barbare. La *Cléopâtre* eut pourtant une grande vogue, et Henri II fut si enchanté de la nouveauté de ce spectacle qu'il donna cinq cents écus à Jodelle.

Enhardi par ce succès, Jodelle composa une comédie en cinq actes et en vers, intitulée *Eugène*, dont le succès ne fut pas aussi brillant.

Plusieurs auteurs descendirent avec lui dans la carrière, et l'on vit paraître un grand nombre de tragédies grecques et latines. Jean de La Péruse, Charles Toutain, Jean et Jacques de La Taille, Jacques Grévin, Mellin de Saint-Gelais, Jean Baïf, Rémi Belleau s'élancèrent sur la scène, et un nouveau théâtre fut fondé. Nous n'examinerons point en détail les productions de ces poètes, quoique leur répertoire soit assez peu considérable. Nulle invention dans les caractères, les situations et la conduite de la pièce ; une reproduction scrupuleuse des formes grecques, l'action simple, les personnages peu nombreux, les actes fort courts, composés d'une ou de deux scènes entremêlées de chœurs ; la poésie lyrique de ces chœurs bien supérieure à celle du dialogue ; un style qui vise à la noblesse et à la gravité, et qui ne la manque guère que parceque la langue lui fait faute, telle est la tragédie de cette époque.

La réputation de Jodelle reçut pourtant quelque échec avant sa mort. Vers 1573 ROBERT GARNIER fit représenter des tragédies qui eurent une préférence marquée sur celles de ses prédécesseurs. Ses pièces sont au nombre de sept, calquées sur la forme grecque, remarquables surtout, comme on le jugea dès lors, par la pompe du discours et la beauté des sentences.

Garnier achevait sa carrière tragique, et les guerres civiles, renaissant avec une furie nouvelle, interrompaient au sein de Paris les études de l'antiquité et les exercices littéraires. De 1588 jusqu'à 1594 l'anarchie règne sur la scène comme dans l'état : enfin avec le rétablissement de l'ordre et le retour d'Henri IV on voit naître une nouvelle école dramatique.

ALEXANDRE HARDY en fut le fondateur, et en demeura vingt ans le principal soutien ; plus tard Mairet, Rotrou et Corneille en sortirent, la réformèrent et la firent telle qu'on l'a vue depuis. Ce qui caractérise surtout la période de Hardy, à défaut d'originalité et de talent véritable, c'est la confusion de tous les genres et l'absence complète des règles classiques.

MONCHRESTIEN et BILLARD furent les derniers et les plus remarquables des disciples de Garnier. On trouve dans le premier une certaine élégance, une douceur de style qui lui est particulière. Billard se distingue par l'incohérence grotesque qui souvent éclate entre la forme et le fond de ses tragédies.

Auprès de ces dernières et rares productions d'une école épuisée renaissaient en foule des pièces saintes ou grivoises, qui ne rappelaient pas mal les mystères, les moralités et les farces du vieux théâtre ; mais c'étaient là des jeux de populace, qui sentaient trop la grossièreté d'un autre âge. La nouvelle génération littéraire, née avec le siècle et nourrie après la ligue, suivait de préférence les traces du vieux Hardy, et ne tarda pas à le dépasser. Dès 1618 THÉOPHILE obtint un grand succès par sa tragédie de *Pyrame et Thisbé*.

La *Sylvie* de Mairet, l'*Amarante* de Gombaud ont eu aussi une grande vogue, qui ne cessa qu'au moment où parurent les premières pièces de Rotrou et de Corneille.

CHAPITRE II.

SECONDE SECTION. — PROSE.

§ 1. *Histoire, chroniques, mémoires.*

L'histoire de Bayard, écrite par son secrétaire, est un des plus anciens monuments historiques de ce siècle. C'est une biographie nette et fidèle du chevalier sans peur et sans reproche, dans laquelle on trouve un style pur et convenable, et dont le plan ne manque ni de clarté ni de régularité.

Le Maréchal de Fleuranges, fait prisonnier à la bataille de Pavie, composa pendant sa captivité l'histoire des règnes de Louis XII et de François Ier.

Claude Fauchet, mort en 1601, historiographe de France, a écrit, sous le titre d'*Antiquités gauloises et françaises*, le récit des événements historiques jusqu'à Hugues Capet. On lui doit encore quelques autres ouvrages d'archéologie fort curieux, mais sans ordre et incomplets.

Pierre Matthieu, aussi historiographe de France, a laissé un grand nombre d'ouvrages historiques, mais tellement inexacts que de son temps même ils perdirent tout crédit.

Pierre de l'Étoile consigna pendant trente ans, sur son *Journal*, tous les événements publics et particuliers, les intrigues, les folies qui signalèrent les règnes de Henri III et de Henri IV.

Étienne Pasquier, dans des *Lettres* très élégantes pour l'époque, traça une histoire presque complète de son temps ; ses *Recherches sur l'histoire de France* sont encore lues avec intérêt.

Brantôme a laissé des mémoires divisés en cinq parties, qui renferment l'*Histoire des grands capitaines français, des capitaines étrangers, des dames galantes, des dames illustres et des duels*. C'est un continuel et servile écho de tous les bruits de cour et de ville qui, depuis François Ier jusqu'à Henri IV, ont frappé les oreilles d'un courtisan curieux et causeur. Mal instruit, inexact, aimant à croire et à raconter le scandale, Brantôme est non seulement indifférent au mal et au bien, mais il ne sait ce qui est vertu ni ce qui est vice.

Sully écrivit dans sa retraite des mémoires intitulés *Économies royales*. C'est un tableau des règnes de Charles IX, Henri III et Henri IV. Le règne de ce dernier prince occupe surtout une grande place dans cet ouvrage.

D'Aubigné, dont nous avons déjà parlé, tenta un premier essai d'une *Histoire universelle*. Ce livre, qui embrasse une période de cinquante et un an (1550-1601), excita dès son apparition la colère du parlement, et fut brûlé par la main du bourreau. On lui reprochait d'outrager la majesté royale et de faire jouer à Henri IV le rôle le plus odieux.

Mais le plus grand travail de ce siècle, la première histoire universelle, c'est l'ouvrage du président de

Thou. Il contient le récit des événements de 1545 à 1607, et est écrit en latin. Ce livre manque d'unité; mais on y reconnaît une remarquable netteté de jugement, une grande sagacité dans l'investigation des faits et une probité à toute épreuve dans la manière de les raconter. Nous devons regretter que de Thou ne se soit pas servi de sa langue maternelle; il lui eût sans doute fait faire un sensible progrès.

§ 2. *Philosophie. — Ouvrages divers.*

Michel de Montaigne (1533-1592) naquit au château de Montaigne, en Périgord, et fut élevé avec le plus grand soin par son père. Il apprit le latin en se jouant, n'ayant été entouré dès sa première enfance que de personnes qui parlaient cette langue; il acheva ses études au collège de Bordeaux, étudia le droit, et fut pourvu d'une charge de conseiller au parlement de cette ville. C'est là qu'il connut La Boétie, avec lequel il se lia de la plus étroite amitié.

Il se mit ensuite à voyager, et parcourut successivement la France, l'Allemagne, la Suisse, l'Italie, et fut nommé à son retour maire de Bordeaux, et décoré par Charles IX de l'ordre de Saint-Michel.

Montaigne s'est rendu à jamais célèbre par ses *Essais*; il a traité dans ce livre les sujets les plus divers, et s'y est peint lui-même avec une grande sincérité. Son ouvrage est, comme il l'appelle, un livre de bonne foi. Il écrivait sans ordre, sans plan et à mesure que les occasions lui suggéraient des réflexions. Son style a une facilité, une naïveté que la langue a perdue depuis. Les chapitres les plus remarquables sont ceux sur *l'amitié*, sur *l'institution des enfants*, sur *l'affection des pères*. Montaigne était sceptique, et avait pris pour devise: *Que sais-je?* Sous ce rapport son livre est pernicieux ; cependant son scepticisme n'est point un système ; c'est simplement le doute qu'excite par moments dans un esprit de bonne foi la considération de la faiblesse humaine et la contradiction des jugements.

LA BOÉTIE et CHARRON sont deux hommes dont les noms sont intimement liés à celui de Montaigne. Le premier composa *le Traité de la servitude volontaire*. Charron a laissé un livre *de la Sagesse* dans lequel il érige le doute en système. Dans un ouvrage postérieur, connu sous le titre des *Trois vérités*, il prouve, 1° qu'il n'y a qu'un seul Dieu et qu'une seule religion; 2° que la religion chrétienne est la seule divine ; 3° que la religion catholique romaine est la seule véritable. Le style suit ici la pensée, et il n'est pas rare d'y trouver des pages éloquentes.

SAINT FRANÇOIS DE SALES (1567-1622, évêque de Genève, dans les courts instants de loisir que lui laissaient son zèle et son activité apostolique, écrivit plusieurs ouvrages religieux aussi remarquables par la pureté et l'élévation de sa doctrine que par la simplicité familière de son style; en voici les titres:

1° *Introduction à la vie dévote;* 2° *Traité de l'amour de Dieu;* 3° *Entretiens spirituels;* 4° *l'Etendard de la sainte Croix;* 5° *des Controverses;* 6° *des Sermons;* 7° *des Lettres;* 8° *des Opuscules*.

RABELAIS (François) naquit en 1483 dans le Chinonais. Son père était hôtelier et en même temps propriétaire du cabaret de *La Lamproie*. Ce fut au milieu d'une société assez mal composée qu'il passa sa première enfance, et malgré toute son érudition et tout son savoir les travers de sa vie scandaleuse rappellent plus d'une fois les leçons qu'il avait puisées au milieu des nombreux clients de son père. Rabelais est l'auteur de la célèbre histoire de *Gargantua* et *Pantagruel;* c'est un roman satirique qui est rempli de folie, d'extravagances, de quolibets, de mots barbares forgés à plaisir, de passages inintelligibles; mais qui en même temps est plein d'originalité, de bon sens, d'esprit et même d'érudition. Mais ce qu'on ne peut lui pardonner c'est de s'être moqué de la manière la plus coupable des choses les plus saintes, et d'avoir avec une impudence sans égale semé l'ordure et le scandale dans tous ses écrits : « C'est, dit La Bruyère, le visage d'une belle femme avec des pieds et une queue de serpent, ou de quelque autre bête plus difforme ; c'est un monstrueux assemblage d'une morale fine et ingénue et d'une sale corruption : où il est mauvais, il passe bien loin au-delà du pire; c'est le charme de la canaille; où il est bon, il va jusqu'à l'exquis et à l'excellent. »

§ 3. *Satire Ménippée.*

La satire Ménippée est aussi une des plus célèbres productions du seizième siècle : cet ouvrage, qui n'est autre chose qu'un pamphlet politique, écrit du temps de la ligue, moitié en vers et moitié en prose, fut publié peu de temps après la mort d'Henri III. On y dévoilait les intentions perfides de la cour d'Espagne, et l'ambition coupable des Guise. Cette satire se divise en deux parties : la première, intitulée *le Catholicon d'Espagne*, fut écrite par LEROY, et flétrit tous ceux qui se laissaient corrompre par l'or de Philippe II; elle parut en 1593. La deuxième, qui parut l'année suivante, fut l'ouvrage du conseiller au parlement GILLOT, du savant PITHOU et des deux poètes RAPIN et PASSERAT ; elle est intitulée *Abrégé des états de la Ligue* : c'est une critique ingénieuse de ce qui se passa aux états-généraux de 1593.

§ 4. *Contes et Romans.*

MARGUERITE DE NAVARRE, sœur de François Ier, ne se contenta pas d'accorder une protection ouverte à tous les hommes d'esprit et de génie; elle voulut aussi être comptée parmi les beaux esprits de son siècle : outre ses poésies, dont nous avons déjà parlé, et qui la firent surnommer la *dixième muse*, elle composa, à l'imitation du *Décameron* de Boccace, *l'Heptameron* ou *les Nouvelles de la reine de Navarre*. C'est un recueil de soixante-douze contes en prose qu'elle « *composait dans sa litière en voyageant par le pays.* » Cet ouvrage, dont le ton licencieux est surtout coupable dans une femme, est sous le rapport du style un monument curieux. La Fontaine l'estimait et l'a mis plus d'une fois à contribution.

Les poésies de Marguerite furent publiées sous le titre prétentieux de : *Les Marguerites de la Marguerite des princesses*, par Jean de La Haye, son valet de chambre.

BONAVENTURE DESPERRIERS, autre valet de chambre de Marguerite, composa aussi *des Nouvelles récréations de Joyeux Devis*. C'est un recueil de quatre-vingt-dix contes qui sont remplis, comme ceux de sa protectrice, de passages fort licencieux. On doit encore à la plume de Desperriers quelques autres ouvrages, parmi lesquels une traduction d'une pièce du comique latin Térence.

Les romans de chevalerie eurent une grande vogue sous François Ier. De tous les genres de littérature c'était peut-être celui auquel le monarque et sa sœur accordaient la protection la plus marquée : François Ier s'engoua aussi de toutes les coutumes de l'ancienne chevalerie au point de se présenter devant sa cour vêtu comme un preux du douzième siècle. Alors on vit apparaître tous les héros et toutes les héroïnes des romans du moyen âge.

HERBERAY DES ESSARDS traduisit *l'Amadis* espagnol, dont la lecture avait charmé les ennuis de François Ier pendant sa captivité.

Le succès qu'eut cet ouvrage engagea son auteur à entreprendre la traduction d'un autre roman, dont il ne donna que le premier livre sous le titre de *Chronique du très vaillant et très redouté Dom Florès de Grèce*.

TEMPS MODERNES.

SIÈCLE DE LOUIS XIV.

INTRODUCTION.

Au commencement de cette période, qui devait être si brillante, le bon goût avait encore bien des obstacles à surmonter. La langue commençait à s'épurer, il est vrai ; elle acquérait de l'harmonie dans les vers de Malherbe et dans la prose de Balzac; mais il restait encore beaucoup à faire, et il fallait, suivant une marche assez ordinaire aux hommes, passer par toutes les mauvaises routes avant de trouver la bonne. Nos progrès étaient retardés par ce même esprit d'imitation qui pourtant est nécessaire au moment où les arts renaissent, mais qui a ses inconvénients comme ses avantages (1). A cette époque l'enflure espagnole et l'affectation italienne réglaient tout en France. La poésie galante s'empara de ces pointes du bel-esprit italien appelées *concetti*, et de là ce déluge de fadeurs alambiquées où l'amant qu'on entendait le moins passait pour celui qui s'exprimait le mieux. La poésie dramatique suivit la même marche, et *la Mariamne* de Tristan et la *Sophonisbe* de Mairet sont

(1) La Harpe, *Cours de Littérature*.

infectées de ce style ridicule ; et c'étaient encore les merveilles de notre théâtre au moment où Corneille donnait *le Cid* et *Cinna*. D'un autre côté les romanciers espagnols donnaient aussi le ton en France ; leurs exagérations, leurs excentricités les plus révoltantes se répandaient sur nos théâtres, et y étaient goûtées ; et la comédie elle-même, calquée sur l'italien et l'espagnol, n'était qu'une espèce de roman dialogué, une suite d'incidents dépourvus à la fois de vraisemblance et de décence. Le style était celui des farces d'Italie, le jargon des Trivelin et des Scaramouche. Ce fut même cet amour pour la bouffonnerie qui donna naissance au genre burlesque, qui eut aussi son moment de vogue, et dont Scarron fut le héros.

Mais, pour réunir les deux extrêmes du mauvais goût, il régnait en même temps une autre sorte de travers, le style précieux, qui est l'abus de la délicatesse comme le burlesque est l'abus de la gaieté.

L'*Hôtel de Rambouillet* a été longtemps accusé, bien à tort sans doute, d'avoir contribué à mettre en faveur ce langage obscur et affecté. Un savant professeur de notre époque a entrepris avec succès la réhabilitation de cette illustre société, et a prouvé qu'elle rendit au contraire à la littérature de grands et incontestables services. On nous saura gré de dire quelques mots de cette réunion à juste titre si célèbre.

On nommait *Hôtel de Rambouillet* la société qui se réunissait à l'hôtel de la marquise de Rambouillet (rue Saint-Thomas-du-Louvre, à Paris) ; elle se composait de personnes choisies, distinguées par leur naissance, leurs vertus ou leur esprit. On fait remonter l'origine de cette société à 1600, époque du mariage du marquis de Rambouillet avec Catherine de Vivonne ; mais c'est surtout au milieu du dix-septième siècle (de 1635 à 1665) qu'elle fut en faveur. On y remarquait parmi les grands seigneurs Richelieu, le grand Condé, le duc de La Rochefoucauld, le marquis de La Salle, depuis duc de Montausier; parmi les beaux-esprits, Ogier de Gombaud, Malherbe, Vaugelas, Racan, qui furent des premiers admis dans cette réunion ; puis Voiture, Balzac, Segrais, Chapelain, Costar, Sarrazin, Conrard, Mairet, Patru, Godeau, Rotrou, Scarron, Benserade, Saint-Evremont, Charleval, Ménage, Malleville, Desmarets, Bautru, Cotin, Colletet, Georges de Scudéry, Corneille ; on y vit même paraître Fléchier et Bossuet. Ce dernier prononça à seize ans, dans une soirée de l'Hôtel de Rambouillet, son premier discours ; ce qui fit dire à Voiture : « Je n'ai jamais entendu prêcher ni si tôt ni si tard. » Parmi les femmes on distinguait la duchesse de Longueville, la marquise de Lafayette, Mlle de Scudéry, Mme de La Suze, Mlle Paulet, Mme de Sévigné, Mme Deshoulières, et Mlle Julie d'Angennes, fille de la marquise de Rambouillet, depuis duchesse de Montausier et le plus bel ornement du cercle.

L'Hôtel de Rambouillet eut une heureuse influence sur les mœurs en proscrivant les déréglements et les désordres dont la Ligue et Henri IV avaient donné l'exemple. La langue s'épura de plus en plus dans ces conversations élégantes, auxquelles prenaient part sans cesse des femmes aussi remarquables par leur esprit que par leur exquise délicatesse. On s'habitua à traiter indistinctement toutes les questions, à avoir de l'esprit sur toutes sortes de sujets, et de ce défaut même il résulta un bien pour l'avancement et la perfection de la littérature. L'Hôtel de Rambouillet est en quelque sorte le premier noyau de l'Académie française, le berceau des grands hommes qui devaient illustrer le grand siècle.

Une autre société non moins célèbre, non moins savante, sut trouver par une autre voie le chemin de la perfection dans la littérature, et a droit à tous nos hommages par les monuments qu'elle nous a laissés. Je veux parler des savants solitaires qui s'établiren en 1636 à l'abbaye de Port-Royal-des-Champs, près de Chevreuse, et s'y consacrèrent à l'étude des lettres et à l'éducation de quelques jeunes gens d'élite. On distinguait parmi eux les deux Arnauld d'Andilly, Lemaistre de Sacy et ses deux frères, Nicolle, Lancelot, Lenain de Tillemont, etc. Héritiers et disciples de la littérature des anciens, ils nous apprirent à le devenir. Les excellentes études qu'ils dirigeaient, leurs principes de grammaire et de logique, les meilleurs que l'on connût jusqu'à eux, sont encore bons aujourd'hui; leurs livres élémentaires, qui ont fourni tant de secours pour la connaissance des langues; tous leurs ouvrages écrits sainement et avec pureté, et ce mérite qui n'appartient qu'à la supériorité de savoir descendre pour instruire, voilà ce qui servit à consommer la révolution que le goût attendait pour éclairer le génie. Pour tout dire en un mot, c'est de leur école que sont sortis Pascal et Racine ; Pascal, qui nous donna le premier ouvrage où la langue ait paru fixée ; Racine, le modèle éternel de la poésie française.

On divise l'histoire littéraire du grand siècle en deux périodes. La première commence en 1610, et finit vers 1660; c'est l'époque du grand Corneille et de Pascal; la seconde s'étend depuis 1660 jusqu'à 1715, c'est l'époque de Boileau, de Racine et de Molière.

PREMIÈRE PÉRIODE.

(1610—1660)

CHAPITRE Ier.

PREMIÈRE SECTION. — POÉSIE.

§ 1. *Genre dramatique.*

Armand Duplessis, cardinal DE RICHELIEU (1585-1642), mérite une place dans cet ouvrage non seulement à cause des œuvres littéraires qu'il nous a laissées, mais encore à cause du mouvement général qu'il imprima à la littérature par la fondation de l'Académie française, de l'imprimerie royale et l'agrandissement de la Sorbonne. Avant d'arriver au ministère, lorsqu'il n'était encore qu'évêque de Luçon, il prononça aux états-généraux des discours remarquables par leur verve et leur netteté, puis il publia successivement la *Méthode des Controverses*, *les principaux Points de la Religion défendus*, *l'Instruction du Chrétien*, etc. Devenu premier ministre de Louis XIII, au milieu des embarras de la politique et des affaires les plus sérieuses et les plus graves, il s'occupait de chercher des sujets de tragédies qu'il donnait à versifier, acte par acte, à cinq auteurs différents. C'est ce qui fit donner à ces productions le nom de *pièces des cinq auteurs*. La tragédie de *Mirame* et la *Grande Pastorale* sont de lui. Il ordonna à l'Académie française la critique du *Cid*, et cette critique est encore aujourd'hui et le plus bel éloge de Corneille et le premier monument de la gloire de ces illustres législateurs de la littérature. On doit encore à Richelieu quelques ouvrages historiques. Le cardinal choisit pour sépulture l'église de la Sorbonne, qu'il avait rebâtie. Le mausolée qui s'y voit est le chef-d'œuvre du célèbre Girardon.

Mairet (1604-1686) est le premier poète tragique qui ait donné sur notre théâtre des tragédies régulières. Sa *Sophonisbe*, imitée du Trissin, parut en 1629, et eut un succès prodigieux même après Corneille. C'est la première de nos tragédies qui offre un plan régulier et assujetti aux trois unités : malgré le jargon et la bassesse du style, qui domine dans cette pièce, il y a quelques beautés ; on y trouve quelquefois du sentiment, du pathétique et de l'élévation : les deux derniers actes surtout offrent de beaux passages. Mairet avait fait représenter en 1621 *la Sylvie*, qui avait fait courir tout Paris pendant quatre ans. Ses autres pièces sont : *la Sylvanire*, pastorale tirée de l'*Astrée; les Galanteries du duc d'Osson*, *la Virginie*, *Cléopâtre*, etc.

Mairet ne put jamais pardonner à Corneille d'avoir éclairé son siècle, et il fut, à sa honte, un des plus ardents détracteurs du *Cid*.

Pierre Corneille naquit à Rouen le 6 juin 1606. Il fit ses études chez les Jésuites, et son père, qui était avocat, le fit entrer dans le barreau, où il obtint peu de succès. Une aventure singulière lui révéla son talent dramatique. Un jeune homme de ses amis, amoureux d'une jeune personne, le mena avec lui chez elle ; bientôt le nouveau venu se rendit plus agréable que l'introducteur, qui fut obligé de se retirer et Corneille, qui n'avait alors que vingt-trois ans, trouva dans cette aventure le sujet de sa comédie de *Mélite*, qu'il fit représenter à Rouen (1629). On trouve encore dans cette pièce bien des faiblesses de style. Le précieux, alors à la mode, les subtilités de l'école italienne y abondent, ainsi que des pointes de mauvais goût telles que celle-ci :

Quitte ce vain orgueil dont la vue est charmée ;
Tu n'y vois que *mon cœur*, qui n'a plus un seul trait
Que ceux qu'il a reçus de ton charmant portrait,
Et qui tout aussitôt que tu l'es fait paraître,
Afin de te mieux voir, *s'est mis à la fenêtre*.

Mélite fut suivie de cinq autres pièces : *Clitandre* (1630), *la Veuve*, *la Galerie du Palais* (1634), *la Place royale* (1635). Ces ouvrages sont tous empreints des défauts de l'époque : des scènes mal amenées, des monologues longs et sans intérêt, pas assez de liaison dans l'intrigue et beaucoup de faiblesses de style, quelquefois cependant des éclairs de verve et de bon comique.

Médée parut en 1635. Euripide et Sénèque avaient traité ce sujet avant Corneille ; on peut déjà voir dans cette pièce, au milieu d'un grand nombre de défauts, des beautés telles qu'on n'en avait point encore vues et qui révélaient enfin le *grand* poète. Le monologue de Médée, au premier acte, imité en partie de Sénèque, est remarquable par une force et une élévation de style inconnues jusqu'alors :

Souverains protecteurs des lois de l'hyménée,
Dieux garants de la foi que Jason m'a donnée,
Vous qu'il prit à témoin d'une immortelle ardeur
Quand par un faux serment il vainquit ma *pudeur*,
Voyez de quel mépris vous traite son parjure,
Et m'aidez à venger cette commune injure.

. . . .
. . . .

Me peut-il bien quitter après tant de bienfaits ?
M'ose-t-il bien quitter après tant de forfaits ?

Ces deux vers surtout offrent un rapprochement d'idées de la plus grande énergie ; il est impossible de dire plus en si peu de mots ; c'est le vrai sublime. Que dire de cette fameuse réponse de Médée, dans la scène cinquième :

Dans un si grand revers que vous reste-t-il ?
         Moi,
Moi, dis-je, et c'est assez !

Le Cid fut représenté en 1636. Cette pièce, imitée de l'espagnol de Guilhem de Castro, excita un enthousiasme universel non seulement en France, mais dans l'Europe entière. *Le Cid* fut traduit en italien, en espagnol, en anglais et en allemand, et l'on disait, pour porter l'éloge aussi haut que possible : *cela est beau comme le Cid.* Tant de gloire excita la jalousie du cardinal de Richelieu, qui ordonna à l'Académie de faire la critique du *Cid*, et Corneille ne se vengea qu'en produisant de nouveaux chefs-d'œuvre.

Les Horaces parurent en 1639. Le sujet était moins heureux et plus difficile à traiter que celui du *Cid*. Il ne s'agit que d'un combat, d'un événement très simple, qu'à la vérité le nom de Rome a rendu fameux, mais dont il semble impossible de tirer une fable dramatique. C'est aussi celui de tous les ouvrages de Corneille où il a dû le plus à son génie. *Les Horaces* ne sont point encore une tragédie régulière ; l'unité d'action y est violée ; mais on y trouve un caractère de force, de grandeur et d'originalité dont il n'y avait pas de modèles, et les trois premiers actes, pris séparément, sont peut-être, malgré les défauts qui s'y mêlent, ce qu'il a fait de plus sublime, et en même temps c'est là que Corneille a mis le plus d'art.

Cinna fut représenté en 1639, et fut mis par toute la cour au dessus du *Cid*. Cette pièce en effet est une des plus régulières de Corneille ; toutes les règles y sont suivies avec une scrupuleuse exactitude, et le dénouement est un des plus heureux : cependant *Cinna* est beaucoup moins touchant que *le Cid*, et la déclamation ralentit quelquefois l'action.

Polyeucte fut joué en 1640. Le christianisme, qui fait le fond de cette pièce, était une des choses qui l'avaient fait condamner par l'Hôtel de Rambouillet. Le martyre de S. Polyeucte, rapporté par Surius, n'a fourni à Corneille que la liaison de ce jeune néophyte avec Néarque, qui l'avait converti au christianisme ; son mariage avec Pauline, fille de Félix, proconsul romain, qui avait ordre de l'empereur Dèce de poursuivre les chrétiens ; l'action hardie de Polyeucte, qui déchire en public l'édit de l'empereur contre le christianisme, et brise les idoles que portaient les prêtres ; et la vengeance qu'en tira Félix, qui, après avoir inutilement employé les prières de

Pauline pour ramener son gendre à la religion de son pays, fut obligé de le condamner à mort. Tout le reste appartient au poète.

Corneille a dit dans l'examen de *Polyeucte* : « Je n'ai point fait de pièce où l'ordre du théâtre soit plus beau et l'enchaînement des scènes mieux ménagé. » Il dit vrai ; c'est de toutes ses intrigues la mieux menée. Il s'en faut beaucoup pourtant que cette tragédie soit sans défauts ; et les ressorts de l'action, les situations et les caractères des principaux personnages ne sont pas tragiques. On reproche aussi au dénouement la double conversion de Pauline et de Félix.

Pompée et *le Menteur* suivirent Polyeucte (1642).

Pompée, dont le sujet est tiré de *la Pharsale* de Lucain, est une pièce fort irrégulière. Les caractères y sont mal dessinés et mal soutenus. Le caractère seul de Cornélie offre de grandes beautés.

Le Menteur est la première comédie d'intrigue et de caractère qui ait été représentée sur notre théâtre. L'intrigue en est faible, et ne roule que sur une méprise de nom qui n'amène pas de situations fort comiques ; mais la facilité et l'agrément des mensonges de Dorante, et la scène entre son père et lui, où le poète a su être éloquent sans sortir du ton de la comédie, font encore voir cette pièce avec plaisir. *La suite du Menteur* n'eut pas autant de succès.

Rodogune parut en 1646, et Corneille montra dans le cinquième acte de cette pièce toute la force de son génie.

Tant de chefs-d'œuvre désarmèrent la critique.

Richelieu, renonçant à une rivalité ridicule, fit obtenir au poète une pension, et l'Académie, qui l'avait critiqué, le reçut dans son sein (1647).

Après *Rodogune* le génie de Corneille semble s'éclipser. La chute de *Pertharite* l'éloigna du théâtre pour quelques années, pendant lesquelles il se mit à traduire en vers l'Imitation de Jésus-Christ. Puis parurent successivement *OEdipe* (1659), *Sertorius* (1662), *Othon* (1664), *Agésilas*, qui n'est plus guère connu que par l'épigramme de Boileau, *Attila* (1667) et *Suréna*, joué en 1674.

Corneille mourut dans un état voisin de la misère le 30 septembre 1684. Ce poète, que l'on a nommé à juste titre *le Grand Corneille*, est le vrai créateur de l'art dramatique en France. Les qualités que l'on admire en lui sont une noble énergie et une grandeur qui s'élève souvent jusqu'au sublime; mais on lui reproche de l'enflure, de la subtilité et de l'incorrection. On peut dire que toutes ses qualités lui appartiennent en propre et que les défauts sont de son époque.

ROTROU (1600-1650) fut en même temps le devancier et l'élève de Corneille. A l'époque où parut le *Cid* il n'était encore connu que par quelques pièces imitées de l'espagnol; par *l'Hercule mourant*, emprunté à Sénèque; par trois comédies tirées de Plaute (*les Ménechmes, les deux Sosies, les Captifs*). *Venceslas* et *Cosroës* sont les meilleures de trente-trois que nous a laissées ce poète, que Corneille appelait toujours *son père*. Sa diction est lourde et peu harmonieuse; sa composition est facile; ses situations en général sentent plus le roman que la tragédie.

Parmi les auteurs dramatiques de cette période nous citerons encore :

TRISTAN L'HERMITE, qui donna au théâtre la tragédie de *Mariamne* (1637) dont le succès surpassa celui de la *Médée* de Corneille et balança celui du *Cid*.

DURYER (1605-1658), qui a laissé dix-huit pièces, parmi lesquelles *Saül* et *Scévole* offrent quelques scènes remarquables.

GABRIEL GILBERT, l'un des poètes les plus féconds du dix-septième siècle, auteur de plusieurs poèmes et de quinze pièces de théâtre, entre autres de *Marguerite de France*, *Téléphonte*, dans laquelle Richelieu fit entrer des vers de sa composition.

COLLETET (1598-1659), qui composa pour le théâtre par ordre de Richelieu, qui lui fit présent de six cents livres pour six vers qui décrivaient la pièce d'eau du jardin des Tuileries.

CYRANO DE BERGERAC (1620-1655) entra comme cadet au régiment des gardes, et s'y distingua par sa bravoure ; il était grand duelliste. Ayant reçu deux blessures graves à la guerre, il quitta le service, et se livra aux lettres. On a de lui : *Agrippine*, tragédie ; *le Pédant joué*, comédie ; *Voyage dans la lune* et *Histoire comique des états et empires du soleil*. Molière, Fontenelle, dans *les Mondes* ; Voltaire, dans *Micromégas*, et Swifft, dans *Gulliver*, n'ont pas dédaigné de faire plusieurs emprunts à cet auteur.

§ 2. *Genre épique.*

L'époque de Richelieu fut témoin des tentatives de plusieurs poètes pour arriver à l'épopée. Malheureusement tant d'efforts furent inutiles ; à peine deux siècles sont écoulés, et l'on ne connaît plus que par le ridicule dont ils ont été couverts *ces poètes trébuchés de si haut.*

GEORGES DE SCUDÉRY (1601-1667) nous a laissé le poème d'*Alaric* ou *Rome sauvée*, qui n'est guère connu que par son début emphatique cité par Boileau :

Je chante le vainqueur des vainqueurs de la terre.

Ce poème est une verbeuse et fougueuse improvisation où l'on rencontre quelques vers heureux et d'habiles descriptions à côté de monstrueuses platitudes.

Nous devons aussi à Scudéry seize tragédies ou tragi-comédies, qui eurent quelque vogue. Boileau a fait justice de ce ridicule écrivain ; tout le monde connaît ces vers de la deuxième satire :

Bienheureux Scudéry, dont la fertile plume
Peut tous les mois sans peine enfanter un volume.

CHAPELAIN (1595-1674) travailla, dit-on, pendant trente ans à son poème de *la Pucelle*, qui parut enfin en 1656 ; et cette œuvre si élaborée, si martelée n'a laissé dans la mémoire des gens de goût qu'une ou deux belles comparaisons et une magnifique description du paradis.

Qui s'aviserait de lire *la Pucelle*, après les sanglantes plaisanteries de Boileau, et surtout si l'on connaît ces vers immortels par leur ridicule :

O grand prince, que grand dès cette heure j'appelle,
Il est vrai, le respect sert de *bride* à mon zèle ;
Mais votre illustre aspect me redouble le cœur ;
Et, me le redoublant, me redouble la peur.
A votre illustre aspect mon cœur se sollicite,
Et montant contre mont la dure terre quitte.

Le grand défaut de Chapelain était d'ignorer le génie de sa langue et de ne point connaître la propriété des termes.

Chapelain a aussi composé des *odes*, dont quelques-unes ont du mérite ; une traduction de *Guzman d'Alfarache* et des *Mélanges*. Il tint la plume pour la rédaction des *Sentiments de l'Académie sur* LE CID. Son *Ode à Richelieu* lui valut une pension de mille écus, et il fut pendant quelque temps l'oracle de tous les écrivains et surtout des poètes : tant de gloire s'éclipsa lorsque parut Boileau.

SAINT-AMANT (1594-1660) publia son *Moïse sauvé* vers 1660. Ce poème est moins une épopée qu'une idylle biblique d'un style baroque et maniéré, sans unité ni intérêt. C'est de cet écrivain que Boileau veut nous parler dans son *Art Poétique* :

N'imitez pas ce fou qui, décrivant les mers
Et peignant, au milieu de leurs flots entr'ouverts,
L'Hébreu sauvé du joug de ses injustes maîtres,
Met pour le voir passer les poissons aux fenêtres,
Peint le petit enfant qui *va, saute, revient*,
Et *joyeux à sa mère offre un caillou qu'il tient.*

Desmaretz de Saint-Sorlin (1595-1676) fit représenter la comédie des *Visionnaires*, qui réussit grâce à la protection de Richelieu. Puis, tombant tout à coup dans une piété exagérée, il proposa à Louis XIV de lever une armée pour exterminer les hérétiques. Il publia son *Clovis*, et en vint au point de croire que Dieu lui-même lui en avait dicté les derniers chants. Sa pièce la plus remarquable est un madrigal sur la violette.

Le P. Lemoyne (1602-1671) est le premier jésuite qui se soit fait une réputation comme poète français. Il est un de ceux que Boileau a le moins épargnés ; il offre cependant des morceaux qui ne manquent ni de verve ni d'imagination. Son poème de *Saint Louis* est une composition inégale qu'on ne lit plus depuis longtemps. Il a dénaturé par des fables romanesques un sujet vraiment héroïque. Le style en est hérissé d'antithèses et de métaphores ambitieuses.

M. de Chateaubriand s'exprime ainsi sur le *Saint Louis* :

« Nous observerons que si le P. Lemoyne eût vécu dans le siècle de Louis XIV, il eût pu nous laisser l'épopée, qui, malgré *la Henriade*, manque encore à notre littérature. Le *Saint Louis* a des beautés qu'on ne trouve point dans *la Jérusalem*. Il y règne une sombre imagination chrétienne qui convient à la peinture de cette Egypte pleine de souvenirs et de tombeaux, et qui vit passer tour à tour les Pharaons, les Ptolémées, les Solitaires de la Thébaïde et les Soudans des barbares. »

BRÉBEUF (1618-1661) fut d'abord admirateur passionné de Virgile, et il publia une traduction burlesque du septième livre de *l'Énéide*. Un de ses amis ayant tourné tout son enthousiasme sur *Lucain*, il se mit à le traduire, et publia une traduction en vers de *la Pharsale*, remarquable par le ton général d'enflure qu'on y trouve souvent, mais aussi par des morceaux pleins de verve et d'une véritable élévation.

Boileau, qui ne l'aimait pas, a certainement exagéré les défauts de Brébeuf dans son *Art Poétique* :

Mais n'allez pas aussi sur les pas de Brébeuf,
Même en une Pharsale, entasser sur les rives
De morts et de mourants cent montagnes plaintives.

SCARRON (Paul) (1610-1660) était fils d'un conseiller au parlement. Il fut destiné à l'Eglise par son père; mais il passa sa jeunesse dans des désordres qui ruinèrent pour jamais sa santé, et il resta sans fortune par suite d'un procès avec sa belle-mère. Avant trente ans il était perclus de tous ses membres et ruiné. Il se mit alors à travailler pour le théâtre, et y gagna de quoi tenir un état de maison assez honorable. La reine Anne d'Autriche lui donna une pension de cinq cents écus, avec la charge de *Malade de la Reine* : cette pension lui fut retirée lorsqu'il eut publié *la Mazarinade*. En 1652 il épousa Mlle d'Aubigné, depuis Mme de Maintenon, qui était alors orpheline et sans fortune. Scarron réussit surtout dans le burlesque, et eut pendant quelque temps une grande vogue. Il publia les huit premiers livres de *l'Énéide travestie*. C'est à propos de cet ouvrage que

Boileau disait à Racine le fils : « Votre père avait quelquefois la faiblesse de lire Scarron et d'en rire ; mais il se cachait bien de moi pour cela. »

On a encore de Scarron *le Typhon* ou *la Gigantomachie;* plusieurs comédies, *Jodelet, Don Japhet,* pièces indignes de la scène française. *L'Héritier ridicule, le Gardien de soi-même, l'Écolier de Salamanque, la fausse Apparence, le Prince corsaire.* Presque toutes ces pièces sont imitées de l'espagnol.

Le Roman comique est le meilleur des ouvrages de Scarron ; c'est aussi le seul de ses ouvrages où règne sans interruption le ton de la bonne plaisanterie. La vie des comédiens en forme le sujet : les détails en sont piquants et pleins d'intérêt ; le style n'y manque pas de pureté.

Scarron, perclus et contrefait, disait de lui-même qu'il était *un raccourci des misères humaines;* il avait malgré toutes ses souffrances l'humeur la plus joviale, et il garda sa gaieté jusqu'au moment de mourir.

§ 3. *Genres divers.*

Le marquis DE RACAN (Honorat de Bueil) naquit en 1589, au château de La Roche-Racan en Touraine, et fut élève et ami de Malherbe. Ses *Bergeries* lui ouvrirent en 1635 les portes de l'Académie française. Il mourut en 1670, âgé de quatre-vingt-un ans, ayant survécu aux hommes, aux mœurs, aux idées, au langage même qu'il avait trouvés à la cour dans les brillantes années de sa jeunesse. Racan a toute l'élégance et la pureté de son maître, et, en s'inspirant de l'école italienne, il en reproduisit la grâce et l'éclat, et sut en éviter l'afféterie et la tendresse plus ingénieuse que vraie.

Voici une de ses meilleures pièces :

Tircis, il faut penser à faire la retraite;
La course de nos jours est plus qu'à demi faite;
L'âge insensiblement nous conduit à la mort.
Nous avons assez vu sur la mer de ce monde
Errer au gré des vents notre nef vagabonde;
Il est temps de jouir des délices du port.

Le bien de la fortune est un bien périssable ;
Quand on bâtit sur elle on bâtit sur le sable.
Plus on est élevé, plus on court de dangers ;
Les grands pins sont en butte aux coups de la tempête,
Et la rage des vents brise plutôt le faîte
Des palais de nos rois que les toits des bergers.

O bienheureux celui qui veut de sa mémoire
Effacer pour jamais ce vain espoir de gloire,
Dont l'inutile soin traverse nos plaisirs !
Et qui loin, retiré de la foule importune,
Vivant dans sa maison, content de sa fortune,
A selon son pouvoir mesuré ses désirs !

Il laboure le champ que labourait son père;
Il ne s'informe point de ce qu'on délibère
Dans ces graves conseils d'affaires accablés.
Il voit sans intérêt la mer grosse d'orages,
Et n'observe des vents les sinistres présages
Que pour le soin qu'il a du salut de ses blés.

Roi de ses passions, il a ce qu'il désire;
Son fertile domaine est son petit empire.
Sa cabane est son Louvre et son Fontainebleau.
Ses champs et ses jardins sont autant de provinces ;

Et sans porter envie à la pompe des princes
Se contente chez lui de les voir en tableau.

Il voit de toutes parts combler d'heur sa famille,
La javelle à plein poing tomber sous sa faucille,
Le vendangeur plier sous le faix des paniers,
Et semble qu'à l'envi les fertiles montagnes,
Les humides vallons et les grasses campagnes
S'efforcent à remplir sa cave et ses greniers.

Il suit aucunes fois un cerf par les foulées,
Dans ces vieilles forêts du peuple reculées,
Et qui même du jour ignorent le flambeau ;
Aucunes fois des chiens il suit les voix confuses,
Et voit enfin le lièvre, après toutes ses ruses,
Du lieu de sa naissance en faire son tombeau.

Il soupire en repos l'ennui de sa vieillesse
Dans ce même foyer où sa tendre jeunesse
A vu dans le berceau ses bras emmaillotés.
Il tient par les moissons registre des années,
Et voit de temps en temps leurs courses enchaînées
Faire avec lui vieillir les bois qu'il a plantés.

Il ne va point fouiller aux terres inconnues,
A la merci des vents et des ondes chenues,
Ce que nature avare a caché de trésors.
Il ne recherche point, pour honorer sa vie,
De plus illustre mort ni plus digne d'envie
Que de mourir au lit où ses pères sont morts.

S'il ne possède point ces maisons magnifiques,
Ces tours, ces chapiteaux, ces superbes portiques,
Où la magnificence étale ses attraits,
Il jouit des beautés qu'ont les saisons nouvelles,
Il voit de la verdure et des fleurs naturelles
Qu'en ces riches lambris on ne voit qu'en portraits.

Crois-moi, retirons-nous hors de la multitude,
Et vivons désormais loin de la servitude

De ces palais dorés où tout le monde accourt.
Sous un chêne élevé les arbrisseaux s'ennuient,
Et devant le soleil tous les astres s'enfuient,
De peur d'être obligés de lui faire la cour.

Agréables déserts, séjour de l'innocence,
Où, loin des vanités, de la magnificence,
Commence mon repos et finit mon tourment;
Vallons, fleuves, rochers, aimable solitude,
Si vous fûtes témoins de mon inquiétude,
Soyez-le désormais de mon contentement.

On retrouve dans presque toutes les églogues de Racan, la même grâce, le même abandon, les mêmes sentiments de mélancolie; voici encore quelques passages pleins d'une charmante simplicité :

Plaisant séjour des âmes affligées,
 Vieilles forêts de trois siècles âgées,
Qui recélez la nuit, le silence et l'effroi,
Depuis qu'en ces déserts les cœurs viennent sans crainte
 Faire entendre leur plainte,
En a-t-on vu quelqu'un plus malheureux que moi?

Soit que le jour, dissipant les étoiles,
 Force la nuit à retirer ses voiles,
Et peigne l'orient de diverses couleurs,
Ou que l'ombre du soir, du faîte des montagnes,
 Tombe dans les campagnes,
L'on ne me voit jamais que plaindre mes douleurs.

Ainsi Daphnis, rempli d'inquiétude,
 Contait sa peine en cette solitude,
Glorieux d'être esclave en de si beaux liens.
Les nymphes des forêts plaignirent son martyre,
 Et l'amoureux zéphire
Arrêta ses soupirs pour entendre les siens.

Ces vers justifient ce passage de l'art poétique :

Malherbe d'un héros peut vanter les exploits,
Racan chanter Philis, les bergers et les bois.

VINCENT VOITURE (1598-1648) était fils d'un riche marchand de vins. Lancé de bonne heure dans le grand monde et à la cour, il s'y fit une réputation d'esprit, acquit de puissants protecteurs, et devint introducteur des ambassadeurs près de Gaston, frère du roi ; pendant la révolte de ce prince il le suivit en Lorraine, en Belgique, et reçut de lui une mission en Espagne près d'Olivarez. Après le retour de Gaston en France il s'attacha à Richelieu, et jouit de la confiance du ministre et même du roi. Mazarin le fit maître d'hôtel du roi, interprète des ambassadeurs chez la reine : il eut de plus diverses pensions et une riche sinécure aux finances. Il entra à l'Académie française en 1635, et mourut pauvre à l'âge de cinquante ans. Voiture fut le coryphée de l'Hôtel de Rambouillet ; il est en effet le premier écrivain français qui ait eu la réputation de bel esprit. Au milieu de l'affectation des pointes de mauvais goût qui caractérisent les ouvrages de cet écrivain, on trouve quelquefois des passages qui sont d'une délicatesse exquise et de l'esprit le plus fin ; et c'était le comble de la gloire pour certains poètes tels que Benserade et Sarrazin d'être comparés à Voiture. Une de ses plus jolies pièces est celle qu'il adressa au grand Condé au sujet d'une maladie qui attaqua le prince après la campagne de 1643 ; elle est d'un ton enjoué et facile, et digne du grand siècle ; nous en citerons quelques vers :

La mort qui dans les champs de Mars,
Parmi les cris et les alarmes,
Les feux, les glaives et les dards,
La fureur et le bruit des armes,
Vous parut avoir quelques charmes,
Et vous sembla belle autrefois
A cheval et sous le harnois,
N'a-t-elle pas une autre mine
Lorsqu'à pas lents elle chemine
Vers un malade qui languit?
Et semble-t-elle pas bien laide,
Quand elle vient, tremblante et froide,
Prendre un homme dedans son lit.

La querelle des deux sonnets, l'un de Benserade, l'autre de Voiture, a fait tant de bruit autrefois qu'il faut bien en parler. Toute la France se partagea en *Uranistes* et en *Jobelins*. Les Jobelins tenaient pour Benserade, qui avait fait un sonnet sur Job; les Uranistes pour Voiture, qui en avait fait un pour Uranie. Nous les citerons tous deux; car si la querelle est fameuse les sonnets sont assez peu connus.

Voici celui de Voiture :

Il faut finir mes jours en l'amour d'Uranie;
L'absence ni le temps ne m'en sauraient guérir,
Et je n'y vois plus rien qui me pût secourir,
Ni qui sût rappeler ma liberté bannie.

Dès longtemps je connais sa rigueur infinie;
Mais, pensant aux beautés pour qui je dois périr,
Je bénis mon martyre, et content de mourir
Je n'ose murmurer contre sa tyrannie.

Quelquefois ma raison par de faibles discours
M'invite à la révolte et me promet secours;
Mais lorsqu'à mon besoin je veux me servir d'elle,

Après beaucoup de peine et d'efforts impuissants,
Elle dit qu'Uranie est seule aimable et belle
Et m'y rengage plus que ne font tous mes sens.

Voici maintenant celui de Benserade :

Job de mille tourments atteint
Vous *rendra sa douleur connue*;
Mais véritablement il craint
Que vous n'en soyez point émue.

Vous verrez sa misère nue ;
Ici lui-même se dépeint ;
Accoutumez-vous à la vue
D'un homme qui souffre et se plaint.

Bien qu'il eût d'extrêmes souffrances,
On voit aller des patiences
Plus loin que la sienne n'alla :

Car s'il eut des maux incroyables,
Il s'en plaignit, il en parla :
J'en connais de plus misérables.

La duchesse de Longueville était avec les marquises de Montausier et de Sablé à la tête des Uranistes ; le prince de Conti était chef des Jobelins. La querelle s'étant échauffée, ce dernier parvint à désarmer les deux partis par ce jugement :

L'un (celui de Voiture), dit-il,

L'un est plus grand, plus élevé ;
Mais je voudrais avoir fait l'autre.

La Harpe donne la préférence au sonnet de Benserade, où, malgré deux hémistiches faibles, on trouve du moins une pensée fine et spirituelle.

Voiture nous a laissé aussi un volume de lettres

dont on lit encore quelques-unes avec plaisir. Tout ce qu'il y avait de piquant, d'ingénieux, de léger dans l'Hôtel de Rambouillet, Voiture le reproduit dans ses lettres : malheureusement l'affectation qu'on y rencontre quelquefois ôte au lecteur tout le plaisir qui pourrait le captiver, celui du naturel et de la vérité.

Isaac de Benserade (1612-1691), né à Lyons-la-Forêt, fut un des rivaux de Voiture dans la carrière du bel esprit. Il travailla d'abord pour le théâtre; puis il fut chargé de composer les devises pour les ballets de la cour de Louis XIV. Les paroles qu'il avait l'art d'adapter à ces sortes de divertissements convenaient parfaitement au caractère des dieux et des déesses qui y figuraient en même temps qu'ils offraient une peinture délicate des mœurs, des inclinations, des qualités des danseurs qui représentaient ces divinités. Ces travaux lui valurent des pensions considérables.

Benserade mit en rondeaux les *Métamorphoses* d'Ovide : ce livre fut imprimé au Louvre, par ordre du roi, sur le plus beau papier, et orné de figures magnifiques. Mais tant de soins ne purent le garantir de l'épigramme. *Chapelle* répondit à l'auteur, qui lui en avait envoyé un exemplaire, par un rondeau qui finit ainsi :

De ces rondeaux un livre tout nouveau
A bien des gens n'a pas eu l'art de plaire;
Mais quant à moi je trouve tout fort beau,
Papier, dorure, image, caractère,
Hormis les vers, qu'il fallait laisser faire,
     A La Fontaine.

Benserade faisait partie de l'Académie française depuis 1674.

Jean-François Sarrazin (1603-1654) fut secrétaire des commandements du prince de Conti : on a de lui un poème en quatre chants, *Dulot vaincu* ou *la Défaite des Bouts-rimés*, dans lequel on trouve beaucoup d'esprit, des plaisanteries fort ingénieuses, et une imagination vive et pleine de gaieté. L'*Ode sur la bataille de Lens* renferme plusieurs belles strophes, entre autres celle-ci, imitée de Job :

> Il monte un cheval superbe,
> Qui, furieux aux combats,
> A peine fait courber l'herbe
> Sous la trace de ses pas.
> Son regard semble farouche;
> L'écume sort de sa bouche;
> Prêt au moindre mouvement,
> Il frappe du pied la terre,
> Et semble appeler la guerre
> Par un fier hennissement.

La *Pompe funèbre de Voiture*, moitié vers, moitié prose, est un ouvrage original; c'est un petit chef-d'œuvre d'invention, d'esprit, de délicatesse et de plaisanterie.

Sarrazin écrivit aussi en prose. Son *Histoire du siège de Dunkerque* et *la Conspiration de Walstein* sont deux ouvrages où l'on remarque de la clarté, de la simplicité, de la grâce et beaucoup de dignité.

Gombaud (1576-1666) fut un des favoris de l'Hôtel de Rambouillet, et fut admis aux cercles brillants de Mlle de Scudéry. En 1635 il fut chargé de prononcer à l'Académie française un discours sur *Je ne sais quoi*. Il jouit d'une grande gloire littéraire pendant sa vie ; mais malgré tout cela, comme dit Boileau,

<small>*Ce* Gombaud tant loué garde encor la boutique.</small>

On a de lui des romans, des lettres, des sonnets, des épigrammes, etc., qu'on ne lit plus depuis longtemps.

MAYNARD (1582-1646) naquit à Toulouse, et fut président à Aurillac. Il fit pendant longtemps la cour au cardinal de Richelieu et à la reine Anne d'Autriche ; mais il ne put rien en obtenir. Il fut l'ami de Desportes et de Régnier et l'élève de Malherbe. Ses sonnets sont assez purs, mais ils manquent de force.

MALLEVILLE (1597-1647) se fit une grande réputation pour le sonnet et le rondeau. Son sonnet de *la belle Matineuse* fut surtout très vanté. Le voici :

<small>Le silence régnait sur la terre et sur l'onde ;
L'air devenait serein et l'Olympe vermeil,
Et l'amoureux zéphire, *affranchi du sommeil,*
Ressuscitait les fleurs *d'une haleine féconde.*

L'aurore déployait l'or de sa tresse blonde,
Et semait de rubis le chemin du Soleil ;
Enfin ce dieu venait *au* plus grand appareil
Qu'il soit jamais venu pour éclairer le monde.

Quand la jeune Philis, au visage riant,
Sortant de son palais *plus clair que l'orient,*
Fit voir une lumière et plus vive et plus belle.

Sacré flambeau du jour, n'en soyez point jaloux ;
Vous parûtes alors aussi peu devant elle
Que les feux de la nuit avaient fait devant vous.</small>

Les trois derniers poètes que nous venons de citer rappellent les vers de l'*Art poétique* sur le sonnet :

Un sonnet sans défaut vaut seul un long poème ;
Mais en vain mille auteurs y pensent arriver,
Et cet heureux phénix est encore à trouver.
A peine dans Gombaud, Maynard et Malleville
En peut-on admirer deux ou trois entre mille ;
Le reste, aussi peu lu que ceux de Pelletier,
N'a fait de chez Sercy qu'un saut chez l'épicier.

GODEAU (1605-1672), évêque de Grasse, puis de Vence, commença sa fortune par de petits vers qui lui firent beaucoup de réputation à l'Hôtel de Rambouillet, et qui lui valurent la protection de Richelieu. Le cardinal, ayant reçu de lui, entre autres pièces, une paraphrase du *Benedicite*, lui dit, en jouant sur le mot, qu'il lui donnait *Grasse* (grâces) en échange, et en effet il le fit évêque de cette ville.

Godeau est un des plus féconds écrivains de cette époque. On trouve parfois dans ses écrits des morceaux assez heureux, mais toujours noyés dans un déluge de vers boursouflés et de tirades ambitieuses. Son *Histoire de l'Église* a de la noblesse et de la simplicité.

CHARLEVAL (1613-1693) fut lié avec Voiture, Sarrazin et Scarron, et comme eux il abusa plus d'une fois des sources fécondes de son esprit dans l'épigramme et l'équivoque, fort à la mode de son temps.

La comtesse DE LA SUZE (Henriette de Coligny) brilla dans l'élégie, où on la considéra comme un modèle de naturel et de délicatesse. Mariée au comte de La Suze, calviniste comme elle, et fort jaloux, elle changea de religion *pour ne voir son mari*, disait la reine Christine de Suède, *ni en ce monde ni en l'autre.*

THÉOPHILE DE VIAU (1590-1626) vint à Paris en 1610, fut quelque temps lié avec Balzac, avec lequel il rompit à la suite d'un voyage en Hollande, se fit connaître par ses saillies et par ses vers, qui le mirent en faveur près de quelques jeunes seigneurs; mais s'attira des ennemis par sa causticité, et leur donna des armes contre lui par sa verve obscène, et impie. Il était calviniste; on l'accusa d'athéisme et d'immoralité, et il fut exilé. De retour en France, il fut en butte à toutes sortes de persécutions : on publia sous son nom un recueil de poésies licencieuses (*le Parnasse satirique*) qui le firent condamner à être brûlé vif malgré ses protestations. Il s'échappa, et le duc de Montmorency obtint que sa peine fût commuée en un simple bannissement de la capitale.

Les poésies de Théophile se composent d'odes, d'élégies, de stances, d'épigrammes et de beaucoup de sonnets.

Pour donner une idée de sa manière, nous citerons sa plainte dans sa prison; il s'adresse au roi :

>   Après cinq ou six mois d'erreurs,
>   Incertain en quel lieu du monde
>   Je pourrais rasseoir les terreurs
>   De ma misère vagabonde,
>   Une incroyable trahison
>   Me fit rencontrer la prison
>   Où j'avais cherché mon asile;
>   Mon protecteur fut mon sergent.

Mon Dieu, comme il est difficile
De courir avec de l'argent.

. . . .
. . . .

Icy donc comme en un tombeau,
Troublé du péril où je resve,
Sans compagnie et sans flambeau,
Toujours dans les discours de Grève ;
A l'ombre d'un petit faux jour
Qui perce un peu l'obscure tour
Où les bourreaux vont à la guette,
Grand roi, l'honneur de l'univers,
Je vous présente la requeste
De ce pauvre faiseur de vers.

Dans ces lieux vonés au malheur
Le soleil, contre sa nature,
A moins de jour et de chaleur
Que l'on en fait à sa peinture :
On n'y voit le ciel que bien peu,
On n'y voit ni terre ni feu ;
On meurt de l'air qu'on y respire ;
Tous les objets y sont glacez ;
Si bien que c'est ici l'empire
Où les vivants sont trépassez.

Comme Alcide força la Mort
Lorsqu'il lui fit lascher Thésée,
Vous ferez, avec moins d'effort,
Chose plus grande et plus aisée :
Signez mon élargissement ;
Ainsi de trois doigts seulement
Vous abattrez vingt et deux portes,
Et romprez les barres de fer
De trois grilles qui sont plus fortes
Que toutes celles de l'enfer.

On a aussi de Théophile une tragédie, *Pyrame et*

Thisbé, qui n'est plus connue que par la satire de Boileau et par cette fameuse apostrophe de Thisbé au poignard sanglant avec lequel Pyrame vient de s'ôter la vie :

Ah! voici le poignard qui du sang de son maître
S'est souillé lâchement; il en rougit, le traître !

Théophile eut une grande vogue de son temps, et il semble qu'on l'ait injustement oublié de nos jours; ses admirateurs le mirent longtemps au dessus de Malherbe. Une imagination brillante et féconde, de l'harmonie, de l'esprit, telles sont les qualités qui distinguent ce poète ; mais souvent aussi il manque de goût et offense quelquefois la pudeur.

PATRIX (1585-1672) se fit connaître parmi les beaux-esprits par plusieurs pièces agréablement tournées. Nous citerons de lui le madrigal suivant :

Je songeais cette nuit que, d'un mal consumé,
Coste à coste d'un pauvre on m'avait inhumé;
Et que, n'en pouvant pas souffrir le voisinage,
En mort de qualité je lui tins ce langage :
Retire-toi, coquin, va pourrir loin d'icy;
Il ne t'appartient pas de m'approcher ainsi.
— Coquin, ce me dit-il d'une arrogance extresme,
Va chercher tes coquins ailleurs, coquin toy-mesme :
Ici tous sont égaux ; je ne te dois plus rien,
Je suis sur mon fumier comme toy sur le tien.

PHILIPPE HABERT (1603-1637) a laissé un poème de trois cents vers, *le Temple de la mort,* qui ne manque ni de verve ni d'harmonie.

Mademoiselle DE CALAGES, de Toulouse, a donné

entre autres ouvrages un poème en huit livres, intitulé *Judith ou la prise de Béthulie*. Cet ouvrage, qui était terminé avant *le Cid*, contient des morceaux dignes d'une autre époque ; il semble être bien éloigné pour la perfection des malheureux essais des Saint-Sorlin et des Saint-Amant.

JULIEN COLARDEAU (1590-1669), procureur du roi à Fontenay-le-Comte, ne mérite point l'obscurité où il est tombé aujourd'hui. On a de lui un poème de huit cents vers, dédié à madame la duchesse d'Aiguillon, où la force de la poésie et l'aisance de la versification annoncent le vrai talent de l'épopée, dans laquelle il eût pu bien mieux réussir que d'autres qui ont osé courir cette carrière. Cet écrivain nous a laissé un autre poème intitulé *les Victoires de Louis XIII*.

ADAM BILLAUT, connu sous le nom de *Maître Adam*, menuisier de Nevers, mort en cette ville en 1662, est célèbre par des poésies qui brillent peu par l'élégance, mais qui sont pleines de verve et d'originalité. Il partagea ses poésies en trois recueils, qu'il appela, par allusion à son métier, *les Chevilles*, *le Villebrequin* et *le Rabot*. Il eut pour protecteurs les princes de Gonzague, et il jouit même de la faveur de Richelieu : il excellait surtout dans les chansons bachiques ; tout le monde connaît sa fameuse chanson : *Aussitôt que la lumière,* et le rondeau : *Pour te guérir de cette sciatique,* etc.

PREMIÈRE PÉRIODE

(1610-1660.)

CHAPITRE II.

DEUXIÈME SECTION. — PROSE.

§ 1. *Romans.*

Les romans forment un des traits caractéristiques de cette période. L'esprit de la cour de Louis XIV, pendant la jeunesse de ce prince, qui lui-même avait alors la tête un peu romanesque, favorisa d'abord ce goût pour les fictions outrées ; et les rôles qu'avaient joués les femmes dans nos guerres civiles, l'influence toute puissante qu'elles y avaient portée, accoutumaient les romanciers à faire valoir cet empire d'un sexe qui commande partout où il n'est pas esclave. De là naquirent ces longs, ces interminables romans qui jouirent d'une grande vogue à l'Hôtel de Rambouillet et dans la France entière, jusqu'au moment où Boileau en fit justice par ses amères railleries, et ramena enfin les lettres dans la voie du beau et du vrai.

Honoré d'Urfé (1567-1625) fut le plus en vogue de tous ces romanciers. Son roman pastoral, dit *l'Astrée*, où il peignait le bonheur des bergers du Lignon, fut accueilli avec la plus grande faveur, et donna naissance à toute l'école qui s'empressa de marcher sur ses traces. *Céladon*, le héros de cet ouvrage, est devenu le type des amants langoureux; monotonie de tableaux, fadeur de sentiments, accumulation d'épisodes, voilà tout ce qu'on découvre aujourd'hui dans les cinq énormes volumes qui composent ce roman. La Harpe avoue qu'il n'a jamais pu le lire en entier.

LA CALPRENÈDE (1610-1663) n'est pas le moins fécond des romanciers de cette époque : cinq longs romans, une douzaine de pièces de théâtre composent son bagage littéraire. Le meilleur de tous ces romans est sans contredit la *Cléopâtre*, malgré son énorme longueur (23 vol. in-8°), ses conversations éternelles et ses descriptions qu'il faut sauter à pieds joints; la complication de vingt différentes intrigues, qui n'ont entre elles aucun rapport sensible et qui échappent à la plus forte mémoire. Au reste La Calprenède a de l'imagination; ses héros ont le front levé; il offre des caractères fortement dessinés; celui d'*Artaban* a fait une espèce de fortune, car il est passé en proverbe.

GOMBERVILLE (Marin Le Roi de) (1600-1647), l'un des premiers membres de l'Académie française, publia à quatorze ans un *Éloge de la Vieillesse*, en cent dix quatrains. On a de lui quatre longs romans et plusieurs autres ouvrages tombés depuis longtemps dans l'oubli.

MADELEINE DE SCUDÉRY (1607-1701) fut un des ornements de l'hôtel de Rambouillet; on la surnomma *Sapho* ou la *dixième muse*. Voulant marcher sur les traces de d'Urfé et de La Calprenède, elle renchérit encore sur eux, et fit parler aux héros de l'antiquité le langage des ruelles; elle fit de Cyrus un Artamène, plus fou que tous les Céladons et tous les Sylvandres, qui n'est occupé que de sa Mandane, qui ne sait, du matin au soir, que se lamenter et gémir. Elle a encore fait pis dans un autre roman intitulé *Clélie*, où elle représente tous les héros de la république romaine naissante, les Horatius Coclès, les Mucius Scœvola, les Clélie, les Lucrèce, les Brutus, encore plus doucereux qu'Artamène, ne s'occupant qu'à tracer des cartes géographiques comme la ridicule carte de *Tendre*, qu'à se proposer les uns aux autres des questions et des énigmes galantes. (1)

C'est dans la première partie de la *Clélie* que se trouve cette carte de *Tendre*. Le Tendre a trois degrés ou causes : l'estime, la reconnaissance et l'inclination. Ces trois sentiments donnent leur nom à trois rivières; sur chacune de ces rivières est une ville nommée *Tendre*. Pour y parvenir il faut faire une longue navigation sur l'un des fleuves, assiéger le village de *Billets-Galants*, forcer le hameau de *Billets-Doux*, et s'emparer ensuite du château de *Petits-Soins*. Cette carte de *Tendre*, que M. Chapelain fut d'avis de mettre dans la *Clélie*, fut faite par mademoiselle de Scudéry sur ce qu'elle disait à Pellisson qu'il n'était pas encore près d'être mis au nombre de *ses tendres amis*. (2)

---

(1) Boileau, *des Héros de Roman*.
(2) Tallemant des Réaux.

Madame de Genlis semble avoir deviné la cause de la vogue, si étonnante aujourd'hui, de ces interminables romans.

« Il y avait alors, dit-elle, peu de spectacles... Peu d'auteurs écrivaient, et par conséquent les nouveautés étaient rares. Les femmes menaient un genre de vie réglé, sédentaire; au lieu de chanter, de jouer des instruments, de préparer et de donner des concerts, elles passaient une grande partie de leurs journées à leurs métiers, occupées à broder ou à faire de la tapisserie; pendant ce temps une demoiselle de compagnie lisait tout haut..... Quand les femmes entreprenaient comme une chose fort simple de remeubler à neuf, de leurs mains, une grande maison ou un vaste château, les longues lectures ne les effrayaient pas. Ces éternelles conversations, qui, dans les ouvrages de mademoiselle de Scudéry, suspendant la marche du roman, nous paraissent insoutenables, étaient loin de déplaire. On avait alors le goût des entretiens ingénieux et solides, non seulement à l'hôtel de Rambouillet, mais à la cour, chez Madame, chez mademoiselle de Montpensier, chez la duchesse de Longueville, chez mesdames de Lafayette, de Sévigné, de Coulanges, de La Sablière, chez le duc de La Rochefoucauld et dans toutes les maisons où se rassemblaient les gens d'esprit. »

Les principaux ouvrages de mademoiselle de Scudéry sont: *Ibrahim, ou l'illustre Bassa; Artamène, ou le Grand Cyrus; Clélie, histoire romaine; Amahide, ou l'Esclave Reine*, etc.; les *Entretiens de morale*, en dix volumes, fort estimés de Mascaron et de Fléchier.

La plupart de ses romans parurent d'abord sous le nom de son frère Georges.

Mademoiselle de Scudéry composa aussi un recueil de poésies fugitives dont plusieurs pièces sont estimées. On n'a point oublié le quatrain qu'elle fit sur les œillets que cultivait le grand Condé, alors détenu a Vincennes :

En voyant ces œillets qu'un illustre guerrier
Arrosa d'une main qui gagnait des batailles,
Souviens-toi qu'Apollon bâtissait des murailles,
Et ne t'étonne pas si Mars est jardinier.

§ 2. *Lettres.*

Deux noms se présentent dans le genre épistolaire: *Voiture*, le poète favori, le conteur en vogue de l'hôtel de Rambouillet; *Balzac*, dont les *Lettres* ont donné à la langue française une élégance et une harmonie qu'on n'avait rencontrées jusque là dans aucun ouvrage en prose.

Nous n'ajouterons à ce que nous avons déjà dit de Voiture qu'une de ses lettres pour faire juger de son style et de son esprit. Nous citerons la lettre qu'il écrivit au duc d'Enghien lorsqu'il fit passer le Rhin aux troupes françaises en 1643.

(Pour l'intelligence de cette lettre, il faut savoir que le duc d'Enghien jouait dans une société de dames au jeu *des Poissons*, qu'il fut nommé *le Brochet*, et que Voiture était aussi du jeu sous le nom de *la Carpe.*)

La voici :

« Hé ! bonjour, mon compère le brochet ; bonjour, mon compère le brochet. Je m'étais toujours bien douté que les eaux du Rhin ne vous arrêteraient pas ; et, connaissant votre force et combien vous aimez à nager en grande eau, j'avais bien cru que celles-là ne vous feraient point de peur, et que vous le passeriez aussi glorieusement que vous avez achevé tant d'autres aventures. Je me réjouis pourtant de ce que cela s'est fait plus heureusement encore que nous ne l'avions espéré, et que, sans que vous ni les vôtres y aient perdu une seule écaille, le seul bruit de votre nom ait dissipé tout ce qui se devait opposer à vous. Quoique vous ayez été excellent jusqu'ici à toutes les sauces où l'on vous a mis, il faut avouer que la sauce d'Allemagne vous donne un grand goût, et que les lauriers qui y entrent vous relèvent merveilleusement. Les gens de l'empereur, qui vous pensaient frire et vous manger avec un grain de sel, en sont venus à bout comme j'ai le dos ; et il y a eu du plaisir de voir que ceux qui se vantaient de défendre les bords du Rhin ne sont pas à cette heure assurés de ceux du Danube. Tête d'un poisson ! comme vous y allez. Il n'y a point d'eau si trouble, si creuse, si rapide où vous ne vous jetiez à corps perdu. En vérité, mon cher compère, vous faites bien mentir le proverbe qui dit : *Jeune chair et vieux poisson ;* car, n'étant qu'un jeune brochet comme vous êtes, vous avez une fermeté que les plus vieux esturgeons n'ont pas ; et vous avez achevé des choses qu'ils n'oseraient avoir

11*

commencées. Aussi vous ne sauriez vous imaginer jusqu'où s'étend votre réputation : il n'y a point d'étangs, de fontaines, de ruisseaux, de rivières ni de mers où vos victoires ne soient célébrées; point d'eau dormante où l'on ne songe à vous, point d'eau bruyante où il ne soit bruit de vous; votre nom pénètre jusqu'au centre des mers, et vole sur la surface des eaux, et l'océan qui borne le monde ne borne pas votre gloire. L'autre jour que mon compère le turbot et mon compère le grenaut, avec quelques autres poissons d'eau douce, soupions ensemble chez mon compère l'éperlan, on nous présenta, au second, un vieux saumon qui avait fait deux fois le tour du monde, qui venait fraîchement des Indes occidentales et avait été pris comme espion en France, en suivant un bateau de sel. Il nous dit qu'il n'y avait point d'abîmes si profonds sous les eaux où vous ne fussiez connu et redouté, et que les baleines de la mer Atlantique suaient à grosses gouttes et étaient tout en eau dès qu'elles vous entendaient seulement nommer. Il nous en eût dit davantage, mais il était au court bouillon; cela était cause qu'il ne parlait qu'avec beaucoup de difficulté. Pareilles choses à peu près nous furent dites par une troupe de harengs frais qui venaient de vers les parties de la Norwège. Ceux-là nous assurèrent que la mer de ces pays-là s'était gelée cette année deux mois plus tôt que de coutume par la peur que l'on y avait eue, sur les nouvelles que quelques macreuses y avaient apportées, que vous dressiez vos pas vers le nord; ils nous dirent que les gros poissons, lesquels, comme vous savez, mangent les petits, avaient peur que vous fissiez d'eux comme ils font des autres ; que la plupart d'entre eux s'étaient retirés jusque sous l'Ourse, jugeant que vous n'iriez pas là ; que les forts et les faibles sont en alarmes et en troubles, particulièrement certaines anguilles de mer qui crient déjà comme si vous les écorchiez, et font un bruit qui fait retentir tout le rivage. A dire le vrai, mon compère, vous êtes un terrible brochet, et, n'en déplaise aux hippopotames, aux loups marins ni aux dauphins même, les plus grands et les plus considérables hôtes de l'Océan ne sont que de pauvres cancres au prix de vous ; et si vous continuez comme vous avez commencé vous avalerez la mer et les poissons. Cependant, votre gloire se trouvant à un point qu'il est assuré qu'elle ne peut aller plus loin ni plus haut, il est, ce me semble, bien à propos qu'après tant de fatigues vous veniez vous rafraîchir dans l'eau de la Seine, et vous récréer joyeusement avec beaucoup de jolies tanches, de belles perches, d'honnêtes truites qui vous attendent ici avec impatience. Quelque grande pourtant que soit la passion qu'elles ont de vous voir, elle n'égale pas la mienne, ni le désir que j'ai de vous pouvoir témoigner combien je suis

« Votre très humble et très obéissante servante et commère,

« LA CARPE. »

Tout en blâmant la prétention de ce style on ne

peut nier sans injustice que Voiture ait rendu quelques services à la langue.

Jean-Louis Guez, seigneur de Balzac, naquit à Angoulême en 1594. Il passa deux ans à Rome comme agent du cardinal de Lavalette ; il vint à Paris, où il ne tarda pas à se faire connaître par ses écrits, et obtint les bonnes grâces de Richelieu, qui lui fit donner une pension de deux mille francs, avec le titre de conseiller d'état. Il fut aussi un des premiers membres de l'Académie française. Ennuyé du séjour de Paris, il se retira bientôt dans sa province, et se livra tout entier aux lettres et aux exercices de piété. Il institua par son testament un prix d'éloquence de la valeur de deux cents francs, et fut ainsi à double titre le *Père de l'éloquence française.*

Balzac ne cessa de travailler et de polir ses *Lettres*, dont la plupart sont adressées à Conrard, à Chapelain et à quelques autres écrivains de son époque. Elles furent publiées en 1624, et eurent un succès éclatant. Selon l'opinion des contemporains on n'avait encore rien lu d'un style si élevé ni si agréable.

Nous devons à Balzac plusieurs autres ouvrages :

Le Socrate chrétien, ouvrage dans lequel il cherche à démontrer l'alliance du christianisme avec la philosophie platonicienne ;

Le bon Prince, qui est sa profession de foi monarchique, comme le *Socrate* est sa profession de foi religieuse ;

Aristippe ou *de la cour,* dédié à la reine de Suède Christine. C'est la suite et le complément du *Prince,*

§ 3. *Histoire.* — *Erudition.* — *Mémoires.*

Ce chapitre nous offrira beaucoup de noms et peu d'ouvrages remarquables.

Scipion Dupleix (1569-1661) a laissé des *Mémoires sur les Gaules, depuis le déluge jusqu'à l'établissement de la monarchie française*, et une *Histoire* générale de France, depuis Pharamond jusqu'à Louis XIII. Le premier de ces deux ouvrages n'est pas dénué d'un certain mérite.

André Duchesne (1584-1640) a mérité, par ses immenses travaux, le titre de *Père de l'histoire de France*.

Adrien de Valois (1607-1692), historiographe de France, mérite à double titre d'être cité ici comme historien et comme critique judicieux.

Jacques Sirmond (1559-1651), jésuite, confesseur de Louis XIII, enrichit l'histoire de l'Eglise de plusieurs ouvrages intéressants.

Henri de Valois (1603-1676), historiographe de France, fut un critique distingué. On lui doit plusieurs ouvrages pleins d'érudition sur l'histoire ecclésiastique et sur les antiquités romaines.

Lecointe (1611-1681), de l'Oratoire, s'est fait connaître par ses *Annales ecclésiastiques des Français*.

Philippe Labbe (1607-1667), jésuite aussi savant que laborieux, publia *la Grande collection des Conciles, la Concordance chronologique, la Bibliothèque des bibliothèques*, etc.

Dom Luc d'Achéri (1609-1685), savant bénédictin

s'occupa surtout de recherches sur les monuments du moyen âge.

DENYS PÉTAU, jésuite, né à Orléans (1583-1652), l'homme le plus universel de son époque; aussi habile dans les sciences que dans les lettres, il montra une supériorité remarquable dans toutes les parties. Ses ouvrages, pleins de science et d'érudition, sont nombreux, et méritent d'être étudiés. On a aussi de lui un grand nombre de pièces de poésie.

CLAUDE SAUMAISE (1588-1653) fut un des hommes les plus érudits et les plus féconds du dix-septième siècle. Ses ouvrages sont pour la plupart des commentaires sur les auteurs anciens.

DU CANGE, d'Amiens (1610-1688), avait des connaissances profondes en histoire et en géographie; il savait presque toutes les langues anciennes et modernes, et était très versé dans tout ce qui concerne l'antiquité. Ses ouvrages sont des trésors inépuisables de science et d'érudition; on croirait à peine que la vie d'un homme puisse suffire à tant de travaux si ses ouvrages n'étaient tous écrits de sa main.

GILLES MÉNAGE (1613-1692), surnommé *le Varron du dix-septième siècle,* fut un des beaux-esprits de l'Hôtel de Rambouillet. Il connaissait les langues anciennes, savait l'espagnol et l'italien, et composait avec facilité dans ces deux langues. Son goût pour la satire le brouilla avec l'Académie. On a de lui plusieurs ouvrages d'érudition : le *Dictionnaire étymologique* ou *Origine de la Langue française;* la *Requête des Dictionnaires;* les *Observations sur la Langue française,* etc.

On doit encore à Ménage un grand nombre de poésies grecques, latines, françaises et italiennes.

VAUGELAS (1585-1650) fut l'autorité grammaticale du temps; ses *Remarques sur la Langue française* furent le code et le modèle du beau langage, et sont encore consultées aujourd'hui avec fruit : on y trouve des observations pleines d'intérêt et de justesse sur la langue française. Vaugelas travailla, dit-on, trente ans sur une traduction de *Quinte-Curce*.

PERROT D'ABLANCOURT (1606-1664) aima mieux, comme il le disait, traduire de bons livres que d'en faire de nouveaux qui ne disent rien. Ses traductions sont nombreuses, et eurent beaucoup de succès : on leur reproche surtout de l'inexactitude, ce qui les faisait appeler par ses contemporains de *belles infidèles*.

PHÉLYPEAUX DE PONTCHARTRAIN (1569-1627), secrétaire de la reine Marie de Médicis, a laissé dans ses *Mémoires* l'histoire de la régence de cette princesse.

Le duc HENRI DE ROHAN (1579-1639) a laissé sur son époque des *Mémoires* fort estimés. Il fut le chef du parti protestant sous Louis XIII.

FRANÇOIS DE BASSOMPIERRE (1579-1646), maréchal de France, figura avec distinction dans toutes les guerres qu'eurent à soutenir Henri IV et Louis XIII. On a de lui des *Mémoires* sur sa vie et sur son ambassade en Espagne, en Suisse et en Angleterre. Il composa, dit-on, ce dernier ouvrage pendant sa détention à la Bastille.

Mme DE MOTTEVILLE (1621-1689) fut la confidente

intime d'Anne d'Autriche. Elle a laissé des *Mémoires pour servir à l'histoire d'Anne d'Autriche*, qui renferment de précieux détails sur la vie de cette princesse et sur la Fronde.

Le cardinal DE RETZ (Jean-François-Paul de Gondi) naquit en 1614 à Montmirail, de Ph.-Emm. de Gondi, général des galères de Louis XIII. Il entra malgré lui dans la carrière ecclésiastique, devint coadjuteur de son oncle Henri de Gondi, et puis archevêque lui-même. Il écrivit à dix-huit ans *la Conjuration de Fiesque*, dont la lecture fit dire à Richelieu : « Voilà un esprit dangereux. » Ses *Mémoires*, qui contiennent l'histoire de la Fronde, sont très intéressants. Le style en est vif, original, quelquefois négligé, mais toujours spirituel.

EUDES DE MÉZERAY (1610-1683), historiographe de France sous Louis XIII, succéda à Conrad comme secrétaire perpétuel de l'Académie française. Après un travail de plusieurs années, qui mit même sa vie en danger, il publia sa grande *Histoire de France* en trois volumes in-folio, qui parurent successivement en 1643, 1646, 1651. Cet ouvrage eut une grande vogue et une grande réputation. Il publia ensuite son *Abrégé chronologique de l'Histoire de France*, qui mit le sceau à sa renommée. Mézeray a un style clair, facile et nerveux. Il mêle à ses récits des jugements libres et sévères ; mais le plus souvent il n'a pas pris la peine de recourir aux sources : il ne peut par conséquent faire autorité.

LOUIS MAIMBOURG (1610-1686), jésuite qui ne manque ni d'érudition ni d'agrément, a publié plusieurs ouvrages relatifs à l'histoire ecclésiastique. Il est à regretter qu'on ne puisse toujours se fier à son exactitude et à son jugement.

Hardouin de Beaumont de Péréfixe (1605-1670), précepteur de Louis XIV, évêque de Rhodez et confesseur du roi, puis enfin archevêque de Paris, écrivit pour son élève *la Vie de Henri IV*. Cet ouvrage est une biographie abrégée du bon roi écrite avec goût et intérêt.

§ 4. *Morale et Philosophie.*

Blaise Pascal (1623-1662), né à Clermont-Ferrant, était fils d'un président à la cour des Aides. Son génie précoce se révéla dès son enfance. Éloigné par son père de toute étude sérieuse à cause de la faiblesse de sa santé, il parvint à découvrir sans aucun secours les trente-deux premières propositions d'Euclide : il n'avait que douze ans. A dix-huit il était un géomètre consommé. Son talent littéraire se développa tout entier dans ses fameuses *Lettres Provinciales (Lettres de Louis Montalte à un Provincial de ses amis)*, qu'il écrivit à propos d'une censure que la Sorbonne se proposait de faire contre un ouvrage d'Arnauld. Voici dans quelles circonstances :

Jansénius, évêque d'Ypres (1635), avait publié, sous le titre d'*Augustinus*, un livre qui contenait, disait-il, la doctrine de S. Augustin sur *la Grâce*. Plusieurs ecclésiastiques éclairés, et entre autres Arnauld, trouvèrent dans ce livre des explications développées sous une forme toute nouvelle, mais d'ailleurs conformes à la doctrine de l'Église ; et Arnauld publia lui-même un livre *sur les Abus de la fréquente communion*, dans lequel on crut reconnaître les principes de Jansénius.

La Sorbonne fut chargée d'examiner l'ouvrage de Jansénius. Cinq propositions qui en furent extraites furent condamnées. Arnauld convint qu'il condamnait lui-même ces propositions ; mais il nia qu'elles fussent dans Jansénius. Les jésuites, qui avaient pris parti contre l'évêque d'Ypres, ne s'en tinrent point là, et continuèrent contre Arnauld leurs persécutions, soutenant d'ailleurs que la doctrine de Jansénius sur *la Grâce* ne tendait rien moins qu'à détruire la liberté de l'homme. La querelle en était à ce point lorsque Pascal résolut de quitter les sciences pour se livrer tout entier à la défense de la religion, et il commença par entreprendre celle du docteur Arnauld, son maître et son ami.

Ses premières *Provinciales* furent donc consacrées à poser clairement l'état de la question et à défendre Arnauld contre ses adversaires. Ces lettres eurent un succès prodigieux, sans être d'aucune utilité à la cause d'Arnauld. Alors Pascal attaqua la morale des jésuites, et dévoila surtout la doctrine de quelques-uns de leurs casuistes ; et il usa dans cette attaque des armes de la dialectique la plus serrée et de la raillerie la plus caustique. Malheureusement il se laissa quelquefois aller à trop de ressentiment ; il exhuma pour s'en servir des écrits obscurs et méprisés. ou attribua à toute la société des opinions de quelques-uns de ses membres, ou quelquefois même interpréta leurs écrits à sa manière, et leur donna des sentiments qui n'étaient pas les leurs.

Quoi qu'il en soit, ce style noble, serré, soutenu; cette dialectique fine, caustique et mordante laissait bien loin derrière elle tout ce qu'on avait écrit jusque là, et c'est avec raison qu'on peut dire que les *Provinciales* ont fixé enfin la langue française.

Après cet ouvrage Pascal, fatigué par des travaux immenses, ayant toujours eu d'ailleurs une santé languissante, résolut de se consacrer entièrement à la retraite et à la religion. Un accident ajouta encore à son penchant naturel à la mélancolie. Les chevaux de sa voiture s'emportèrent près du pont de Neuilly sans qu'on pût les retenir, et l'exposèrent à un très grand danger. Depuis ce moment il croyait toujours voir un précipice ouvert sous ses pas.

Pendant les dernières années de sa vie il travaillait à un grand ouvrage pour la défense de la religion : il voulait rassembler dans cette œuvre toutes les preuves d'une religion divine, et il écrivait toutes les pensées qui lui venaient sur ce sujet avec l'intention d'en faire plus tard le corps de son ouvrage. Ce travail resté inachevé a été publié sous le titre de *Pensées*. Pascal mourut dans les sentiments d'une sainte et douce piété entouré de tous les secours de notre divine religion. Il n'avait que trente-neuf ans.

LAMOTHE LE VAYER (1588-1672), que Naudé appelle *le Plutarque français*, fut reçu à l'Académie en 1639, devint précepteur du duc d'Orléans, frère de Louis XIV, et fut chargé de terminer l'éducation du roi. Cet écrivain, dont le style est clair, net, nerveux, professait, comme Montaigne, un scepticisme fondé sur l'étude de l'histoire et sur l'observation des contradictions qu'offrent sans cesse les opinions et les coutumes des hommes.

Le duc FRANÇOIS DE LA ROCHEFOUCAULD (1613-1680) a laissé *le Livre des Maximes* et des *mémoires* sur la régence d'*Anne d'Autriche*. Le style de ces deux ouvrages est surtout remarquable par une grande clarté et un naturel qui n'exclut pas l'élégance : cependant *le livre des Maximes* est le plus beau titre de gloire de cet écrivain.

SAINT-EVREMONT (1613-1703), guerrier, poète, philosophe, et pardessus tout homme de plaisir. Ce penchant le conduisit naturellement dans la doctrine d'Epicure, dont il se fit le zélé défenseur dans son *Traité de la morale d'Epicure*. Exilé pendant vingt-huit ans sur le sol de la Grande-Bretagne, son esprit devint plus grave et plus sérieux : il publia plusieurs ouvrages sur les anciens; ses poésies sont médiocres; les vers qu'il adressa à Ninon de l'Enclos et à Marion de Lorme ne valent pas l'honneur qu'on leur a fait de les conserver.

Nous rappellerons ici les noms de DESCARTES (1596-1650) et de GASSENDI (1592-1655), qui sont de cette époque, mais qui appartiennent plutôt à la science qu'à la littérature.

§ 5. *Eloquence judiciaire et sacrée.*

L'éloquence du barreau semble rester en arrière

au milieu de tout ce mouvement de la littérature. Le pédantisme, l'affectation continuaient de régner au palais, et l'étalage vain et fastueux de la science rendait ennuyeux et fatigants les plaidoyers pour les causes les plus intéressantes; quelques noms seulement sont sortis de l'obscurité qui caractérise l'éloquence judiciaire de cette époque.

Omer Talon (1575-1652), avocat général du parlement, donna le premier exemple d'une éloquence grave et simple.

Antoine Lemaître (1608-1658), élève de Port-Royal, fit comme ses devanciers étalage de science. Cependant d'Aguesseau conseille de lire quelques-uns de ses plaidoyers, « où l'on trouve, dit-il, des traits qui font regretter que l'éloquence de l'auteur n'ait pas eu la hardiesse de marcher seule et sans ce nombreux cortége d'auteurs, d'historiens et de Pères de l'Église qu'elle mène toujours à sa suite. »

Olivier Patru (1604-1681) fut appelé *le Quintilien français* par ses contemporains; il se rendit célèbre plutôt comme grammairien que comme orateur : ce qui le caractérise surtout c'est une forme tout à fait antique, de la simplicité et en même temps du nombre et de la richesse; il avait surtout étudié Cicéron et Démosthène, et on voit qu'il cherchait sans cesse à imiter ces deux modèles.

L'éloquence sacrée fut plus riche : on trouve déjà dans ce genre quelques hommes remarquables.

Singlin (1664) et Desmares (1669) obtinrent les plus grands succès.

S. Vincent de Paule (1576-1660), dont la vie tout

entière fut consacrée à des œuvres de charité, fut aussi un des prédicateurs les plus influents de cette époque. Sa parole était noble, douce, touchante, remplie de ce feu divin qui brûlait dans son cœur.

Nous donnerons aussi un souvenir à PIERRE CAMUS (1582-1652), ami intime de S. François de Sales, chez qui l'on trouve plus de verve que de convenance. On peut encore citer les noms de JEAN LINGENDES (1595-1665), évêque de Mâcon; CLAUDE LINGENDES (1591-1660), jésuite; JEAN LEJEUNE (1592-1672), oratorien; CLAUDE JOLY (1610-1678); SÉNAULT (1599-1672, général de l'Oratoire, qui tous brillèrent par leur éloquence douce et persuasive, et contribuèrent à chasser le mauvais goût qui régnait encore dans la chaire à leur époque.

SIÈCLE DE LOUIS XIV.

SECONDE PÉRIODE.

(1660-1715).

CHAPITRE Ier.

PREMIÈRE SECTION. — POÉSIE.

Cette seconde période vit les plus grandes gloires littéraires de la France et le plus haut point de perfection de la langue dans tous les genres d'écrire. Dans la tragédie, la comédie, la satire, l'épître, la fable; dans l'éloquence de la chaire, dans le genre épistolaire on vit éclore des chefs-d'œuvre comme on n'en trouve chez aucune nation. Il semble que l'influence toute puissante du grand roi s'étendit jusque sur la littérature pour ne lui faire produire que des prodiges. Boileau caractérise cette période : il détruit le mauvais goût, montre le chemin du bien et du vrai, et marche lui-même le premier dans cette voie. A ces titres nous le placerons le premier, et il en est digne par la mission qu'il a eu le courage et le bonheur d'accomplir.

§ 1. *Boileau.*

NICOLAS BOILEAU DESPRÉAUX naquit en 1636, dans la chambre même où fut composée la satire Ménippée (dans la maison qui est au coin du quai des Orfèvres et de la rue de Harlay). Son père, Gilles Boileau, greffier de la grand'chambre, destina son fils au barreau, et aussitôt qu'il eut terminé ses études le plaça chez un procureur; mais celui-ci déserta bientôt l'antre de la chicane pour se livrer à son penchant pour la poésie. Quel fut l'étonnement et la surprise de sa famille ! Il va nous l'expliquer lui-même :

Fils, frère, oncle, cousin, beau-frère de greffier,
Pouvant charger mon bras d'une utile liasse,
J'allai loin du Palais errer sur le Parnasse :
Ma famille en pâlit, et vit en frémissant
Dans la poudre du greffe un poète naissant.

Boileau entreprit par la satire ce que Malherbe avait commencé par la grammaire. « La campagne qu'il ouvrit contre les méchants auteurs, dit M. Géruzez, n'est pas une boutade de mauvaise humeur, un simple caprice ; c'est une entreprise utile et courageuse : elle était nécessaire pour arrêter les progrès du mauvais goût. Il faut se rappeler qu'à cette époque Chapelain était le roi des auteurs; que l'invasion espagnole et italienne, contenue quelque temps par Malherbe, avait rompu ses digues. Le mauvais goût était partout, dans la chaire chrétienne, où Mascaron, jeune encore, lui payait un large tribut ; au théâtre, où Scarron balançait Molière ; dans la poésie, où le burlesque introduisait la caricature ; dans les romans, où la passion et l'histoire étaient dénaturées ; dans la poésie épique, que ridiculisaient les grands avortements des Chapelain, des Scudéry, des Coras et des Saint-Sorlin. Il fallait déblayer le terrain pour faire place aux grands génies et aux véritables beaux-esprits qui commençaient à poindre. Il fallait préparer le siècle à goûter Molière, Racine, Bossuet, madame de Lafayette. Ce fut le rôle de Boileau : au nom du goût il se fit le justicier et comme le grand-prevôt de la littérature.

« Boileau est l'homme de goût par excellence ; il en est l'oracle et l'arbitre : c'est là sa mission et sa gloire. Je ne dis pas qu'il eut un grand génie, mais il possédait le sens du vrai et le don de l'exprimer nettement ; il prêchait d'exemple, et ses préceptes sont des modèles. Qu'on lui refuse le don de l'invention, la puissance de l'imagination, la sensibilité du cœur, j'y souscris, sauf quelques réserves ; mais la raison lumineuse, mais le sentiment du vrai et du faux, mais la rectitude de l'esprit, mais l'invention dans le langage, mais le tact fin et délicat, ne sont-ce pas des qualités qu'il possède à un degré supérieur? Or l'ensemble et le bon emploi de ces facultés n'est-ce pas le génie littéraire?

« Ce que j'admire dans Boileau, c'est le culte de la langue et du goût; c'est surtout l'emploi et l'habile ménage de ses facultés. Il tire de ses dons naturels tout le parti possible; il les applique avec convenance, avec discrétion, avec puissance; il sait mieux que personne ce que ses épaules peuvent porter ou non; il arrive à la richesse par l'économie, tandis que d'autres, mieux dotés peut-être, tombent dans la misère par la prodigalité.

« Voyez comme sa vie littéraire est bien conduite: il déclare sa mission par ses *Satires*, sa compétence par *l'Art poétique*, sa supériorité par *le Lutrin*. Il critique, il enseigne, il pratique; voilà le mal, voilà la route du bien, voilà le bien. N'est-ce pas là toute la vie littéraire de Boileau, et cette vie ne présente-t-elle pas une admirable progression?

« A trente-six ans la mission de Boileau était remplie; son autorité littéraire était établie sur des titres incontestables; il ne fit plus que l'exercer. Il applaudit, il blâma; et l'éloge comme le blâme étaient des arrêts de sa bouche. » (1)

Les *Satires* de Boileau sont au nombre de douze. « La gaieté qui les anime, dit un biographe, verse le ridicule et non l'infamie; la malice qui les dicte plus

(1) M. Géruzez, *Cours de Littérature*.

souvent que la colère se prescrit toujours des limites. Voltaire est venu, qui a porté dans la colère personnelle plus d'énergie, mais aussi plus de cruauté. Boileau provoque, et Voltaire se venge. Tous deux poursuivent des insectes ; mais Voltaire, qu'ils ont piqué, les écrase, et Boileau, qu'ils ne cherchaient pas, se contente de les harceler. Dans Voltaire le talent vient servir des ressentiments profonds, et il les égale ; le plaisir de Boileau n'est pas de nuire à des auteurs ridicules, mais d'amuser et d'instruire à leurs dépens. Ils sont bien plus ses jouets que ses victimes. Nous ignorons si Boileau trouverait pour les immoler la vigueur de Voltaire ; mais on voit clairement qu'il n'en a pas la volonté.

La satire Iʳᵉ (1660) est déjà remarquable par le bon goût, l'élégance et la correction qu'on y trouve d'un bout à l'autre. C'est une imitation de la troisième satire de Juvénal. Le poète y fait l'éloge de la retraite, et y retrace les ennuis de la ville. Il en détacha la seconde partie pour en faire sa sixième satire : *Les Embarras de Paris*.

La satire II, *à Molière* (1664), est traitée avec une rare perfection. *L'accord de la rime et de la raison*, tel en est le sujet ; aussi le poète y a-t-il observé avec une grande exactitude tous les agréments et toutes les richesses de la rime.

La troisième, *le repas ridicule* (1665), est infiniment supérieure à celle d'Horace, dont elle est imitée, et par la poésie et par la finesse de la critique.

La quatrième (1664), *à l'abbé Le Vayer, sur les folies humaines*, est le développement très piquant de cette proposition bien vraie, que tous les hommes sont fous, et que celui-là l'est le plus qui croit être le plus sage.

La cinquième, *au marquis Dangeau* (1665), *sur la Noblesse,* est fort belle, mais manque de profondeur : elle est imitée de Juvénal.

La sixième est la description *des Embarras de Paris:* elle est remplie de traits piquants.

La septième (1663), *à sa Muse, sur le genre satirique,* est imitée de la satire première du second livre d'Horace.

La huitième (1667), *sur l'Homme, à Morel, docteur en Sorbonne,* passe pour la meilleure de toutes. Elle est tout à fait dans le goût de Perse, et marque un philosophe chagrin qui ne peut souffrir les vices des hommes.

La neuvième (1667), *à son Esprit,* est entièrement dans le goût d'Horace, dont elle est une excellente imitation.

La dixième (1693), *sur les Femmes,* a des caractères de vérité, il faut l'avouer; mais souvent le poète prête à la généralité des vices qui n'appartiennent qu'au plus petit nombre.

Les deux dernières, *sur l'Honneur* (1698), *sur l'Equivoque* (1705), composées dans les dernières années de l'auteur, n'ont plus cette verve qui caractérise si bien les œuvres de sa jeunesse.

Les *Epîtres,* aussi au nombre de douze, nous montrent une poésie plus parfaite encore que celle des satires. La première, la quatrième, la septième, la neuvième sont des pièces parfaites qui défendent assez le poète contre la critique ou plutôt contre les injures de Marmontel. Trois sont adressées au roi, et jamais, depuis Horace, la louange n'avait été prodiguée avec tant de délicatesse, de grâce et de dignité.

Le Passage du Rhin est peut-être le plus beau morceau de poésie épique de notre langue.

Le Lutrin est peut-être le poème le plus parfait de la langue française.

L'Art poétique est un autre chef-d'œuvre; pas un vers faible, pas un mot impropre, toujours de la précision, d'heureuses réminiscences d'Horace, qu'il surpasse; il semble que toutes les qualités se réunissent dans cet ouvrage immortel. On regrette cependant que quelques-uns des jugements du poète soient entachés de partialité, et on aimerait à trouver dans son livre quelques noms qu'il semble s'être plu à omettre. Il ne parle pas une fois de La Fontaine.

Boileau dans l'*Ode* et l'*Epigramme* est resté au dessous de lui-même. On lui doit encore plusieurs écrits en prose : une traduction très estimée du *Traité du Sublime de Longin;* un *Dialogue sur les héros de roman*, etc.

Boileau vécut dans l'intimité de Racine, de Molière et de La Fontaine. Le roi le combla de ses faveurs, et l'avait nommé son historiographe. Il se retira à Auteuil dans les dernières années de sa vie, et il y mourut d'une hydropisie de poitrine en 1711.

§ 2. *Poésie dramatique.* — *Racine.*

JEAN RACINE (1639-1699), né La Ferté-Milon, est l'idéal, par l'ensemble et l'harmonie des facultés de son génie, de la plus haute perfection de la poésie française. La nature l'avait comblé de tous ses dons. La beauté de sa physionomie exprimait la dignité et la tendresse de son âme et les rares qualités de son intelligence. Élève de Port-Royal, il puisa à cette école sévère la connaissance et l'admiration des chefs-d'œuvre de l'antiquité. Il se fit connaître dès l'âge de vingt ans, et s'attira les bonnes grâces de la cour par une ode qu'il composa pour le mariage de **Louis XIV** (*la Nymphe de la Seine*). Il eut le bonheur dès sa jeunesse de se lier avec Molière et Boileau, qui le conseillèrent utilement. Il débuta dans la carrière dramatique par la pièce de *Théagène et Chariclée*, tragédie fort imparfaite, qu'il montra à Molière et que celui-ci lui fit supprimer.

La Thébaïde ou *les frères ennemis*, parut en 1664. Molière en avait donné le sujet à Racine, et cette pièce se ressent encore de la jeunesse de son auteur.

Alexandre (1665) suivit *la Thébaïde*, et eut beaucoup plus de succès : on y voit déjà des progrès remarquables ; la versification y est d'une pureté et d'une élégance qu'on n'avait encore rencontrées nulle part. Le caractère de Porus y est tracé de main de maître ; mais ce n'est point encore là la perfection : le génie de Racine ne se déploie tout entier que dans la pièce suivante.

Dans *Andromaque* (1667) Racine s'élève à une hauteur où il sut se maintenir jusqu'à la fin. Cette pièce excita un enthousiasme général. Une marche claire et directe dans une intrigue qui semblait double, un langage continuellement assorti aux caractères et à la situation des personnages, le développement du cœur humain, le combat habile et animé des passions, telles étaient les beautés nouvelles que Racine venait de révéler à la scène. Le caractère d'Hermione surtout est le triomphe du poète.

Après un succès si éclatant Racine se délassa du genre tragique par la spirituelle comédie des *Plaideurs* (1668), imitée des *Guêpes* d'Aristophane. C'est une critique fine et mordante des formes de la procédure au temps de Louis XIV et surtout du langage boursoufflé et de mauvais goût des avocats de cette époque.

Britannicus (1669) suivit *les Plaideurs*; c'est celle de toutes ses tragédies où Racine a éprouvé le plus de difficultés, où l'art a le plus aidé au génie. Ce chef-d'œuvre n'eut pas d'abord tout le succès qu'il méritait; Boileau seul devina tout le mérite de la pièce, et proclama que *jamais Racine n'avait rien fait de mieux*. En effet le bon goût finit par triompher, et la pièce fut enfin appréciée à sa juste valeur. Les beaux vers qu'on y trouve à chaque page rappellent toute la mâle énergie du style de Tacite et y ajoutent un charme de plus.

Bérénice (1670) représente sous des noms antiques la cruelle séparation de Louis XIV et de Henriette d'Angleterre, qui s'aimaient. Cette pièce est plutôt une élégie héroïque qu'une tragédie. Voltaire en a fait une juste appréciation, dans laquelle il prouve l'impossibilité de tirer de ce sujet une tragédie.

ajazet parut en 1672. Racine pouvait peut-être reproduire avec plus de fidélité et d'exactitude les mœurs de l'Orient; mais malgré cette légère imperfection cette pièce est un chef-d'œuvre. Le rôle d'Acomat ne laisse rien à désirer, et l'amour, la jalousie, la haine, la vengeance font jaillir du cœur de l'impétueuse Roxane les accents les plus pathétiques, les plus nobles et les plus élevés.

Dans *Mithridate* (1673) Racine semble avoir voulu lutter avec Corneille en introduisant sur la scène ces grands caractères de l'antiquité dont les siècles ont encore accru la renommée. Le roi de Pont, aussi malheureux amant que prince infortuné, injuste envers un fils qui lui est dévoué, et au milieu des plus affreux malheurs grand et inébranlable, donne l'idée la plus haute qu'il soit possible de concevoir d'un héros de l'antiquité; et la jeune et belle *Monime* présente le caractère le plus parfait d'une princesse malheureuse, toujours prête à sacrifier son amour à son devoir, mais gardant cet amour au fond de son cœur comme un bien qu'on ne peut lui ravir.

Iphigénie (1674). Voici le jugement de Voltaire sur cette pièce :

« J'avoue, dit-il, que je regarde *Iphigénie* comme le chef-d'œuvre de la scène. Veut-on de la grandeur, on la trouve dans *Achille*, mais telle qu'il la faut au théâtre, nécessaire, passionnée, sans enflure, sans déclamation. Veut-on de la vraie politique, tout le rôle d'*Ulysse* en est plein, et c'est une politique parfaite, uniquement fondée sur l'amour du bien public; elle est adroite, elle est noble, elle ne discute point; elle augmente la terreur. *Clytemnestre* est le modèle du grand pathétique, *Iphigénie* celui de la simplicité noble, intéressante ; *Agamemnon* est ce qu'il doit être. Et quel style ! c'est là le vrai sublime..... O tragédie des tragédies ! beauté de tous les temps et de tous les pays ! malheur au barbare qui ne sent pas ton prodigieux mérite ! »

Phèdre parut trois ans plus tard (1677); une cabale redoutable, dans laquelle entraient des personnages influents, se forma contre cette pièce, et lui opposa une misérable composition de *Pradon*. A la tête de cette coalition on vit le duc de Nevers et la duchesse de Bouillon ainsi que madame Deshoulières. Racine eut la douleur de voir siffler son chef-d'œuvre. Froissé par cette injustice, il renonça au théâtre quoiqu'il n'eût encore que trente-huit ans et que son génie fût dans toute sa force ; il était d'ailleurs confirmé dans cette résolution par des motifs religieux. Il se maria l'année suivante, et fut nommé historiographe de France, emploi qu'il partagea avec Boileau.

Après douze ans de silence, à la prière de madame de Maintenon, il composa *Esther* (1689) et *Athalie* (1691), qui furent jouées à Saint-Cyr par les demoiselles de la maison royale.

Esther n'est point à proprement parler une tragédie ; c'est une élégie ravissante de beautés de toutes sortes ; c'est l'idéal de la poésie biblique et de l'harmonie la plus parfaite, c'est le modèle de tous les siècles à venir.

Athalie fut livrée au public, et eut d'abord peu de succès. Cette nouvelle injustice fut très sensible à Racine malgré les consolations de Boileau, qui lui prédisait que cette pièce serait un jour regardée comme son chef-d'œuvre. Voici le jugement de La Harpe sur cette pièce :

« La conception la plus étendue et la plus riche dans le sujet le plus simple et qui paraissait le plus stérile ; le mérite unique d'intéresser pendant cinq actes avec un prêtre et un enfant sans mettre en œuvre aucune des passions qui sont les ressorts ordinaires de l'art dramatique, sans amour, sans épisodes, sans confidents ; la vérité des caractères, l'expression des mœurs empreinte dans chaque vers, la magnificence d'un spectacle auguste et religieux, qui montre la tragédie dans toute la dignité qui lui appartient ; la sublimité du style également admirable dans un pontife qui parle le langage des prophètes et dans un enfant qui parle celui de son âge ; la beauté continue d'une versification où Racine a été au dessus de lui-même ; un dénouement en action et qui présente un des plus grands tableaux qu'on ait jamais offerts sur la scène, voilà ce qui a placé *Athalie* au premier rang des productions du génie poétique ; voilà ce qui a justifié Boileau lorsque, seul contre l'opinion générale et représentant la postérité, il disait à son ami découragé : *Athalie est votre plus bel ouvrage.* »

L'auteur *du Génie du Christianisme* fait d'*Athalie* un éloge plus grand encore : « Nous ne parlerons point d'*Athalie*, dit l'illustre écrivain, parceque Racine dans cette pièce ne peut être comparé à personne. C'est l'œuvre le plus parfait du génie inspiré par la religion. » (1)

(1) *Génie du Christianisme*, liv. 1ᵉʳ, c. 10.

Racine sut mettre la perfection dans tout ce qu'il fit : les *Epigrammes* échappées à sa verve caustique sont de petits chefs-d'œuvre. Dans la poésie lyrique il n'a point d'égal. Les chœurs d'Esther et d'Athalie lui assurent le premier rang parmi les poètes lyriques.

On a aussi de Racine quelques ouvrages en prose: l'*Histoire abrégée de Port-Royal* et le *Précis historique des campagnes de* 1672 *à* 1678.

Racine, ayant composé, à la sollicitation de madame de Maintenon, un *Mémoire sur la misère du peuple* (1697), tomba dans une sorte de disgrâce auprès du roi. Les dures paroles que le monarque adressa au poète lui portèrent le dernier coup, et aggravèrent une maladie dont il souffrait depuis longtemps; il mourut deux ans après. Il était de l'Académie française dès 1673.

§ 3. *Thomas Corneille et autres.*

THOMAS CORNEILLE (1625-1709) aurait eu, dit-on, une grande réputation sans son frère. Il avait assez de goût et de facilité à produire; mais il manquait souvent d'élévation. Plusieurs de ses pièces eurent du succès, et lui firent une grande réputation. Il donna successivement *Laodicée, Théodat, Darius, la Mort d'Annibal, la Mort d'Achille, la Mort de Commode, Bradamante, Bérénice, Antiochus, Maximian, Pyrrhus* et *Persée*. Plusieurs de ces pièces sont oubliées; mais il en est qu'on lit encore avec plaisir parcequ'elles ont de la simplicité et de la correction.

Timocrate, pièce tirée du roman de Cléopâtre, eut quatre-vingts représentations.

Ariane et *le Comte d'Essex* sont d'un mérite bien supérieur : on les a conservées au théâtre.

BOYER et LECLERC ne sont plus guère célèbres que par deux excellentes épigrammes de Racine. Le premier est auteur d'une *Judith* tragédie sans couleur, sans correction et d'un style dur et pénible ; l'autre a fait représenter une *Iphigénie* qui ne vaut pas mieux. Mais laissons parler Racine :

A sa *Judith* Boyer par aventure
Etait assis près d'un riche caissier :
Bien aise était, car le bon financier
S'attendrissait et pleurait sans mesure.
« Bon gré vous sais, lui dit le vieux rimeur ;
« Le beau vous touche, et ne seriez d'humeur
« A vous saisir pour une baliverne. »
Lors le richard en larmoyant lui dit :
« Je pleure, hélas ! pour ce pauvre Holopherne
« Si méchamment mis à mort par Judith. »

Voici la seconde de ces épigrammes sur l'*Iphigénie* de Leclerc :

Entre Leclerc et son ami Coras,
Deux grands auteurs, rimant de compagnie,
N'a pas longtemps s'ourdirent grands débats
Sur le propos de leur *Iphigénie*.
Coras lui dit : La pièce est de mon cru.
Leclerc répond : Elle est mienne et non vôtre.
Mais aussitôt que l'ouvrage eut paru
Plus n'ont voulu l'avoir fait l'un ni l'autre.

PRADON (1632-1698) dut ses brillants succès à la

haine que portait à Racine une coterie jalouse de sa gloire; mais cette célébrité même l'a fait tomber dans un oubli plus profond. La *Phèdre* de Pradon fut applaudie le jour même où l'on siffla celle de Racine! *Régulus* eut vingt-sept représentations. *Scipion l'Africain* ne manque pas de correction.

LAFOSSE (1653-1708) a donné quatre tragédies, dont l'une, *Manlius*, est restée au théâtre. L'intrigue en est assez simple, les caractères bien dessinés et les situations dramatiques; le style manque quelquefois de clarté et de précision. C'est la *Venise sauvée* du poète anglais Otway sous des noms romains. Il a dû donner à ses personnages des noms et des mœurs antiques, et transporter la scène à une autre époque; l'esprit français n'aurait pas admis des conjurés ayant nom *Bedmar*, *Jaffier*, *Jacques Pierre*, *Elliot*, ect.; cela seul eût fait tomber la pièce. La tragédie de *Manlius* est la première pièce du théâtre du second ordre. Les trois autres pièces de Lafosse sont *Crésus*, *Thésée* et *Polyxène;* l'intrigue en est compliquée, romanesque; le nœud se débrouille difficilement; enfin ces pièces sont faibles de tout point.

DUCHÉ DE VANCY (1668-1704), valet de chambre de Louis XIV, a laissé trois tragédies sacrées, dont l'une, *Absalon*, a du mérite. Elle est en général bien conduite; il s'y trouve des scènes très pathétiques, et les principaux caractères sont bien tracés. Le défaut de Duché c'est une grande monotonie dans ses vers. On doit aussi à cet écrivain plusieurs *opéras* qui ont eu quelque vogue.

LONGEPIERRE (1659-1721), précepteur du duc de

Chartres, puis secrétaire des commandements du prince, donna au théâtre *Médée, Sésostris, Electre*. Ces pièces sont généralement froides, ennuyeuses, vides d'action et d'intrigue, et défectueuses quant à la versification. *Médée* seule est restée au théâtre.

§ 4. *Molière. — Poètes comiques.*

JEAN-BAPTISTE POQUELIN DE MOLIÈRE naquit à Paris en 1620. Son père, valet de chambre, tapissier de Louis XIII, avait peu de fortune, et redouta longtemps comme un mal dangereux le penchant de son fils pour les lettres. C'était surtout pour le théâtre que le jeune Poquelin montrait un goût très prononcé. Enfin à vingt ans il s'attacha à une troupe de comédiens bourgeois, et quitta, par égard pour sa famille, le nom de Poquelin pour prendre celui de Molière. Il se mit bientôt après à courir les provinces avec une petite troupe qu'il avait formée, et s'essaya à composer lui-même des comédies. C'est ainsi qu'il fit représenter à Lyon en 1653 *l'Étourdi*, dont le sujet, tout défectueux et stérile qu'il est, fut trouvé au dessus de tout ce qu'on avait à cette époque. *Le Dépit amoureux* fut joué l'année suivante (1554) à Montpellier. On trouve déjà dans cette pièce un progrès remarquable. La scène des deux amants qui se brouillent et se font des reproches pour s'unir ensuite par des liens plus étroits, celle du valet et de la soubrette qui jouent le même jeu, semblent déjà annoncer l'auteur de tant de chefs-d'œuvre.

Molière revint à Paris en 1658, et frappa d'anathème le langage affecté, les formes prétentieuses que la cour avait prises dans les innombrables romans de cette époque, et qui commençaient à gagner la ville et la province.

Les Précieuses ridicules offrirent une leçon de si bon goût que Ménage, l'un des coryphées de l'Hôtel de Rambouillet, dit à Chapelain en sortant de la première représentation : *Nous admirions pourtant vous et moi toutes les sottises qui viennent d'être si justement et si finement critiquées.*

Les chefs-d'œuvre se succédèrent rapidement: *Sganarelle* (1660), bien qu'inférieur aux *Précieuses*, eut cependant un grand succès.

Don Garcie de Navarre fut moins heureux.

L'Ecole des Maris (1661) parut ensuite, et releva Molière. On trouve encore dans cette pièce quelques scènes indécentes et des termes grossiers.

Puis *l'Ecole des Femmes* (1662), création nouvelle et piquante à la fois, naïve et pleine de vérité.

Le Mariage forcé (1664), imité de Rabelais.

Le Festin de Pierre (1665), imité de l'espagnol, et dont le principal personnage, don Juan, excita de violents murmures par son impiété.

L'Amour médecin (1665), pièce remplie de critiques de bon goût, de traits piquants et de bon comique.

Le Misanthrope (1666), comédie d'un genre grave et sévère et dont on n'apprécia pas de suite le mérite et la perfection.

Le Médecin malgré lui (1666), pièce pleine de gaieté, mais quelquefois un peu leste.

Le Tartuffe (1667), satire sanglante de l'hypocrisie, contre laquelle se liguèrent tous les faux dévots, et qui ne put être représentée qu'après de longs débats et par la protection toute spéciale de Louis XIV.

Amphitryon et *l'Avare* (1668), toutes deux imitées du latin de Plaute.

Georges Dandin (1668), *Pourceaugnac* (1669), *le Bourgeois gentilhomme*, à l'occasion de laquelle Louis XIV dit à Molière : « *Vous ne m'avez jamais tant fait rire.* »

Les Femmes savantes (1672), chef-d'œuvre de critique qui eut un succès éclatant.

Le Malade imaginaire (1673), sortie très gaie contre les médecins. Fagon, médecin du roi, s'y trouve représenté sous le nom de Purgon.

« Molière n'est jamais fin, dit La Harpe; il est profond, c'est à dire que lorsqu'il a donné son coup de pinceau il est impossible d'aller au-delà. Ses comédies bien lues pourraient suppléer à l'expérience, non parcequ'il a peint des caractères qui passent, mais parcequ'il a peint l'homme, qui ne change point. C'est une suite de traits dont aucun n'est perdu. Celui-ci est pour moi, celui-là est pour mon voisin; et ce qui prouve le plaisir que procure une imitation parfaite c'est que mon voisin et moi nous rions de très bon cœur de nous voir ou sots, ou faibles, ou impertinents, et que nous serions furieux si on nous disait d'une autre façon la moitié de ce que nous dit Molière. »

Le plus bel éloge qu'on puisse faire de Molière c'est de dire que les étrangers, si fiers de leurs poètes, ont partagé notre admiration pour le génie de ce grand homme. L'Anglais Garrick le réclamait au nom de l'humanité et au préjudice de la France, enviant à notre patrie la gloire unique d'avoir produit le peintre le plus profond et le plus ingénieux du cœur de l'homme.

A la quatrième représentation du *Malade imaginaire*, Molière, dont la santé était depuis longtemps altérée, voulut continuer à jouer malgré les représentations de ses amis, de peur, disait-il, de faire perdre leur journée à tous ceux qu'il employait; mais à la fin de la pièce, au moment où il prononçait le mot *juro*, il fut pris d'une convulsion, et on l'emporta mourant. Il expira le 17 février 1673, âgé de cinquante-un ans.

J. F. REGNARD (1655-1709) ne commença à écrire que fort tard. Après une jeunesse très orageuse, après avoir visité la Suède et la Laponie, après avoir été vendu comme esclave à un bacha de Constantinople dont il s'attira les bonnes grâces comme intendant de ses cuisines, il revint se fixer à Paris, et se mit à écrire pour le Théâtre-Français et pour le Théâtre-Italien. Voici le titre des pièces du théâtre de Regnard :

La Sérénade, Attendez-moi sous l'orme, le Bal ou le Bourgeois de Falaise, le Joueur, le Distrait, Démocrite amoureux, le Retour imprévu, les Folies amoureuses, les Ménechmes ou les Jumeaux, le Légataire universel, la Critique du légataire.

La meilleure de toutes ces pièces est *le Joueur*, dont les situations pleines de comique et de vérité assurent à Regnard la première place après Molière.

BARON (1653-1729) fut l'élève et l'ami de Molière,

et fut comme lui acteur et auteur à la fois. Doué par la nature des plus heureux dons, il sut encore les perfectionner par l'art, et mérita d'être appelé le *Roscius français.* Son théâtre se compose de sept pièces dont la meilleure est *l'Homme à bonnes fortunes.* L'*Andrienne* et l'*Ecole des Pères* eurent aussi quelques succès. De son temps on attribuait ces deux pièces au P. La Rue, jésuite.

BOURSAULT (1638-1701), poëte et financier à la fois. Il était venu de la Bourgogne, sa province, ne parlant que le patois, et il se mit au travail avec tant d'ardeur qu'il put composer un livre (*la Véritable étude du souverain*) qui plut tellement à Louis XIV qu'il voulut le nommer sous-précepteur de son fils. Plusieurs de ses pièces sont restées au théâtre; les meilleures sont : *le Mercure galant, Esope à la ville, Esope à la cour,* qui eurent un grand succès.

HAUTEROCHE (1617-1680), acteur et auteur comique, produisait beaucoup trop pour donner à ses ouvrages la culture et la maturité nécessaires pour en faire des œuvres durables. Quelques-unes de ses comédies cependant sont encore lues avec plaisir, quoiqu'elles sentent un peu la farce. *Crispin médecin, l'Esprit follet, le Cocher supposé, le Deuil* sont des petites pièces qui ont été fort goûtées.

CHAMPMESLÉ, acteur comme Hauteroche, a composé plusieurs comédies fort jolies : *les Grisettes, Crispin chevalier, le Florentin, la Coupe enchantée* sont les meilleures. Il composa ces deux dernières en société avec La Fontaine. Il mourut en 1701.

MONTFLEURY (1640-1685), fils du comédien de ce

nom, composa pour l'Hôtel de Bourgogne plusieurs pièces qui luttèrent avec celles de Molière. Les meilleures sont : *le Mariage de Rien*, *l'Impromptu de l'Hôtel de Condé*, opposé à *l'Impromptu de Versailles* de Molière, *la Femme juge et partie*, *l'Ecole des Jaloux*, *la Dame médecin*, *Crispin gentilhomme*. Ces pièces ne manquent pas de gaieté, mais sont libres à l'excès.

QUINAULT (1635-1688) est un des auteurs que Boileau a le plus critiqués, et soit haine, soit conviction, il l'a livré à la risée générale, et son nom est resté dans le ridicule jusqu'au moment où il a été réhabilité par Voltaire, qui l'a proclamé *le créateur de l'opéra en France*. On lui doit en effet des *opéras* qui ne sont pas sans mérite ; ils sont au nombre de seize.

Quinault avait fait représenter en 1665 sa *Mère coquette*, dont le succès s'est soutenu longtemps. Quelquefois cet écrivain manque de force, mais il a beaucoup de goût et il est toujours naturel.

L'abbé PERRIN écrivit aussi des *opéras* assez remarquables. On a aussi de lui des *odes*, des *stances*, des *églogues* au dessous du médiocre.

§ 5. *Fables.* — *La Fontaine.*

JEAN DE LA FONTAINE naquit à Château-Thierry le 8 juillet 1621. Son père, maître particulier des eaux et forêts, confia le soin de son éducation première à des maîtres de campagne, puis l'envoya à Reims. A dix-neuf ans il entra à l'Oratoire, et en sortit après s'y être ennuyé dix mois. Il avait terminé ses études, connaissait la langue latine, peu ou point de grec, et était peu capable d'entrer dans une profession libérale. Son père se démit de sa charge pour la lui donner ; mais naturellement peu propre aux affaires, ami d'ailleurs du plaisir, il s'acquitta fort mal des obligations qu'elle lui imposait. Enfin à vingt-deux ans son goût pour la poésie lui fut révélé par la lecture d'une ode de Malherbe.

Sa vocation était trouvée. Il se mit à lire les meilleurs auteurs anciens et modernes : *Maître François* (1) surtout et *Maître Vincent* (2) lui plaisaient fort. Son premier ouvrage fut *l'Eunuque de Térence*, dont il donna une traduction à Reims (1654).

Madame la duchesse de Bouillon, nièce du cardinal Mazarin, exilée alors à Château-Thierry, l'encouragea et l'aida de sa protection, le nomma gentilhomme de sa maison, et l'amena à Paris en 1660. A cette époque le surintendant des finances Fouquet remplissait la cour et la ville du bruit de ses fêtes, et consacrait ses immenses revenus au faste et à la bienfaisance. Il dépensait quinze millions pour embellir son château, et faisait des pensions aux hommes de lettres. La Fontaine eut part à ses largesses, et sa muse trouva seule des accents de reconnaissance et de fidélité pour son protecteur lorsqu'il fut précipité du haut de ses grandeurs dans la plus affreuse disgrâce. La Fontaine osa implorer la clémence

---

(1) Rabelais.
(2) Voiture.

du monarque par la plus touchante *élégie* qu'il fait soupirer aux nymphes de Vaux. Vains efforts! Il fut lui-même rayé de la feuille des bénéfices.

Henriette d'Angleterre, le grand Condé, le prince de Conti, le duc de Vendôme, le duc de Bourgogne honorèrent La Fontaine de leur protection, et lui fournirent avec empressement toutes les ressources nécessaires pour qu'il pût se livrer avec sécurité à ses goûts favoris. Dans la société intime de Racine, de Molière, de madame de La Fayette et particulièrement de madame de La Sablière, chez laquelle il vécut vingt ans sans soins et sans soucis, son caractère se forma, devint moins étrange; enfin il prit autant qu'il en était capable les habitudes indispensables pour le commerce du monde. Ce fut chez cette femme aimable et généreuse qu'il composa la plupart de ses chefs-d'œuvre, entre autres ses *fables*, dont les premiers livres parurent en 1668. Après ses *fables* parurent *Philémon et Baucis* et *les Filles de Minée*, délicieuses compositions imitées des *Métamorphoses* d'Ovide. Nous avons à regretter d'être obligés de mettre à côté d'ouvrages si gracieux et si parfaits des œuvres aussi licencieuses que ses *contes;* jetons un voile sur une œuvre qui a droit de nous étonner chez un homme aussi pieux et aussi vertueux que le *bonhomme*.

A la mort de madame de La Sablière La Fontaine se retira chez madame d'Hervart, et songea sérieusement à mettre en ordre sa conscience. Il sacrifia tout ce qu'il put de ses poèmes licencieux, et donna aux pauvres le prix de ceux qu'il ne put retirer de chez le libraire. Il mourut le 13 avril 1695, après avoir demandé pardon du scandale dont ses poésies trop libres avaient été la source. On le trouva revêtu d'un cilice.

Le caractère de La Fontaine et celui de ses poésies ont quelque chose de particulier qu'on ne retrouve nulle part. Il est unique dans son genre, et ses œuvres n'ont aucune ressemblance avec celles des poètes qu'il a imités ou plutôt traduits dans un langage qui lui est propre.

Mais il ne faut pas admettre cette opinion trop généralement reçue, et que quelques vers pleins de franchise et de bonhommie portent encore à croire davantage, que La Fontaine était d'un caractère indolent, livré à une somnolence presque journalière, et qu'enfin ses fables charmantes auraient été les heureux enfants de sa paresse. Non, cette négligence apparente est bien plus souvent un effet de l'art et d'un esprit cultivé que d'une trop grande facilité. La Fontaine au contraire travaillait beaucoup ses poésies, non pas précisément dans le cabinet et la plume à la main, mais par une réflexion longue et approfondie, et sa paresse était bien plus apparente que réelle.

On ne sera plus étonné de le trouver seul, dans le même lieu, dans la même attitude pendant toute une journée, malgré le froid et la pluie, si l'on pense que pendant tout ce temps son esprit était occupé d'une combinaison suivie, formait un plan régulier, et dans sa pensée faisait disparaître chaque vers faible, chaque mot défectueux; pour n'avoir plus ensuite qu'à écrire un chef-d'œuvre parfait comme chacun de ces petits poèmes qu'il a livrés à notre admiration.

Cette originalité naïve, cette malice innocente, cet aimable abandon, enfin cette douce incurie de l'avenir partout où le bonhomme parle de soi, font voir seulement l'inaction ordinaire de son corps, le calme apparent de son esprit et la douceur de ses mœurs; mais rien là ne montre une âme insensible, une pensée inactive et un esprit somnolent. Ses distractions même si connues sont bien plutôt un effet de la préoccupation que de l'absence de l'esprit.

§ 6. *Poésies diverses.*

JACQUES VERGIER (1655-1720) a donné des *fables* qui n'ont rien d'estimable, et des *contes* très licencieux. Il eut la prétention d'ouvrir une nouvelle route, et ne fit qu'imiter La Fontaine en ce qu'il a de moins bon. Il est incorrect d'ailleurs et défectueux en plusieur points.

ANTOINE BAUDERON DE SÉNECÉ (1643-1737), attaché pendant trente ans à madame d'Angoulême, a laissé des *contes* qui prouvent jusqu'à l'évidence qu'on peut bien conter sans offenser la morale et les bonnes mœurs : deux de ses contes, *la Confiance perdue* et *Camille*, ont assez d'étendue pour être considérés comme deux petits poèmes. *Le Kaïmack*, conte oriental, est plein de détails originaux et intéressants.

Mme DESHOULIÈRES (Antoinette Du Ligier de La Garde) (1634-1694) essaya tous les genres de littérature, et ne réussit guère que dans un. Sa tragédie de *Genséric*, dont la versification est sans couleur et le plan vicieux, eut peu de succès, et ses autres pièces en eurent encore moins. Elle eut le tort d'entrer dans la coterie qui soutenait Pradon contre Racine; elle fit même sur la *Phèdre* de ce dernier un sonnet assez médiocre. Mais Boileau vengea bien son ami dans sa dixième satire en disant de madame Deshoulières :

> C'est une précieuse,
> Reste de ces esprits jadis si renommés
> Que d'un coup de son art Molière a diffamés.
> De tous leurs sentiments cette noble héritière
> Maintient encore ici leur secte façonnière ;
> C'est chez elle toujours que les fades auteurs
> S'en vont se consoler du mépris des lecteurs.
> Elle y reçoit leur plainte, et sa docte demeure
> Aux Perrins, aux Coras est ouverte à toute heure;
> Là du faux bel esprit se tiennent les bureaux ;
> Là tous les vers sont bons pourvu qu'ils soient nouveaux.
> Au mauvais goût public la belle y fait la guerre,
> Plaint Pradon opprimé des sifflets du parterre.

Madame Deshoulières publia un grand nombre de poésies, des *idylles*, des *ballades*, etc., qui la firent surnommer *la dixième muse* et la *Calliope française*. Tout le monde connaît l'idylle *des Moutons*, si simple et si philosophique, celle *des Oiseaux*, si gracieuse, et par-dessus toutes les autres celle qu'elle adresse au roi pour lui demander de protéger ses filles. Ce qu'il y a surtout d'admirable dans cette pièce c'est qu'en se servant de petits vers, dont le rhythme est ordinairement consacré aux sujets légers et gracieux, l'auteur a su terminer son œuvre dans le ton de la plus haute poésie.

ANTOINETTE-THÉRÈSE DESHOULIÈRES, fille de la précédente, remporta le prix de l'Académie française en 1687. On lui doit plusieurs petites pièces de poésie légère, une tragédie burlesque, *la mort de Cochon*, chien du maréchal de Vivonne.

SEGRAIS (1624-1701) est un des poètes qui ont le mieux compris que la pastorale n'est point susceptible de descendre au ton familier ou de s'élever à la pompe hardie des autres fictions. Il a su mettre dans ses *églogues* une noble simplicité ; il s'est abstenu d'une élégance trop grande et qui se rapproche trop de la magnificence, et s'est toujours maintenu dans les règles du bon goût. Son poème d'*Atys*, ainsi nommé d'un passage de l'Orne, près de Caen, fut son début. Il y personnifie avec un grand naturel les villages, les hameaux, les rivières des environs, et il sait toujours employer à propos *l'éclat sans pompe* que prescrit Boileau. Il ne fut pas si heureux dans ses essais dramatiques.

CHAPELLE et BACHAUMONT furent deux francs et joyeux compagnons. Riches, vifs, spirituels, amis des plaisirs et de la renommée, ils composèrent en commun le récit d'un *Voyage à Montpellier*. Cet ouvrage, moitié vers, moitié prose, est plein de naturel, d'esprit et de facilité. Voltaire trouvait toutes les qualités réunies

> Dans le récit de ce voyage
> Qui du plus charmant badinage
> Fut la plus charmante leçon.

SECONDE PÉRIODE.

(1660—1715)

CHAPITRE II.

SECONDE SECTION. — PROSE.

§ 1. *Éloquence sacrée.*

Le mauvais goût qui avait jusqu'à cette époque dominé l'éloquence sacrée se maintint, à quelques exceptions près, jusqu'au moment où parut Bossuet. A peine peut-on citer les noms de COMBEFIS (1605-1667) et GIROUST comme prédicateurs. Ce dernier toutefois eut une vogue méritée par quelques bonnes qualités.

JULES MASCARON (1634-1703), né à Marseille, entra dans la congrégation de l'Oratoire, et devint évêque d'Agen. Il débuta à Angers dans la carrière de la prédication, et ses succès y furent tels qu'il fallut construire des gradins et des échafauds dans les églises pour donner des places à tous ses nombreux auditeurs. Il prêcha devant la cour l'*avent* de 1666, ainsi que le *carême* de 1669, et il prononça aussi des *oraisons funèbres*, entre autres celle de la reine Henriette d'Angleterre, du duc de Beaufort et de Turenne.

On trouve encore dans les premiers sermons de Mascaron beaucoup de passages entachés de mauvais goût ; il garde encore quelque chose de ce ton emphatique si à la mode alors. Il semble pourtant que les premiers sermons de Bossuet lui ouvrirent les yeux, et lui montrèrent la lumière ; car il y a un pas immense entre ses premiers et ses derniers ouvrages.

JACQUES-BÉNIGNE BOSSUET, né à Dijon, en 1627, d'une famille de magistrats, fut élevé au collége de Navarre, où il eut pour maître Cornet, qui devina son génie. Il entra dans les ordres en 1652, après avoir subi des épreuves publiques qui attirèrent sur lui l'attention générale et lui concilièrent l'amitié du grand Condé. Il quitta néanmoins Paris pour aller se fixer à Metz, où son père était conseiller, et où il avait obtenu un canonicat. Mais il venait souvent à Paris pour les affaires de son diocèse, et il commença à s'y faire une grande réputation par ses *sermons* et ses *panégyriques* des saints. Il prêcha même devant le roi et la reine-mère, et opéra parmi les protestants un grand nombre de conversions, entre lesquelles on cite celles de Turenne et de Dangeau. Il rédigea dans ce but (1668) le livre célèbre de l'*Exposition de la doctrine catholique*, livre si simple, si sincère, si fort de savoir et de preuves, qui montre la religion aussi facile à croire qu'à pratiquer et la dégage des absurdités qui lui ont été attribuées par ses ennemis. C'est aussi dans cet intervalle qu'il prononça, devant la cour, la plupart de ses *sermons*, chefs-d'œuvre d'éloquence qui étonnent par les traits vigoureux qui y sont semés avec abondance et par les hautes pensées qui s'y font remarquer.

En 1669 Bossuet fut appelé au siége de Condom,

et cette même année et les suivantes il prononça ses *oraisons funèbres*, dans lesquelles il fait sentir avec tant d'éloquence le néant des choses humaines et qui sont, auprès du plus grand nombre, son principal titre de gloire. En 1670 il fut nommé précepteur du dauphin, et il composa, entre autres ouvrages, pour son royal élève le *Discours sur l'histoire universelle*, dans lequel, après avoir présenté un résumé rapide des événements, il en cherche la raison dans les desseins de Dieu sur son Eglise. Il écrivit aussi pour le dauphin le *Traité de la connaissance de Dieu et de soi-même*, dans lequel il suit en général la doctrine de Descartes, et se montre aussi profond philosophe que grand écrivain.

En 1661, lorsque l'éducation du dauphin fut terminée, Bossuet fut nommé par le roi à l'évêché de Meaux. Il se livra alors tout entier aux soins de l'épiscopat, fit de fréquentes prédications, rédigea le célèbre catéchisme connu sous le nom de *Catéchisme de Meaux*, et composa les *Méditations sur l'Evangile* et les *Élévations sur les mystères*.

Dans l'assemblée du clergé qui eut lieu en 1682, à l'occasion des démêlés entre le roi et le pape, Bossuet se montra un des plus zélés défenseurs de l'Eglise gallicane, et rédigea les quatre propositions qui sont restées lois de l'état.

Il s'occupait en même temps avec une nouvelle ardeur du soin de convertir les protestants, et rédigeait pour les éclairer l'*Histoire des variations des Eglises protestantes*.

Dans les dernières années de sa vie Bossuet eut à

combattre les doctrines mystiques de madame Guyon, et il se trouva par là engagé dans une lutte fâcheuse avec Fénelon, qui partageait la doctrine du quiétisme. L'évêque de Cambray fut exilé, et le pape condamna ses *Maximes des Saints*.

BOURDALOUE (1632-1704) naquit à Bourges. Il entra de bonne heure chez les jésuites, et se fit bientôt connaître par ses prédications dans la province; mais dès qu'il eut paru à Paris ses succès furent prodigieux. Dix fois il fut chargé de prêcher le carême et l'avent en présence de Louis XIV et de sa cour. Il opéra d'innombrables conversions, et fut envoyé dans le Languedoc pour éclairer les protestants à l'époque de la révocation de l'édit de Nantes. Bourdaloue a laissé de nombreux sermons, qui sont considérés comme des modèles en ce genre. Ce qui distingue surtout cet orateur c'est la force du raisonnement et la solidité des preuves. Si Massillon est plus brillant, Bourdaloue offre une instruction plus réelle. Son sermon *du Jugement dernier* et celui de *la Passion* sont surtout regardés comme des chefs-d'œuvre.

FÉNELON (François de Salignac de La Motte) naquit le 6 août 1651, au château de Fénelon, en Quercy, d'une ancienne et illustre maison, et fut destiné dès ses plus jeunes années à l'état ecclésiastique. Dès l'âge de quinze ans il prêcha avec succès. Après avoir étudié à Saint-Sulpice il fut chargé, par l'archevêque de Paris, de l'éducation des *nouvelles converties* : c'est ce qui lui donna l'idée de son premier ouvrage, le *Traité de l'éducation des filles*.

Le roi, sur le conseil de madame de Maintenon, le

nomma précepteur du duc de Bourgogne, et ce fut pour le jeune prince que fut écrit le *Télémaque*. Fénelon sut enseigner à son élève toutes les vertus d'un chrétien et d'un prince, et lui inspira pour sa personne une affection qu'il conserva jusqu'à sa mort.

Le *Télémaque* n'était pas destiné à voir le jour. Fénelon traça dans cette ingénieuse fiction tous les devoirs d'un roi. Louis XIV crut y voir une critique de son règne, ce qui était sans doute bien loin de la pensée de l'auteur. Quoi qu'il en soit, le *Télémaque* a mérité d'être mis à la tête de nos auteurs classiques. Il a été traduit dans toutes les langues modernes et même en vers latins.

Fénelon écrivit encore plusieurs autres ouvrages : les *Dialogues des morts*, des *fables* en prose, et l'*Examen de la conscience d'un roi*.

Après avoir achevé l'éducation de son élève, il fut promu au siége de Cambray (1694). Né avec une âme tendre et rempli d'un pur amour pour Dieu, il accueillit les idées mystiques de madame Guyon : Bossuet, qui avait été jusque là son ami, l'attaqua violemment devant le pape. Fénelon, condamné par le Saint-Père, abjura humblement son erreur.

Retiré désormais dans son diocèse, disgracié même par Louis XIV à cause de l'affaire du *Télémaque*, il se livra tout entier à son saint ministère. Il fut surnommé *le Cygne de Cambray*, de même que Bossuet avait été appelé *l'Aigle de Meaux*.

ESPRIT FLÉCHIER (1632-1710) fut le contemporain et le rival de Bossuet. A l'âge de seize ans il entra dans la congrégation de la doctrine chrétienne, et se livra aux fonctions de l'enseignement.

Les *oraisons funèbres* de Fléchier sont des œuvres du plus haut mérite, et font la gloire immortelle de leur auteur. L'*oraison funèbre de Turenne* surtout est un véritable chef-d'œuvre, et dans celle de *Montausier* il s'élève souvent au sublime. Fléchier a fait faire des progrès à la langue; il l'a polie : une grande délicatesse dans les mots, de la variété dans les tours, du nombre et de l'abondance, tels sont les caractères qui distinguent sa manière. Ses *sermons* sont d'un style pur, fleuri, noble et brillant; mais ils manquent de profondeur.

On doit encore à Fléchier une *Histoire de Théodose-le-Grand*, composée pour l'éducation du dauphin; des *panégyriques* de saints, et quelques *œuvres posthumes*.

LA COLOMBIÈRE, jésuite (1641-1682), prêcha en Angleterre et en France, et prononça plusieurs sermons pleins de chaleur et d'onction qu'on ne lit guère plus aujourd'hui.

LA RUE, jésuite (1642-1725), se fit connaître par des poésies latines, des tragédies, et enfin par des *sermons*, qui se composent d'un *avent* et d'un *carême*. On doit aussi au P. La Rue des *panégyrique* et des *oraisons funèbres*.

CHEMINAIS DE MONTAIGU entra très jeune chez les jésuites. Il fut appelé avant Massillon *le Racine de la chaire*. Ses *sermons* ont été recueillis et publiés par le P. Bretonneau.

§ 2. *Prédicateurs protestants.*

JEAN CLAUDE (1619-1687) joua un grand rôle dans les disputes religieuses du dix-septième siècle. Il ouvrit à Nîmes une école de théologie pour former les dissidents à la prédication, puis il fut attaché au consistoire de Charenton. Depuis cette époque jusqu'à la révocation de l'édit de Nantes (1685) il parut avec éclat dans toutes les controverses avec Bossuet, Nicole, Arnauld. Il prêchait avec une grande facilité, et déployait une éloquence mâle et soutenue. C'est contre lui qu'Arnauld et Nicole composèrent le livre de *la Perpétuité de la Foi touchant l'Eucharistie.*

BEAUSOBRE (1659-1738) a laissé une *Histoire du Manichéisme,* qui fait honneur à sa plume et à son érudition. On a aussi de lui des *sermons* et une *oraison funèbre.*

JACQUES SAURIN (1677-1730) naquit à Nîmes, et eut dès sa jeunesse une grande réputation comme prédicateur. Il fut surnommé *le Bossuet de la chaire protestante.* Il fut pendant vingt ans ministre à La Haye; il y fit entendre des prédications très remarquables. On lui reproche quelquefois trop de sécheresse et une trop grande familiarité dans l'expression. Ses *sermons* forment douze volumes.

§ 3. *Eloquence judiciaire.*

L'éloquence judiciaire est représentée par un seul homme.

PAUL PÉLISSON (1624-1693) naquit à Béziers, fut d'abord avocat à Castres, et parvint à la place de premier commis du célèbre Fouquet. Il partagea courageusement la disgrâce de son bienfaiteur. Enfermé avec lui à la Bastille, il y composa, en faveur de son ancien patron, trois mémoires, qui font autant d'honneur à son talent qu'à son bon cœur. On doit aussi à Pélisson *l'Histoire de l'Académie française*, ouvrage qui manque de critique et d'exactitude ; le *Panégyrique et l'Histoire de Louis XIV*, qui eut un grand succès.

§ 4. *Morale, Philosophie.*

LA BRUYÈRE (1644-1696), membre de l'Académie française, enseigna l'histoire au duc de Bourgogne sous la direction de Bossuet, et passa le reste de sa vie auprès de ce prince avec une pension de mille écus. Moraliste et observateur, La Bruyère s'attacha parmi les livres des anciens aux *Caractères de Théophraste*, qu'il traduisit ; puis, voulant aussi s'élancer dans la même carrière, il publia en 1687 les *Caractères de notre siècle*, ouvrage dans lequel il s'élève bien au dessus de son modèle, soit par la variété des portraits, soit par la perfection du style. La vérité des *caractères* a été chaque jour mieux connue et sa manière plus appréciée. Cet ouvrage est de tous les livres de morale celui qui donne mieux à la jeunesse une connaissance anticipée de ce monde, où les mêmes passions, les mêmes vices, les mêmes ridicules, malgré quelques changements passagers de costumes, de modes et de mœurs, donnent à la génération présente une grande ressemblance avec celles qui la précèdent ou celles qui la suivent.

MALLEBRANCHE (1638-1715), de la congrégation de l'Oratoire, s'occupa d'abord d'histoire et de mathématiques; mais bientôt son goût pour la philosophie lui fut révélé à la lecture d'un ouvrage de Descartes: dès lors il se livra tout entier à la méditation et à la philosophie, et fit paraître, après dix ans de travaux, la *Recherche de la vérité*, ouvrage remarquable par la force et l'élégance du style et qui lui fit en peu de temps une grande réputation. On doit encore à Mallebranche les *Méditations métaphysiques*, les *Entretiens sur la métaphysique et la religion*. Partout il a su y faire preuve d'une imagination féconde et brillante, bien qu'il ait écrit de fort belles pages contre l'*imagination*, qu'il appelle *la folle du logis*.

BAYLE (1647-1706) naquit d'une famille protestante, et se convertit à la religion catholique à l'âge de dix-neuf ans; il abjura bientôt le catholicisme pour rentrer dans la religion protestante. Obligé pour ce fait de quitter la France, il se retira en Hollande, où il obtint une place de professeur, que ses principes lui firent bientôt perdre. Alors il composa son *Dictionnaire critique*, dans lequel il affecte une indifférence complète sur les principes les plus respectés, et semble ériger le doute en principe. Bayle est le premier qui ait osé mettre en doute la morale, le christianisme et les vérités les plus fondamentales. On lui doit encore plusieurs autres ouvrages dans lesquels il proclame les mêmes principes. Quant à son style, il est souvent diffus, incorrect, familier jusqu'à la trivialité. On lui reproche avec raison des termes grossiers et obscènes. Ce n'est pas, dit La Harpe, que ses mœurs ne fussent pures; mais accoutumé à vivre dans la retraite et avec les livres, il oubliait ou ignorait les bienséances de la société.

§ 5. *Histoire, Mémoires, etc.*

ETIENNE BALUZE (1630-1718), bibliothécaire de Colbert, professeur de droit canon au collége de France, tourna toutes ses études vers l'histoire ecclésiastique. On lui doit un très grand nombre d'ouvrages, la plupart écrits en latin, qui tous prouvent une érudition et un discernement dignes d'éloges.

BERNARD MONTFAUCON (1655-1741), de la congrégation de Saint-Maur, se fit connaître d'abord comme éditeur des *œuvres* de S. Athanase et de S. Jean Chrysostôme. Il publia ensuite *l'Antiquité expliquée et représentée en figures* (15 vol. in-fol.); puis *les Monuments de la monarchie française* : ces deux ouvrages sont remplis de recherches intéressantes; mais le style en est fatiguant et négligé.

JEAN MABILLON (1632-1707) fut un des plus savants hommes de la congrégation des Bénédictins. Il alla chercher en Allemagne et en Italie tous les documents qu'il put trouver relatifs à l'histoire de France. Il travailla avec la plus grande distinction dans presque tous les genres de littérature; mais il écrivit surtout sur l'histoire ecclésiastique et sur la religion.

Sébastien Le Nain de Tillemont (1637-1698) fut un des plus savants écrivains de Port-Royal. Son *Histoire des Empereurs et des autres princes qui régnèrent dans les six premiers siècles de l'Église* est le premier ouvrage historique en langue française où l'on trouve une véritable critique. Cet ouvrage eut un grand succès. Ses *Mémoires pour servir à l'Histoire ecclésiastique* furent aussi très bien reçus. Cet écrivain est exact, profond et véridique; son style est régulier sans être élégant ni négligé.

Claude Fleury (1640-1723), prieur d'Argenteuil, sous-précepteur des enfants de France, membre de l'Académie française, était né à Paris. Il composa au milieu des nombreuses occupations de son ministère plusieurs excellents ouvrages : 1° *le Catéchisme historique*, qui est le meilleur ouvrage que nous ayons en ce genre; 2° *Les Mœurs des Israélites et les Mœurs des Chrétiens*, tableaux fidèles de la vie et des usages des hébreux et des chrétiens. Ce dernier ouvrage est une espèce d'introduction à l'histoire de la religion. 3° *Traité du choix et de la méthode des études;* 4° *les Devoirs des maîtres et des domestiques;* 5° l'*Histoire ecclésiastique* en vingt volumes in-4°. C'est l'ouvrage le plus important de Fleury.

Antoine Varillas (1624-1696), historiographe de Gaston d'Orléans, publia une *Histoire de France* qui eut d'abord une grande vogue; mais on y reconnut bientôt de nombreuses infidélités, des faits altérés ou même entièrement controuvés, et malgré l'attrait d'un style agréable et pur l'ouvrage fut mis de côté. On trouve dans l'*Histoire des Hérésies* les mêmes qualités et les mêmes défauts. Le plus estimé des livres de cet écrivain est *la Politique de la maison d'Autriche.*

Le P. DANIEL (1649-1728), historiographe de France, écrivit un très grand nombre d'ouvrages sur la philosophie, la théologie et l'histoire. Sa *Grande Histoire de France,* si décriée du temps de Voltaire, mérite des éloges sur plusieurs points. On y trouve de la netteté, de la méthode, de la simplicité. Le *Voyage du monde de Descartes* est un livre philosophique dans lequel l'auteur réfute le système des tourbillons de Descartes. Les *Entretiens de Cléandre et d'Eudoxe sur les Lettres provinciales* sont une réfutation de Pascal qui prouve que ce philosophe se laisse aller quelquefois à des sentiments exagérés de haine contre les Pères de la société de Jésus.

HENRI DE BOULAINVILLIERS (1678-1722) s'occupa uniquement d'histoire de France, et professa un grand amour pour tout ce qui a rapport au moyen âge. On lui doit une *Histoire de l'ancien gouvernement de France,* l'*Etat de la France,* un *Abrégé chronologique de l'Histoire de France,* une *Histoire de la Pairie et du Parlement,* et plusieurs autres ouvrages.

L'abbé DUBOS (1670-1742) étudia d'abord la théologie, puis le droit public, puis enfin se livra tout entier à la diplomatie, et servit dans plusieurs missions diplomatiques le marquis de Torcy, le cardinal Dubois et le régent. Depuis il ne s'occupa plus que d'histoire et de littérature. On a de lui : *les Réflexions critiques sur la poésie et la peinture* (1719), l'*Histoire de la ligue de Cambray* (1709), l'*Histoire critique de la monarchie française dans les Gaules* (1734).

Le P. d'Orléans, jésuite (1644-1698), a écrit l'*Histoire des révolutions d'Angleterre*. Cet ouvrage a conservé l'estime des critiques les plus délicats. L'*Histoire des révolutions d'Espagne* n'eut pas le même succès. On doit encore au P. d'Orléans l'*Histoire des deux Conquérants tartares Chunchi et Camhi*, remplie de particularités curieuses.

Paul de Rapin-Thoiras (1661-1725), neveu de Pélisson, quitta la France après la révocation de l'édit de Nantes, et se retira d'abord en Angleterre, puis en Hollande, où il mourut. Son *Histoire d'Angleterre* est une œuvre dans laquelle il a fait preuve de beaucoup de connaissance sans doute, mais qui est entachée d'une partialité plus que déplacée.

Le P. Catrou, jésuite (1659-1737), eut surtout le talent de la critique. Pendant douze ans il fut le principal rédacteur du *Journal de Trévoux*, sorte de revue littéraire comme il y en a tant de nos jours. Mais il a droit à notre estime, comme écrivain, pour des ouvrages plus sérieux. L'*Histoire du Mogol*, l'*Histoire du fanatisme protestant*, l'*Histoire romaine*, etc., sont des ouvrages consciencieux et qui ont quelque mérite.

Louis Cousin (1627-1707) a laissé un très grand nombre d'ouvrages historiques, entre autres l'*Histoire de Constantinople depuis le règne de Justin l'Ancien jusqu'à la fin de l'empire*, l'*Histoire de l'Église*, l'*Histoire de l'empire d'Occident*, etc.

Vertot (1655-1735) nous a laissé sur l'histoire de Rome un ouvrage intitulé *Les Révolutions romaines*, qui jouit d'un estime incontestable. *Les Révolutions de Portugal* et celles *de Suède* sont des livres pleins d'intérêt et habilement écrits. *L'Histoire de Malte* manque peut-être d'exactitude, mais renferme nombre de faits curieux et intéressants.

L'abbé DE CHOISY (1644-1724) se convertit à l'âge de trente ans, après une jeunesse très orageuse, et écrivit quatre dialogues *sur l'Immortalité de l'âme, la Providence, l'Existence de Dieu* et *la Religion*. Ayant fait partie de l'ambassade envoyée à Siam, il publia à son retour le *Journal* de son voyage. Il fit paraître aussi les *Vies de David et de Salomon*, les *Vies de S. Louis, de Philippe VI, de Charles V et de Charles VI*, qui manquent quelquefois d'exactitude, mais qu'on lit cependant avec plaisir à cause des agréments qu'il a su répandre dans son style. L'abbé de Choisy publia encore d'autres ouvrages de morale et de piété qui font autant d'honneur à sa conviction chrétienne qu'à son mérite comme écrivain.

L'abbé DE SAINT-RÉAL (1639-1692) écrivit l'*Histoire de la conjuration des Espagnols contre Venise*. Cet ouvrage, qui n'est qu'un roman historique, fit la réputation de son auteur. La *Conjuration des Gracques*, qu'il publia après, n'excita pas moins d'intérêt. Le *Discours sur la valeur* est regardé comme un chef-d'œuvre de raison et de goût.

GUY-PATIN, médecin distingué (1601-1672), s'est rendu célèbre par la bizarrerie et la causticité de son esprit. Il a laissé des *Lettres* des plus piquantes et remplies de particularités intéressantes sur les savants, la fronde, les démêlés des jésuites et des jansénistes. Nous avons aussi de Guy-Patin un *Traité de la conservation de la santé*, et un recueil de bons mots intitulé *Patiniana*.

Bussy-Rabutin (le comte de) (1618-1693) se distingua dans la carrière militaire, connut à la Bastille le vieux maréchal de Bassompierre, et c'est cette familiarité qui lui donna sans doute l'idée d'écrire un jour les scandaleux mémoires qu'il nous a laissés. L'*Histoire amoureuse des Gaules* excita contre lui un mécontentement général. Il fut exilé, et resta pendant seize ans confiné dans une de ses terres. Les *Lettres* de Bussy-Rabutin ne manquent pas d'agrément; ses *Mémoires* montrent à nu sa vanité, et ne sont remplis que du récit de ses prouesses galantes ou guerrières. L'*Histoire de Louis XIV* n'est qu'une flatterie continuelle du roi, qui l'avait justement disgracié.

Mlle de Montpensier (1627-1693) figura dans les troubles de la Fronde, conçut à l'âge de quarante-deux ans une grande passion pour un simple gentilhomme, M. de Lauzun, et l'épousa peut-être secrètement malgré Louis XIV, dont elle était la tante. Elle nous a laissé des *Mémoires* dont le style est assez peu correct et la plupart remplis de détails insignifiants et minutieux qui offrent assez peu d'intérêt.

Le P. d'Avrigny, jésuite (1675-1719), a laissé deux ouvrages qui lui ont mérité un nom honorable parmi les historiens. Le premier a pour titre : *Mémoires chronologiques et dogmatiques pour servir à l'Histoire ecclésiastique;* le second : *Mémoires pour servir à l'Histoire universelle de l'Europe*. Ces deux ouvrages sont remarquables par l'élégante précision du style, par l'exactitude des dates et le sens droit et vrai qui y règne presque partout.

DUGUAY-TROUIN (1673-1736), né à Saint-Malo, lieutenant-général des armées navales, a laissé des *Mémoires* écrits avec une hardiesse de style digne d'un marin, et qui intéressent par la multitude de faits glorieux qu'ils renferment.

DANGEAU (1638-1720), à qui Boileau dédia sa cinquième satire *sur la noblesse*, a laissé des *Mémoires* manuscrits qui ont mérité plus d'une fois d'être consultés, et qui renferment des faits curieux sur la cour de Louis XIV.

§ 6. *Lettres.*

MARIE DE RABUTIN-CHANTAL, marquise DE SÉVIGNÉ, naquit le 5 février 1627, au château de Bourbilly, près de Semur. Son père était un noble capitaine qui mourut en défendant l'île de Rhé contre les Anglais. Elle était petite-fille de sainte Chantal, fondatrice de la Visitation. Elle fut élevée avec le plus grand soin, et reçut les leçons de Ménage et de Chapelain. Mariée à dix-huit ans au marquis de Sévigné, et veuve à vingt-cinq, elle se consacra tout entière à l'éducation de sa fille, qu'elle fit épouser au marquis de Grignan, nommé bientôt après gouverneur de Provence. Ce fut pour madame de Sévigné une vive douleur de voir s'éloigner une fille qu'elle idolâtrait. Elle chercha un dédommagement à son absence dans une active correspondance; elle écrivit ainsi comme en se jouant ces *Lettres* si pleines à la fois de sensibilité, de naturel et d'enjouement, et qui seront toujours admirées comme les modèles les plus parfaits en ce genre. Madame de Sévigné mourut en Provence (1696) de la petite-vérole, auprès de sa fille, qu'elle venait elle-même de tirer d'une très dangereuse maladie.

Mme DE GRIGNAN (1648-1705) n'est pas seulement connue par la célébrité de sa mère, mais aussi par la grâce de son esprit et par des *Lettres* qui sont dignes de figurer auprès de celles de madame de Sévigné. Beaucoup de ces lettres sont perdues; on leur reproche généralement de manquer de naturel et d'être d'un style trop étudié.

Mme DE SIMIANE, fille de madame de Grignan, a aussi laissé des *Lettres* écrites avec beaucoup de précipitation. Presque toujours il faut l'entendre à demi-mot.

Mme DE MAINTENON nous a laissé un recueil de *Lettres* qui ont été publiées après sa mort. Brèves, claires et précises, elles se font surtout remarquer par les réflexions justes et profondes que l'auteur a su y répandre. A la suite de ces lettres on trouve l'*Esprit de l'Institut des filles de Saint-Louis*, petit ouvrage vraiment admirable.

§ 7. *OEuvres diverses.*

Le comte D'HAMILTON (1646-1720) naquit en Irlande d'une famille écossaise. Il fit ses études en France, et passa en Angleterre, à la cour de Charles II. Il suivit Jacques II dans son exil au château de Saint-

Germain, lorsque ce prince infortuné fut renversé par Guillaume. C'est à Saint-Germain qu'Hamilton composa ses ouvrages. Sa sœur avait épousé le chevalier de Gramont. Ses *Mémoires de Gramont* sont un ouvrage remarquable par la finesse et la causticité qu'on y rencontre. Il sait donner à la corruption et à la débauche un vernis d'élégance. Presque partout ce livre est un chef-d'œuvre d'esprit.

On doit encore à Hamilton plusieurs autres ouvrages, tels que les contes du *Bélier*, de *Fleur d'épine*, des *Quatre Facardins* et de *Zénéide*, qui furent beaucoup moins goûtés que ses *Mémoires*.

ANTOINE GALLAND (1646-1715), orientaliste célèbre, fut très versé dans la connaissance des langues arabe, persane et turque. Ses contes arabes, connus sous le nom des *Mille et une Nuits*, lui ont fait une réputation durable. La fécondité brillante que l'imagination orientale y a répandue feront lire ces contes par toutes les générations. Le style de Galland est quelquefois incorrect, mais souvent plein de simplicité et de naturel.

CHARLES PERRAULT (1628-1703) se livra d'abord au genre burlesque, et publia une espèce de poème dont le titre est : *Les Murs de Troie, ou Origine du burlesque*. Puis il eut quelques succès au barreau, et devint premier commis de la surintendance des bâtiments du roi. Il eut part aussi à la fondation des Académies des inscriptions, des sciences, de peinture, de sculpture et d'architecture. Il écrivit, sous la forme de dialogue, le *Parallèle des anciens et des modernes*, ouvrage dans lequel il donnait ouvertement la préférence aux derniers, et qui excita de vives disputes parmi les gens de lettres. Cet écrivain est surtout célèbre par ses *Contes des Fées*, qui sont entre les mains de tous les enfants. Ils sont racontés avec une simplicité pleine de grâce et d'enjouement; on leur reproche seulement de ne pas offrir d'assez hautes leçons de morale.

Charles Perrault était frère de Claude Perrault, médecin, ensuite architecte, qui fournit les dessins et le plan du nouveau Louvre, et sur qui Boileau chercha à jeter tant de ridicule.

Mme DE LA FAYETTE (1633-1693) se rendit célèbre par l'amabilité de son caractère, l'enjouement de son esprit et l'amitié qui l'unit au duc de La Rochefoucauld; quelques-uns de ses romans, tels que *Zaïde*, *la Princesse de Clèves*, *la Comtesse de Tende*, *la Princesse de Montpensier*, ont eu beaucoup de vogue. On lui doit aussi une *Histoire de la reine Henriette d'Angleterre*. Le roman de *la Princesse de Clèves* fut d'abord publié sous le nom de Segrais, qu'elle recevait dans son intimité, et on suppose qu'il ne fut pas étranger à la composition de cet ouvrage.

Mme DE VILLEDIEU (1632-1683), la comtesse D'AULNOY, la comtesse DE MURAT écrivirent aussi de nombreux ouvrages romanesques et de galanterie tombés depuis longtemps dans l'oubli.

DIX-HUITIÈME SIÈCLE.

INTRODUCTION.

L'esprit français, vif, léger, chevaleresque sous Louis XIII, était devenu grave et sévère sous l'ascendant du grand roi. Cette dignité gênée se maintenait encore sous les yeux du vieux monarque. L'obéissance était la même, et le souverain était toujours entouré de toutes les apparences du respect; mais l'admiration et l'enthousiasme avaient disparu avec cette génération d'hommes qui avait pris naissance à une époque où le gouvernement de Louis XIV n'avait pas encore pris son assiette. Au commencement de son règne il avait ébloui tout ce qui l'entourait, et les sentiments qu'il inspirait à ses courtisans s'étaient répandus dans toute la France. Sur la fin sa cour, qui le voyait de près, se départit de cette première adoration. Une génération nouvelle s'élevait qui n'avait point assisté à ses triomphes, et n'avait sous les yeux que ses faiblesses. Devant les regards du roi, à son majestueux aspect nul n'osait enfreindre les règles qu'il avait prescrites; mais dans son propre palais, ses enfants, leurs favoris, leurs contemporains se livraient à des désordres qu'on dérobait facilement aux yeux de l'auguste vieillard. La religion et les mœurs devenaient peu à peu un objet de ridicule; les lois étaient vaines et inutiles. A la mort du roi la France, fatiguée de la gêne qui lui avait été si longtemps imposée, se réveilla usée de travaux, fatiguée de plaisirs comme le lendemain d'une grande fête. Les vertus du grand roi l'avaient élevée à un point de grandeur dont elle semblait peu capable; les faiblesses du vieux monarque avaient préparé les scandales dont elle allait être le théâtre. Au prince le plus magnifique de l'univers succédait un régent dont toute la personne était un sanglant démenti du règne précédent. La littérature fut entraînée dans cette nouvelle route, et, excepté quelques hommes purs et vertueux, tous se précipitèrent dans la corruption. L'indifférence, l'irréligion, le cynisme le plus déhonté osèrent se montrer le front levé, et érigèrent en science leurs doctrines subversives; le vice ouvrit partout des écoles publiques d'impiété et de dépravation.

Nous partagerons l'histoire littéraire du dix-huitième siècle en deux périodes : la première commencera à la mort de Louis XIV (1715), et finira à l'époque de la rédaction de l'Encyclopédie (1750); la seconde ira de 1750 jusqu'au commencement de l'empire.

PREMIÈRE PÉRIODE.

(1715—1750)

CHAPITRE PREMIER.

PREMIÈRE SECTION. — POÉSIE.

§ 1. *Poésie dramatique.*

CRÉBILLON (1674-1762) se fit remarquer dans la tragédie par un caractère nouveau et particulier. Etranger aux modèles de l'antiquité, ayant peu médité sur l'histoire, dépourvu de grandes et profondes pensées, écrivain sans correction et sans harmonie, il sut parfois donner aux passions une expression forte et sombre qui frappe et étonne l'esprit sans émouvoir le fond du cœur. Il s'écarte entièrement de cet art où triomphait Racine, de cet art de s'emparer entièrement du cœur en arrivant par des nuances successives toujours pleines de vérité aux mouvements les plus passionnés; de conduire ainsi, par une route continue le spectateur à partager la situation et les sentiments de ses personnages. *Electre* est peut-être sa meilleure tragédie. La pièce de *Rhadamiste* est écrite avec moins de goût, mais ne manque pas d'énergie. *Pyrrhus, Atrée, Idoménée* eurent une grande vogue. Il était resté vingt-deux ans sans rien produire lorsqu'à soixante-douze ans il donna *Catilina*, l'une de ses meilleures pièces.

Les ennemis de Voltaire ont mis Crébillon au premier rang parmi les tragiques français. La postérité plus juste l'a placé après Corneille, Racine et Voltaire.

CAMPISTRON (1656-1723) ne ressemble à Racine, aux traces duquel il s'est attaché, que par quelques formes de style péniblement étudiées et l'éclat de ses triomphes. Il balança un moment la gloire de l'auteur d'*Athalie*; mais à peine fut-il descendu dans la tombe qu'on l'oublia. Une seule de ses tragédies, *Andronic*, est remarquable par la pureté du style avec lequel elle est écrite. On compte de lui un grand nombre de pièces de théâtre, presque toutes oubliées aujourd'hui. Il composa aussi quelques opéras, une assez bonne comédie, *le Jaloux désabusé*. Campistron n'eut ni le talent de concevoir un plan ou une situation ni la force poétique nécessaire.

LAGRANGE-CHANCEL (1678-1758) avec une facilité prodigieuse ne sortit pas de la médiocrité. A neuf ans il écrivit une comédie; à seize il composa une assez bonne tragédie. *Amasis, Ino* et *Mélicerte* sont ses meilleures pièces. Entraîné par sa causticité naturelle, il écrivit contre Philippe d'Orléans, alors régent, des odes satiriques intitulées *Philippiques*, dans lesquelles il accumulait les accusations les plus odieuses contre ce prince. Il fut pour ce fait enfermé aux îles Sainte-Marguerite.

LAMOTHE-HOUDARD (1672-1731) se fit remarquer plus comme critique que comme auteur, et il montre une sorte de mérite dans la discussion sur les anciens et les modernes. La cause que Perrault avait soutenue contre Boileau et contre Racine fut embrassée par Lamothe, et dans cette querelle il se montra d'autant plus subtil qu'il était moins érudit. Il se révolta contre l'admiration des beautés qui n'étaient point à son usage ; il voulut détrôner la poésie, où il n'avait pu atteindre. Mais il apporta dans cette dispute de la bonne foi et de la décence, et il sut rendre son opinion aussi probable qu'il était nécessaire pour la soutenir avec quelque honneur. Du reste, poète froid et faux dans la haute poésie lyrique, quelquefois gracieux dans l'ode anacréontique, fabuliste sans naïveté, mais parfois ingénieux, il fut plus heureux dans la carrière dramatique.

LACHAUSSÉE (1692-1754), auteur de *la Fausse Antipathie*, de *Mélanide*, du *Préjugé à la mode*, parvint à sortir de la médiocrité en substituant le drame mixte à la haute comédie. Ses ouvrages, si l'on en excepte quelques contes détestables, dénotent un homme de goût, qui a su joindre à la bienséance et à la délicatesse un style facile et pur.

BRUEYS (1640-1723) et PALAPRAT (1650-1721) surent conserver à la comédie son allure franche et naturelle. Ces deux inséparables amis composèrent en commun plusieurs comédies pleines de sel et de gaieté. Tout le monde connaît *le Grondeur* et la farce de *l'avocat Patelin* tirée de l'ancienne *Sottie* de P. Blanchet.

DANCOURT (1661-1728) s'est fait remarquer par une grande fécondité. On compte de lui près de soixante pièces de théâtre. Il excella surtout dans la farce et le genre grotesque, et réussit admirablement à mettre en scène les villageois ; mais trop souvent il brave la décence.

Dufrény (1648-1724) était valet de chambre de Louis XIV, à qui il ressemblait beaucoup de figure. Le désordre l'amena à travailler pour le théâtre ; mais sa verve est plutôt brillante que caustique.

Destouches (1680-1754) s'assura par deux ou trois comédies une réputation durable. Un style pur et facile, des situations attachantes maintiendront long-temps au théâtre *le Glorieux* et *le Philosophe marié*, où se trouvent cependant des caractères hors de nature. *Le Dissipateur* est encore une des bonnes pièces de cet écrivain.

Marivaux (1688-1763) a laissé des ouvrages qui ont un caractère particulier. Observateur minutieux du genre humain, il s'était fait une étude particulière de reconnaître les plus petits motifs de nos sentiments et de nos déterminations. Une scène de Molière est une représentation de la nature ; une scène de Marivaux est un commentaire sur la nature. Avec une telle manière de procéder, il ne reste plus que peu de place pour l'action et pour le sentiment. L'auteur attache tant d'importance à expliquer les causes que le résultat demeure sans effet. C'est ce qui fait que toutes ses pièces se ressemblent, et manquent de vivacité et de vraisemblance. Marivaux a eu plus de succès dans le *roman*. En renonçant aux effets qui produisent les mouvements rapides et passionnés, en se bornant à peindre des sentiments doux dont l'analyse fait sentir le charme, en donnant assez peu de rapidité aux événements pour décrire leurs plus petits résultats, Marivaux est arrivé à faire des romans pleins d'agrément et d'intérêt.

Ses comédies les plus connues sont : *la Surprise de l'Amour, les Jeux de l'Amour et du Hasard, les fausses Confidences, l'Épreuve nouvelle,* etc. Parmi ses romans on remarque *le don Quichotte moderne, Marianne, le Paysan parvenu.*

PIRON (1689-1773) s'est élevé, dans sa comédie de *la Métromanie,* au niveau des premiers auteurs comiques. Cette pièce passe pour le chef-d'œuvre de la comédie du dix-huitième siècle. Le rôle du Métromane est assurément conçu d'une manière idéale, et n'est pas la représentation de la nature; mais il est écrit avec une verve et une vérité de sentiments qui entraînent. Nous ne songeons pas si les poètes sont ainsi : ce dont nous sommes assurés c'est que l'âme de Piron était puissamment et véritablement émue quand il faisait parler le Métromane ; et la nôtre partage sur-le-champ cette émotion.

§ 4. *Poésie lyrique.*

JEAN-BAPTISTE ROUSSEAU (1670-1741), né à Paris, était fils d'un cordonnier, et eut, dit-on, la faiblesse de rougir de cette humble origine. Il entra dans la carrière poétique au moment où tous les grands écrivains du siècle précédent n'étaient plus. Ses premiers essais poétiques furent des pièces satiriques qui lui firent d'irréconciliables ennemis.

Sa première comédie, *le Café,* parut en 1674. Il en publia successivement plusieurs autres; mais ce fut surtout vers la poésie sacrée qu'il dirigea son génie. Des couplets obscènes qui parurent alors et dont il fut regardé comme l'auteur l'obligèrent de quitter la France. Il mourut flétri sur la terre étrangère. Piron fit pour lui cette épitaphe :

Ci-gît l'illustre et malheureux Rousseau ;
Le Brabant fut sa tombe, et Paris son berceau.
    Voici l'abrégé de sa vie,
    Qui fut trop longue de moitié :
    Il fut trente ans digne d'envie,
    Et trente ans digne de pitié.

Rousseau a apporté dans presque toutes ses odes une grande verve et une sorte d'harmonie pompeuse que seul il a su donner à notre langue; mais il est quelquefois guindé, et son enthousiasme ne part pas toujours du fond du cœur, défaut qu'il est peut-être impossible d'éviter complétement dans la poésie lyrique française.

Rousseau, bien qu'il ait paraphrasé les psaumes, bien que des hommes qui se sont donnés pour religieux l'aient pris pour un de leurs patrons, porte le caractère d'un écrivain déjà éloigné de l'école sévère du siècle de Louis XIV. En effet que doit-on penser d'un homme qui exerce à la fois son talent dans des poésies sacrées et dans des épigrammes obscènes? Offrir une pareille contradiction n'est-ce pas nous faire voir qu'on n'avait plus à craindre comme auparavant le blâme des hommes graves dont l'opinion était autrefois respectée? (1)

LEFRANC DE POMPIGNAN (1709-1784) mérite d'être

(1) M. de Barante.

placé à côté de celui dont il chanta la mort. Ses hymnes sacrés ont été frappés de ridicule par ce vers de Voltaire :

Sacrés ils sont, car personne n'y touche.

Il ne put cependant refuser son tribut d'admiration à l'ode *sur la mort de Rousseau*, qu'on lui lut sans lui dire quel en était l'auteur : « C'est toujours beau, » dit-il quand il sut que Lefranc en était l'auteur. La tragédie de *Didon* eut quelque vogue ; mais elle n'a pu se soutenir au théâtre.

CHAULIEU (1639-1720) chanta la volupté, mais ne prostitua pas, comme Rousseau, sa muse à la sale débauche. Voltaire lui donna le premier rang parmi les poètes *négligés*. En effet ses vers ont un charme, sa phrase a une délicatesse qu'on s'étonne de rencontrer chez un homme familier du grand-prieur de Vendôme, qui affichait le cynisme le plus révoltant.

FONTENELLE (1657-1757) paraît unir ensemble deux époques, le dix-septième siècle et l'époque qui nous occupe. Il naquit assez tôt pour que les belles années du règne fameux brillassent sous ses yeux, et vécut assez longtemps pour voir les plus beaux titres de gloire du dix-huitième siècle.

Fontenelle, sans avoir des talents transcendants, fut peut-être l'homme le plus universel et le plus savant de son siècle. Neveu du grand Corneille, il s'essaya d'abord dans le genre dramatique. Sa tragédie d'*Aspar* fut sifflée, et lui attira les épigrammes de Racine. Dans la querelle sur les anciens et les modernes il pencha du côté des adversaires de l'antiquité. Il fit des opéras qui eurent quelque succès ; puis il publia ses *Dialogues des Morts*, qui furent bien accueillis. Les *Entretiens sur la pluralité des mondes*, son meilleur ouvrage, et l'*Histoire des Oracles* lui ouvrirent les portes de l'Académie. Ses *Poésies pastorales* manquent de verve et d'imagination ; partout on reconnaît une âme tiède, mais aussi un talent plein de finesse et d'impartialité.

§ 5. *Poésie didactique*.

Louis Racine (1692-1763) est, après Delille, le meilleur de nos poètes didactiques. Il profita de bonne heure des leçons de son illustre père. Il se fit recevoir avocat, et alla passer trois ans à l'Oratoire, où il composa le poème de *la Grâce*, qui est en général inférieur au poème de *la Religion*. Ce dernier, dont la conduite est généralement froide et sans intérêt, renferme cependant de très grandes beautés de détail : le premier chant surtout offre des passages très remarquables. Les *Odes sacrées*, les *Poésies diverses* que Racine publia aussi successivement sont remplies des sentiments d'un vrai chrétien, mais manquent souvent de chaleur et d'inspiration. Il vécut toujours dans une piété exemplaire, et se retira tout à fait du monde après la perte de son fils, qui périt victime du tremblement de terre de Lisbonne.

Le cardinal de Bernis (1715-1794), comme auteur du poème de *la Religion vengée*, doit être mis au rang des poètes didactiques de cette époque. Il était d'une famille noble et parent du cardinal de Fleury. Sa grâce et son amabilité l'aidèrent beaucoup dans le chemin de sa rapide fortune. A vingt-neuf ans il était de l'Académie. Il fut successivement ambassadeur à Constantinople, archevêque d'Alby, cardinal et ambassadeur à Rome. Son style fleuri, pompeux et orné lui attirèrent les plaisanteries de Voltaire, qui l'avait surnommé *Babet la Bouquetière*. *La Religion vengée* est un poème froid à la vérité sous le rapport de l'exécution poétique, mais qui pourtant n'est pas au dessous de son sujet. On doit encore au cardinal de Bernis des *Épigrammes* et des *Poésies légères* d'un mérite bien supérieur au poème dont nous venons de parler.

CHAPITRE II.

SECONDE SECTION. — PROSE.

§ 1er. *Éloquence.*

MASSILLON (1663-1742) entra jeune dans la congrégation de l'Oratoire, et professa les belles-lettres et la théologie. En 1699 il vint prêcher le carême dans l'église de l'Oratoire de Versailles, et se plaça dès lors au premier rang parmi les orateurs de la chaire. Le régent le nomma évêque de Clermont en 1717.

Massillon n'a pas cette âpreté de style, ce grandiose qu'on remarque dans Bossuet; mais ses sermons sont ce qu'il y a de plus purement écrit dans notre langue. Rien de plus parfait sous ce rapport que son *Petit Carême*. Il se conforme et se ploie facilement au génie plus timide qu'avait pris la langue, et sait conserver une pieuse et sainte chaleur. Il prêcha à la cour devant la société la plus corrompue qui fut jamais, et sa parole fut toujours respectée. Bossuet n'avait eu qu'à encourager le souverain dans la voie qu'il lui voyait suivre. Massillon eut à rappeler son roi aux devoirs les plus sacrés. Il osa même, devant ces princes qui ne l'écoutaient déjà plus que par un reste de ce respect imprimé par le règne précédent, il osa parler des droits des peuples et des devoirs des grands. Il fit comprendre que, si les peuples sont tenus à l'obéissance et à la fidélité, les rois d'abord doivent s'en rendre dignes. Massillon sut joindre l'exemple au précepte; mais ce fut vainement. C'est que la sagesse et la vertu ne peuvent rien où il y a mépris de l'autorité.

D'AGUESSEAU (1669-1751) fut nommé chancelier de France par le régent en 1717. « Plein de constance et de vertu au milieu de la corruption universelle, il ne céda jamais ni aux séductions du vice ni aux abus de l'autorité. Il occupa ses loisirs par l'étude des lettres et des sciences, et donna un des derniers exemples de la conduite que pouvait tenir un magistrat dans la monarchie française, en suivant les traces qu'avaient laissées dans cette carrière tant de vertueux prédécesseurs. On retrouve dans son style plein de gravité et de douceur tout le caractère de sa vie. » (1) Il a

---

(1) M. de Barante, *Tabl. de la Litt. franç*.

laissé des *Méditations métaphysiques* où il suit les pas de Descartes.

§ 2. *Histoire.*

ROLLIN (1661-1741) vécut loin du monde, et se voua tout entier, pendant sa longue carrière, à l'éducation et au progrès de la jeunesse. Le *Traité des Etudes* est le meilleur code que nous ayons de l'éducation publique. L'*Histoire ancienne* manque quelquefois de critique, mais offre néanmoins une lecture aussi instructive qu'attachante. L'*Histoire romaine*, dont il ne publia qu'une partie et qui ne fut achevée qu'après sa mort par Crévier, son élève, est tout entière empreinte de ce parfum d'antiquité dont le savant recteur de l'Université savait si bien parer ses ouvrages. Un esprit railleur peut voir dans la simplicité de Rollin une bonhomie par trop crédule; mais l'homme sérieux n'y trouvera qu'un écrivain plein de piété et de bienfaisance, dont le désir est toujours de conduire son lecteur au bien et à la vertu.

CRÉVIER (1693-1765) fut l'élève de Rollin, et devint professeur de rhétorique au collége de Beauvais. Il continua l'*Histoire romaine* commencée par Rollin, écrivit ensuite une *Histoire des Empereurs romains jusqu'à Constantin*, et une *Histoire de l'Université de Paris*. Cet écrivain a plus d'ordre que Rollin; mais il lui est inférieur sous le rapport du style : il est sec, lourd et fatigant.

VELLY (1709-1759), VILLARET (1617-1766), GARNIER (1729-1805). Le premier de ces trois écrivains a donné son nom à une histoire de France en trente volumes, dont les sept premiers seulement sont de lui. Villaret et Garnier ont écrit le reste à partir de Philippe-le-Bel. La partie écrite par Velly est la plus faible de cette compilation. Les dix volumes qui viennent après sont les moins défectueux de l'ouvrage, et sont dus à la plume de Villaret. Le reste, composé par Garnier, est inférieur pour le style, mais on y trouve plus de recherches et plus de savoir.

§ 3. *Romans et Ouvrages divers.*

LESAGE (1668-1747) sut appliquer à ses romans le genre de Molière. *Gil-Blas de Santillane* est une comédie de forme différente : c'est la peinture du cœur humain sous l'aspect du vice et du ridicule. Lesage, comme Molière, sait approfondir l'homme sans le disséquer. Rien de ses ouvrages ne montre l'analyse. Il est un des derniers qui ait su peindre au lieu de décrire. Dans la comédie proprement dite, il n'excelle pas moins : *Crispin rival de son maître, Turcaret* gardent le cachet de vérité de ses romans. Parmi les nombreux ouvrages de Lesage on cite *le Diable boiteux, les Aventures de Gusman d'Alfarache, le Bachelier de Salamanque,* etc., remarquables par une rare et sage fécondité, des couleurs vives, des peintures toujours vraies des hommes de son siècle.

L'abbé PRÉVOST (1697-1763) a su donner de la simplicité, de la pureté et de la grâce à des récits sans moralité. Il est l'un des plus féconds écrivains de son époque; ses œuvres réunies ne forment pas moins de cent soixante-dix volumes. Il publia en 1745 une *Histoire des Voyages*, abrégée depuis en vingt-quatre volumes par La Harpe. Puis il se fit connaître par des traductions estimées de plusieurs romans de Richardson, tels que *Clarisse, Grandisson* et *Paméla*. Enfin il publia un grand nombre de romans originaux qui eurent une grande vogue : *Cléopâtre, Manon Lescaut, les Mémoires d'un Homme de qualité, le Doyen de Killerine*. L'abbé Prévost s'exerça aussi dans le genre historique, mais avec peu de succès.

Madame DE TENCIN (1681-1749) fut célèbre par son esprit. Cinq ans elle fut religieuse, et se fit relever de ses vœux par le pape. Comme son père le cardinal, elle s'enrichit en jouant sur les actions de la banque de Law. Elle défendit avec ardeur la bulle *unigenitus*, et correspondit avec Benoît XIV. Ses romans eurent un grand succès. Les deux plus estimés sont *le Comte de Comminge* et *le Siège de Calais*. Sa maison fut le rendez-vous de tous les beaux esprits et des plus grands talents ; elle nommait plaisamment cette réunion sa *ménagerie*.

Mademoiselle DE LAUNAY, baronne DE STAAL (1693-1750), avait été femme de chambre de madame la duchesse du Maine, qui l'aimait beaucoup, et lui confiait l'ordonnance de ses fêtes de Sceaux. Elle a laissé des *Lettres* charmantes et des *Mémoires* très spirituels et très piquants. Madame de Staal a surtout le talent de rendre intéressantes les choses les plus frivoles et les plus indifférentes.

Madame DE GRAFFIGNY (1694-1758) donna au roman une forme nouvelle. Les *Lettres d'une Péruvienne* sont le premier exemple que nous ayons du roman épistolaire. On trouve dans cette composition des détails pleins d'intérêt et de sentiment; le style en est pur, ferme et vigoureux. Dans le drame madame de Graffigny n'eut pas tant de succès: *Cénie* réussit d'abord; mais *la Fille d'Aristide* échoua complétement.

§ 4. *Philosophie, Politique.*

MONTESQUIEU (1689-1755), né au château de La Brède, président à mortier au parlement de Bordeaux, fut un des hommes qui ont le plus contribué à la gloire du dix-huitième siècle. Malgré la gravité de son caractère et la régularité de sa vie, il n'est point resté étranger à l'influence de son époque, et quelques-uns de ses ouvrages offrent des traces remarquables du temps où il a vécu.

« C'est surtout dans les *Lettres persanes*, ouvrage de sa jeunesse, que peut se voir cette témérité d'examen, ce penchant au paradoxe, ces jugements sur les mœurs, les lois, les institutions, ce libertinage d'opinions, si l'on peut parler ainsi, qui attestent à la fois la vivacité, la puissance et l'imprudence de l'esprit. La religion n'y est pas ménagée davantage. Sous le voile transparent de plaisanteries lancées contre la religion musulmane et même par des attaques plus directes Montesquieu chercha à dévouer au ridicule la marche des raisonnements théologiques en général et la croyance de toute espèce de dogme...

« On y remarque, à travers tant de jugements hasardés, les traces d'une raison noble et élevée, l'amour constant du juste et de l'honnête ; et l'on se persuade que celui qui sut écrire cette fable des Troglodytes, digne de la philosophie simple et éloquente de l'antiquité, était loin d'avoir aucun sentiment ni aucun but coupable. » (1)

Montesquieu, résolu de se livrer tout entier aux lettres, vendit sa charge, et vint habiter son château de La Brède. C'est dans cette retraite qu'il travailla sans relâche à ces ouvrages qui devaient faire sa gloire et celle de son siècle. Alors parurent les *Considérations sur la grandeur et la décadence des Romains,* ouvrage qui faisait pressentir toute la force de son génie.

L'*Esprit des Lois* couronna tant de travaux, et fut l'œuvre de sa vie. Il y avait travaillé vingt ans. Dans cet ouvrage Montesquieu passe en revue les législations connues, et en cherche les raisons, soit dans la nature de l'homme en général, soit dans les causes locales et particulières à chaque peuple. Aucun livre ne présente plus de conseils utiles pour le gouvernement et l'administration des nations européennes et surtout de la France. On lui reproche cependant un certain penchant au matérialisme, d'avoir attribué trop de pouvoir au climat et au sol, et de s'être complu quelquefois dans un langage brillant et qui semble peu digne de lui et de son sujet. Mais cette passion pour la justice, cette haine éclairée du despotisme, voilà ce qui anima d'un bout à l'autre l'*Esprit des Lois,*

---

(1) M. de Barante, *Tabl. de la Litt. franç.*

et ce qui lui assure à jamais l'amour et l'admiration des gens de bien

On doit encore à Montesquieu *le Temple de Gnide*, un *Essai sur le Goût*, des *Lettres*, des *Discours* et quelques *Poésies*. M. Villemain a fait un *Eloge de Montesquieu* couronné en 1815 par l'Académie française.

VAUVENARGUES (1715-1747), après plusieurs campagnes glorieuses, se retira du service à vingt-six ans avec le grade de capitaine, et se livra, dans la retraite, à la méditation et à son goût pour les lettres. On a de lui : l'*Introduction à la connaissance de l'Esprit humain*. Vauvenargues ne fut point étranger aux influences de son temps. Cependant l'étude particulière qu'il fit des auteurs du siècle précédent, l'admiration qu'ils lui inspirèrent, l'écarta de la route de ses contemporains. Ce fut à l'école de Pascal qu'il apprit à sonder le cœur humain, à l'école de Fénelon qu'il apprit à l'encourager et à le soutenir. Il a su, dans quelques morceaux de critique, montrer un goût aussi pur que sa morale : le premier il a su apprécier complétement Racine.

§ 5. *Voltaire.*

(1694-1778)

FRANÇOIS-MARIE AROUET DE VOLTAIRE naquit à Chatenay près de Paris, d'un financier et de Marguerite d'Aumart, issue d'une famille noble du Poitou. Son parrain l'abbé de Châteauneuf, celui qui répondit de sa croyance au pied des autels, fut le premier qui lui parla d'irréligion, et fut son premier maître d'incrédulité. Le jeune Arouet fut élevé chez les jésuites, et le P. Lejay, frappé de la témérité de ses opinions et de son talent précoce, lui prédit qu'il serait *le coryphée du déisme*. A sa sortie du collége Voltaire fut présenté par son parrain à la fameuse Ninon, qui lui légua deux mille francs pour acheter des livres : ainsi par une espèce de fatalité c'était sous les auspices d'un prêtre immoral et d'une femme débauchée que le grand démolisseur de la morale et de la religion faisait son entrée dans le monde.

Voltaire commença à se faire connaître par des pièces légères qui furent très goûtées de l'immorale société du Marais, dans laquelle il s'était fait admettre; bientôt même il eut la gloire, à cause de son esprit caustique et railleur, d'être recherché par tout ce qu'il y avait de plus dépravé à la cour et parmi les grands seigneurs. Envoyé en Hollande auprès du marquis de Châteauneuf, il s'en fit chasser par sa mauvaise conduite; et, de retour à Paris, il fut accusé d'être l'auteur d'un libelle politique et fut mis à la Bastille.

C'est pendant cette première captivité qu'il acheva sa tragédie d'*OEdipe*, qu'il fit représenter en 1718. Cette pièce eut un grand succès. On y voit déjà un jeune auteur pénétré des leçons de Racine et de Corneille et soumettant son génie à les suivre. Malheureusement on y remarque aussi des attaques adroitement voilées contre la religion. Dans *Marianne* (1724), le soin extrême à imiter la poésie de Racine est encore plus marqué. Ce travail ne fut pas récompensé par le succès; la pièce échoua.

Une nouvelle imprudence de Voltaire le fit mettre encore une fois à la Bastille, et lorsqu'il en sortit on lui intima l'ordre de quitter la France : il se rendit alors en Angleterre. Pendant cet exil il étudia la langue, la littérature, la philosophie des Anglais, et fortifia ses penchants à l'incrédulité dans la société des Collins, des Bolingbroke, des Tindall et autres, qui travaillaient de concert à saper les fondements du christianisme et du pouvoir royal. Ce fut à Londres qu'il composa sa tragédie de *Brutus*, qu'il écrivit ses *Lettres sur les Anglais*, et qu'il mit la dernière main à son poème de *la Henriade*. La pièce de *Brutus* est d'un bout à l'autre une apologie des principes républicains et de la souveraineté du peuple. Les *Lettres sur les Anglais* détruisent toutes les bases de la morale; aussi la publication en fut-elle défendue en France : l'ouvrage entier fut brûlé par la main du bourreau, et l'auteur fut obligé de se cacher pendant cinq ans dans une retraite ignorée.

En 1732 parut *Zaïre* « avec ses défauts tant reprochés et ses beautés qui les font oublier. C'est dans cette pièce que Voltaire a imprimé son talent tragique. Si quelque chose peut donner l'idée d'un auteur en proie à tout l'enivrement de la passion et de la poésie, c'est un ouvrage tel que *Zaïre*. »(1)

Adélaïde Duguesclin (1734) dut sa chute à une mauvaise plaisanterie.

---

(1) M. de Barante, *Tabl. de la Litt. franç.*

La Mort de César continua l'œuvre commencée dans *Brutus; Alzire* fut écrite dans le même esprit que *Zaïre*. Bientôt parut la tragédie de *Mahomet*, qui contenait l'attaque la plus violente contre la religion chrétienne, et dont le but évident était de rendre toute religion méprisable. *Mérope*, qui suivit, est peut-être celle des pièces de Voltaire qui offre le moins à la critique. Ce fut après la représentation de cette pièce que l'auteur se présenta à l'Académie, qui ne l'admit dans son sein que l'année suivante.

Après avoir publié plusieurs autres ouvrages en prose et en vers, Voltaire se rendit en Prusse à la sollicitation du *roi philosophe*, et il y fut comblé de faveurs. Mais cette intimité ne fut pas de longue durée, et au bout de deux ans il se vit obligé de quitter ce pays après y avoir été emprisonné par ordre du roi et avoir vu l'un de ses ouvrages brûlé à Berlin par la main du bourreau.

Il ne jugea pas qu'il fût prudent à lui de retourner à Paris; c'est pourquoi il se retira successivement aux Délices et à Ferney, où la fortune considérable que lui avaient procurée ses ouvrages lui permettait de mener un grand train de vie. C'est là qu'il termina son *Siècle de Louis XIV*; ouvrage dans lequel il trouve encore le moyen de semer des sorties contre la religion et ses ministres, et qu'il composa l'*Orphelin de la Chine* et *Tancrède*.

Retiré désormais dans son magnifique château de Ferney, son existence fut celle d'un grand et magnifique seigneur. C'est dans cette retraite que les plus grands personnages, les philosophes, les femmes même venaient de toutes parts faire leur cour au *patriarche*. Il échappait de son mieux à toutes ces importunités, mesurant la durée de ses apparitions et la grâce de son accueil sur le rang ou la renommée du personnage; quelquefois refusant de se montrer ou ne se montrant que pour témoigner de l'humeur. Enfin il parvint à vivre solitaire, tranquille et laborieux au milieu de la foule, du bruit et de la dissipation.

C'est pendant ces vingt années de retraite qu'il écrivit la plus grande partie de ses ouvrages, sans compter ces innombrables pamphlets empreints de cet esprit de philosophisme et d'incrédulité, et qu'il fit répandre sous mille formes dans toute la France. C'est de là qu'il publia ses *Commentaires sur Corneille*, dont le produit fut consacré à assurer une existence honorable à la nièce du grand tragique; qu'il mit la dernière main à l'*Essai sur les Mœurs et l'Esprit des nations*, écrivit l'*Histoire de Russie sous Pierre-le-Grand*, l'*Histoire du Parlement de Paris*, etc.; qu'il composa une foule de poésies des genres les plus divers, satires, épîtres, contes, épigrammes, poésies légères, etc. Ses *Romans* en prose, ses dernières pièces de théâtre furent aussi élaborées dans la solitude de Ferney. Il y entretenait en même temps une correspondance immense, animait de son esprit les *encyclopédistes*, soutenait contre la religion une lutte opiniâtre, et publiait pour la renverser plusieurs ouvrages anonymes d'une impiété révoltante, tels que la *Philosophie de l'Histoire*, la *Bible commentée*, l'*Histoire de l'Etablissement du Christianisme*, l'*Exa-*

men important de milord Bolingbroke, le *Dictionnaire philosophique*, etc.

Après une retraite de vingt-huit ans Voltaire, cédant aux instances de madame Denis, se décida à faire un voyage à Paris. Il avait alors quatre-vingt-quatre ans. Il descendit chez le marquis de Villette, sur le quai qui porte aujourd'hui son nom. Ce voyage fut pour le vieux philosophe un véritable triomphe, mais qui fut de bien courte durée, car il mourut trois mois après. La sépulture chrétienne lui fut refusée à Paris; ce ne fut que par surprise que l'abbé Mignot, son neveu, le fit inhumer dans l'abbaye de Scellières, en Champagne.

« Le trait le plus marqué, le plus distinctif du génie de Voltaire est cette facilité, cette souplesse qui se pliait aux genres les plus opposés, qui passait sans effort de la prose à la poésie, du familier au sublime, du plaisant au sérieux, du simple récit des faits à l'invention épique, tragique ou romanesque, enfin des spéculations de la philosophie et des calculs même de l'algèbre aux saillies les plus vives de la gaieté et aux plus riants caprices de l'imagination. Ce don merveilleux, joint à l'insatiable ambition de succès dont il était dévoré et à l'infatigable activité d'un esprit dont les forces semblaient se réparer dans le travail même qui les épuise, permit à Voltaire de tenter toutes les routes de la célébrité littéraire, et lui acquit le surnom d'écrivain universel. » (1) Cependant il ne réussit pas également dans tous les genres.

(1) *Biographie universelle.*

Dans l'épopée Voltaire est sec et mesquin : le plan de *la Henriade* manque d'unité ; l'action n'a ni grandeur, ni intérêt. ni mouvement. Dédaignant ou craignant d'employer le merveilleux fourni par la religion, il eut recours à la froide allégorie. Il personnifia, fit agir et parler la discorde, le fanatisme, la politique et la vérité, c'est à dire de pures abstractions. Et malgré une versification noble, élégante et pure, on sera toujours effrayé de la sécheresse et de la froideur de ce poème. Malgré tant de défauts *la Henriade* est encore l'épopée française. Son autre poème, *la Pucelle*, nous inspire un tel dégoût que nous n'essayerons même pas d'en parler ici. Jetons un voile, s'il se peut, sur tant d'irreligion et d'immoralité.

Comme poète tragique Voltaire s'est placé immédiatement après Corneille et Racine. Ce ne sont, il est vrai, ni les plans variés et fortement conçus de Corneille ni ses traits sublimes et inattendus ; ce ne sont pas non plus les plans sages et irréprochables de Racine ni l'élégance et la pureté continue de son style ; ce qui caractérise les belles tragédies de Voltaire c'est l'attention qu'il a eue d'en attacher les sujets à des époques mémorables, à de grandes révolutions politiques et religieuses.

La comédie est un des genres où Voltaire eut le moins de succès. Il ne sut imaginer ni les caractères ni les situations comiques. C'est au pathétique que *Nanine* et *l'Enfant prodigue* ont dû une partie de leurs succès.

Dans l'opéra, dans la poésie lyrique, dans l'ode

surtout Voltaire est au dessous de lui-même. Cela seul suffirait pour expliquer sa haine contre J. B. Rousseau.

Dans le genre philosophique, sans atteindre la profondeur, l'enchaînement rigoureux et énergique de Pope, avec qui il a voulu rivaliser, il sait répandre sur ces matières de raisonnement une clarté qu'elles n'ont pas toujours et un agrément dont elles sont plus souvent privées.

Dans la poésie légère Voltaire n'a point d'égal, et ceux qui en ont le plus approché en sont séparés par un intervalle immense. Mais pourquoi faut-il que cette poésie si séduisante soit presque toujours employée à développer l'immoralité et l'irreligion.

Les ouvrages en prose de Voltaire sont nombreux. L'*Histoire de Charles XII* est écrite avec une rapidité qui semble égaler celle des exploits du héros. La vérité, dans ce récit, a quelquefois l'air de la fable comme elle en a l'agrément. L'*Histoire de Russie sous Pierre-le-Grand* est plutôt l'œuvre d'un courtisan occupé de flatter la czarine que le précis véritable d'un historien consciencieux. Les *Annales de l'Empire* sont un abrégé chronologique froid et décharné, composé pour payer la gracieuse hospitalité que la duchesse de Saxe-Gotha, sœur de Frédéric, avait accordée à Voltaire.

Le *Siècle de Louis XIV* est le plus complet des ouvrages historiques de Voltaire.

On rencontre à chaque pas dans les *Romans* de Voltaire des allusions irreligieuses, des traits d'animosité personnelle, des plaisanteries pleines de cynisme qui doivent en faire proscrire la lecture comme très dangereuse. Dans ses œuvres philosophiques on chercherait vainement un système suivi. L'impiété la plus déhontée, une incrédulité qui ne s'enquiert point de la vérité, une ironie mordante toujours prête à tourner en ridicule tout ordre établi, voici ce qui frappe à chaque pas dans la longue carrière qu'a parcourue Voltaire : « On s'afflige que, se laissant entraîner au torrent d'un siècle dégradé, il se soit plongé dans un cynisme qui peut encore s'excuser dans la licence de la jeunesse, mais qui forme un contraste révoltant avec des cheveux blancs, symbole de sagesse et de pureté. Quel spectacle plus triste qu'un vieillard insultant la divinité au moment où elle va le rappeler, et repoussant le respect de la jeunesse en partageant ses égarements. » (1)

SECONDE PÉRIODE.

(1750-1800.)

CHAPITRE Ier.

PREMIÈRE SECTION. — POÉSIE.

§ 1. *Poésie dramatique.*

Le théâtre fut la branche de littérature où la décadence se fit le plus sentir : c'est que plus que toute

---

(1) M. de Barante, *Tabl. de la Litt. franç.*

autre elle exige une imagination vive et des sentiments vrais. Le travail, la réflexion, l'étude ne peuvent à eux seuls former le véritable caractère du poète dramatique.

Dans la tragédie deux écrivains eurent des succès qui leur survivent encore.

LEMIERRE (1733-1793) se fit remarquer par une sorte de verve dans l'expression qui n'est pas cependant la chaleur du sentiment ; mais il n'a su ni dessiner un caractère ni approfondir une situation. Dans son style barbare, sans être naturel, il se rencontre parfois des morceaux où la déclamation ne manque pas de force et d'élévation. *La Veuve du Malabar* et *Guillaume Tell* ont eu une vogue méritée. Le poème de la *Peinture* et celui des *Fastes* prouvent quelque talent.

DUBELLOY (1727-1775) a été plus heureux : il s'est mis sous la protection de noms illustres et chers à la France ; il a rappelé d'anciens et glorieux souvenirs. Peut-être ces preux chevaliers, leurs nobles faits d'armes, leurs vertus simples et toute cette histoire des vieux temps de la patrie auraient-ils dû inspirer Dubelloy d'une manière plus vraie et l'éloigner des pompeuses déclamations où il est tombé. Le *Siége de Calais* fait époque dans notre théâtre.

COLARDEAU (1732-1776) avait peut-être un génie plus conforme à la poésie que les deux auteurs que nous venons de nommer, et cependant il leur est inférieur dans l'art dramatique. Mais son talent se déploya avec plus de succès dans un autre genre. *L'Epître d'Héloïse à Abeilard,* imitée de Pope ; l'*Héroïde* d'*Armide à Renaud*, l'*Epître à Minette*, les *Hommes de Prométhée* sont autant de pièces remarquables par une douce harmonie et une versification facile et agréable.

GUIMOND DE LA TOUCHE (1723-1760) eut au théâtre un éclatant succès. L'*Iphigénie en Tauride* est une des meilleures tragédies parmi celles qui ne sont pas des chefs-d'œuvre.

SAURIN (1706-1781) a donné au théâtre la tragédie de *Spartacus*, qu'on lit encore.

LA HARPE (1740-1803) mérite une place parmi les poètes tragiques de cette époque. La tragédie de *Warwick* eut un grand succès, et mérita l'éloge de Voltaire. *Mélanie* ne fut représentée qu'en 1793. *Coriolan, Philoctète, les Barmécides* ne se sont pas soutenus au théâtre.

GRESSET (1709-1777) est le dernier représentant de la véritable comédie. *Le Méchant* se place à côté de *la Métromanie* de Piron et du *Glorieux* de Destouches. On peut reprocher à cette pièce d'avoir trop peu d'action, de manquer d'intérêt et de développement; peut-être aussi désirerait-on trouver plus de profondeur dans le caractère principal; mais ces défauts sont bien compensés par l'élégance et la facilité de la versification, par l'imitation vraie et spirituelle du ton de la conversation qui régnait alors.

Gresset a d'autres titres à nos éloges. Le poème de *Vert-Vert* est le chef-d'œuvre de la poésie badine du dix-huitième siècle. *La Chartreuse* est remarquable par une versification brillante, harmonieuse et facile.

COLLIN D'HARLEVILLE (1755-1806) prit son essor

sous l'égide d'une jeune et trop malheureuse souveraine. *L'Inconstant, le Vieux Célibataire* eurent un succès mérité.

FABRE D'ÉGLANTINE (1755-1794) ne manque ni de vigueur ni de verve. *Le Présomptueux, le Philinte de Molière,* ou *la Suite du Misanthrope,* sont restés au théâtre.

COLLÉ (1709-1783) a laissé deux comédies qu'on lit encore avec plaisir. *Dupuis et Desronais* et *la Partie de Chasse d'Henri IV* sont des pièces pleines d'esprit et de gaieté. On doit aussi à Collé un recueil de *Chansons* de table dont quelques-unes sont remarquables.

SÉDAINE (1719-1797) réussit surtout dans l'opéra-comique, qu'il créa. *Le Diable à quatre, Rose et Colas, le Déserteur, Richard Cœur-de-Lion, Aline, reine de Golconde* eurent une grande vogue, et plusieurs de ces pièces, pleines d'ailleurs de naturel, d'esprit et d'intérêt, attirent encore aujourd'hui la foule au théâtre. La musique de la plupart de ces opéras est de Monsigny et de Grétry.

§ 2. *Poésie didactique.*

SAINT-LAMBERT (1717-1803), disciple prôné des philosophes de l'Encyclopédie, se fit une grande réputation par le poème des *Saisons,* composition froide qui renferme cependant quelques belles descriptions. On doit encore à cet écrivain des *Poésies fugitives,* un petit poème intitulé *le Matin et le Soir,* le *Catéchisme universel,* ouvrage philosophique beaucoup trop vanté.

Roucher (1745-1794), compagnon d'infortune d'André Chénier, a laissé le poème des *Mois*, aujourd'hui oublié et injustement décrié par La Harpe.

Jacques Delille (1738-1812) effaça par son talent facile et brillant tous les poètes didactiques de son époque. Il était professeur de poésie latine au collége de France lorsqu'il publia, en 1769, sa traduction des *Géorgiques de Virgile,* ouvrage si parfait qu'il lutte souvent avec son modèle et marche quelquefois son égal. Son poème des *Jardins* parut en 1782, et mit le sceau à sa réputation. Il suivit M. Choiseul-Gouffier dans son ambassade à Constantinople, et s'inspira du beau ciel de l'Asie et de la Grèce pour la composition de son poème de *l'Imagination*, qu'il publia à son retour. A l'époque de la révolution il ne voulut pas quitter la France; mais il fut contraint d'en sortir après avoir échappé à la mort par une ruse ingénieuse. Il parcourut alors la Suisse, l'Allemagne et l'Angleterre, et revint en France en 1802. Il résista à toutes les offres de Bonaparte, et resta fidèle à ses vieilles convictions sans vouloir faire un seul vers pour les gloires nouvelles. Il se maria bientôt après, fut malheureux dans son choix, et mourut en 1813, affligé d'une cécité complète. L'illustre aveugle achevait alors un poème *sur la Vieillesse*. Pendant la terreur on lui avait demandé une pièce de poésie pour la fête de l'*Être suprême ;* il répondit par un admirable *Dithyrambe sur l'immortalité de l'âme,* protestation sublime des droits de l'opprimé pour consoler la victime et confondre le bourreau.

Pendant son séjour en Angleterre il avait traduit

le *Paradis perdu* de Milton, l'*Essai sur l'Homme* de Pope et quelques poésies légères.

La *Traduction de l'Énéide* est un des meilleurs ouvrages de Delille; personne n'a plus que lui approché de son modèle.

Delille ne portait le titre d'*abbé* que parcequ'il possédait l'abbaye de Saint-Severin, en Poitou, qu'il tenait de la munificence du comte d'Artois, son protecteur. C'est de ce prince qu'il dit dans son poème de *la Pitié* :

Modèle de la grâce, exemple de l'honneur.

On refuse généralement à Delille le génie et l'invention; mais on le met au premier rang pour l'art de la versification et pour le talent descriptif.

§ 3. *Poésies diverses.*

GILBERT (1751-1780) fut le Juvénal du dix-huitième siècle. Dédaigné des philosophes, il tourna contre eux l'arme puissante de la satire. Écrivain inégal et incorrect, Gilbert a frappé au coin du génie quelques-uns de ses vers, qu'on ne peut oublier. La Harpe ne lui pardonna jamais les vers qu'il avait faits contre lui. On sait par cœur les strophes touchantes par lesquelles il fit ses adieux à la vie. A la honte du siècle, c'est à l'Hôtel-Dieu, à Paris, qu'il les écrivit! On connaît sa mort déplorable.

MALFILATRE (1733-1765) ne laissa pas après lui une gloire aussi pure, bien que son poème de *Narcisse dans l'île de Vénus* justifie nos regrets, et que Gilbert ait dit de lui :

La faim mit au tombeau Malfilâtre ignoré ;
S'il n'eût été qu'un sot il aurait prospéré.

Comme Gilbert, il mourut dans la misère et l'abandon ; mais ses désordres bien plus que les persécutions le conduisirent à une si triste fin.

FLORIAN (1755-1794) a laissé un recueil de fables qui ne manquent ni de finesse ni d'esprit ; mais on y chercherait vainement les qualités qui doivent caractériser l'apologue, la simplicité et le naturel. Quoi qu'il en soit, ces fables occupent le premier rang après celles de La Fontaine. Florian s'exerça dans plusieurs autres genres. Quoiqu'il manquât de génie et de vigueur, il montra dans ses écrits en prose de la grâce et de la sensibilité. Ses pastorales, *Estelle, Galatée,* et ses nouvelles sont pleines d'intérêt. Ses poèmes en prose, *Gonzalve de Cordoue, Numa Pompilius,* sont conduits avec goût et sagesse. Le premier de ces deux ouvrages est précédé d'un *Précis historique sur les Maures,* qui est très estimé. Les comédies de Florian ne manquent pas d'agrément. On lui reproche d'avoir défiguré le *Don Quichotte* de Cervantes en voulant l'imiter. Florian fut reçu à l'Académie en 1788.

LEGOUVÉ (1764-1812) dut surtout sa célébrité à son poème du *Mérite des Femmes,* dans lequel il a su réunir le charme de la diction à une sensibilité exquise. Il donna plusieurs tragédies qui eurent quelque succès : *la Mort d'Abel, la Mort de Henri IV* et

Épicharis, qui est la meilleure de toutes. Parmi ses petits poèmes on lit encore avec plaisir *la Mélancolie, les Souvenirs* et *la Sépulture.*

ÉCOUCHARD LEBRUN (1729-1807) fut l'élève de Louis Racine, a composé parmi ses odes nombreuses quelques pièces d'un rare mérite. Si toutes ses odes avaient la valeur de celle par laquelle il leur promet l'immortalité, la prédiction serait juste. L'ode sur *le Vengeur* contient des strophes admirables. On cite volontiers l'*Ode à Buffon,* celle qu'il adressa *à Voltaire,* et le *Triomphe de nos Paysages.*

Lebrun pèche habituellement par l'enflure, la dureté et le défaut de naturel. Son poème de la nature n'a pas été terminé. Rival de J. B. Rousseau dans l'ode, Lebrun l'a égalé, sinon surpassé, dans l'épigramme.

ANDRÉ CHÉNIER, né à Constantinople d'une famille marseillaise, vint à Paris l'esprit riche des souvenirs de la Grèce et des impressions de son enfance. Quand éclata la révolution il fut oublié dans les cachots de Saint-Lazare, au milieu de la plus noble compagnie. Les frères de Trudaine, pour qui il faisait de charmantes élégies et des idylles remplies de grâce et de délicatesse, la duchesse de Saint-Aignan, qui nous a conservé le portrait du poète, mademoiselle de Coigny, qui lui inspira l'élégie la plus touchante (1), furent ses compagnons de captivité. Tant de nobles victimes lui inspirèrent aussi des *iambes,* les premiers qu'on ait écrits en France, pleins de

(1) *La Jeune Captive,* page 108.

verve, d'énergie et d'une généreuse colère contre ses bourreaux :

> Mourir sans vider mon carquois,
> Sans fouler, sans percer, sans pétrir dans leur fange
> Ces bourreaux, barbouilleurs de lois.

Mais est-il rien de plus admirable que ce début d'un iambe où il peint sa triste situation :

> Quand au mouton bêlant la sombre boucherie
> Ouvre ses cavernes de mort,
> Pauvres chiens et moutons, toute la bergerie
> Ne s'informe plus de son sort.
> Les enfants qui suivaient ses ébats dans la plaine,
> Les vierges aux belles couleurs
> Qui le baisaient en foule et sur sa blanche laine
> Entrelaçaient rubans et fleurs,
> Sans plus penser à lui le mangent s'il est tendre.....
> Dans cet abîme enseveli,
> J'ai le même destin ; je m'y devais attendre.
> Accoutumons-nous à l'oubli.
> Oubliés comme moi dans cet affreux repaire,
> Mille autres moutons comme moi
> Pendus aux crocs sanglants du charnier populaire
> Seront servis au peuple-roi.

Joseph Chénier, homme important à cette époque, eût pu sans doute sauver son frère en le tenant oublié dans les cachots ; mais son père eut l'imprudence d'aller demander à Robespierre la grâce d'un fils qu'il aimait, et il lui fut répondu avec une froide et sanglante équivoque : « Votre fils sortira de prison dans deux jours. » Deux jours après la tête de l'infortuné roulait sur l'échafaud ! Sur la fatale charrette se trouvait à côté de lui le poète Roucher. À son dernier moment il porta la main à son front : « Je n'ai rien fait encore, dit-il, mais je sentais que j'avais quelque chose là. » Deux jours après ses bourreaux arrosèrent de leur sang le même échafaud !

Il n'y a point de poésie qui ressemble à celle d'André Chénier. Ses *Elégies* sont des modèles de goût et de pureté ; on y trouve partout un mélange de fraicheur, d'élégance, de simplicité et de naturel qui ne se rencontre chez aucun poète. Dans l'*Idylle* Chénier n'a point d'égal pour l'abandon, la grâce antique et la vérité. *Le jeune Malade*, *Néère*, *Lydée* sont sous ce rapport des œuvres parfaites.

En général les poésies de Chénier sont les plus pures que nous sachions ; ses images ont la beauté primitive des Grecs ; ses peintures ont le coloris d'Euripide et de Sapho, de Théocrite et d'Homère. Il ne les a pas imités ; mais il a chanté comme eux, inspiré par la nature et le sentiment.

« Les écrits de ce jeune homme, dit M. de Châteaubriand, son courage, ses malheurs et sa mort, tout sert à répandre le plus vif intérêt sur sa mémoire. Il est remarquable que la France a perdu, sur la fin du dernier siècle, trois beaux talents à leur aurore : Malfilâtre, Gilbert et André Chénier. Les deux premiers sont morts de misère ; le troisième a péri sur l'échafaud. »

Comment, après avoir entretenu nos lecteurs du trop infortuné Gilbert, parler de poètes anacréontiques fades et langoureux tels que les BERNARD, les BERTIN, les DORAT, les PARNY, les DEMOUSTIER et autres dont les écrits sont presque tous oubliés aujourd'hui. Qu'il nous suffise de les avoir nommés, Parny surtout, dont on ne peut trop flétrir la monstrueuse et sacrilége débauche.

SECONDE PÉRIODE.

(1750-1800.)

CHAPITRE II.

SECONDE SECTION. — PROSE.

§ 1. *Philosophie.*

L'*Encyclopédie* était destinée à embrasser toutes les connaissances humaines. Les hommes qui l'entreprirent furent animés peut-être des meilleures intentions; mais ils se laissèrent aveugler par l'orgueil, et furent entraînés par une soif insatiable de réputation et d'influence. Ils croyaient se dévouer à l'accroissement des lumières tandis que leur vanité personnelle les poussait, comme par une fatalité, vers un précipice qui devait les engloutir.

L'Encyclopédie devint funeste à la société, déjà corrompue, par les fausses idées, les erreurs et les doctrines impies qu'elle répandit dans le monde. On ne doit pourtant point s'imaginer que ce caractère de perversité règne exclusivement dans tous les écrits des *encyclopédistes;* on y trouve de loin à loin certains retours, certaines restrictions et quelques instauts de mesure et de réserve. Mais leurs principes ne conservaient point, en se répandant parmi les livres des écrivains inférieurs et dans le vulgaire, les limites qu'ils leur avaient imposées. On juge par là de la disposition du public pour lequel ils travaillaient. Ils marchaient dans une direction générale, et le cours en était si rapide que les efforts tentés pour le retarder n'étaient pas même aperçus. Rien ne devait donc encourager les auteurs à apporter dans leur doctrine un esprit de sagesse et de modération qu'on ne goûtait pas alors.

Les chefs du gouvernement s'opposèrent à la publication de l'*Encyclopédie*, mais trop faiblement pour l'anéantir et assez pour exciter contre eux l'animosité de ses rédacteurs. Bientôt D'ALEMBERT fit le *Discours préliminaire*, qui fut mieux accueilli qu'il ne l'eût été dans toute autre circonstance. La fécondité de DIDEROT multiplia rapidement ses premiers articles, et les doctrines de matérialisme et d'égoïsme de d'HOLBACH et d'HELVÉTIUS fortifièrent la tendance fatale de l'esprit populaire vers l'irréligion. Ainsi, en hostilité avec l'ordre établi, ils sapèrent les fondements de la religion, de la morale et de la royauté, armés de ce que leur orgueil leur faisait appeler *des vérités neuves et audacieuses!*

D'ALEMBERT (Jean Le Rond) (1717-1783), si l'on en croit le témoignage impartial des mathématiciens, était un génie du premier ordre. Son exactitude donna aux acquisitions de l'esprit humain un ordre méthodique pour les mieux embrasser. Mais lorsqu'il veut peindre les impressions de l'âme il se montre inhabile, et son style a la sécheresse de l'algèbre. Il écarte avec soin tout ce qu'il ne peut assujettir à son froid examen, à son raisonnement de matérialiste. Il met de côté la religion, parcequ'elle est trop élevée pour lui et qu'il ne peut lui appliquer les règles immuables de la géométrie. Aussi a-t-il confondu les impressions de l'âme avec les sensations du cœur, et la métaphysique avec la physiologie.

HELVÉTIUS (1715-1771), fermier général à vingt-trois ans, avec cent mille écus de revenu, consacra sa fortune au plaisir et aux bonnes œuvres. Mais, passionné pour la gloire, il laisse là la finance pour se livrer tout entier à l'étude de la philosophie et des lettres. Il composa le livre *de l'Esprit*, qui renverse toutes les idées reçues de morale et qui eut de nombreuses réfutations. Il y érige en principe la vertu de l'intérêt et la morale de l'égoïsme, en réduisant les facultés humaines à la sensibilité physique. Le livre *de l'Esprit* fut brûlé de la main du bourreau, condamné par le pape, le parlement et la Sorbonne. L'auteur, forcé de se rétracter, se retira en Allemagne, puis en Angleterre. Dans ses ouvrages posthumes il cherche à prouver que toutes les intelligences sont les mêmes, et que l'éducation seule en fait la différence.

Le baron D'HOLBACH (1723-1789) vint du Palatinat pour étudier à Paris les sciences naturelles, combattre la religion, et soutenir avec fanatisme les systèmes les plus absurdes. Sa philosophie subversive, immorale et perverse n'a pas même le mérite de la raison humaine et du sens commun. *Le Système de la Nature* est plein d'inconséquences et de contradictions.

Diderot (1713-1784) était destiné à l'état ecclésiastique, et son père, simple artisan, l'envoya à Paris étudier la théologie. Mais l'orgueil et la vanité le jetèrent bien loin de cette voie, et il tomba dans le gouffre de perversité où se plongeait toute une société dépravée. Souvent, comme s'il eût porté ses regards en arrière, une secrète admiration de la vertu le saisissait et il s'arrêtait au bord du précipice, puis il retombait plus avant. Ses attaques audacieuses contre les grands lui firent des ennemis; il fut jeté dans les cachots de Vincennes. Là il regretta plus que jamais d'avoir quitté le service de Dieu; plus que jamais il eût voulu être vertueux. Mais avec la liberté il reprit la route commencée, et conçut le plan de *l'Encyclopédie;* il traita avec un talent supérieur les articles sur la philosophie, les arts et métiers; il fit représenter les premiers drames larmoyants (*le Père de famille*), publia d'abominables romans, et, s'enfonçant de plus en plus dans la voie de la perdition, il professa hautement le fatalisme et le matérialisme.

Condillac (1715-1780) réduisit à la portée du vulgaire la science de la pensée, en retranchant tout ce qu'elle avait d'élevé. Chacun fut surpris et glorieux de pouvoir philosopher si facilement; on eut une grande reconnaissance pour celui à qui on devait ce bienfait. On ne s'aperçut pas qu'il avait rabaissé la science, au lieu de rendre ses disciples capables d'y atteindre.

Condillac fut le chef de l'école des *sensualistes*:

c'est dans ses ouvrages que cette métaphysique exerce toutes les séductions de la méthode et de la lucidité. Peu d'écrivains ont obtenu plus de succès.

Charles Bonnet (1720-1793) s'appliqua plus qu'aucun autre à développer la théorie des sensations, et à y chercher la connaissance de l'homme. Mais les conclusions qu'il essaya d'en tirer, mais l'ensemble de ses opinions n'eurent aucune analogie avec la tendance de Condillac et de ses disciples..... il partit du même point absolument que Condillac; il a supposé que l'homme est une statue, douée d'un principe inconnu, auquel il ne suppose aucune propriété particulière, mais dont toutes les facultés naissent, se forment et se développent par l'action des objets extérieurs; il a apporté dans l'histoire de cette création de l'homme par les sensations plus de réflexion et d'impartialité qu'aucun métaphysicien, et s'est préservé de beaucoup d'omissions et d'erreurs de détails où Condillac était tombé : mais ce qui le distingue c'est de s'être agité toute sa vie pour rattacher cette théorie à la nature morale et aux croyances religieuses. (1)

L'abbé de Mably (1709-1785) était frère de Condillac. Il ne voulut rendre justice à rien de ce qui appartenait aux temps modernes : ni la religion, ni le gouvernement, ni la gloire, ni les annales de la France et des nations européennes ne lui parurent mériter un regard. Ses livres sont bien moins une louange de l'antiquité qu'une attaque contre tout ce qui existait

---

(1) M. de Barante, *Tabl. de la Litt. franç.*

de son temps. Ils inspirent moins la vénération pour les institutions anciennes que le mépris pour les institutions modernes. Un ton morose et hostile ne saurait faire naître l'admiration. L'abbé de Mably suivait comme les autres écrivains une marche destructive, et contribuait sans le savoir à affaiblir les liens déjà usés qui unissaient encore les membres d'une vieille société.

Jean-Jacques Rousseau (1712-1778) était fils d'un horloger de Genève. Après avoir été successivement scribe, laquais, précepteur, il se rendit à Paris en 1741, apportant avec lui une méthode pour noter la musique qu'il avait inventée et sur laquelle il fondait de grandes espérances de succès. Trompé dans son attente, il se vit forcé d'accepter la place de secrétaire de l'ambassadeur de Venise. Mais bientôt forcé de quitter ce poste, il revint à Paris, et devint commis d'un fermier général. Ce fut alors que lui fut révélé son talent littéraire. Il écrivit pour le concours ouvert à l'académie de Dijon un discours sur cette question : *Le progrès des sciences et des arts a-t-il contribué à corrompre ou à épurer les mœurs ?* et soutint la négative ; et dans un style plein de véhémence et de chaleur, par des raisonnements spécieux et pleins de finesse, il fit la critique la plus amère de la société tout entière. Il attaqua la civilisation, c'est à dire le christistianisme, auquel il voulait substituer un état de vie sauvage, grossier et matériel. Il n'en obtint pas moins le prix. Voulant alors vivre indépendant, il abandonna sa place de commis, et se fit copiste de musique. Il consacrait aux travaux de son goût le temps que lui laissait son métier; c'est ainsi qu'il publia en peu de temps plusieurs ouvrages de genres très divers : le *Devin du village,* opéra qui eut une grande vogue; une *Lettre sur la musique française;* la comédie de *Narcisse,* qui tomba; un discours sur une nouvelle question posée par l'académie de Dijon: *de l'Origine de l'inégalité parmi les hommes.*

En 1756 il vint habiter, dans la vallée de Montmorency, *l'Ermitage* que lui avait fait bâtir madame d'Epinay. C'est là qu'il composa *la Nouvelle Héloïse,* roman en forme de lettres, dont l'intrigue est mal conduite et l'ordonnance en général mauvaise. Dans la première partie l'auteur semble vouloir prouver que les passions sont des mouvements auxquels il est impossible de résister; dans la seconde c'est l'athéisme et le matérialisme qu'il met sans cesse en évidence.

Emile fut aussi écrit à l'Ermitage. Dans ce livre Rousseau prétendit tracer tous les principes d'une bonne éducation, et pour premier précepte il soutint que dans la religion la morale est tout; que si la morale est pure peu importe le dogme et le culte. Il voulut fonder tout son plan d'éducation sur la nature même, en écartant soigneusement de l'enfant tout principe de religion et de civilisation. L'*Emile* fut brûlé de la main du bourreau à Genève, et l'auteur fut obligé de s'enfuir pour quelque temps.

Le *Contrat social* est rempli d'idées aussi exagérées dans un autre genre. Il y posa sans détours le principe absurde de la souveraineté du peuple, premier germe de tous les fléaux qui depuis plus de quarante ans désolent les deux mondes. C'est dans cet ouvrage, selon l'expression d'un écrivain moderne, que pour renverser tous les trônes des rois il proscrivit tous les autels du Christ.

Les Confessions furent le dernier ouvrage de Jean-Jacques. La fraîcheur et la vivacité du coloris, la grâce et la légèreté des détails, en un mot le talent de la narration porté au suprême degré prouvent que tous les genres de style étaient à la disposition de ce grand écrivain. Par quelle fatalité faut-il que ces mémoires soient souillés non seulement de peintures cyniques, mais même de termes grossiers et bas, que sa plume n'a pu tracer que très volontairement ! Il mourut à Ermenonville, dans la retraite que lui avait donnée M. de Girardin.

§ 2. *Histoire.*

L'abbé RAYNAL (1713-1776) a érigé en système ses propres opinions ; il a cherché à les appuyer sur des faits et à leur donner une vraisemblance qui, dans le fond, est fort éloignée de la vérité. Après quelques écrits sans réputation, il donna son *Histoire des deux Indes*, ouvrage dans lequel on trouve des détails exacts sur les arts, le commerce et l'industrie des colonies, mais dont l'exposition des faits est peu savante. Ce livre dut la plus grande partie de sa célébrité à l'aspect philosophique qui y préside. Les déclamations contre les prêtres et contre l'esclavage des nègres étaient fort à la mode à l'époque où il parut. Mais depuis qu'on a vu les prêtres si injustement persécutés et les nègres profiter si mal des bienfaits de la liberté on s'est aperçu que ces idées, si généreuses en apparence, n'étaient que des utopies et des erreurs funestes à la société.

Le président HÉNAULT (1685-1770) nous a laissé un *Abrégé chronologique de l'Histoire de France,* qui a fait toute la réputation de son auteur. Cependant on doit convenir que cet écrivain était appelé à une plus grande célébrité; il laisse apercevoir dans des sommaires à peine ébauchés un esprit plus fort et plus vif que les autres historiens ses contemporains.

L'abbé MILLOT (1726-1785) semble avoir eu toujours en vue, dans ses nombreux ouvrages historiques, l'instruction et l'avancement de la jeunesse. On y trouve un esprit philosophique qui en rend la lecture plus intéressante et plus instructive que celle de la plupart des livres du même genre.

§ 3. *Sciences naturelles.*

BUFFON (1707-1788) est une des gloires de son siècle. « A Voltaire, à Montesquieu, à Rousseau, dit M. de Barante, on doit associer Buffon; ces quatre écrivains laissent loin derrière eux tous leurs contemporains.

« Le génie de Buffon s'indigne contre ceux qui voulaient faire de l'histoire de la nature une simple nomenclature, un recueil de faits unis entre eux par des liens artificiels. La chaleur de son esprit s'applique à pénétrer tout d'un coup dans les principes de la nature, pour révéler son secret; et aussi à la présenter sous ses rapports pittoresques. Son *Histoire naturelle* ouvrait une nouvelle voie à la science.

« Le caractère et les habitudes des animaux, l'aspect et la physionomie des contrées furent retracés par son pinceau avec une inconcevable magie. L'impression souvent vague que nous recevons de la première vue des objets est par lui reproduite avec une simplicité et une précision qui étonnent à chaque instant. En lisant Buffon on sent de nouveau ce qu'on avait éprouvé sans bien le définir; on retrouve le sentiment qu'avait ait naître en nous l'aspect du cheval parcourant fièrement la prairie ou de l'âne portant son fardeau avec patience..... Jamais peintre ne montra plus d'imagination que Buffon. Son langage, où quelques personnes ne veulent voir que les traces de la patience et de l'art, est en même temps la représentation fidèle des sensations les plus vives. Souvent il a une telle vérité que le lecteur se sent ému jusqu'au fond du cœur, comme si l'auteur avait voulu peindre les effets des passions. On agit sur l'âme dès qu'on parvient à représenter avec justesse et profondeur le moindre de ses mouvements. » (1)

LACÉPÈDE (1756-1825) a continué et complété l'ouvrage de Buffon. L'*Histoire naturelle des serpents, des poissons et des cétacés* a mérité à ce savant naturaliste la gloire d'être placé à côté de son illustre prédécesseur.

LA CONDAMINE (1701-1774) parcourut presque toutes les parties du monde, et écrivit à son retour les relations de ses voyages, qui avaient duré dix ans entiers. Admis comme membre de l'Académie, ce fut Buffon qui fut chargé de répondre à son discours de réception.

---

(1) M. de Barante, *Tabl. de la Litt. franç.*

§ 4. *Critique; ouvrages divers.*

Fréron (1719-1776), si l'on en voulait croire Voltaire, aurait été le plus odieux et le plus misérable des hommes. Admirateur des grands écrivans du siècle de Louis XIV, il déclara une guerre acharnée aux novateurs du règne de Louis XV, et n'épargna pas même les plus illustres représentants de la littérature de cette époque. Ce fut surtout dans son journal, *l'Année littéraire*, qu'il soutint une lutte opiniâtre contre cette nouvelle école et contre Voltaire lui-même, qui ne lui pardonna jamais, et le mit en scène dans sa comédie de *l'Ecossaise* sous le nom de *Frélon*. Il mourut de chagrin de voir son journal suspendu par M. de Miroménil, garde-des-sceaux.

Marmontel (1728-1799) eut d'abord l'ambition d'être poète : mais ses tragédies eurent peu de succès. Ses *Contes moraux*, publiés dans *le Mercure*, commencèrent ses succès dans la carrière littéraire, et ses autres ouvrages lui ont mérité une place distinguée parmi les bons prosateurs. Il montra constamment de la facilité et de l'élégance. Les premiers chapitres de son *Bélisaire* rappellent le *Télémaque*, et l'on regrette que l'auteur, au lieu de prétendre à instruire les rois et les peuples comme tout écrivain s'y croyait alors obligé, n'ait pas suivi la vraie route de son talent, qui était de raconter et de peindre avec vérité.

Marmontel écrivit encore beaucoup d'autres ouvrages ; mais c'est dans ses *Eléments de Littérature* qu'il s'est montré avec le plus d'avantage. Il sut analyser avec finesse et discernement le genre de sentiment qui caractérise les différentes formes dont se revêtent les productions de l'esprit; il enseigna à sentir, à admirer les œuvres de l'imagination, et non point à les comparer froidement avec le modèle prescrit par la rhétorique pour les juger d'après leur conformité plus ou moins exacte avec ce modèle. Il sut enfin retracer dans son style les vives impressions qui font en nous les jouissances littéraires.

On doit aussi à la plume de Marmontel une traduction de *la Pharsale de Lucain;* plusieurs *opéras; les Incas*, poème en prose, où il expose les malheurs du fanatisme ; une *Histoire de la régence du duc d'Orléans.*

LA HARPE (1740-1803), dans son *Cours de Littérature*, ne s'occupa point, comme a fait Marmontel, des principes généraux de la littérature; il examina comment ces principes avaient été appliqués dans la composition de tel ou tel ouvrage en particulier, et s'attacha surtout à reproduire les sentiments que faisait naître en lui l'examen des écrits soumis à son jugement. Personne n'a montré plus de verve que La Harpe dans ce genre de style. Malheureusement, entier comme il était dans ses opinions, il n'apporta aucune réserve ni aucune hésitation dans ses jugements, ne se doutant pas que parfois ils lui étaient dictés par des influences étrangères à la littérature. Ses amitiés et le plus souvent ses haines furent les guides de sa critique.

THOMAS (1732-1785) figure avec quelque honneur

dans la nouvelle école de poésie : cependant il suivit une fausse route, et tous ses efforts ne purent atteindre à la hauteur de l'épopée. Son poème de *la Pétréide* est fort au dessous de son sujet. Dans ses *Eloges*, qui furent souvent couronnés par l'Académie, il se laisse aller souvent à l'affectation et à la déclamation, croyant être sublime et touchant. Une seule fois il eut le bonheur de saisir complétement le vrai caractère d'une éloquence élevée et touchante ; il imagina de mettre en scène l'*Eloge de Marc-Aurèle* : il transporte notre imagination au lieu même et au temps où se passait l'action ; il nous place à Rome au milieu du cortége funèbre du vertueux empereur ; cet empire romain qui embrassait l'univers et dont le sort dépendait d'un seul homme, il nous le représente pénétré de douleur et glacé de crainte sur l'avenir ; il nous montre la philosophie en larmes, l'armée pleurant son chef, et la tyrannie naissante accroissant les regrets pour la vertu inspirée ; alors, au milieu de ce vaste spectacle, les paroles solennelles, les expressions exaltées qui se trouvent dans un parfait accord avec notre âme, et produisent tout leur effet. (1)

L'*Essai sur les Eloges* est le meilleur ouvrage de Thomas : on y trouve de bonnes observations, des critiques justes, et le style en est convenable.

L'abbé BARTHÉLEMY (1716-1795) sut mettre l'érudition en action, et en usa pour tracer un tableau vivant de l'ancienne Grèce. *Le Voyage du jeune Ana-*

---

(1) M. de Barante, *Tabl. de la Litt. franç.*

charsis en Grèce nous offre une peinture aussi animée que si elle était le fruit de la seule imagination. Le long travail nécessaire pour en préparer les matériaux n'ont pas refroidi l'auteur : on voit qu'il avait devant les yeux tout ce qu'il avait placé dans sa mémoire; c'est peut-être à ce goût vif pour l'antiquité, où il avait su si bien se transporter, que le style de l'abbé Barthélemy a dû quelques rapports éloignés avec le style de Fénelon.

BEAUMARCHAIS (1732-1799) acquit une grande fortune, pendant la guerre de l'indépendance américaine, par les fournitures d'armes et de munitions qu'il fit aux Américains. Ses *Mémoires judiciaires*, pleins de verve, de malice et d'intérêt, eurent un succès prodigieux. Ils valurent une telle réputation à leur auteur que l'on accueillit comme raisonnable ce propos attribué à un grand personnage : « Si Beaumarchais me demandait la moitié de ma fortune en me menaçant d'un mémoire, je la lui donnerais tout de suite. » Dans *le Barbier de Séville*, et surtout dans *le Mariage de Figaro*, il exposa à la risée publique les autorités les plus respectables. Il sema dans ces drames, avec une verve, un cynisme, une bouffonnerie et une grâce sans égale, les maximes les plus subversives et les conseils les plus pernicieux; en un mot il se fit l'organe de tous les ressentiments, et telle était la faiblesse de l'autorité qu'on le laissa faire.

CRÉBILLON fils (1707-1777) montra dans ses romans tout ce que le cynisme a de plus sale et de plus dégoûtant.

§ 5. *Eloquence.*

L'ÉLOQUENCE CHRÉTIENNE n'eut pour soutiens que de bien faibles successeurs des Bossuet et des Massillon.

Le P. NEUVILLE (1693-1774) imita Massillon comme Campistron avait imité Racine. Disciple docile et de bonne volonté, mais sans génie, il prit la forme du maître sans reproduire ses grandes qualités.

L'abbé POULLE (1711-1781) eut une imagination brillante; mais il mit dans ses sermons, qu'il débitait d'ailleurs admirablement, plus de pompe que de sensibilité et de profondeur.

Le P. BRIDAINE (1701-1767) eut une parole vraiment évangélique. Un admirable exorde de ce prédicateur, cité par l'abbé Maury dans son *Traité de l'Éloquence de la Chaire*, est digne d'être mis en parallèle avec les plus belles pages de Bossuet.

L'abbé MAURY (1746-1817) se fit un nom par ses *Panégyriques de S. Louis et de S. Augustin*, et par son *Éloge de Fénelon*. Nommé député du clergé à l'assemblée des états-généraux, il porta la parole dans toutes les questions les plus importantes, et y soutint avec une grande fermeté les droits de la royauté et du clergé. Son *Essai sur l'Éloquence de la chaire* renferme d'utiles observations sur ce genre d'éloquence.

Le cardinal DE LA LUZERNE, M. DE BOULOGNE, évêque de Troyes; M. DE BEAUVAIS, évêque de Senez, obtinrent encore une juste célébrité, comme dignes apôtres de Jésus-Christ.

L'ÉLOQUENCE JUDICIAIRE brilla d'un vif éclat.

Les Servan, les Cochin, les Lenormand, les Gerbier, les Dupaty bannirent complétement le mauvais goût qui dominait dans les plaidoyers des époques précédentes, et surent enfin donner à l'éloquence du barreau une forme convenable, noble et élevée.

Target, Bergasse, Camus, Tronchet soutinrent, vers la fin du dix-huitième siècle, la gloire du barreau français ; enfin parurent Desèze et Malesherbes, qui, se dévouant à la plus noble comme à la plus malheureuse des causes, montrèrent tout ce qu'il y a de grandeur et d'élévation dans la profession d'avocat.

Le comte de Lally-Tolendal rappela le pathétique des orateurs anciens dans les mémoires qu'il publia pour obtenir la réhabilitation de son père.

L'éloquence politique vit se dérouler devant elle un vaste champ à l'ouverture des états-généraux de 1789. Alors l'on vit s'élancer dans l'arène des hommes doués des plus grands talents oratoires.

Le comte de Mirabeau porta dans l'assemblée, avec la fougue des passions, toute la force et les connaissances de l'âge mûr. Il employa son prodigieux génie à détruire les bases de l'antique constitution, et telle fut la puissance de sa parole qu'il domina bientôt tous les orateurs, éclipsa toutes les réputations, et devint le centre autour duquel se réunit tout ce qu'il y avait de plus fort dans le tiers-état.

Il sembla pourtant se repentir de son ouvrage. Il frémit lui-même devant le précipice qu'il avait ouvert ; mais il n'était déjà plus temps !...

Cazalès défendit avec chaleur et talent les intérêts de la monarchie et de la noblesse.

Barnave, à peine jeune homme, osa lutter contre le fougueux Mirabeau.

L'abbé Maury, dont nous avons déjà parlé, ne cessa de faire briller sa mâle éloquence pour la défense de la monarchie et de l'autel.

On pourrait comprendre un bien plus grand nombre de noms dans cette énumération des orateurs de l'assemblée nationale et de la constituante ; mais c'est surtout dans le tableau même de leurs séances qu'il faut aller chercher l'éloquence de ces orateurs, qui tiraient de la lutte et de la contradiction la meilleure partie de leur puissance. Leurs discours, considérés isolément, perdent beaucoup de leur valeur.

APPENDICE.

LITTÉRATURE DE L'EMPIRE.

PREMIÈRE SECTION. — POÉSIE.

Marie-Joseph Chénier (1754-1811) était frère d'André et né comme lui à Constantinople. Enthousiaste des idées républicaines, il leur dut le plus souvent ses inspirations. Il fit représenter successivement plusieurs tragédies, *Charles IX*, *Henri VIII*, *la Mort de Calas*, etc., et toutes ces pièces eurent une vogue de circonstance. On y trouve exprimés dans un style pur, noble et énergique la haine du despotisme et un vif amour pour la liberté : cela suffit pour expliquer leur succès. Joseph était considéré comme le poète de la république, et il composa plusieurs chants lyriques pour les fêtes patriotiques de ce temps.

Luce de Lancival (1733-1816) a laissé quelques tragédies médiocres : *Hector* est la meilleure. Le poème d'*Achille à Scyros*, imité de Stace, reproduit l'antiquité avec assez de bonheur. Cet écrivain eût pu s'élever plus haut ; mais son goût effréné pour les plaisirs l'absorba tout entier.

Ducis (1733-1816) prit Shakespeare pour modèle, et il eut le mérite de transporter sur notre scène plusieurs des beautés du poète anglais. *Hamlet* (1769), *Roméo et Juliette* (1772), *le Roi Léar* (1783), *Macbeth* (1784), *Othello* (1792) eurent une vogue méritée. Il imita d'Euripide et de Sophocle *OEdipe chez Admète*, et tira de son propre fonds *Abufar ou la Famille arabe*. Ducis a de l'énergie et du pathétique ; il s'élève quelquefois jusqu'au sublime ; mais il est faible dans la composition de ses plans et de ses intrigues. Ducis est aussi auteur d'*épîtres* et de *poésies fugitives* où l'on admire un véritable talent uni aux plus nobles sentiments. Il vécut pauvre et indépendant, et mourut regretté de ses nombreux amis. Il fut lié surtout avec Thomas.

De Fontanes (1751-1821) fut nommé en 1808 grand-maître de l'Université, et fit refleurir les bonnes études. On lui doit quelques poésies qui se distinguent surtout par l'élégance et la pureté du style. Tout le monde sait par cœur *la Journée des Morts* et *les Tombeaux de Saint-Denis*. Il travailla longtemps à un grand poème, *la Grèce délivrée*, qu'il ne put achever.

Andrieux (1759-1833) se fit connaître à vingt-trois ans par la charmante comédie d'*Anaximandre*. Il donna depuis *les Etourdis*, *Helvétius*, *la suite du Menteur*, *le Trésor*, *la Soirée d'Auteuil*, *le vieux Fat*, *la Comédienne*, *le Manteau*, et plusieurs de ces pièces eurent de la vogue. Il fut nommé en 1829 secrétaire perpétuel de l'Académie française.

Andrieux est le plus aimable et le plus moral de

nos conteurs ; ses contes en vers ont eu un succès mérité. *Le Meunier de Sans-Souci, Fénelon* et plusieurs autres se trouvent dans tous les recueils de bonne poésie.

Esménard (1770-1812) accompagna le général Leclerc à Saint-Domingue, et publia en 1805 son poème de *la Navigation*, qui lui avait été inspiré par le magnifique spectacle de l'Océan, œuvre sans puissance et sans génie, mais correcte, brillante parfois, et présentant quelques beautés à rares intervalles. L'opéra de *Trajan* eut cent représentations.

Millevoye (1782-1816) joignait à un caractère noble et aimable une excessive sensibilité dont on retrouve l'empreinte dans toutes ses productions. Ses *Elégies* forment un de ses plus beaux titres de gloire. Elles plaisent par des sentiments délicatement exprimés, par une douce teinte de mélancolie et par l'harmonie et la pureté des vers.

Berchoux (1761-1832) est un des plus aimables poètes de l'empire. Son coup d'essai fut un coup de maître ; *la Gastronomie* est un charmant petit poème léger. *La Danse* et *Voltaire*, du même auteur, eurent beaucoup moins de succès.

SECONDE SECTION. — PROSE.

Bernardin de Saint-Pierre (1737-1814), après une jeunesse des plus orageuses, passa à l'Ile-de-France en qualité d'ingénieur ; après un séjour de trois ans loin de sa patrie, il revint à Paris, se consacra aux lettres et à la retraite. Il se lia étroitement avec

J. J. Rousseau, qu'il tâcha d'imiter dans ses écrits. La relation de son *Voyage à l'Ile-de-France* et surtout les *Etudes de la Nature* lui firent prendre rang parmi nos grands écrivains, et personne en effet n'a mieux que lui su peindre la nature. Il est à regretter qu'il ait manqué de connaissances positives, et qu'il ait souvent donné ses rêveries pour les véritables lois de l'univers. Son style tient à la fois de celui de Fénelon et de celui de Rousseau. Le roman de *Paul et Virginie* mit le comble à sa réputation. « La postérité, dit M. de Barante, aura peine à croire que *Paul et Virginie* ait été composé à la fin du dix-huitième siècle. Sans doute elle devinera qu'un esprit amoureux de la solitude et de la méditation, inspiré par le spectacle d'une nature encore sauvage et presque vierge, pouvait tracer un tel tableau. » *La Chaumière indienne* est un conte plein de sentiment et d'une excellente morale. *Les Harmonies de la Nature* offrent les mêmes qualités et les mêmes défauts que *les Etudes*. Si Bernardin ne fut pas irréprochable dans la conduite de sa vie, il sut au moins faire aimer la vertu.

PICARD (1769-1828) eut pour guide dans ses premiers travaux Andrieux, son ami. Puis il monta sur la scène, et obtint à la fois comme auteur et comme acteur des succès toujours croissants. On a de lui près de quatre-vingts pièces de théâtre, parmi lesquelles on peut citer *la Diligence de Joigny*, *la Petite Ville*, *les Deux Philibert*, etc. A une gaieté franche et naturelle il joignait une entente parfaite de la scène, un dialogue vif, animé et pétillant d'esprit. Il écrivit aussi quelques romans qui ont peu ajouté à sa réputation. Il entra à l'Académie française en 1807.

A. Duval (1767-1841), successivement marin, soldat, ingénieur, architecte, acteur, auteur, directeur de théâtre et enfin académicien, apprit à connaître les mœurs de toutes les classes de la société, et sut les mettre en scène avec beaucoup de vérité. Duval doit au hasard le plus grand nombre des sujets qu'il a traités. Ainsi sa jolie comédie des *Héritiers* doit sa naissance à ce passage de La Bruyère : « Combien de testateurs se repentiraient de leur économie pendant leur vie s'ils pouvaient voir après leur mort la figure de leurs héritiers!... » *Le Projet de mariage*, *la Fille d'honneur*, *la Manie des grandeurs*, *le Chevalier d'industrie* et surtout *le Tyran domestique* sont des pièces charmantes qu'on revoit toujours avec plaisir et qui assurent à leur auteur un rang distingué parmi les écrivains dramatiques.

Anquetil (1723-1808) a laissé plusieurs ouvrages historiques, dont quelques-uns ont été souvent réimprimés, quoique assez médiocres. L'*Histoire de France*, qui est peut-être l'ouvrage le plus faible de cet écrivain, est celui qui a eu cependant le plus de vogue.

Gaillard (1726-1806) entra en 1771 à l'Académie française, s'occupa presque exclusivement d'histoire et publia plusieurs ouvrages qui lui ont laissé une réputation d'écrivain consciencieux et éclairé. L'*Histoire de Marie de Bourgogne*, l'*Histoire de François Ier*, l'*Histoire de la Rivalité de la France et de l'Angleterre* et surtout l'*Histoire de la Rivalité de la France et de l'Espagne* sont des œuvres qui prouvent un jugement sûr et ami de la vérité, et qui se distinguent par un style clair, pur et élégant.

MICHAUD (1771-1839) s'est acquis une célébrité bien méritée par plusieurs ouvrages solides et sérieux. Sans parler de ses travaux dans *la Quotidienne*, dont il fut le fondateur, il attacha son nom à des œuvres plus importantes. L'*Histoire des Croisades* a eu un succès éclatant. L'*Histoire des progrès et de la chute de l'empire de Mysore* est aussi due à sa plume, et il a publié la collection des *Mémoires pour servir à l'histoire de France* depuis le treizième siècle ju qu'à la fin du dix-huitième. Comme poète il n'a qu'un mérite secondaire; *le printemps d'un Proscrit* n'a eu qu'un succès de circonstance.

Mme DE STAEL HOLSTEIN (1766-1818), fille de Necker, se trouva mêlée à tous les événements politiques de son temps. Elle est sans contredit la plus célèbre des femmes auteurs. La première elle apporta en France, dans son ouvrage intitulé *l'Allemagne*, le goût de la littérature et de la philosophie allemandes. Avant elle on connaissait peu les mœurs, l'esprit et les lettres de l'antique Germanie. Mme de Stael parlait encore mieux qu'elle n'écrivait. Son salon était rempli des hommes les plus illustres dans les lettres, les sciences, les arts, l'industrie et la politique; elle embrassait tous les genres de questions avec une supériorité marquée; elle eut enfin en tout une grande influence sur son époque. Dans ses ouvrages on trouve une hauteur de génie et une profondeur bien rares dans son sexe, une érudition variée, unies à une extrême finesse et à une grande connaissance du monde.

Corinne ou l'Italie, *Delphine* sont ses deux plus célèbres romans. On pense que dans le premier elle a voulu se peindre elle-même.

Mme COTTIN (1723-1808), veuve à vingt ans, vint passer le reste de sa vie à Paris, et se consacra tout entière aux lettres. Ses romans, qui ont eu beaucoup de vogue, sont pleins de sentiment et de sensibilité. *Claire d'Albe, Malvina, Mathilde* se lisent toujours avec plaisir.

Mme DE GENLIS (1746-1830), gouvernante des princes d'Orléans, montra une rare fécondité : ses ouvrages ne s'élèvent pas à moins de quatre-vingts; ils se rapportent presque tous à l'éducation, et consistent en *comédies, dialogues, fables, romans,* etc. Elle publia en 1825 des *mémoires* qui renferment des révélations curieuses, mais qui firent grand scandale. Dans ses ouvrages d'éducation, écrits pour la plupart avec élégance et remplis d'intérêt, Mme de Genlis enseigne une morale pure et parle à la fois au cœur et à la raison. Il est fâcheux qu'elle n'ait pas toujours prêché d'exemple.

FIN.

TABLE DES MATIÈRES.

PREMIÈRE PARTIE.

STYLE ET COMPOSITION.

Chap. I. De la composition en général, *page* 1; le Génie, le Goût, l'Imagination, 2.

Chap. II. § 1, *Des Styles*, 3. — § 2, *Qualités générales du Style.* La Clarté, la Pureté, 4; la Propriété, la Précision, le Naturel. 5; la Facilité, la Noblesse, l'Élégance, l'Harmonie, 6. — § 3, *Qualités particulières du Style*. 8. — § 4, Du Style simple, *ibid*. — § 5, Du Style tempéré, 10. — § 6, Du Style sublime, 11. — § 7, Du Sublime, 13. — § 8, Sublime des Images, *ib*. — § 9, Sublime des Pensées, 14. — § 10, Sublime des Sentiments, *ib*. — § 11, Variété et convenance du Style, 15. — § 12, Alliance de Mots, Épithètes, 16.

Chap. III. § 1, Des Figures, 17. — § 2, *Des Tropes*. La Métaphore, 18; l'Allégorie, 20; la Catachrèse, la Métonymie, 23; la Synecdoque, 24; l'Antonomase, 25. — § 3, *Des Figures de mots proprement dites.* L'Ellypse, 25; le Pléonasme, 26; l'Hyperbate, la Syllepse, la Répétition, 27; la Conjonction, la Disjonction, 28; l'Apposition, 29. — § 4, *Des Figures de Pensée.* L'Interrogation, *ibid*.; la Subjection, l'Apostrophe, 30; l'Exclamation, 31; la Prosopopée, 32; le Dialogisme, 33; l'Obsécration, l'Imprécation, 34; l'Hypotypose, 36; l'Ironie, 39; l'Hyperbole, 41; la Litote, la Périphrase, 42; l'Antithèse, 43 : la Comparaison, 44; l'Allusion, la Gradation, 46; la Suspension, 47; la Prétérission, 48; la Réticence, 49; la Communication, la Correction, 50; la Concession, l'Épiphonème, 51.

CHAP. IV. § 1, *Conseils généraux sur l'art d'écrire*, 53. — § 2, De l'Invention, *ib* — § 3, De la Disposition, 54. — § 4, De l'Élocution, 55.

SECONDE PARTIE.

CLASSIFICATION DES DIVERS GENRES DE LITTÉRATURE EN PROSE ET EN VERS.

PREMIÈRE SECTION. — POÉSIE.

CHAP. I. *De la Poésie en général*, 59.

CHAP. II. *De la Versification*. La Mesure, l'Élision, 61; le Repos, 62; la Rime, 63; la Disposition, 64.

CHAP. III. *Des différents genres de Poésie*, 66.

CHAP. IV. *Poésies fugitives*. § 1, De l'Épigramme, 67.—§ 2, Du Madrigal, 68. — § 3, Du Triolet, 69. — § 4, De la Ballade, *ib*. — § 5, Du Rondeau, 71. — § 6, Du Sonnet, 72. — § 7, De l'Énigme, 73.— § 8, De la Charade, 74. — §. 9, Du Logogriphe, *ibid*. — § 10, De l'Acrostiche, 75. — § 11, De la Chanson, *ib*.

CHAP. V. *Petits Poèmes*. — § 1, De l'Épithalame, 81. — § 2, De l'Épitre, *ib*.— § 3, De la Satire, 82 — § 4, Du Conte, 84. — § 5, De la Fable, 91.— § 6, De l'Églogue et de l'Idylle, 97. — § 7, De l'Élégie, 106.

CHAP. VI. *Genre lyrique*, 110. — § 1, De l'Ode, 111. — § 2, De la Cantate, 113.

CHAP. VII. *Du Genre épique*, 115, — § 1, Qualités de l'Action épique, 116.—§ 2, Acteurs de l'Épopée, leurs caractères et leurs mœurs, 119. — § 3, Forme de l'Épopée, 121.— § 4. Auteurs épiques, 123.

CHAP. VIII. *Du Genre dramatique*.— § 1, Qualités de l'Action dramatique, 125. — § 2, Conduite de l'Action dramatique, 127.— § 3, Personnages qui concourent à l'Action dramatique, 130. — § 4, De la Tragédie, 131. — § 5, De la Comédie, 135.

CHAP. IX. *Du Genre didactique,* 138.

SECONDE SECTION.— GENRES EN PROSE.

CHAP. I. *Du Genre oratoire.* — § 1, De l'Éloquence en général, 140.— § 2, De l'Éloquence délibérative, 141.— § 3, De l'Éloquence judiciaire, *ib.* — § 4, De l'Éloquence démonstrative, 142. — § 5, *De la Rhétorique.* — L'Invention, la Disposition, 143; l'Élocution, l'Action 145.

CHAP. II *Du Genre historique,* 146.

CHAP. III. *Du Genre didactique ou philosophique,* 147.

CHAP. IV. *Du Genre romanesque,* 148.

CHAP. V. *Du Genre épistolaire,* 149.

TROISIÈME PARTIE.

PRÉCIS DE L'HISTOIRE DE LA LITTÉRATURE GRECQUE.

Introduction, 157.

CHAP. I. PÉRIODE FABULEUSE. Linus, Olen, Olympus, 160; les deux Eumolpe, Orphée, 161.

CHAP. II. PÉRIODE POÉTIQUE, 161; Homère, 162; Hésiode, 165; Callinus, Tyrtée, Mimnerme, Archiloque, Alcman, Alcée, Sapho, 166.

CHAP. III. PÉRIODE ATHÉNIENNE, 167.

PREMIÈRE SECTION. — POÉSIE.

§ 1, *Poésie gnomique,* 167; Solon, Théognis, Phocilide, Xénophane, Pythagore, 168.

§ 2, *Poésie élégiaque.* Simonide, 168.

§ 3, *Poésie didactique.* Xénophane, Parménide, Empédocle, 168; Ésope, 169.

§ 4, *Poésie lyrique,* 169; Stésichore, Anacréon, Pindare, 170; Érinne, Corinne, Télésille, Praxille, 171.

§ 5, *Poésie dramatique,* 171; Thespis, Eschyle, 172; Sophocle, 173; Euripide, 176; Susarion, Dolon, 178; Aristophane, 179; Ménandre, Philémon, 181.

SECONDE SECTION. — PROSE.

§ 1, *Histoire et Géographie.* Denys, Hécatée, Hérodote, 181; Thucydide, 182; Xénophon, 183; Anaximandre, Pythéas, 184.

§ 2, *Éloquence.* Corax, Gorgias, Polus, les dix Orateurs attiques, 184; Démosthène, 185.

§ 3, *Philosophie.* Les sept sages, 186; l'École d'Ionie, l'École d'Italie, l'École d'Élée, Socrate, 187; Xénophon, Aristippe, Euclide, Antisthène, Diogène, Platon, 188; Hippocrate, 189.

Chap. IV. Période alexandrine, 189.

PREMIÈRE SECTION. — POÉSIE.

§ 1, *De la Comédie,* 189.
§ 2, *De la Tragédie,* 190.
§ 3, *Genre didactique.* Aratus, 190.
§ 4, *Genre épique.* Apollonius 190.
§ 5, *Genres divers.* Callimaque, Théocrite, Moschus, Bion, 191.

SECONDE SECTION. — PROSE.

§ 1, *Histoire.* Polybe, 192.
§ 2, *Éloquence,* 192.
§ 3, *Philosophie.* Aristote, Théophraste, 193; Épicure, Zénon, Pyrrhon, 194.
§ 4, *Écriture sainte,* 194.

Chap. V. Période gréco-romaine, 195.

PREMIÈRE SECTION. — POÉSIE.

Polystrate, Méléagre, Antipater, Apollodore, 195; Archias, Oppien, 196.

SECONDE SECTION. — PROSE.

§ 1, *Histoire.* Diodore de Sicile, Flavius Josèphe, 196; Plutarque, Arrien, 197; Appien, Dion Cassius, Hérodien, 198.

§ 2, *Éloquence.* — *Rhéteurs.* Dion Chrysostôme, Lucien, 199; Maxime de Tyr, Philostrate, Longin, Athénée, Denys d'Halycarnasse, 200.

§ 5 *Pères de l'Église.* S. Barnabé, S. Ignace, S. Clément, S. Denis, 200.— *Pères apologistes.* S. Justin, Tatien, S. Théophile, Hermias, S. Clément, 201 ; Origène, 202.

Chap. VI. Période bysantine, 202.

première section. — poésie.

S. Grégoire de Nazianze, Nonnus, Musée, Quintus, Coluthus, Tryphiodore, etc., 203.

seconde section. — prose.

§ 1, *Éloquence. Pères dogmatiques.* S. Athanase, 204 ; S. Grégoire de Nazianze, S. Basile, S. Grégoire de Nysse, 205 ; S. Jean Chrysostôme, Thémistius, 206 ; Libanius, 207.

§ 2, *Histoire.* Eusèbe, Zozime, Procope, 207 ; Zonaras, Nicétas Acominatus, Nicéphore Grégoras, Laonicus Chalcondyle, 208.

PRÉCIS DE L'HISTOIRE DE LA LITTÉRATURE ROMAINE.

Introduction, 209.
Chap. I. Première période, 210.

§ 1, *Poésie dramatique.* Livius Andronicus, Quintus Ennius, Marcus Pacuvius, 210 ; Lucius Attius, Plaute, 211 ; Térence, 212.

§ 2, *Poésie épique.* Livius Andronicus, Ennius, 213.

§ 3, *Satire.* Pacuvius, Lucilius, 213. — *Prose.* Fab. Pictor, M. Porcius Caton, 213.

Chap. II. Seconde période, 214.

première section. — poésie.

Lucrèce, Catulle, Virgile, 215 ; Ovide, Horace, 217 ; Pollion, Varius, Manilius, Gallus, Properce, Tibulle, 218.

seconde section. — prose.

§ 1, *Éloquence.* Hortensius, Jules César, Cicéron, 219,

§ 2, *Histoire.* Jules César, Salluste, 222; Tite-Live, Hortensius, Pomponius Atticus, Varron, 223; Cornélius Népos, 224.

CHAP. III. TROISIÈME PÉRIODE, 224.

PREMIÈRE SECTION. — POÉSIE.

§ 1, *Poésie dramatique.* Sénèque, 224.

§ 2, *Poésie épique.* Lucain, Valérius Flaccus, 225; Silius Italicus, Stace, 226.

§ 3, *Poésie didactique.* Columelle, 226.

§ 4, *Satire.* Perse, 226; Juvénal, 227; Pétrone, Martial, 228; Phèdre, *ib.*

SECONDE SECTION. — PROSE.

§ 1, *Histoire.* Velléius Paterculus, Valère Maxime, 228; Tacite, 229; Quinte-Curce, Suétone, 230; Florus, 231.

§ 2, *Éloquence.* Annæus Sénèque, Quintilien, 231; Pline le Jeune, 232.

§ 3, *Lettres.* Sénèque, Pline le Jeune, 232.

§ 4, *Philosophie.* L. A. Sénèque, Pline l'Ancien, 233.

CHAP. IV. QUATRIÈME PÉRIODE, 234.

PREMIÈRE SECTION. — POÉSIE.

§ 1, *Poètes profanes.* Némésianus, Calpurnius, Claudien, 235.

§ 2, *Poètes chrétiens.* Ausone, Lactance, Prudence, 236; S. Paulin, S. Ambroise, Sidoine Apollinaire, 237.

SECONDE SECTION. — PROSE.

§ 1, *Écrivains profanes.* Justin, Aurélius Victor, Eutrope, Ammien Marcellin, 238; Apulée, 239; Symmaque, 240.

§ 2, *Écrivains chrétiens.* Boèce, 240; Cassiodore, S. Grégoire de Tours, 241.

§ 3, *Pères de l'Église latine.* Tertullien, Minucius Félix, Arnobe, 242; Lactance, S. Cyprien, Firmicus, 243; S. Hilaire, S. Ambroise, 244; S. Jérôme, S. Augustin, 245; S. Léon-le-Grand, S. Grégoire-le-Grand, 246.

HISTOIRE DE LA LITTÉRATURE FRANÇAISE.

MOYEN AGE.

Chap. I. Depuis les temps les plus reculés jusqu'à la fondation de la monarchie des Francs, 240 ans après J.-C., 250.

Chap. II. De la fondation de la monarchie des Francs à l'avénement de Charlemagne, 254.

Chap. III. De l'avénement de Charlemagne au dixième siècle, 257.

Chap. IV. Dixième siècle. — Littérature provençale.

§ 1, *Les Troubadours*, 261.

§ 2, *Forme de la Poésie provençale*, 265.

§ 3, *Poètes provençaux*. Guillaume IX, Bernard de Ventadour, Bertrand de Born, Richard Cœur-de-Lion, 267.

§ 4, *Fondation des jeux floraux*, 269.

Chap. V. Onzième, douzième, treizième siècles.

§ 1, *Le Roman Wallon et les Trouvères*, 270; Robert Wace, Chrestien de Troyes, 273; Huon de Villeneuve, Jean de Flagny, Adenez, Perrot de Saint-Cloud, Rutebeuf, 274; Marie de France, Raoul de Coucy, Thibaut, 275; Audefroy-le-Bastard, 276.

§ 2, *Naissance de la Prose française*. Geoffroy de Ville-Hardouin, 276; Joinville, 278.

§ 3, *Le Roman de la Rose*. Jehan de Meug, 279.

Chap. VI. Quatorzième siècle.

Froissard, 280; Gaston Phébus, Alain Chartier, Christine de Pisan, 283.

Chap. VII. Quinzième siècle.

§ 1, *Poésie*. Charles d'Orléans, 284; Clotilde de Surville, Villon, 286.

§ 2, *Romans*, 288.

§ 3, *Genre historique*. Enguerrand de Monstrelet, Juvénal des Ursins, Philippe de Comines, 290.

§ 4, *Origine et premiers essais de la Poésie dramatique*, 291.

RENAISSANCE.

Seizième siècle.

Introduction, 299.

CHAP. I. — POÉSIE.

§ 1, *De l'École de Marot à celle de Ronsard.* Clément Marot, 303; Marguerite de Navarre, Maurice Scève, Mellin de Saint-Gelais, 311.

§ 2, *École de Ronsard.* Joachim du Bellay, 312; Pierre de Ronsard, 313.

§ 3, *La Pléiade poétique.* — Disciples de Ronsard, 314; Joachim du Bellay, 315; Dorat, Antoine Baïf, Ponthus de Thyard, Jamyn, Jodelle, Dubartas, Chassignet, 316.

§ 4, *Retour à l'École de Marot.* Desportes. 317; Bertaut, Passerat, Régnier, 318; Agrippa d'Aubigné, 319.

§ 5, Malherbe. 319; Racan, Maynard, 321.

§ 6. *Du Théâtre pendant le quinzième siècle*, 321; Jodelle, 322; Garnier, 323; Hardy, Monchrestien, Billard, Théophile, Mairet, Gombaud, 324.

CHAP. II. — PROSE.

§ 1, *Histoire, Chroniques, Mémoires.* Le maréchal de Fleuranges, Claude Fauchet, Pierre Matthieu, Pierre de l'Étoile, 325; Étienne Pasquier, Brantome, Sully, d'Aubigné, de Thou, 326.

§ 2, *Philosophie.* — Ouvrages divers. Montaigne, 327; La Boétie, Charron, S. François de Sales, Rabelais, 328.

§ 3, *Satire Ménippée*, 329.

§ 4, *Contes et Romans.* Marguerite de Navarre, 330; Desperriers, Herberay des Essards, 331.

TEMPS MODERNES.

(Siècle de Louis XIV.)

Introduction, 332.

PREMIÈRE PÉRIODE.

CHAP. I. — POÉSIE.

§ 1, *Genre dramatique.* Le cardinal de Richelieu, 337;

Mairet, Pierre Corneille, 338; Rotrou, 343;. Tristan l'Hermite, Duryer, Gabriel Gilbert, Colletet, Cyrano de Bergerac, 344.

§ 2, *Genre épique.* Scudéry, Chapelain, 345; Saint-Amand, 346; Desmarets de Saint-Sorlin, le P. Lemoyne, 347; Brébeuf, Scarron, 348.

§ 3, *Genres divers.* Racan, 349; Voiture, 355; Benserade, 356; Sarrazin, Gombaud, 357; Maynard, Malleville, 358; Godeau, Charleval, la comtesse de La Suze, 359; Théophile de Viau, 360; Patrix, Habert, 362; Colardeau, Adam Billaut, 363.

Chap. II. — Prose.

§ 1, *Romans.* D'Urfé, 361; La Calprenède, Gomberville, Mlle de Scudéry, 365.

§ 2, *Lettres.* Voiture, 368; Balzac, 372.

§ 3, *Histoire.— Érudition.— Mémoires.* Dupleix, Duchesnes, Adrien de Valois, Sirmond, Henri de Valois, Lecointe, Labbe, Dom Luc d'Achéri, 373; Pétau, Saumaise, Du Cange, Ménage, 374; Vaugelas, Perrot d'Ablancourt, de Pontchartrain, Henri de Rohan, de Bassompierre, Mme de Motteville, 375; Le cardinal de Retz, Mézeray, Maimbourg, 376; de Péréfixe, 377.

§ 4, *Morale et Philosophie.* Pascal, 377; Lamothe Le Vayer, 379; La Rochefoucauld, Saint-Évremond, Descartes, Gassendi, 380.

§ 5, *Éloquence judiciaire et sacrée.* Talon; Lemaître, Patru, Singlin, Desmares, S. Vincent de Paule, 381.

SECONDE PÉRIODE.

Chap. I. — Poésie.

§ 1, Boileau, 383.

§ 2, *Poésie dramatique.* Racine, 388.

§ 3, Thomas Corneille, 394; Boyer, Leclerc, Pradon, 395; Lafosse, Duché, Longepierre, 396.

§ 4, *Poètes comiques.* Molière, 397; Regnard, Baron, 400; Boursault, Hauteroche, Champmeslé, Montfleury, 401; Quinault, l'abbé Perrin, 402.

§ 5, *Fables.* La Fontaine, 402.

§ 6, *Poésies diverses.* Vergier, Sénecé, Mme Deshoulières, 406; Mlle Deshoulières, Segrais, Chapelle, Bachaumont, 408.

CHAP. II. — PROSE.

§ 1, *Éloquence sacrée.* Mascaron, 409; Bossuet, 410; Bourdaloue, Fénelon, 412; Fléchier, 413; La Colombière, La Rue, Cheminais de Montaigu, 414.

§ 2, *Prédicateurs protestants.* Jean Claude, Beausobre, Saurin, 415.

§ 3, *Éloquence judiciaire.* Pélisson, 416.

§ 4, *Morale et Philosophie.* La Bruyère, 416; Mallebranche, Bayle, 417.

§ 5. *Histoire, Mémoires.* Baluze, Montfaucon, Mabillon, 418; Tillemont, Fleury, Varillas, 419; le P. Daniel, de Boulainvilliers, l'abbé Dubos, 420; le P. d'Orléans, Rapin-Thoiras, le P. Catrou, Cousin, Vertot, 421; l'abbé de Choisy, de Saint-Réal, Guy-Patin, 422; Bussy-Rabatin, Mlle de Montpensier, le P. d'Avrigny 423; Duguay-Trouin, Dangeau, 424.

§ 6 *Lettres.* Mme de Sévigné, 424; Mme de Grignan, Mme de S^imiane, Mme de Maintenon, 425.

§ 7, *OEuvres diverses.* Hamilton, 425; Galland, Perrault, 426; Mme de La Fayette, Mme de Villedieu, la comtesse d'Aulnoy, la comtesse de Murat, 427.

DIX-HUITIÈME SIÈCLE.

Introduction, 428.

PREMIÈRE PÉRIODE.

CHAP. I. — POÉSIE.

§ 1, *Poésie dramatique.* Crébillon. 430; Campistron, Lagrange-Chancel, Lamothe-Houdard, 431; Lachaussée, Brueys, Palaprat, Dancourt, 432; Dufrény, Destouches, Marivaux, 433; Piron, 434.

§ 2, *Poésie lyrique.* J. B. Rousseau, 434; Lefranc de Pompignan, 435; Chaulieu, Fontenelle, 436.

§ 3, *Poésie didactique.* Louis Racine, le cardinal de Bernis, 437.

CHAP. II. — PROSE.

§ 1, *Éloquence.* Massillon. 438; D'Aguesseau, 439.

§ 2, *Histoire.* Rollin, Crévier, Velly, Villaret, Garnier, 440.

§ 3, *Romans et ouvrages divers.* Lesage, l'abbé Prévost, 441; Mme de Tencin, Mlle Delaunay, Mme de Graffigny, 442.

§ 4, *Philosophie, Politique.* Montesquieu, 443; Vauvenargues, 445.

§ 5, Voltaire, 445.

SECONDE PÉRIODE.

CHAP. I. — POÉSIE.

§ 1, *Poésie dramatique,* 453; Lemierre, Dubelloy, Colardeau. 454; Guimond de La Touche, Saurin, La Harpe, Gresset, Collin d'Harleville, 455; Fabre d'Églantine, Collé, Sedaine, 456.

§ 2, *Poésie didactique.* Saint-Lambert, 456; Roucher, Delille, 457.

§ 3, *Poésies diverses.* Gilbert, Malfilâtre, 458; Florian, Legouvé, 459; Lebrun, André Chénier, 460.

CHAP. II. — PROSE.

§ 1, *Philosophie,* 463; D'Alembert, 464; Helvétius, le baron d'Holbach, 465; Diderot, Condillac, 466; Bonnet, l'abbé de Mably, 467; J. J. Rousseau, 468.

§ 2, *Histoire.* L'abbé Raynal, 470; le président Hénaut, l'abbé Millot, 471.

§ 3, *Sciences naturelles.* Buffon, 471; Lacépède, La Condamine, 472.

§ 4, *Critique; Ouvrages divers.* Fréron, Marmontel, 473; La Harpe, Thomas, 474; l'abbé Barthélemy, 475; Beaumarchais, Crébillon fils, 476.

§ 5, *Éloquence.* Le P. Neuville, l'abbé Poulle, le P. Bridaine, l'abbé Maury, le cardinal de La Luzerne. etc., 477; Servan, etc, Target, etc.; Lally-Tolendal, Mirabeau, Cazalès, 478; Barnave, l'abbé Maury, 479.

APPENDICE.

LITTÉRATURE DE L'EMPIRE.

Première section. — *Poésie*. M. J. Chénier, Luce de Lancival, 480; Ducis, de Fontanes, Andrieux, 481; Esménard, Millevoye, Berchoux, 482.

Seconde section. — *Prose*. Bernardin de Saint-Pierre, 482; Picard, 483; A. Duval, Anquetil, Gaillard, 484; Michaud, Mme de Staël, 485; Mme Cottin, Mme de Genlis, 486.

FIN DE LA TABLE.

d'Angély.

COURS
de
LITTÉRATURE.

d'Angély

COURS
de
LITTÉRATURE.

www.ingramcontent.com/pod-product-compliance
Lightning Source LLC
Chambersburg PA
CBHW071707230426
43670CB00008B/929